磨镜台文库

慧思大师研究（二）上

南岳佛教协会 编

中国社会科学出版社

◀ 中国佛教协会副会长演觉大和尚宣读中国佛教协会贺电

▲ 南京大学赖永海教授在开幕式上发言

▲ 中国佛教协会副会长、湖南省佛教协会会长圣辉大和尚在开幕式上致辞

▲ 主论坛点评专家——世界佛联执委游祥洲先生

序 一

圣 辉

"南岳是出祖师的地方。"这是已故的中国佛教协会会长赵朴老对南岳佛教的高度评价。历史上的南岳，人杰地灵，高僧辈出。唐代净土宗三祖承远、四祖法照，唐代律宗祖师惠开，华严宗祖师惟劲，宋代禅宗祖师慧洪，都曾在南岳弘法。直至近代，还有明真、巨赞、灵涛、宝生等一批高僧大德住持南岳。特别是慧思、怀让、石头希迁，更是享誉海内外，是千多年来一直受到僧俗敬仰的高僧大德。他们弘法利生的感人事迹，不仅是南岳佛教和湖南佛教的骄傲，也是中国乃至世界佛教的骄傲。

慧思大师是南北朝后期的一代高僧。他一生大部分时间辗转于北方各地，最后选择了南岳，发愿度众，成就辉煌，且与其弟子智𫖮共同开创中国佛教最早的宗派天台宗，被尊为"天台三祖"。慧思大师一生颠沛流离，多遭磨难而持戒严谨，注重苦修，止观并重，生于忧患，不忘初心，成为中国佛教祖师的典范。在湖南佛教史上，以"南岳"这一名山冠名的人物仅有两位，一位是慧思大师；另一位是怀让大师。"南岳慧思""南岳怀让""南岳寿山"在历史的长河中响遍了神州，不知引起了教内外多少人的心向往之。

所以，我们今天举办"中国南岳第三届千年佛教论坛暨慧思大师诞辰1500周年纪念学术研讨会"，不仅仅是为了缅怀高僧的丰功伟绩，更重要的是要以此为契机，发扬祖师风范，促进佛教的自身建设，再开南岳的辉煌。而慧思大师作为南岳佛教的开创者，为我们佛教界留下了弥足珍贵的精神遗产，值得我们永远珍惜。

慧思大师留给我们佛教界的第一大精神遗产，就是开创"止观并重"的天台宗风。中国佛教的各大宗派肇端于南北朝，盛行于隋唐，是中国历代祖师融合印度佛教经典思想与中国本土文化的产物。且每个宗派都有自己的特点，三论宗重思辨，天台宗重止观，律宗重戒律，华严宗重圆融，禅宗重自心，净土宗重他力。慧思大师之所以能够成为一代宗师，首先就在于他对于天台宗的奠基之功。在天台宗推崇的"天台九祖"传法系统中，慧思大师虽然是"天台三祖"，但天台宗自慧思开始，在教理上已经基本成型。慧思大师通过苦修和研习《妙法莲华经》《大品般若经》，证悟了"华法三昧"。特别是在南岳传法期间，完成了《诸法无诤三昧法门》《随自意三昧》《法华经安乐行义》《大乘止观法门》等理论著作，将南北朝时期北方佛教注重修禅和南方佛教注重修慧的传统结合起来，确立了"定慧双开"与"止观并重"天台教风。道宣在《续高僧传》中说："自江东佛法宏重义门，至于禅法，盖蔑如也。而思慨斯南服，定慧双开，昼谈理义，夜便思择。故所发言无非致远，便验因定发慧，此旨不虚，南北禅宗罕不承绪。"之后，慧思的弟子智颉在此基础上发展出"渐次""不定""圆顿"三种"止观"法门，从而使天台宗在教理上趋于完善。而注重禅修实践和理论创新也就成了中国佛教的优良传统！慧思大师集戒、定、慧三学一体而开创的天台教风，在世风浮躁的当今时代，尤其值得我们佛教界认真研究并继承光大。

慧思大师留给我们佛教界的第二大精神遗产，就是始终保持强烈的"忧患意识"。"忧患意识"在佛教中就是"末法意识"，就是对佛教的命运怀有深切的危机感。慧思大师生活在国家分裂、社会动荡、战乱频仍的南北朝时代，切身感受到了末法众生的种种业障。佛陀在《大悲经》中曾提到"正法""像法"各一千年，之后便是"末法"时代；而《悲华经》中则提到正法一千年，像法五百年。但在北魏太武帝灭佛事件以后，多数中国佛教徒认为那时已经是五恶、五痛、五烧的"末法"时代。慧思大师从三十多岁开始，因为其创新的讲经说法而多次遭到诸恶比丘及众恶论师的心生忌妒、不满而下毒害命，几至死地而奇迹般地活了下来。在艰难困苦的磨难中，慧思大师深切感受到了教团内部鱼龙混杂、是非不分的局面，切身感受到了人间的堕落与腐败、伪劣比丘横行于世，在国乱法难的危局中萌生了强烈的佛教危机感。作为"止观双修、解行并重"的一代高僧，慧思大师固然能为正法开出新气象，却为当时的流俗恶僧所不容，这在中国佛教史上虽非个案，但也不能不让人为之深思、为之痛惜。慧思大师的可贵之处，就在于他能够在逆境中愈挫愈勇，百折不挠，发愿精进，成就了人生的传奇。正如他在《立誓愿文》中所说："应常念本愿，舍诸有为事，名闻及利养，乃至恶弟子，内外悉应舍。"出于对佛法将灭的深切忧虑，慧思大师后来发心造金字佛经和创宗立说，是他为佛法长留人间的一种尝试。后来慧思大师的弟子静琬在北方刻造房山石经，也是在慧思大师"末法"思想的影响下进行的。榜样总是蕴含无穷的力量。慧思大师忧法忧教、为法忘躯的慈心悲愿，体现的正是历代祖师"不忍众生苦，不忍圣教衰"的护教情怀，值得我们广大佛教徒为之景仰效法。而我们要发扬爱国爱教的优良传统，就要有忧国忧教的情怀！

慧思大师留给我们佛教界的第三大精神遗产，就是严持戒律的自律精神。根据《续高僧传》的记载，慧思大师十五岁出家，二十岁受具足戒，出家后"奉持守素，梵行清慎"，"常坐综业，日惟一食"，可见他是一位注重苦行、严持戒律的禅师。在《诸法无诤三昧法门》中，慧思大师特别强调："夫欲学一切佛法，先持净戒勤禅定。""欲求佛道持净戒，专修禅智获神通，能降天魔破外道，能度众生断烦恼。"正是因为以戒为本，慧思大师才能克服艰难险阻，获得神通智慧，降服天魔外道。戒律属"三学"之首，是正法久住的命脉所系，慧思大师的持戒精神在我们今天佛教的道风建设中尤为难能可贵。

近年来，佛教界的一些负面新闻频频见诸媒体，进入公众视野。这些事件固然与社会上的拜金主义、享乐主义不无关系，但归根结底则来自佛教界的某些僧人腐化堕落、不守戒律的邪恶风气。它犹如"狮子身中虫"，严重侵蚀了我们佛教的肌体，极大地损害了我们佛教的形象和声誉。因此，我们必须牢记赵朴老早在三十年前就提出的关于佛教"五个建设"的思想。必须加强佛教的"信仰建设、道风建设、教制建设、人才建设、组织建设"！而"以法为师""以戒为师"，时刻保持"末法意识"、忧患意识，就是出家人的僧格所在。所以"僧就是僧，庙就是庙"，绝不能"僧像僧，庙像庙"！僧人必须持戒修行，具足威仪，必须讲人格、僧格、国格，而不能成为受人非议的"假和尚"；寺庙必须清净庄严，缁素归心，成为大众向往的精神净土，而不能变成商业谋利的工具和是非混淆的"名利场"。因此，必须将道风建设作为当前佛教的根本任务，落到实处，常抓不懈，这样佛教才会实现良性循环，才能实现健康有序的发展。

中共十八大提出了实现中华民族伟大复兴的"中国梦"的宏伟目标，我们每一位佛教徒都有一份责任。我们纪念慧思大师，就是要珍惜历代祖师留下的精神财富，发扬慧思大师敢于担当、勇于创新的精神，始终保持佛教的"末法意识、忧患意识"，始终坚持学修并重、以戒为师，始终高举爱国爱教的旗帜，为实现中华民族伟大复兴的"中国梦"而精进不息，为湖南佛教和中国佛教的健康发展续写新的篇章，为世界和平和国家富强及人民幸福多做功德。

（作者系中国佛教协会副会长、湖南省佛教协会会长、麓山寺方丈）

序 二

赖永海

天台宗的创始人是智者大师,这一点学界和教界几无异议。从思想渊源说,智者自称"归命龙树师",认龙树为"高祖"。从"一心三观"和"三谛圆融"的理论说,智𫖮确实是遥承龙树的中观学。但是,如果就智者大师创立和完善的天台教观而言,实际上多源于作为天台三祖的南岳慧思。

天台宗既是中国历史上第一个统一的佛教宗派,也是第一个最具本土特色的佛教宗派。天台宗思想的最大特点,是具有较强烈的"六经注我"的精神,"说己心中所行法门"。其中最具代表性的思想是"性具善恶"的佛性理论和"止观并重"修行法门。

对于"性具善恶"说,天台宗人自视颇高,认为它不但是天台宗区别于其他宗派的一个重要思想,而且也是天台宗高于其他宗派的一个重要标志。宋代四明知礼于《观音玄义记》中回答佛性是否具有恶性时说:"只一具字,弥显今宗,以性具善,他师亦知,具恶缘了,他皆莫测。"元代虎溪沙门怀则的《天台传佛心印记》中在引述了这段话后说:"是知今家性具之功,功在性恶。若无性恶,必须破九界修恶显佛界性善,是为缘理断九。"

"性具善恶"说虽然出自智𫖮之口,但如果从思想渊源上说,实际上来自南岳慧思的"性具染净"。这种承继关系,从明代开始就有佛教思想家在探讨了,如晚明"四大高僧"之一的蕅益智旭在其解释《大乘止观法门》的著作《大乘止观法门释要》中,论述到"性具染净"思想时就曾说过:"天台性恶法门,正本于此。"近代学者慧岳在《天台大师之性恶思想》中也说:天台大师所倡的性恶说,实际上在相当程度上是依据其师南岳慧思所著的《大乘止观法门》的性染思想而来……《大乘止观法门》便是性恶思想的母胎。

　　智𫖮把慧思的"性具染净"改为"性具善恶"的一个贡献,是把佛教思想(连同术语)本土化。中国人对性善性恶很熟悉,从孟子言性善,荀子讲性恶,其后如"性三品""性善情恶"等等,耳熟能详,听得懂,容易理解。至于"染净",多从本体立言,不仅一般百姓不懂,儒家思想家也很少语及。实际上,智𫖮所说的"性具善恶"中的"善恶"概念,并非儒家(如荀、孟等)所说的伦理价值上的"善恶",而与慧思所说的佛教本体意义上的"染净"义更接近一些。所以说,慧思确实是天台宗佛性理论的奠基者。

　　天台宗的另一个重要思想(或者说修行理论)是强调"止观并重"。这种修行方法在相当程度上也是源于慧思。

　　慧思生活的南北朝时期,佛教界存在一种现象,即南方重义学,北方重禅定,所谓"南义北禅"是也。这种现象是南北割据的产物。随着国家的统一,佛教及其修行方法也随之发生了变化,其中的一个重要变化,就是把"南义"与"北禅"统一起来,而首开先河者,当推慧思。

　　慧思是北方人,原来注重禅定,倡"一切皆从禅生",但在南渡之后,逐渐注重慧学,倡以定发慧,定慧双举。在《诸法无诤三昧法门》中,他说:"禅智方便诸佛母,般若智能以为父;禅智般若无著慧,和合共生如来子。"这种思想被智者大师继承并进一步发扬,在《修习止观坐禅法要》中,智者指出:"若夫泥洹之法,入乃多途。论其急要,不出止观二法。所以然者，止乃伏结之初门，观是断惑之正要。若人成就定慧二法，斯乃自利利人法皆俱足。"后来"止观并重""定慧双修"，逐渐成为天台宗的一个最根本的修行方法。

不论从天台宗的佛性理论，还是从修行方法说，南岳慧思确实是天台宗思想的重要奠基人。

（作者系南京大学中华文化研究院院长、南京大学终身教授、博士生导师）

序　三

徐克勤

佛教自公元 268 年传入湖南，便在三湘四水迅速开花结果，芙蓉国里法门龙象层出不穷，名寺名刹誉满神州大地，涌现出了慧思、怀让、希迁、承远等一大批佛门大师、宗门巨匠。其中，天台宗三祖慧思大师，在南岳衡山这块神奇的土地上，扬起佛教中国化的风帆，开启了佛教中国化的新篇章，成为佛教中国化的理论先驱和最早的践行者。他的思想薪火相传，创造了属于中华民族独特而辉煌的精神财富和文化宝藏，丰富了包含佛教思想精髓的慈善宽容、乐善好施、热爱和平等美好品质，已成为中华优秀文化不可分割的重要组成部分。

习近平总书记指出，具有中国特色的佛教文化，给中国人的宗教信仰、哲学观念、文学艺术、礼仪习俗等留下了深刻影响。作为中华传统文化的重要守护者和传承者，当代中国佛教应承担起积极弘扬中华优秀传统文化的历史责任。要通过论坛、学术研讨会等形式，为佛教文化搭建多层次、多角度、跨领域、可持续发展的平台，推动具有中国特色佛教文化的创造性转化、创新性发展，使之与当代文化相融相通，发挥文化人的积极作用。希望湖南佛教界高举爱国爱教旗帜，坚定走与社会主义社会相适应的道路，充分认识到包括中国佛教在内的传统文化对实现中华民族伟大复兴中国梦的重要意义，为继承和弘扬优秀传统文化、促进文化繁荣发展发挥更加积极的作用，使植根于中华文化沃土的中国佛教，圆融于实现中华民族伟大复兴中国梦的时代主旋律中，为当代中国文化大发展大繁荣奉献新力量，作出新贡献！

（作者系湖南省民族宗教事务委员会主任）

序 四

何录春

  灵山盛会,群贤云集。今天,中国南岳第三届千年佛教论坛——慧思大师诞辰 1500 周年纪念活动在"五岳独秀"的南岳衡山隆重启幕,可谓因缘殊胜,让人欢喜赞叹。

  衡阳古称衡州,因"大雁南飞,至此歇翅停回",故雅称"雁城"。2000 多年的历史孕育了衡阳深厚的文化积淀:中国古代四大发明,蔡伦造纸列其一;中国古代四大书院,石鼓书院列其一;中国五岳名山,南岳衡山列其一;中外人类思想夜空"双子星座"的两大古典哲学家,王船山列其一;共和国十大开国元帅,罗荣桓列其一;衡阳同时也是湖湘文化的代表城市。在这块衡山绵延、湘水奔流的 1.53 万平方公里的土地上,勤劳朴实的衡阳人民薪火相传,用汗水和智慧浇筑出了"国家历史文化名城""中国优秀旅游城市""中国抗战纪念城市""全国老工业基地城市""国家承接产业转移示范区""国家服务业综合改革试点城市"和"国家新型工业化产业示范基地"。

  衡阳山水秀美,胜景交映。其中,南岳衡山作为中华五岳名山之一,其大度、包容的独特气质历来备受佛道的推崇、智者的青睐。一千多年前,慧思大师就是在这里驻锡弘法,以定慧双开、止观并修开创止观学说,以"观心为本、穷究实相"洞述修禅之要,为南禅的发扬光大奠定了基础。其后,禅宗弟子依托名山、传承法印，创新教理、分灯续焰，开山立派、灿若群星，逐步形成沩仰、临济、曹洞、云门、法眼五宗，形成了"一花五叶""五叶流芳"的盛况，法徒遍及天下，慧灯传于海外，在中国乃至世界佛教史上留下了深深的历史烙印。可以说，慧思大师是佛教禅宗的祖师，也是南岳的一个历史文化宝藏。中国南岳千年佛教论坛至今已成功举办两届，成为了世界佛教界交流互鉴、畅叙法谊道情的平台，是海内外佛教界的一大盛事，也是弘扬中华优秀传统文化的一次盛举。本次论坛，以纪念慧思大师诞辰1500周年为主题，缅怀慧思大师这位卓越的佛教思想家在佛教中国化过程中的丰功伟绩，挖掘大师的忧患意识和创新精神，推动佛教文化的挖掘与研究、繁荣与创新。

佛教自2000多年前传入中国后，接受中国思想、文化的影响和改造，成为中国传统文化不可分割的重要组成部分，对增强中华文化的凝聚力和生命力有着十分积极的促进作用。习近平总书记在联合国教科文组织总部演讲时指出："佛教产生于古代印度，但传入中国后，经过长期演化，佛教同中国儒家文化和道家文化融合发展，最终形成了具有中国特色的佛教文化，给中国人的宗教信仰、哲学观念、文学艺术、礼仪习俗等留下了深刻影响。"近年来，衡阳市委、市政府全面贯彻党的宗教政策，十分重视宗教文化的传承与挖掘，先后举办了"千年佛教论坛""大型佛教音乐晚会""朝祈头炷香""祈福五岳，平安中国"等大型活动，推出了"心愿之旅""禅之旅""禅意人生"等宗教体验游项目，较好地实现了宗教与旅游的和谐共生、相得益彰，许多千年古刹重现了昔日的辉煌。衡阳尤其是南岳衡山，既是信教群众祈福求寿之所，更是佛教界参禅修身的福地。我们要充分认识包括中国佛教在内的传统文化对实现中华民族伟大复兴中国梦的重要意义，以本次论坛为新起点，进一步增强文化自觉自信，积极开展对外宗教文化交流，为促进衡阳文化发展繁荣发挥更加积极和更加重要的作用，为把衡阳建设成为竞争力强、影响力大、美誉度高的文化名城、旅游胜地作出新的更大的贡献。

（作者系衡阳市委常委、组织部长、统战部长）

序　五

怀　辉

群贤聚衡岳，因缘极殊胜，诸佛生欢喜，龙天降吉祥。2015年11月9日，南岳衡山，专家学者云集，高僧大德汇聚，三宝慈光护佑，众善因缘具足，共同成就中国南岳第三届千年佛教论坛——慧思大师诞辰1500周年纪念活动，铸就一场佛教思想盛宴，可谓希有难得，令人欢喜盈怀！

南岳衡山是中华五岳名山之一，也是著名的宗教圣地。宗教文化博大精深，佛道两教共存一山，共融一庙，共值一殿，共尊一神，被称为中国乃至世界宗教文化一绝。南岳佛教文化自古有"一花五叶""五叶流芳"之美誉，特别是南岳的禅宗渊远流长、誉满全球，在中国享有至高无上的尊崇地位，在日本、韩国和东南亚等国家也影响深远。佛教自南朝梁天监年间传入南岳，而奠基人则是佛教中国化的先行者、中国佛教最早宗派天台宗三祖慧思大师。大师悲天悯人，首倡末法，有着强烈的忧患意识和创新精神；大师品格高洁，宽厚仁慈，始终给困惑迷茫的人以光明和希望；大师定慧双修，思想宏富，留下的著作让南岳衡山这座千古名山有了思想的高度和哲学的深度；大师勇猛精进，敢于探索，是佛教中国化的理论先驱和最早践行者；大师和谐南岳佛道两教，留下了南岳衡山佛道共存共荣的千古绝唱，奠定了南岳衡山佛道共存共荣、千载不衰、和谐发展的牢固根基。慧思大师在南岳弘法十年，开创了般若寺（今福严寺)、小般若寺(今藏经殿)、大善寺等道场,留下了三生塔、梳妆台、虎跑泉、美人池等一系列传说,被誉为"南岳佛教的开山祖师"。

南岳尚存知己在,天台应有故人来。本届千年佛教论坛,将深入挖掘佛教文化的历史沉淀,深刻阐述佛教思想的现实启迪,深入探讨慧思大师的佛学思想、理论和修行特色,大力弘扬大师的创新精神,继承大师的创新思想与忧患意识,深刻感受佛教最深邃、最精彩的乐章。作为正信的佛门弟子,我们要勇于承担护法兴教的责任,以慧思大师为榜样,严守戒律,精进修行,提升素质,正己化人,共倡末法时期的佛门新气象,在佛教精神的传播和佛教事业的开拓上作出新的发展、新的建树和新的贡献,从而开辟新时期南岳佛教的新篇章,展现新时期南岳佛教文化与旅游产业拥抱世界、走向未来的自觉、自信和气魄!

(作者系湖南省佛教协会秘书长、南岳佛教协会会长、南台寺方丈)

目　录

序一 …………………………………… 圣　辉（1）
序二 …………………………………… 赖永海（5）
序三 …………………………………… 徐克勤（8）
序四 …………………………………… 何录春（10）
序五 …………………………………… 怀　辉（13）

慧思大师佛学思想研究（上册）

禅门中的慧思禅师形象 ………………………… 董　群（1）
回小向大，诸法无诤
　　——慧思大师《诸法无诤三昧法门》研究 … 陈　坚（12）
此禅非彼禅
　　——慧思禅与慧能禅有何差别？ ………… 刘立夫（33）
南岳慧思大师思想概谈 ………………………… 释诚信（46）
"内丹"之名出自慧思说再考 ………… 盖　菲　盖建民（60）
南岳慧思《南岳思大禅师立誓愿文》中的道教影响及论天台
　　智顗《摩诃止观》对儒、道二家之态度 … 赵东明（76）
南岳慧思的法华思想诠释 ……………………… 黄国清（90）
慧思处理宗教三种关系之初探 ………………… 旷顺年（105）
试论《大乘止观法门》之体用逻辑 …………… 胡　勇（114）
慧思大师伦理思想研究 ………………………… 周谨平（131）
略论慧思大师的传道实践 ……………………… 雷　良（139）

慧思：惟其超越故成佛	曾一明（152）
三世诸佛，被我一口吞尽 ………… 张　景	张松辉（172）
慧思大师四安乐行之生命教育论析	尤惠贞（191）
论慧思大师的和合识	陈力祥（205）
《法华经安乐行义》中的理趣与功夫	胡不群（218）
慧思《无诤行门》中的"心识"浅说	陈俣霖（233）
论慧思大师大乘止观思想之二谛观	丁建华（243）
论慧思大师的禅定修习理念	郭延成（258）

慧思大师佛性思想探析

　　——以《大乘止观法门》为例 …………… 黄德昌（277）

南岳慧思大师的教育思想	黄文树（289）
从南岳慧思传略生平考述其佛学思想	蒋家华（314）

略论慧思"一心三观"及其对天台"三谛圆融"

　　思想之影响 …………………………………… 赖功欧（327）

慧思大师《立誓愿文》对末法时代弘法自救的

　　启示 …………………………………………… 雷树德（338）

慧思大师禅思想探析	李　玲（347）
慧思大师性具净染思想研究	李万进（357）

慧思圆顿思想对禅宗顿悟的影响

　　——以水牯牛自喻为例 ………………………… 刘　胜（376）

慧思大师对佛教末法思想的阐扬和推动 ……… 牛延锋（398）

如是实相如是禅

　　——管窥南岳师说"十如"之旨趣 …………… 释登名（416）

慧思大师之法华"有相行"思想研究	释慧闻（431）
论慧思大师"一心具足万行"的般若圆意	释隆裕（449）
对慧思大师《立誓愿文》之思考	释任贤（466）

千古忧教第一僧

　　——慧思大师末法思想的当下解析 …………… 宋　雷（476）

慧思大师对《大智度论》禅观之阐发与诠释 … 王晴薇（485）

《立誓愿文》
　　——佛教中国化的宣言书 …………………… 王照杈（496）
慧思大师的凡圣观探析 ……………………………… 习细平（509）
慧思大师《大乘止观法门》心论 …………………… 徐仪明（520）
浅论慧思大师与禅宗的渊源 ………………………… 演　明（533）
《大乘止观法门》与《大乘起信论》
　　——以圣严《〈大乘止观法门〉之研究》
　　　为视角 ……………………………………… 姚彬彬（548）

慧思大师与南岳佛教文化综论（下册）

慧思、智𫖮与天台宗的创立 ………………………… 杨维中（563）
智觉延寿禅师与《法华经》及法华宗天台教的殊
　　胜因缘 ………………………………………… 黄公元（577）
慧思大师年谱南岳事迹补考 ………………………… 张京华（595）
刍议慧思大师弥勒信仰对智者大师的影响 ……… 释心悟（613）
慧思禅师与南岳立寺
　　——以慧思"神仙方术"为中心 …………… 陈安民（635）
从南岳传说故事"岳神搬家"看民间文学塑造的
　　慧思大师形象 ………………………………… 杜寒风（646）
刍议慧思对于南岳佛教的奠基性作用 …………… 段基亮（659）
南岳，慧思的南岳
　　——慧思巨大贡献和深远影响之浅见 ……… 谭自生（672）
南岳何以不同南岳？
　　——比较南岳慧思与南岳怀让的坐禅观 …… 郝金广（684）
慧思大师南岳行迹考述 …………………………… 周华平（697）
慧思大师三生塔历史考察 ………………………… 田　艳（709）
慧思故事及其形象在唐宋时期的演变 …………… 罗　宁（725）
衡山南台寺有关乘云宗碑铭略考 ………………… 徐　衡（764）

万庵道颜禅法思想析论 …………………… 蒋九愚（780）
天台宗与禅宗关系研究
　　——论禅宗"不立文字"与天台"一念三千"
　　　之理念汇通 ………………… 周骅　沈建（795）
唐代弥陀寺、宋代胜业禅寺与南岳祝圣寺的历史
　　关系考证 ……………………………… 旷文惠（807）
怀让禅师禅法特色简析 …………………… 佟　伟（821）
南岳福严寺继起弘储禅师行年事迹考 …… 万　里（832）
南岳石头希迁禅师禅学思想及其现代意义 … 魏建中（868）
南岳怀让法系马祖道一的禅学思想 ……… 伍先林（877）
南岳佛儒文化的兴盛与传承
　　——从慧思大师到王夫之 ………… 叶宪允（891）
百济玄光与中韩天台佛教文化交流 ……… 李海涛（909）
禅宗南北之争与天台宗传法谱系的产生 …… 刘　聪（920）
天台性具思想之析论
　　——兼论印顺与牟宗三之观点 …… 邱敏捷（934）
《法华经》与天台宗义 ………… 孙劲松著　释照智校（951）
以染净缘起理念诠释天台宗山家山外之争的原因
　　及内涵 ………………………………… 释性平（986）
慧思对韩国天台宗的影响
　　——新罗玄光师承源流考 ………… 周　欣（997）
奠基开法为台教　传灯续脉功千秋
　　——略述南岳思大禅师对于天台宗的影响 …… 释圣航（1008）
从大小乘佛教的矛盾看慧思南下衡岳的原因 …… 王宏涛（1019）
慧思大师入住南岳年月考 ………………… 袁宗光（1033）
慧思禅师论禅修的历程 …………………… 张云江（1042）
论自传文的一种全新写作范式
　　——以慧思的《立誓愿文》为中心 ……… 陈　洁（1059）
巨赞法师抗战期间在南岳爱国护教的活动和

思想 ………………………………………… 释传元（1068）
南岳默庵法师与大善寺中兴 ………………… 广　初（1084）
以南岳怀让为中心的传法谱系的建立 ……… 黄守愚（1097）
藉教悟宗：慧思和菩提达摩
　　——共同开创了隋唐佛学和宋明理学的
　　先河 …………………………………… 李尚全（1120）
慧思造金字《般若经》的经典依据研究 ……… 马宗洁（1135）
智诜与净众保唐禅派对慧思禅法的继承发展 …… 秦彦士（1147）
慧思大师诞辰1500周年纪念活动综述 ………… 一　道（1162）
慧思大师诞辰1500周年学术研讨会综述 ……… 杨　杰（1165）

禅门中的慧思禅师形象

董 群

(东南大学人文学院,金陵图书馆馆长)

摘 要:在禅宗的史料中,慧思和智者大师被作为禅师,一直受到重视。但禅门中记录的资料,有些并不是天台宗所有的,但在禅门中却特别有影响,体现了"禅宗中的慧思形象"。有些资料,是《景德录》中才有的,后来天台宗也吸收了这些看法。然而,如果研究天台宗,不关注这些资料,是不完善的;同样,研究禅宗史,也要重视这些资料,这符合宗密以来的禅宗史编撰传统。

关键词:慧思 禅师 禅宗 天台宗

作为天台宗祖师的慧思和智者大师,在禅宗是作为禅师来看待的,但是,研究禅宗史或禅学史的,似乎都不关注到天台禅,这并不符合禅宗史编撰的历史传统。而研究天台宗的,似乎也不重视禅宗中的天台材料,以慧思为例,一些涉及慧思的研究,似乎没有提到《景德录》中的慧思材料[1],也许有其原因。禅门中的慧思资料,以宗密提及得最早,以《景德录》的记载最为详细,《景德录》中的记载,有些与《续高僧传》中的《慧思传》相近,有些则是独有的,这些独有的资料,也不

---

[1] 比如潘桂明、吴忠伟《中国天台宗通史》,凤凰出版社2001年版。

知其出处，有的被后来的天台宗文献吸收了，有些则明确认为不确切。禅宗中在《景德录》之后的慧思资料记载，大致都没有超过《景德录》之处，但禅门中依据其中的资料，有些内容是作为公案不断被参究的。从这个角度看，可以呈现出一个作为禅师的慧思。

一　宗密对于天台禅包括慧思的重视

唐代华严宗和荷泽宗传人圭峰宗密在其《禅源诸诠集都序》中，将直到他的生活时代为止的禅学流派归纳为百家，其中重要的有十家，其中最后一家就是天台，"今集所述殆且百家，宗义别者，犹将十室，谓江西、荷泽、北秀、南侁、牛头、石头、保唐、宣什、及稠那、天台等"。宗密把禅宗的思想，依照其特色，又归纳为三大类，即息妄修心宗、泯绝无寄宗和直显心性宗。天台禅的修行入门，或禅行方便，被列入息妄修心宗一类，这一宗的禅理被概括为："息妄修心宗者，说众生虽本有佛性，而无始无明覆之不见，故轮回生死。诸佛已断妄想，故见性了了，出离生死，神通自在。当知凡圣功用不同，外境内心，各有分限。"其禅行为，"故须依师言教，背境观心，息灭妄念，念尽即觉悟，无所不知。如镜昏尘，须勤勤拂拭，尘尽明现，即无所不照"。其入门方便为："又须明解趣入禅境方便，远离愦闹，住闲静处，调身调息，跏趺宴默，舌拄上腭，心注一境。"天台的禅法，与此宗的禅行和方便基本相同，但禅学理论有差别，"进趣方便迹即大同，见解即别"。① 在义理和修行上，宗密则对一些禅宗派别以及天台禅法有所不满，"禅宗、天台多约止观，美则美矣，且义势展转滋蔓，不直示众生自心行相"②。

---

① 均见《禅源诸诠集都序》，《大正藏》第48册，第399页上—413页中。
② 《圭峰定慧禅师遥禀清凉国师书》，《大正藏》第39册，第577页中。

这些禅法都不讲直指。这里讲的天台，其实也包括慧思，但有时宗密将慧思和天台分别开来，"南岳、天台，令依三谛之理，修三止三观，教义虽最圆妙，然其趣入门户次第，亦只是前之诸禅行相"①。这里的南岳即指慧思的禅法，天台则专指智者大师。宗密承认他们三止三观理论的圆妙，但在入门的次第方便层面，也只是四禅八定的类型。

宗密把僧稠、求那跋陀罗与天台，包括慧思的禅法归结为"诸家杂述"一类，即不属于达摩一系。依照宗密《禅源诸诠集》的体例，他应该是具体记载天台禅的内容的，但他又明确地说："天台言教广本，虽备有始终，又不在此集之内。"② 方广锠先生认为，这个表达是说："天台教典的主体部分，则不属《禅藏》所收。"③ 也就是说，不是像天台藏那样收入其全部内容，其中有关禅修的部分，应该有所收入。

二 《景德录》中的慧思资料

作为灯录类的最早作品，《祖堂集》中没有记录天台宗人物，到宋代的法眼宗僧道原在宋景德元年（1004）所编的《景德传灯录》卷二十七中，慧思被收在"禅门达者虽不出世有名于时者"一类中，第三人就是"南岳慧思禅师"，视为禅师。第四人是另一天台宗人物，"天台智顗禅师"。

"南岳慧思禅师"一段所述的内容，主要是慧思的生平事迹，这种记载，在佛教史上并不是最早的，天台宗灌顶法师在其《隋天台智者大师别传》中就有对于慧思的记载；唐道宣的《续高僧传》卷十七，将慧思和智顗都列入"习禅篇"，视其为

---

① 《禅源诸诠集都序》卷上，《大正藏》第48册，第399页中。
② 《禅源诸诠集都序》卷下，《大正藏》第48册，第412页下。
③ 方广锠：《关于〈禅藏〉与敦煌禅籍的若干问题》，《藏外佛教文献》，1995年。

禅僧；尽管如此，《景德传灯录》在禅宗史上，可能是最早对慧思的记录。对于像《续高僧传》这样的记载来说，一些基本材料，《景德录》中并无新内容，但《景德录》综合了其他文献中的一些资料甚至传说，这种记载的意义不同一般的佛教史传甚至于天台宗本身的记录。

《景德录》对于慧思生平的记载，大致可以分为三大阶段，第一阶段，从在俗家至栖止大苏山一段的记录：

> 衡岳慧思禅师，武津人也，姓李氏，顶有肉髻，牛行象视。少以慈恕闻于闾里，尝梦梵僧劝出俗，乃辞亲入道。及禀具，常习坐，日唯一食，诵《法华》等经满千遍，又阅《妙胜定经》，叹禅那功德，遂发心寻友。
>
> 时慧闻禅师有徒数百（闻禅师始因背手探藏，得《中观论》，发明禅理。此论即西天第十四祖龙树大士所造，遂遥禀龙树），乃往受法，昼夜摄心，坐夏，经三七日，获宿智通，倍加勇猛。寻有障起，四支缓弱，不能行步。自念曰：病从业生，业由心起，心源无起，外境何状？病业与身，都如云影。如是观已，颠倒想灭，轻安如故。
>
> 夏满，犹无所得，深怀惭愧，放身倚壁，背未至间，豁尔开悟法华三昧最上乘门，一念明达，研练逾久，前观转增。名行远闻，学侣日至，激励无倦，机感实繁。乃以大小乘定慧等法，随根引喻。俾习慈忍行，奉菩萨三聚戒，衣服率用布，寒则加之以艾。以北齐天保中领徒南迈，值梁孝元之乱，权止大苏山。①

这一段交代了慧思的籍贯、俗姓，先天秉赋、少年经历，辞亲出家因缘，受具足戒后的修行经历，特别是读《法

---

① 《景德传灯录》卷二十，《大正藏》第51册，第431页上—中。

华经》千遍及《最妙胜定经》，以及寻访慧文的经过。这段记载中的"慧闻"禅师，也叫慧文。从慧文习禅，以及坐禅得病的经历，由对此病的反省而有所悟，此段病中因缘，常为禅门参究，万松禅师《从容录》中参"马师不安"公案，曾说"古人病中犹为佛事"。就引用了这一因缘，"南岳思大病障忽生，便就病作一则因缘。"① 但慧思此时的所悟，还不是大悟，这种悟是到后来，身体往后面的墙壁上靠，还未靠上这一刹那，忽然开悟，悟得法华三昧，慢慢地，名声远播，学者汇聚，后"权且"避乱至河南的大苏山，并没有长期居于此的打算。

在大苏山时期，《景德录》记载了慧思的两首偈语开示：

轻生重法者相与冒险而至，填聚山林。师示众曰：道源不远，性海非遥，但向己求，莫从他觅。觅即不得，得亦不真。偈曰：
顿悟心源开宝藏，隐显灵通现真相。
独行独坐常巍巍，百亿化身无数量。
纵合逼塞满虚空，看时不见微尘相。
可笑物兮无比况，口吐明珠光晃晃。
寻常见说不思议，一语标名言下当。
又偈曰：
天不能盖地不载，无去无来无障碍。
无长无短无青黄，不在中间及内外。
超群出众太虚玄，指物传心人不会。②

这一段"性海非遥"的开示，从思想内涵来说，与禅宗南

---

① 《从容录》卷三，《大正藏》第 48 册，第 251 页中。
② 《景德传灯录》卷二十，《大正藏》第 51 册，第 431 页中。

派所讲的自心佛性、不从他求的观点是一致的,《续高僧传》的《慧思传》中无,只在禅宗资料中有,后来被天台宗编于南宋的《佛祖统纪》《天台九祖传》等传记资料吸收。这一段话,在禅宗中非常有名,常被禅师所拈提,金陵保宁寺圆玑禅师上堂说:"道源不远,性海非遥;但向己求,莫从他觅。古人怎么说话,大似认奴作郎,指鹿为马。若是翠岩即不然也,不向己求,亦不从他觅。"① 这里讲的古人,就是慧思。龙门清远在开示中说:"所以道:道源不远,性海非遥,但向己求,莫从外觅。"② 作为结论的这段话,就是出自慧思。

这两首偈,《续高僧传》中无,《佛祖统纪》收入,可以说是禅宗中出现的慧思的偈,后也被天台宗的《佛祖统纪》吸收了,但《宗镜录》中则称第一首偈是志公和尚偈③。

在大苏山,还有一段记载:

> 其他随叩而应,以道俗所施造金字《般若》《法华经》。时众请师讲二经,随文发解,复命门人智𫖮代讲,至"一心具万行",有疑请决。师曰:汝所疑乃《大品》次第意耳,未是《法华》圆顿旨也。吾昔于夏中一念顿发,诸法见前,吾既身证,不劳致疑。𫖮即咨受《法华》,行三七日得悟(𫖮即天台教主智者大师,如下章出焉)。④

这里谈到了在此山讲《般若》和《法华》两经,智𫖮在其门下习佛,他又培养智𫖮的讲经能力,让智𫖮代讲,如果有疑问,慧思当场为其决疑。智𫖮高超的讲经能力,与慧思对其的

---

① 《续传灯录》卷十六,《大正藏》第51册,第574页上。
② 《古尊宿语录》卷二十八,《卍续藏》第68册,第184页中。
③ 《宗镜录》卷九十八,《大正藏》第48册,第941页下。
④ 《景德传灯录》卷二十,《大正藏》第51册,第431页中。

第二阶段，南岳时期。这一段的内容相对较为简略。

> 陈光大元年六月二十三日，自大苏山将四十余僧径趣南岳。乃曰：吾寄此山止期十载，已后必事远游，吾前身曾履此处。巡至衡阳，值一处林泉胜异，师曰：此古寺也，吾昔曾居。俾掘之，基址犹存。又指岩下曰：吾此坐禅，贼斩吾首。寻得枯骸一聚。自此化道弥盛，陈主屡致慰劳供养，目为大禅师。①

此处记载的是慧思到南岳后所说的一些与其前生相关的奇特语，很有宗教影响，禅宗中也很关注，《北山录》中说："衡岳思大，能远视多生（皆得先观）。"② 思大，就是慧思大和尚、大禅师。

这段记载又谈到与陈主的关系，赐其"大禅师"号。

第三阶段，圆寂场景及著述。

> 将欲顺世，谓门人曰：若有十人不惜身命，常修法华、般舟、念佛三昧、方等忏悔，期于见证者，随有所须，吾自供给。如无此人，吾即远去矣。
>
> 时众以苦行事难，无有答者，师乃屏众，泯然而逝。小师云辩号叫，师开目曰：汝是恶魔，吾将行矣，何惊动妨乱吾耶？痴人，出去！言讫长往。
>
> 时异香满室，顶暖身软，颜色如常，即太建九年六月二十二日也，寿六十有四。凡有著述，皆口授，无所删改，撰《四十二字门》两卷，《无诤行门》两卷，《释论玄》

---

① 《景德传灯录》卷二十，《大正藏》第 51 册，第 431 页中。
② （唐）神清撰，（北宋）慧宝注：《北山录》卷十，《大正藏》第 52 册，第 632 页中。

《随自意》《安乐行》《次第禅要》《三智观门》等五部各一卷,并行于世。①

这一大段,详细描述圆寂时的情形,反映了他对于所修的一些法门的重视,并记录了他所留下的著述。

与后来的一些禅宗史传类作品相比,《景德录》中对于慧思的记载内容是最为丰富的,并影响到后人对于慧思思想的参究。

《景德录》中,也有智者大师的记载,其中也涉及慧思,即智者向慧思求学的经历,这也是对慧思的一种记载。智者大师于"陈天嘉元年,谒光州大苏山慧思禅师。思一见乃谓曰:昔灵鹫同听《法华经》,今复来矣。即示以普贤道场,说四安乐行。师入观三七日,身心豁然,定慧融会,宿通潜发,唯自明了。以所悟白思,思曰:非汝弗证,非吾莫识。此乃法华三昧前方便初旋陀罗尼也,纵令文字之师千万,不能穷汝之辩,汝可传灯,莫作最后断佛种人。师既承印可,太建元年礼辞,住金陵阐化"②。这一段,讲述了智者大师在大苏山参访慧思的经过,补充了禅宗典籍中的慧思资料。

三 其他禅宗史传著作中的慧思记载

除了《景德录》,其他的禅宗史传作品对于慧思的记载,相对来说内容比较简略。

"五灯"中的《联灯会要》,对于慧思的记载,只是宝志公的传话:"南岳慧思禅师。因志公令人传语云:何不下山教化众生?目视云汉作甚么?师云:三世诸佛,被我一口吞尽,何处

---

① 《景德传灯录》卷二十,《大正藏》第51册,第431页下。
② 同上。

更有众生可化？五祖戒云：更说道理看？"又加上一句五祖师戒的拈提语。

《五灯会元》对于慧思有简单的记载，归类于"西天东土应化圣贤"，将《景德录》中的内容大大减少了，但加上了《联灯会要》中志公传语的内容，只是去除了五祖师戒的拈提语。

> 武津李氏子，因志公令人传语曰：何不下山教化众生？目视云汉作甚么？师曰：三世诸佛，被我一口吞尽，何处更有众生可化？
>
> 示众曰：道源不远，性海非遥，但向己求，莫从他觅。觅即不得，得亦不真。①

最后的内容是两首偈，与《景德录》中同。这里的"何不下山教化众生"，在《景德录》中收入卷二十七的"诸方杂举征拈代别语"中，关于这一段非常禅师式的话，《佛祖统纪》有所考证，说明作为慧思的话语并不确切。

> 《传灯》云：志公令人谓思师曰：何不下山教化众生？师报曰：三世诸佛被我一口吞却，有何众生可化？今考南岳《愿文》自序，诞生之年，当梁武天监十四年，至陈光大二年，始至南岳，时年五十四，志公已入灭于梁武之世久矣，不当有此遭问。今恐别有一师，后人误传为志公耳。②

但这一段问答，却是禅门中广为拈提的，可以看出禅宗眼

---

① 《五灯会元》卷二，《卍续藏》第80册，第67页中。
② 《佛祖统纪》卷六，《大正藏》第49册，第180页下。

中慧思的禅师特色。这被禅师门中称为"思大吞尽诸佛"公案，参究者众。如，虚堂和尚颂曰："一口吞尽三世佛，牙如剑树眼如铃。断弦不必鸾胶续，只要知音侧耳听。"①《禅宗颂古联珠通集》卷四收有这样的颂此公案的偈颂四首。雪窦禅师拈提此公案说："有什么屎臭气？"②

《禅宗拈古汇集》将《五灯会元》中的"志公令人传语"被禅门中人拈提的话，都汇集在一起，共十八条，充分说明了禅宗人的慧思形象，比如说："五祖戒代志公又传语云：更说道理看。"其实，禅门中对此公案参究非常多并不只是这十多条。

《宗鉴法林》也是如此，与《禅宗拈古汇集》中的慧思内容相同。

后来的《五灯全书》也有慧思一段，几乎与《五灯会元》全同。

《指月录》卷二也有《南岳慧思禅师》一节，内容结合了《景德录》和《五灯会元》，即将志公传话一段加了进去。所以，内容多于《五灯会元》。

《御选语录》似乎要选入慧思的语录，但实际上只是收入了一首偈，即慧思在大苏山开示的一首偈语："道源不远，性海非遥，但向己求，莫从他觅。觅即不得，得亦不真。"并加了后面的两首偈，并没有增加新的内容，只是选择内容的不同。

《永觉元贤语录》中，作了一首颂慧思禅师的偈子，但归入"台宗诸祖"类，《南岳慧思尊者》："抱经空冢，悲泪何切？普贤摩顶，默然为说。禀观北齐，法华顿彻。展拓义门，永迪来哲。故知宿誓弘持，当是地涌之列。"③

---

① 《虚堂和尚语录》卷五，《大正藏》第47册，第1019页下。
② 《明觉禅师语录》卷一，《大正藏》第47册，第671页下。
③ 道霈重编：《永觉元贤禅师广录》卷二十，《续藏经》第72册，第500页下。

明代的《紫柏别集》中，有"礼佛仪式"，其中的"南无"的对象，包括了慧思，"南无南岳慧思菩萨摩诃"。

唐慧义寺沙门神清撰，北宋慧宝注之《北山录》中《宗师议篇》谈到慧思，"陈衡岳慧思（衡岳南岳也，在湖南，今岳州也）证法华三昧，能知前生事，顶有肉髻，知达人心，毒不能害，怨不能动。初，智𫖮悦其风而造焉。思曰：昔灵山同听法华，宿缘所追，今复来矣。遂示普贤道场四安乐行。𫖮行道经三七夕，诵至《药王品》，心缘苦行，至是真精进句，见与慧思同，在灵山听佛说法。思云：此之灵相，非尔不感，非我莫识，此法华三昧前方便也。思以三观义传𫖮，𫖮以四教义裨之。"①这种说法，在唐代的《弘赞法华传》中就已经有了。

四 结 论

在禅宗的史料中，慧思和智者大师被作为禅师，一直受到重视，但禅门中记录的资料，有些并不是天台中所有的，但在禅门中却特别有影响，这体现了禅宗中的慧思形象。有些资料，是《景德录》中才有的，后来天台宗也吸收了这些看法。所以说，如果研究天台宗，不关注这些资料，也许是不完善的，研究禅宗史，不关注这些资料，也不符合宗密以来的禅宗史编撰传统。

---

① （唐）神清撰，（北宋）慧宝注：《北山录》卷四，《大正藏》第 52 册，第 599 页下。

回小向大,诸法无诤

——慧思大师《诸法无诤三昧法门》研究

陈 坚

(山东大学佛教研究中心主任)

摘 要:慧思大师《诸法无诤三昧法门》分上、下两卷,表面上看,慧思大师主要是讲各种各样的禅修方法,有大乘的,也有小乘的,但主体却是小乘的"四念处"禅法。不过,慧思大师所讲并不止于此,一个修行人的最终目的不是为了自己解脱,而是为了教化众生,慧思大师讲的"小"是种方便,根本还是要"回小向大"。以此而言,《诸法无诤三昧法门》所体现的乃是大乘菩萨道而非小乘罗汉道。天台宗本是"海纳百川,有容乃大",根本就不排斥小乘和外道,反而是将小乘和一切外道看成是成佛的"方便",这基本上体现了慧思大师"诸法无诤"的观念。

关键词:慧思 诸法无诤 罗汉道 菩萨道 回小向大

一

在《金刚经·一相无相分》中,世尊和须菩提讨论如何在修行的过程中以不执着的心态来对待所获得的"果位",这种"果位"从高到低共有四个层次,也就是所谓的"四果",即须陀洹、斯陀含、阿那含和阿罗汉,其中关于阿罗汉,世尊和须菩提有如下的对话：

> （世尊问）："须菩提，于意云何？阿罗汉能作是念'我得阿罗汉道'不？"
>
> 须菩提言："不也，世尊，何以故？实无有法名'阿罗汉'。世尊，若阿罗汉作是念'我得阿罗汉道'，即著我、人、众生、寿者。世尊，佛说我'得无诤三昧，人中最为第一，是第一离欲阿罗汉'，我不作是念'我是离欲阿罗汉'。世尊，我若作是念'我得阿罗汉道'，世尊则不说'须菩提是乐阿兰那行者'。以须菩提实无所行而名'须菩提是乐阿兰那行'。"①

我们都知道，《金刚经》乃是佛（即"世尊"）与作为其十大阿罗汉弟子之一的须菩提之间的对话集。佛的这十大弟子各有其专业特长，其中须菩提的特长是"解空第一"，也就是对佛所说的"空"的道理是最为了解的。正因为须菩提深刻地理解了佛教的"空"理，所以他即使得了阿罗汉果位也不执着于阿罗汉果位，这被佛赞叹为是"得无诤三昧，人中最为第一，是第一离欲阿罗汉"，那么什么是"无诤三昧"呢？近代佛学家丁福保居士（1874—1952）在《金刚经笺注》中解释"世尊，佛说我'得无诤三昧人中最为第一'"这句经文时对"无诤三昧"有如下旁征博引的解释，曰：

> 无诤三昧者，安住空理，不与人争之禅定也。《智度论》十一："舍利弗，佛弟子中智慧第一；须菩提于弟子中，得无诤三昧最为第一。无诤三昧相，常观众生，不令心恼，多行怜悯。"《金刚经略疏》中："无诤三昧者，以其解空，则彼我俱忘，能不恼众生，亦令众生不起烦恼故也。"《涅槃经》云："须菩提住虚空地，若有众生嫌我立

---

① 《金刚经》，《大正藏》第 8 册，第 749 页下。

者,我当终日端坐不起;嫌我坐者,我当终日立不移处。一念不生,诸法无诤。"《华严经》云:"有诤说生死,无诤即涅槃。"六祖偈曰:"诤是胜负心,与道相违背,便生四相心,何由得三昧?"六祖曰:"三昧梵音,此云正受,亦云正见。远离九十五中邪见,是名正见。"王日休曰:"梵语三昧,亦云三摩地,亦云三摩提,此云正定,亦云正受,乃谓入定思想法也。正定者,谓入定之法正也。正受者,谓定中所想境界而受之,非是妄想,古云正受。世人不知此理,乃谓三昧为妙趣之意,故以善于点茶者,谓得点茶三昧;善于简牍者,谓得简牍三昧,此皆不知出处,妄为此说也。于此三昧人中,须菩提为第一。"①

丁福保在这段话解释了什么叫"三昧"和"无诤三昧"。所谓"三昧",梵语 samadhi 的音译,有时也译作"三摩地"或"三摩提",就是我们通常所说的禅定之"定"。不过,丁福保引六祖慧能(638—713)和王日休(宋代著名居士,?—1173)的观点对之作了稍为详细点的解释,说"三昧"是"正受""正见"和"正定"的意思,而不是坊间所理解的"妙趣",什么"点茶三昧""简牍三昧"云云,都是错解了"三昧"。我们现在有个成语叫"个中三昧",其中的"三昧"就有"妙趣"的意思。"妙趣",乃是"三昧"在汉语语境中的转义,而"正受""正见"和"正定"虽然是"三昧"的佛学正义,佛学辞典中也这么解释,但一般人却是难以理解,即使再作诸如"正受者,谓定中所想境界而受之,非是妄想"之类的解释,不明白者依然还是不明白,明白者不解释也明白。从这个意义上来说,丁福保似乎没有必要去单独解释"三昧",直接将"无诤三昧"当作一个整体来解释就是了,因为,"无诤"和"三昧"

---

① 丁福保:《金刚经笺注》,华东师范大学出版社2013年版,第75—76页。

本来就是一个事情的两个方面，它们同时互为因果并相互显明对方的含义从而构成一个相互依存的整体，用佛教方程式来表述就是"无诤"即"三昧"，"三昧"即"无诤"，这与"缘起性空"的情况是一模一样的。因为"缘起"，所以就"性空"，反过来，因为"性空"，所以能"缘起"。"缘起"与"性空"就这样相即不二地构成一个意义整体。

作为佛教最最基础的思想，"缘起性空"想必大家都是清楚的，但是"无诤三昧"可能就不一定明白了。虽然丁福保对"三昧"的解释似乎是多此一举，无甚必要，但是他对"无诤三昧"的解释却是"传道授业解惑"了，他说："无诤三昧者，安住空理，不与人争之禅定也。"也就是说，因契悟了"空理"而安住其中从而不与他人争竞比较的禅定境界就是"无诤三昧"。为了进一步显明"无诤三昧"这一佛学意蕴，丁福保还引用《大智度论》《金刚经略疏》《涅槃经》《华严经》等相关经论以及六祖慧能的偈语以为张目，综合所引用的这些资料，我们可以得出，"无诤三昧"乃是这样一种"空"的境界，当你达到这种境界后，乃能慈悲平等地看待与你相对的芸芸众生，一切随顺众生，不与众生争竞，比如"若有众生嫌我立者，我当终日端坐不起；嫌我坐者，我当终日立不移处"，这样"一念不生"，就能"诸法无诤"，不但自己不会因众生而烦恼，而且也不会令众生烦恼，总之是他好我也好——能做到这样，就是入于"无诤三昧"了。如果有的人自认为自己达到了"空"的境界，高人一等，于是就看不起芸芸众生，与后者产生对立隔别的情绪，那他的"空"实际上也就不是真正的"空"，或者说他根本就没"空"，从而也就不可能入于"无诤三昧"。懂得了这个道理，我们再来看须菩提。须菩提是"解空第一"，既然"解空第一"，那就能做到真正的"空"；既然能真正地做到"空"，那就能真正地入于"无诤三昧"，并被佛赞叹为"得无诤三昧，人中最为第一"。佛之所以有这样的赞叹，可能与下面这个在网上到处被转载的关于须菩提的故事有关，

故事的大意是这样的:

话说佛陀从外地讲法归来,大家都喜出望外争先恐后地去迎接,然而须菩提却是很安然地坐在那里缝补衣服,也不起身迎接,好像根本就没有佛陀回来这回事似的。那时,在比丘尼中有一位神通第一的莲华色,第一个抢先迎接到佛陀,她对佛陀一边顶礼一边说道:

"佛陀!弟子莲华色第一个先来迎接佛陀的圣驾,请佛陀接受弟子的拜见!"

佛陀微笑着,慈和地说:

"莲华色!你不能说是第一位来迎接我的人!"

莲华色非常惊奇,看看左右,大迦叶等长老才从身后赶来。莲华色以怀疑的口吻问道:

"佛陀!弟子敢问,在莲华色以前,是谁已迎接到佛陀呢?"

佛陀笑着,看看很多弟子都赶上来,像是回答莲华色,又像是告诉大家道:

"你们很好,很远的赶来迎接我,但是第一个迎接我的是须菩提,须菩提这时在耆阇崛山的石窟中观察诸法的空性,他才是真正迎接见到我的人。见法的人,才能第一个见到佛陀,第一个迎接佛陀。"

莲华色比丘尼和诸弟子,经佛陀这么一说,才知道在佛陀的教法中,是对宇宙人生真理的体会,大家都惭愧地觉得还不及须菩提尊者。

经过佛陀特别的赞叹,须菩提的美名盛德,在僧团中更是受人尊敬了。①

---

① 《迎接佛陀第一人》,参见 http://www.liaotuo.org/fojiaogushi/renwu/31024.html,2014-02-27。

须菩提在这里表现出了两个与常人不同且超越常人的品质，一是"无诤"，即不与他人竞争，任凭他人争先恐后去迎接佛（一如春节很多人到寺院抢头香），我自岿然不动安坐缝衣服；二是即使佛来了，也不起身迎接，真正地理解和贯彻了佛在《金刚经·如理实见分》中教导他的"凡所有相，皆是虚妄。若见诸相非相，即见如来"之彻底"空性见"，真正地"安住空理"而"三昧"了，而定了，这就难怪佛要称赞须菩提是"得无诤三昧，人中最为第一"了。至于佛说须菩提是"第一离欲阿罗汉"，佛教中也有相应的故事以为注脚，限于篇幅，这里就不烦举了。总之，作为"第一离欲阿罗汉"，须菩提乃是实见"空性"，"安住空理"，不与人争而入于"无诤三昧"之禅定境界，这种境界在义净法师（635—713）那里被称为"无诤住"。

二

"无诤住"见于义净法师翻译的《佛说能断金刚般若波罗蜜多经》，这是《金刚经》的同本异译。我们一般所说的《金刚经》乃是指鸠摩罗什（Kumārajīva，344—413）所翻译的《金刚般若波罗蜜经》。与《金刚般若波罗蜜经》之注重意译和辞藻相比，义净法师的《佛说能断金刚般若波罗蜜多经》更注重经文原义的直译从而显得更为质朴，比如就前文所分析的世尊和须菩提关于阿罗汉的那段对话而言，义净法师是这样翻译的：

"妙生，于汝意云何，诸阿罗汉颇作是念'我得阿罗汉果'不？"妙生言："不尔，世尊。由彼无有少法名阿罗汉。世尊，若阿罗汉作是念：'我得阿罗汉果者'，则有我执、有情、寿者、更求趣执。世尊，如来说我得无诤住中最为第一。世尊，我是阿罗汉，离于欲染，而实未曾作如是念'我是阿罗汉'。世尊，若作是念'我得阿罗汉者'，如来即不说我'妙生得无诤住，最为第一'；以都无所住，是故说我'得无诤住，得无诤住'。"①

对照鸠摩罗什译本，义净法师将"须菩提"翻译成"妙生"，将"无诤三昧"和"阿兰那"都翻译成"无诤住"，可见，所谓的"阿兰那"，其实就是无诤三昧或"无诤住"，如丁福保在《金刚经笺注》中解释"世尊则不说'须菩提是乐阿兰那行者'，以须菩提实无所行而名'须菩提是乐阿兰那行'"时说：

慧苑《音义》上："'阿兰若'言'阿兰那'，正云'阿兰攘'，此翻无诤声。"陈雄曰："'乐阿兰那行者'，即是好无诤行之人也。"……"'阿兰那行'，魏、隋译作'无诤行'。"②

可见，无论是"阿兰那"，还是"无诤住"，抑或是"无诤三昧"，都是指佛教修行所达到的一种境界，确切地说乃是阿罗汉的一种境界，总之是人的一种佛教品质，正因如此，所以佛说须菩提"得无诤三昧，人中最为第一"，说的是作为人的须菩提"无诤三昧"，是人"无诤三昧"，而不是法"无诤三昧"。③然而，本文所要探讨的慧思大师的《诸法无诤三昧

---

① 《佛说能断金刚般若波罗蜜多经》，《大正藏》第8册，第772页下。
② 丁福保：《金刚经笺注》，华东师范大学出版社2013年版，第76—77页。
③ 据丁福保所引的王日休的"于此三昧人中，须菩提为第一"，可见王日休是将《金刚经》中的"得无诤三昧人中最为第一"断句为"得无诤三昧人中，最为第一"，而不是一般所断的"得无诤三昧，人中最为第一"，这两种断句虽然句式不同，但核心含义乃是一样的，即"无诤三昧"的主体都是指人而不是法。另外，丁福保在《金刚经笺注》中说："唐三藏法师义净（将《金刚经》中的'佛说我得无诤三昧，人中最为第一'）译作'如来说我得无诤住中最为第一'，据此则知'无诤三昧'不可断句。"（丁福保：《金刚经笺注》，华东师范大学出版社2013年版，第75页。）也就是说，丁福保是不同意王日休的上述断句法的，但无论同意与否，丁、王两人对"无诤三昧"的主体是人是无任何异议的。

法门》,其题目所说的"诸法无诤三昧",是法"无诤三昧",而不是人"无诤三昧",此其何故?丁福保曾引《涅槃经》云:"须菩提住虚空地,若有众生嫌我立者,我当终日端坐不起;嫌我坐者,我当终日立不移处。一念不生,诸法无诤。"这里的"一念不生,诸法无诤"已经向我们透露了相关的信息。我们且看索达吉堪布对"一念不生,诸法无诤"这句话的解释,他说:

> 如果达到远离一切烦恼,无任何分别念的境界,则对诸法不会有任何诤论。而世俗显现中,僧人为各种不同宗派而诤论,世间在家人为五蕴的苦乐感受而诤论不休,如世亲论师云:"瑜伽士为佛法而诤论,在家人为感受而诤论。"①

按照堪布的解释,所谓的"一念不生",意思是"达到远离一切烦恼,无任何分别念的境界",这种境界也就是慧能在《坛经》所说的"无念",也就是我们通常所说的"无分别",亦即是前文反复谈到的"无诤三昧",其中的"无诤",不就是"无分别"吗?当然,这种"无分别"和"无诤"乃是人"无诤"而不是法"无诤",不过,只要人"无诤"了,那么就能自然而然地法"无诤";如若不能实现法"无诤",那人就肯定没有真正达到"无诤",人是假"无诤"。现在很多佛教徒学佛修行后,往往贡高我慢,自以为有了很高的佛教境界,于是乎说这法不正那法邪了,我的是正法你的是邪法,法"诤"不断,彼此之间互相龃龉,这就是在法上"诤"了有分别了,一如堪布所指出的,"僧人为各种不同宗派而诤论,世间在家人为五蕴的

---

① 《索达吉堪布:〈金刚经〉之破小乘四果见》,参见 http://foxue.qq.com/a/20140126/009136.htm,2014-02-04。

苦乐感受而诤论不休,如世亲论师云:'瑜伽士为佛法而诤论,在家人为感受而诤论。'"如果其间再夹杂点借佛法以言他(比如个人恩怨和国家政治)的因素,那么就如陈垣(1880—1971)在《清初僧诤记》中之所描述了。相反,你如果真正做到了"一念不生",真正达到了"无诤三昧"的无分别境界,那么就如《金刚经·究竟无我分》中所说的,"一切法皆是佛法",法法平等,无有高下优劣之分,此即"一念不生,诸法无诤",亦即禅宗所谓的"一念不生,万法无咎"——既然不同的佛法之间彼此"无诤",那就你好我也好,哪一种佛法都是"无咎"的,都有其存在和被使用的价值,都能让修行者受益,只有明白了这一点,方可准确地把握慧思大师的《诸法无诤三昧法门》。

《诸法无诤三昧法门》是理解慧思大师佛学思想的重要入口。"综合各种有关史料的记载,慧思的著作共有9种,即《法华经安乐行义》、《诸法无诤三昧法门》、《南岳思大禅师立誓愿文》、《大乘止观法门》、《随自意三昧》、《释论玄》、《次第禅要》、《三智观门》、《四十二字门》,其中,后四种今已不存,即使在现存的前5种中,除《法华经安乐行义》及《诸法无诤三昧法门》外,余三种真伪如何,也是争论未定的问题。"① 在那么多被认为是慧思大师著作的作品中,只有《法华经安乐行义》和《诸法无诤三昧法门》这两种可以明确断定为是出自慧思大师本人之手,其他的都真假莫辨,可见它们两者在慧思大师研究中的重要地位。不过,话又得说回来,即便是那些假托慧思之名的著作,其作品之假却是衬托出了慧思之真。你想啊,一个在佛学上没有造诣的人,一个佛教界没有名气的人,谁来假托你的大名写作啊?避之还犹恐不及呢!这就像现在有很多人来模仿赵本山一样,正因为老赵他有名,所以才有模仿的价值,模仿了才有人看,否则,你一个无名小卒,谁愿意没事找事来

---

① 张风雷:《天台先驱慧思佛学思想初探——关于早期天台宗思想的几个问题》,载黄心川主编《光山净居寺与天台宗研究》,河南人民出版社2015年版,第63页。

假托你的名来模仿你的人啊！从这个意义上来说，慧思大师正因为有人假托其来发表自己的佛学思想所以才在中国佛教史上占有一席之地，才值得我们后人重视并加以研究，这里我们就不妨透过《诸法无诤三昧法门》来看一下慧思大师的佛学理念吧。

在具体探讨《诸法无诤三昧法门》之前，我想简单说三个事，一是关于"诸法无诤三昧法门"的读法。我以前受"无诤三昧"这个固定术语的影响，一般将其读作"诸法/无诤三昧/法门"，可以这样读，但也可以读作"诸法无诤/三昧法门"，这两种读法含义稍有差别，但各能从不同的角度反映《诸法无诤三昧法门》的佛学诉求，详见后文。二是在《诸法无诤三昧法门》的具体行文中，虽然"三昧"这个词俯拾皆是，但却既没有"无诤三昧"，也没有"诸法无诤"，一如《妙法莲华经》，题目中虽然有"莲华"一词，但在正文中却没有，从而此词的佛学含义需要我们从经文中来加以解读，"无诤三昧"和"诸法无诤"之于《诸法无诤三昧法门》亦复如是。三是关于"无诤三昧"，我们前文透过《金刚经》而大谈特谈了"无诤三昧"，但接下来要探讨的《诸法无诤三昧法门》中却没有"无诤三昧"，这岂不是"前功尽弃"或"牛头不对马嘴"？实际上不是没有"无诤三昧"，而是该文中所提到的所有"三昧"都是"无诤三昧"，因为佛教的一切"三昧"都具有"无诤"之品质，因而都是"无诤三昧"。我们现在通过计算机搜索《诸法无诤三昧法门》文本，发现共有如下"三昧"：

> 百八三昧、现一切色身三昧（普现色身三昧）、禅方便三昧、众生语言三昧、师子奋迅三昧、超越三昧、大地三昧、虚空三昧、月爱三昧、他心智三昧、神通三昧、他心智差别三昧、身念处受念处三昧、心念处如意神通如愿三昧、一切定解脱三昧、法念处三昧。

这些个"三昧"乃是通过不同的佛法修习而达到的"无诤三昧"境界。慧思大师在《诸法无诤三昧法门》中非常明确地告诉我们,佛法虽各有不同,但不同的佛法都可以达到"无诤三昧"的境界,因而它们之间并没有矛盾,更没有邪正高低贵贱之分,这就是所谓的"诸法无诤"。"诸法无诤","诸法"之所以"无诤",乃是因为诸法都是达到"无诤三昧"的法门,是谓"诸法无诤三昧法门"。

三

要正确理解"诸法无诤三昧法门"的含义,必须深入了解《诸法无诤三昧法门》文本的具体内容。杨曾文先生对慧思大师的《诸法无诤三昧法门》有如下的文本判定,曰:

> 慧思《诸法无诤三昧法门》(简称《无诤法门》)介绍各种禅法,以一半篇幅讲"四念处"禅。从形式上看虽多少是小乘禅法,但观想的内容以大乘般若思想为主,宣传世界万有和众生皆虚幻无实。①

《诸法无诤三昧法门》分上、下两卷,表面上看,慧思大师在其中确实主要是在讲各种各样的禅修方法,有大乘的,也有小乘的,但主体却是小乘的"四念处"禅法,因为其上卷之后半部分和整个下卷都是围绕着"四念处"在谈。不过,大家千万别以为慧思大师在《诸法无诤三昧法门》中只是像其弟子智𫖮(538—597)在《释禅波罗蜜次第法门》所做的那样,向芸芸众生介绍佛教林林总总的禅法就算了——慧思大师绝不止于

---

① 杨曾文:《天台宗的史前期——从慧文到慧思》,载黄心川主编《光山净居寺与天台宗研究》,河南人民出版社2015年版,第14页。

此,他之所以要向世人介绍各种各样的禅法,是要向世人阐明,初发心菩萨若想有效地教化众生,自己首先必须要选择与自己根机相应的禅法进行禅修,唯其有了丰富的禅修经验和深入的禅定境界,也就是达到"无诤三昧",才有资格去教化众生;换言之,即一个人之所以要进行禅修,其最终目的不是为了自己解脱,而是为了教化众生,这才是慧思大师写作《诸法无诤三昧法门》的良苦用心。从这个意义上来说,《诸法无诤三昧法门》所体现的乃是大乘菩萨道而非小乘罗汉道,尽管它在大谈特谈小乘的"四念处"禅法。那么,《诸法无诤三昧法门》是如何展示其教化众生的菩萨道的呢?我们还是回到《诸法无诤三昧法门》文本来分析,一窥其奥。《诸法无诤三昧法门》开宗明义第一句话是这样的:

> 如万行中说,从初发心至成佛道,一身一心一智慧,欲为教化众生故,万行名字差别异。①

这个开篇颇为另类和不合常规,有点劈头盖脸当头棒喝的意思,其中的"万行"是什么意思呢?"万行"就是"六度万行",其中,"六度是菩萨为度化一切众生成佛而修持的方法,所谓六度:布施度、持戒度、安忍度、精进度、禅定度、智慧度。度化众生的方法千千万万,总的来说,就是以这六种方法度化众生,因为行事方法很多,所以用万行来比喻"②。净空法师说:"六度展开就叫万行。行,是动词。万行就是无量无边的行门,修行的方法。无量无边的行门,用四弘誓愿全部把它归

---

① (陈)慧思:《诸法无诤三昧法门》,《大正藏》第46册,第627页下。
② 《什么是六度万行》,参见 http://zhidao.baidu.com/link?url=EKGdbeQe2hkjhdkfXipBlkYyCjSH9Ma862PRV71XXiV2MrmzH2S2wGJn0muL7OsWxvjvgTxziK9DZ-rujhYYszY9MtrgTNrLXvku_KEJSlny, 2014-09-08。

纳。"① 在净空法师看来，"六度展开就叫万行"，而这"万行"实际上就是"众生无边誓愿度，烦恼无尽誓愿断，法门无量誓愿学，佛道无上誓愿成"之"四弘誓愿"。我们都知道，无论是"六度"还是"四弘誓愿"都是大乘佛教教化众生的法门，因为法门众多无量，故谓之"万行"，诚如净空法师所说的"此名四弘誓愿，然能行此四句，万行可谓尽包，枚举不胜其烦"②，正是在这个意义上，慧思大师才说"欲为教化众生故，万行名字差别异"，而这句话实乃为《诸法无诤三昧法门》定下了大乘佛教的基调，因为作为"万行"的实际内容，无论是"六度"还是"四弘誓愿"，它们都是大乘佛教的度生法门。当然，在"六度"和"四弘誓愿"这么多"万行"中，总不能"胡子眉毛一把抓"吧，总得从"万行"中寻出一个核心来作为度化众生的抓手，慧思大师所寻得的这个抓手就是"禅"，因为在他看来，一切佛法皆从"禅"而生。慧思大师说：

（学佛修行就得）先持净戒勤禅定，得一切佛法诸三昧门，百八三昧，五百陀罗尼及诸解脱，大慈大悲，一切种智，五眼，六神通，三明，八解脱，十力，四无畏，十八不共法，三十二相，八十种好，六波罗蜜，三十七品，四弘大誓愿，四无量心，如意神通，四摄法，如是无量佛法功德，一切皆从禅生。③

正因为一切佛法皆从"禅"生，所以"三世十方无量诸佛，若欲说法度众生时，先入禅定，以十力道种智，观察众生根性差别，知其对治得道因缘，以法眼观察竟，以一切种智，说法

---

① 净空法师：《第十二讲：六度万行》，参见 http://www.dizang.org/wj/14/a13.htm。

② 同上。

③ （陈）慧思：《诸法无诤三昧法门》，《大正藏》第46册，第627页下。

度众生。……一时说法度众生,皆是禅波罗蜜功德所成,是故佛言,若不坐禅,平地颠坠;若欲断烦恼,先以定动,然后智拔,定名奢摩他,智慧名毗婆舍那",其中的"奢摩他",后来叫作"止";"毗婆舍那",后来叫作"观",作为天台宗标志的"止观"思想在此呼之欲出。慧思大师在这里非常明确地告诉我们,一个人要以佛法来教化众生,那么他首先就要进行禅修,因为一切佛法皆从禅而生,所以你只有通过禅修进入"无净三昧"的境界,才能既获得足够的佛法,又观察到众生的不同根性,犹如《金刚经·一体同观分》中所说的"尔所国土中,所有众生,若干种心,如来悉知",从而能够有针对性地用不同的佛法来教化不同根性的众生并使之获得解脱。慧思大师的这一思想应该是来源于他对之深有研究且经常开坛讲说的《法华经》(不妨参见他的另一著作《法华经安乐行义》),因为按照《法华经》的"权实"思想,"为实施权,则权含于实;开权显实,则实融于权,良由众生根性不一,致使如来巧说不同"①。

《法华经·序品》告诉我们,佛在说《法华经》之前,乃是"结跏趺坐,入于无量义处三昧,身心不动"。所谓"结跏趺坐",就是坐禅坐在那里禅修,而禅修的结果乃是达到了或者说进入了"无量义处三昧"。什么是"无量义处三昧"呢?"无量义"就是无量的佛法,"无量义处"就是蕴含无量佛法的地方,也就是佛教所常说的"实相"。佛坐禅入定得"三昧",进入了"实相",从而开出了无量无边的佛法,这就是"无量义处三昧"。佛正因为入了"无量义处三昧",体证了无量无边的种种佛法,所以才能接下来以种种善巧方便随缘教化众生,且看《法华经·方便品》开首之所描述:

---

① 谛闲法师:《天台宗讲义》,华东师范大学出版社2014年版,第256页。

尔时世尊从（无量义处）三昧安详而起，告舍利弗，诸佛智慧，甚深无量，其智慧门，难解难入，一切声闻辟支佛所不能知，所以者何？佛曾亲近百千万亿无数诸佛，尽行诸佛无量道法，勇猛精进，名称普闻，成就甚深未曾有法，随宜所说，意趣难解。舍利弗，吾从成佛已来，种种因缘，种种譬喻，广演言教，无数方便，引导众生，令离诸著，所以者何？如来方便知见波罗蜜，皆已具足。舍利弗，如来知见，广大深远，无量无碍，力无所畏，禅定解脱三昧，深入无际，成就一切未曾有法。舍利弗，如来能种种分别，巧说诸法，言辞柔软，悦可众心。舍利弗，取要言之，无量无边未曾有法，佛悉成就。①

这段经文说的是佛通过禅定入于"无量义处三昧"而成就了无量无边的佛法，明眼人一看便知，这不就是慧思大师在《诸法无诤三昧法门》中所主张的"一切佛法皆从禅生"的经典依据吗？好，现在通过禅定，无量无边一切佛法都有了，那么多的佛法，当它们被用来教化众生的时候就没有矛盾吗？我们还是回到《法华经》来寻找答案。

四

《法华经·方便品》继续开示说，佛通过"无量义处三昧"所体证和发现的佛法，大而言之有大、小二乘，再细一点就是声闻、缘觉和菩萨三乘，无论是二乘还是三乘，它们都是佛教化众生的方便法门。佛依众生的不同根性施以不同的佛法教化，最终目的都是要让他们成佛，正因如此，所以佛说"如来但以

---

① 《法华经·方便品》，《大正藏》第9册，第138页中—下。

一佛乘故，为众生说法，无有余乘，若二若三"，换言之即，佛"知诸众生有种种欲，深心所著，随其本性，以种种因缘譬喻言辞方便力而为说法，……于一佛乘分别说三"，这所谓的"三"就是指各种各样的佛法。各种各样的佛法，表面上看来内容不同，境界参差，似乎是有矛盾的，但是，对于佛来说，因为他着眼于教化众生，他根据众生的不同根性选择不同的佛法以教化之，这就使所有的佛法之间都没有矛盾。南怀瑾先生（1918—2012）在谈到儒佛道三教时有个形象的说法，说儒家是粮店，道家是药店，而佛教则是杂货店。说杂货店似乎有点不太好听，用我们现在的话来说就是超市。你看超市里的商品，琳琅满目，有吃的有用的，大蒜和蛋糕是完全不同的两种东西，鞋子和酱油更是风马牛不相及，但是它们在超市里都相安无事和谐相处地待着，为什么呢？因为顾客有不同的需求，正因为顾客的这种不同需求才导致了不同商品之间的圆融无碍。佛法与众生的关系就与商品与顾客的这种关系相类似，不同的佛法正因为众生的不同根性而圆融无碍，这就是"诸法无诤"——当我们从大乘佛教教化众生的角度而不是小乘佛教自我修行的角度来看待诸法时，诸法就是"无诤"的，"会三归一"和"开权显实"的《法华经》在讲这个"诸法无诤"的道理，慧思大师的《诸法无诤三昧法门》同样也是在讲这个道理，而且我们从中可以看到《法华经》对于慧思大师的深刻影响。明白乎此，我们就不难了解为什么慧思大师要在讲大乘菩萨道的《诸法无诤三昧法门》中以一半多的篇幅来谈小乘的"四念处"禅法了，因为小乘禅法也有其所适合的众生根性，尤其是在佛教刚传入中国的那会儿，小乘根性的人可能还更多，就是现在也还不少，为什么我们不可以小乘禅法来教化这些众生呢？甚至这些众生还只能以小乘禅法来加以教化。《大乘起信论》中说"所言佛法者，谓众生心也"，此乃之论，其意思是说，什么是佛法，佛法是众生的心，是由众生来决定的，只有符合众生根性的佛法才是真正的佛法，佛法甚至都不由佛来决定，佛只是挑选适合众生根性的佛法来教化众生而已。从大乘佛教教化众生的角度看，诸法之所以"无诤"，就是因为诸法都是众生之心。

当然，慧思大师之所以要在《诸法无诤三昧法门》中大谈特谈小乘"四念处"禅法还与当时的佛教界状况有关。慧思大师所生活的南北朝时期，还属于佛教初传中国的阶段，虽然大小乘佛法不断传入中国，但由于语言和交流方面的诸多局限，很多都只是一鳞半爪，就禅法而言，那时介绍进来的最为系统的且大家都在照着实践的禅法还是小乘禅法，至于中国化的天台宗的止观以及禅宗的禅法更是还没有产生，最多也是呼之欲出，所以当慧思大师在《诸法无诤三昧法门》中提出"一切法皆从禅生"并要在菩萨的教化实践中加以落实时，他所能运用的也只有那时已经成体系并且比较成熟的小乘"四念处"禅法了，这就叫"回小向大"，即以小乘佛教的禅修实践来助成大乘菩萨的教化实践。本文以"回小向大，诸法无诤"为题，意在此也。窃以为，我所理解的《诸法无诤三昧法门》的"回小向大，诸法无诤"与《法华经》的"会三归一，开权显实"乃是有着异曲同工之妙，当否敬请批评指正。

《诸法无诤三昧法门》的核心乃是"一切法皆从禅生"，不过，这一观念在大乘佛教中实在是一大挑战，因为大乘佛教的根本经典《般若经》是将"般若"作为佛法之根本，认为"欲学一切佛法，当学般若"，这显然是慧思大师需要直面的问题，为此，他作如下之自我设问：

> 问曰："《般若经》中佛自说言：'欲学声闻，当学般若；欲学缘觉，当学般若；欲学菩萨，当学般若。复次，有六波罗蜜，般若为前导，亦是三世诸佛母。'汝今云何偏赞禅不赞五波罗蜜？复次如经中说：'五度如盲，般若如眼。'汝今云何偏赞度不赞明眼？谁能信者？愿广解说，除

我等疑惑。"①

对于这个问题，慧思大师作一偈答之，曰：

　　三乘般若同一观，随证浅深差别异；如大海水无增减，随取者器大小异；声闻缘觉及菩萨，如来智慧亦如是。十二因缘四种智，下智声闻中缘觉；巧慧上智名菩萨，如来顿觉上上智。以无名法化众生，方便假名差别异；三乘智慧不能知，唯佛世尊独知耳。如大集经杂四谛，三乘法行同一义；陈如稽首白世尊，十方菩萨大众集。云何名法行比丘，愿佛演说法行义；尔时佛告憍陈如，至心谛听今当说。若求法行诸比丘，诵如来十二部经；谓修多罗及毗昙，优婆提舍及毗尼。乐为四众敷畅说，是乐诵说非法行；若更复有诸比丘，诵如来十二部经。能广演说思惟义，是乐思惟无法行；若复次有诸比丘，更读诵十二部经。演说思惟观其义，是名乐观无法行；夫法行者三乘同，一观我今当说者。有比丘能观身心，心不贪着一切相；谦虚下意不生慢，不以爱水洗业田。不于中种识种子，灭觉观法境界息；永离烦恼心寂静，比丘如是观身心。佛说是人真法行，如是比丘即能得；声闻缘觉佛菩提，法行比丘观三事。观身观受及观心，比丘观察三念已；一心四禅十八智，复次大智论中说。声闻缘觉及诸佛，四禅二九十八智；同共证道明暗异，共观四谛十二缘；随机感悟种种异，声闻四谛十六心。辟支独觉无漏智，菩萨亦解二乘法；获得无碍十六谛，如诸天共宝器食。饭色黑白各有异，四谛譬喻如灯品；定如净油智如炷，禅慧如大放光明。照物无二是般若，灯明本无差别照；睹者眼目明暗异，禅定道品及六度。般

---

① （陈）慧思：《诸法无诤三昧法门》，《大正藏》第46册，第628页中—下。

若一法无有二，觉道神通从禅发，随机化俗差别异。①

慧思大师在这首长偈中并不否定般若在佛教中的重要性，但他认为般若并不是一种独立的佛法，而是在所有佛法中都必须要有的元素，这就好比我们烹饪，不管做什么菜做什么饭，都必须要有水，只是有时需要水多些，有些需要水少些，但一般不能没有水。同样道理，一切佛法都必须要有般若以为底色，如若没有，那就不是真佛法，比如禅定如果没有般若，那就不是真禅定；布施如果没有般若，也就是我们通常所说的不能做到"三轮体空"，那就不是真布施，正是在这个意义上，所以《般若经》说"欲学一切佛法，当学般若"，若不学般若，就难以理解佛法的精义，但这并不等于一切佛法皆从般若生，因为般若无自体，须以其他佛法以为体，这就好比烹饪需要水，但水本身并非是饭菜自体，更不能说一切饭菜皆从水中而生。追根究底，一切饭菜皆从土地中生，尽管土地也要有水才能长出做饭菜的庄稼——我们要用我的这个比喻来说明一切佛法皆从禅生，尽管禅也需要以般若为基础。

然而，慧思大师为了将"一切法皆从禅生"的观点贯彻到底，认为作为一切佛法之基础的般若实际上也是从禅而生的，为此他再次自我设问曰：

> 问曰："佛何经中说'般若诸慧皆从禅定生?'"答曰："如禅定论中说：'三乘一切智慧皆从禅生。'《般若论》中亦有此语'般若从禅生'，汝无所知，不解佛语而生疑惑，作是狂难。汝何不见十方诸佛，若欲说法度众生时，先入禅定，以神通力，能令大地十方世界六种震动，三变土田，转秽为净，或

---

① （陈）慧思：《诸法无诤三昧法门》，《大正藏》第46册，第628页下—629页上。

至七变，能令一切未曾有事，悉具出现，悦可众心，放大光明，普照十方，他方菩萨，悉来集会，复以五眼观其性欲，然后说法。复次《般若波罗蜜光明释论》中说：'有人疑问佛，佛是一切智人，智慧自在，即应说法，何故先入禅定，然后说法，如不知相。'论主答曰：'言如来一切智慧及大光明、大神通力，皆在禅定中得。佛今欲说摩诃般若大智慧法，先入禅定，现大神通，放大光明，遍照一切十方众生，报禅定恩故，然后说法；为破外道执，外道六师，常作是言，我是等智慧，于一切常用常说，不须入禅定，佛为降伏如是邪见诸外道辈，先入禅定，然后说法。'"①

既然般若都从禅定而生，那其他的佛法就更不用说了，于是《诸法无诤三昧法门》就列举了般若以外的种种佛法从禅定而生的一些实例，最后将能生一切佛法的禅归结为当时流行并有一定群众基础的小乘"四念处"禅法，这就是《诸法无诤三昧法门》的所有内容。限于篇幅，恕不细说。

结　语

《法华经》的"诸法实相"原理告诉我们，一切诸法皆是通向成佛的方便，正是在与佛相通的意义上，诸法皆是"实相"，慧思大师正是基于《法华经》的如此思想，在《诸法无诤/三昧法门》（"/"用以指示这个题目的读法，下同）中提出"诸法无诤"的理念。因为大家都是"实相"，哪还有什么可"诤"的？"诸法无诤"与"诸法实相"实际上是同一个意思。不过，与《法华经》中的"诸法实相"主要是一种佛学理论不同，《诸法/无诤三昧/法门》中的"诸法无诤"主要还是一个

---

① （陈）慧思：《诸法无诤三昧法门》，《大正藏》第46册，第629页上一中。

实践问题，即一个人只有通过禅修入定入了"无诤三昧"，才能在教化众生中做到"诸法无诤"应机施教。按照慧思大师的这个理念，禅定修行是佛教一切活动的基础，尤其是菩萨教化众生的基础。我们现在佛教界所经常说的你光研究教理不去修行，你怎么知道佛法，你怎么去教化别人，基本上就是慧思上述思想的一个体现。中国佛教强调修行实践而不太重视宗教玄学也庶几肇始于慧思大师。

另外还有一个问题在本文的最后还需要提一下，那就是关于三论宗和天台宗的不同性格。作为隋代成立的中国佛教史上最早的两个佛教宗派，三论宗和天台宗都以龙树的般若思想为开宗的宗源，但是它们后来却走向了两个相反的方向，其中三论宗走上"破邪显正"的纯粹佛法之路，认为佛法有正邪之分，但是在天台宗那里，已经完全没有了"邪法"的概念，一切法都是成佛的方便，或者说都是"实相"的方便示现。总之，在天台宗看来，"法无正邪，对机者是"。① 天台宗之所以能走上这条道路，与慧思大师依据《法华经》所做的《诸法无诤三昧法门》应该有着直接的关系，毕竟天台宗的实际创始人智者大师乃是按照慧思大师的思想来建构天台佛学体系的。反观三论宗，它乃是沿袭了"三论"（《中论》《百论》和《十二门论》）中"破斥小乘和外道"的思路；相反，天台宗则是"海纳百川，有容乃大"，根本就不排斥小乘和外道，反而是将小乘和一切外道看作成佛的方便，这基本上是体现了慧思大师"诸法无诤"的观念。俗话说，"水至清则无鱼"，三论宗三代而绝，天台宗绵延至今，真是良有以也。阿弥陀佛！

---

① 佛教界流传着一句话，叫："邪人讲正法，正法也邪；正人讲邪法，邪法也正。"这句话乃是对天台宗如此佛法观的一个绝妙注脚。

此禅非彼禅

——慧思禅与慧能禅有何差别？

刘立夫

（中南大学公共管理学院教授，
中南大学国学研究中心主任）

摘　要：道宣《续高僧传》评慧思云："南北禅宗，罕不承绪。"一般人看这句话，很容易望文生义，误将慧思当成禅宗南北法系的祖师。当然，慧思也不是与禅宗一点关系都没有。但天台宗与禅宗毕竟属于两个不同的法统，所以"慧思的禅"也就不能跟"禅宗的禅"混为一谈，更不能想当然地从"南北禅宗，罕不承绪"这句话中推出慧思就是禅宗的鼻祖。慧能的禅不局限于"坐禅"，而是"行住坐卧皆是禅"，"直心是道场"。然而，慧思的禅就是"静坐"的禅。另外，"顿悟成佛"是慧能禅最大的特色。比较而言，慧思虽然不排斥"不落阶级"、无须"次第"的直下顿了，但是，其禅法仍然是有次第的渐悟禅。

关键词：慧思禅　慧能禅　禅宗　天台宗

一　"思大吞尽诸佛"

道宣《续高僧传》评慧思云："南北禅宗，罕不承绪。"一般人看这句话，很容易望文生义，误将慧思当成禅宗南北法系当然，慧思也不是与禅宗一点关系都没有。至少在宋代的时候，禅宗的一些文献就把慧思当成了"自己人"。《景德传灯录》称他为"南岳慧思禅师"。在另一本禅宗文献《五灯会元》中甚至还载有志公和尚与慧思的公案。志公问曰："何不下山教化众生，目视云汉作么？"慧思答曰："三世诸佛，被我一口吞尽，何处更有众生可化？"① 尽管志公与慧思不是同一个时代的人，慧思在世的时候志公早就作古，但禅宗还是乐意把慧思拉进自己的队伍里面，并不觉得有什么不妥的地方。有趣的是，今天在南岳慧思的墓碑上还可以见到"思大吞尽诸佛"② 的禅宗机语。

不可否认，中国佛教的各个宗派从根源上都来自佛陀的教法，若撇开宗派的局限，当然不难找到它们之间的相似性和相通性。但天台宗与禅宗毕竟属于两个不同的法统，所以"慧思的禅"也就不能跟"禅宗的禅"混为一谈，更不能想当然地从"南北禅宗，罕不承绪"这句话中推出慧思就是禅宗的鼻祖。

二 "五类禅"

"禅"本质上是一种"摄心"的技术。它不是佛教的专利，也存在于其他的宗教甚至世俗的文化中，比如说"瑜伽""气功"之类。在中国本土的文化系统中，像老子的"抱一"、庄子的"心斋"也是广义的"禅"。《礼记·大学》中有"知止而后有定，定而后能静，静而后能安，安而后能虑，虑而后能得"之语，其中的"止"或"定"就是"儒家的禅"，被当时佛教的翻译家们当成了梵文"禅（那）"的对应词，或意译为"静虑"，甚至音意结合，译成了"禅定"。

---

① 《五灯会元》卷二，《卍续藏》第80册，第67页中。
② 《宏智禅师广录》中有"思大吞尽诸佛，普眼不见普贤"之语，前一句实际上是"（慧）思大（师一口）吞尽三世诸佛"的简化。

在佛教传入中国以前，汉语里就有"禅"这个字，有"封禅""禅位""更替"等意思，读音为 shàn，而不是 chán。胡适曾写了一篇关于禅宗的文章说，花和尚鲁智深用的那个武器"禅杖"，他小时候读作"dān"，以为读错了，后来发现没有错。大概这个音与梵文有关。无论如何，"禅"是佛教的"三学"之一，与汉语本有的意思差距很大。因为佛教有一套非常完备的禅修系统，中国本土的道家或儒家与其相较则相形见绌。

印度佛教的禅极为烦琐，要而言之，则不出"小乘禅""大乘禅"二类。佛教中所谓的"小乘禅""大乘禅"，只是相对的说法，而禅修的基础，就是小乘禅中的"四禅八定"。按佛教的说法，"欲界"的人心很乱，根本无法入定，只有进入"色界""无色界"才算是定。所以，儒家《大学》中的止、定、静、虑，都属于欲界的普通定，层次是很低的。真正的定，从"初禅"算起，依次为"二禅""三禅""四禅"。大略而言，初禅是脱离了欲界烦恼之后的"离生喜乐"。二禅是"圣默然定"，即无言的平静与欢喜。三禅是"离喜妙乐"，连欢喜的心也没有了。四禅是一念清净、不苦不乐的"不动定"，进而引发种种"神通"。

以上四禅还只是"色界"中的禅，进一步的才是"无色界"四种禅，包括"空无边处定""识无边处定""无所有处定"和"非想非非想处定"，与色界四禅合称八定。"无色界"之四种定，普通的人就只能如聋如哑，无法想象了。大致地说，空无边处定是"空掉"色、受、想、行、识种种感知，远离了物与欲，但受、想、行、识的"心"还在。识无边处定是抛弃"空"想，只保持现前一念知觉的心识，剩下细微的念头。然后进入无所有处定，即对细微的念头都生讨厌之心，一切皆无分别。最后是非想非非想处定，连无分别的想法都没有了，既没有想，也没有无想。简单地总结为：空无边处定是"空想"，识无边处定是"识想"，无所有处定只有"微细的想"，非想非非想处定则无一切意识的作用。按照唯识学的理论，前面的几种定还是前"六识"的作用，到了非想非非想处定，已经进入第七识"末那识"的境域。

四禅八定是最基本的禅，佛教和外道都可以修，所以是"共法"。大乘禅则是小乘禅的发展，被认为是一种"不共法"，因为大乘禅的发心和见地与小乘不同。大乘是"菩萨道"，发愿度众；小乘是"罗汉道"，远离俗尘，所以在格局上差别很大。所谓的"五乘佛教"，从根本上讲，还是大乘和小乘的区别。五乘即人乘、天乘、声闻乘、缘觉乘、菩萨乘。其中，人乘修"三皈五戒"、出离"三途四趣"而生人道；天乘依"四禅八定"而生天界；声闻乘依"四谛"法而越"三界"，至"有余涅槃"而成罗汉；缘觉乘依"十二因缘"法而越"三界"，至"无余涅槃"而成辟支佛；菩萨乘依"六度"法至无上菩提。这五种教法，人、天乘为世间法，声闻、缘觉乘为出世间法，菩萨乘为世出世间法。前四种是小乘，最后一种是大乘，因为发心、见地不同而产生种种禅修的方法。

在对禅的分类研究中，唐朝的宗密最有代表性。他在《禅源诸诠集都序》中，认为无论是哪一乘的人，都必须修禅，离此无门，离此无路，但是，禅有深浅、级别之不同。宗密说：

> 禅则有浅有深，阶级殊等。谓带异计、欣上厌下而修者，是外道禅。正信因果，亦以欣厌而修者，是凡夫禅。悟我空偏真之理而修者，是小乘禅。悟我法二空所显真理而修者，是大乘禅。（上四类，皆有四色四空之异也。）若顿悟自心本来清净，元无烦恼，无漏智性本自具足，此心即佛，毕竟无异，依此而修者，是最上乘禅，亦名如来清净禅，亦名一行三昧，亦名真如三昧。此是一切三昧根本，若能念念修习，自然渐得百千三昧。达摩门下展转相传者，是此禅也。达摩未到，古来诸家所解，皆是前四禅八定，

诸高僧修之皆得功用。南岳天台令依三谛之理修三止三观，教义虽最圆妙，然其趣入门户次第，亦只是前之诸禅行相。唯达摩所传者，顿同佛体，迥异诸门。①

宗密将各种禅法分成五类，即外道禅、凡夫禅、小乘禅、大乘禅、最上乘禅。外道禅是佛教以外其他宗教的禅，修者动机不纯，只求"神通"或名闻利养之类的好处，属于邪法。凡夫禅是没有宗教信仰的人修的禅，这类人信因果，但修禅的动机与外道一样，也是发心不正。小乘禅是破"我执"的禅，大乘禅是破"我法二执"的禅。这四种禅的差别，仅在于对色、空的觉悟不同。而最上乘禅则属于达摩所传的"自性本来清净禅"，也称"如来禅""一行三昧""真如三昧"，是最高级别的禅。宗密同时指出，在达摩到中国之前，历代僧人所修，都没有离开"四禅八定"的范围，即使天台宗号称"圆教"，修持"三止三观"，也仍然讲究次第程序，唯独慧能一系的南宗禅倡导"顿悟成佛"，迥异其他各家。宗密的这个分析，对于我们认清慧思天台禅法与禅宗南派禅法的区别，提供了一个非常有价值的参考。

三 慧思禅与慧能禅

如果笼统地分析天台宗禅法与禅宗禅法的区分，显然是一件费力不讨好的事情。因为禅宗有"南顿北渐"的区别，更有"祖师禅""如来禅""看话禅""默照禅"之不同；天台宗的止观法门尽管历代相承而无突破性的大变化，但从慧思到智𫖮再到其他祖师，也非完全雷同。为了简便，不妨直接就慧思与慧

---

① （唐）宗密：《禅源诸诠集都序》卷上，《大正藏》第 48 册，第 399 页上—中。

能之间做某些比较。

（一）"一行三昧"与"四禅八定"

中国佛教诸宗，唯独禅宗以"禅"命名，但仔细分析，唯独禅宗最不同于印度本来的"禅"。如前所述，一般说的禅，就是"坐禅"。印度佛教主要讲"四禅八定"。北宗的神秀禅是"远离愦闹，住闲静处，调身调息，跏趺宴默，舌拄上颚，心住一境"①，这也是传统的禅。但慧能不同。《坛经》上说："念不起为坐，见本性不乱为禅"，"外离相曰禅，内不乱曰定"②，这就极大地拓宽了禅的范围。慧能根据《维摩诘经》中维摩诘居士批评舍利弗的"宴坐"，认为神秀的北宗禅是观心看净，"是病非禅"。可见，慧能的禅不再局限于"坐禅"，而是"行住坐卧皆是禅"，"直心是道场"。道信、弘忍的东山法门依据《文殊说般若经》说"一行三昧"，是端坐正念、闭目合口的禅定。慧能则依据《维摩诘经》提出："一行三昧者，于一切时中行住坐卧，常行直心是。""但行直心，于一切法，无有执着，名一行三昧。"③ 这是不假造作的"直心是道场"。后来，禅宗的其他祖师提出"穿衣吃饭，皆为佛事"，"运水担柴，无非妙道"，就是根据慧能的思路提出来的。简单地说，禅就在日常生活中，生活处处都可以修行，关键就在于能够保持一颗"平常心"。禅宗之所以以"禅"名宗，主要就是因为慧能对传统禅的大胆革新和对禅的新界定。

然而，慧思的禅法显然不是这样。慧思出生在注重禅修苦行的北朝，他本人也因为长期修习《法华经》而证悟"法华三昧"。道宣《续高僧传》载其事云：

---

① （唐）宗密：《禅源诸诠集都序》卷下，《大正藏》第48册，第402页中。
② （唐）宗密：《禅源诸诠集都序》卷上，《大正藏》第48册，第339页上。
③ 《六祖大师法宝坛经》，《大正藏》第48册，第352页下。

> 性乐苦节，营僧为业。冬夏供养，不惮劳苦。昼夜摄心，理事筹度。讫此两时，未有所证。又于来夏，束身长坐，系念在前，始三七日，发少静观，见一生来善恶业相。因此惊嗟，倍复勇猛，遂动八触，发本初禅。自此禅障忽起，四支缓弱，不胜行步，身不随心，即自观察：我今病者，皆从业生，业由心起，本无外境。反见心源，业非可得，身如云影，相有体空。如是观已，颠倒想灭，心性清净，所苦消除。又发空定，心境廓然。夏竟受岁，慨无所获。自伤昏沈，生为空过，深怀惭愧。放身倚壁，背未至间，霍尔开悟：法华三昧、大乘法门一念明达，十六特胜背舍徐入，便自通彻，不由他悟。①

慧思靠"昼夜摄心""束身长坐"的方法而开悟，这种经历对他而言是决定性的。换言之，慧思的禅就是"静坐"的禅。他后来立宗开派，都没有离开这个本位。翻开《诸法无净三昧法门》，慧思首先就强调，学佛的要领，是严格的持戒修定，一切的功德皆从此而来。慧思说：

> 初禅定乐，断诸欺诳，得真智慧，是入涅槃，伴是筹量，是名巧慧心。复次，专心一处，灭诸觉观，境界都息，身心寂静，是名一心。如是五方便，能断五欲妖媚烦恼，灭除五盖，有觉有观，离生得喜乐，入初禅，名初背舍。得入二禅，名二背舍。入第三禅，名三背舍。喜乐心内清净得四禅，名为入一切处，灭一切色相。舍第四禅，灭有对想，入无边虚空处，名为空一切处第四背舍。虚空处定，得一切识处定，是名识一切处第五背舍。复次，舍识处定，入无所有处定，是名第六背舍。舍无所有处定，得入非有想非无想处定，生厌离心，是名

---

① （唐）道宣：《续高僧传》卷十七，《大正藏》第50册，第563页上。

第七背舍。舍非有想非无想处定，入灭定受想定，心无所著，是名第八背舍。尔时禅波罗蜜，转名八背舍。复次，自觉觉他，通达无碍，得三解脱，能破三界一切烦恼。尔时禅波罗蜜，转名十一智。复次，行者总持旋陀罗尼，戒定慧三分。八圣道破四颠倒，获四真谛。尔时禅波罗蜜，转名三十七品，起一切神通。所谓四念处，四正勤，四如意足，五根，五力，七觉分，八圣道分，名为摩诃衍。如《四念处品》中说，转一切智慧，以一神通，现一切神通，以一解脱，作一切解脱，转一名字语句，入一切名字语句。如是一切名字语句，还入一名一字一语一句，平等不异，是四念处字等语等，诸字入门，一切佛法尽在其中。①

佛教有戒、定、慧"三学"的传统次第，即由戒生定，先定后慧。慧思的禅法，大致沿着传统的思路，先讲"四禅八定"，后讲"四念处"，然后是种种"神通"。史载慧思在南岳去世的时候，曾对他的徒弟们说："若有十人，不惜身命，常修法华、念佛三昧、方等忏悔，常坐苦行者，随有所须，吾自供给。如无此人，吾当远去。"遗憾的是，"竟无答者"。南方人大概吃不得苦，苦行坐禅很难办到。②

（二）"顿悟"与"圆顿"

"顿悟成佛"是慧能禅最大的特色。"顿悟"不是慧能最先提出的，印度佛经中有"顿悟""渐悟"的说法，中国佛教早在晋代就开始讨论顿、渐问题，但直到慧能，才将"顿悟成佛"作为创宗的教义。在《坛经》的首篇《行由品》中，慧能开门见山地提出："菩提自性，本来清净，但用此心，直了成佛。"③ 这四句

---

① （陈）慧思：《诸法无诤三昧法门》卷一，《大正藏》第46册，第630页中—下。
② （唐）道宣：《续高僧传》卷十七，《大正藏》第50册，第563页—下。
③ 《六祖大师法宝坛经》，《大正藏》第48册，第347页下。

话是《坛经》的纲要，也是禅宗精髓。慧能认为，每个人生来就具备佛性的"种子"，这个佛性的"种子"就在每个人"当下"的心中，凡夫只因被七情六欲等各种"烦恼"所困，不能"明心见性"，一旦遇"善知识"指点，即可顿除迷情，超凡入圣。就像天空的本色就是湛蓝清明的，只因被乌云所遮蔽，不现光明，一旦大风驱散乌云，蓝天的本来面目便自然呈现。"我于忍和尚处，一闻言下大悟，顿见真如本性。是以将此教法流行，令学道者顿悟菩提。各自观心，自见本性。"① 慧能以为，"顿悟"是无须任何准备的，不是"观心看净"，长期苦修，而是直下顿了，不落阶渐，"前念迷即凡，后念悟即佛"，"自性自悟，顿悟顿修，亦无渐次，所以不立一切法。诸法寂灭，有何次第？"② 这种没有"次第"和"阶段"的"顿悟顿修"，被弟子神会概括为单刀直入，直了见性，不言阶渐。后来人们更为形象地称之为"放下屠刀，立地成佛"。印度佛教提倡"渐悟"，要经过"历劫苦修"方有成佛的希望，但慧能提出"直指人心，见性成佛"的"顿悟"理论，主张"即心即佛""当下即是"，是"六祖革命"的要义所在，也是禅宗最具影响力的新教义。

对照慧思的禅法，也不是绝对不讲"不落阶级"、无须"次第"的直下顿了。慧思早年读过一千遍《法华经》，他特别推崇《法华经》，认为它是"大乘顿觉、无师自悟疾成佛道，一切世间难信法门"③，简直是"顿中极顿"。在《法华经安乐行义》中，慧思提出了"随自意三昧""首楞严三昧""法华三昧"等种种"圆顿"的禅修之法，特别是"法华三昧"，更是一种"无相行"。他说：

> 无相行者，即是安乐行。一切诸法中，心相寂灭，毕

---

① 《六祖大师法宝坛经》，《大正藏》第48册，第351页上。
② 同上书，第358页下。
③ （陈）慧思：《法华经安乐行义》，《大正藏》第46册，第697页下。

竟不生，故名为无相行也。常在一切深妙禅定，行住坐卧饮食语言，一切威仪心常定故。诸余禅定三界次第，从欲界地、未到地、初禅地、二禅地、三禅地、四禅地、空处地、识处、无所有处地、非有想非无想处地，如是次第，有十一种地，差别不同。有法无法二道为别，是阿毗昙杂心圣行。安乐行中深妙禅定即不如此。何以故？不依止欲界，不住色无色，行如是禅定，是菩萨遍行。毕竟无心想，故名无想行。①

这里明确区分了讲十一种次第的小乘"阿毗昙杂心圣行"和不讲次第的大乘法华"安乐行"。另外，慧思还提到了一念顿入的"随自意三昧"。文云：

菩萨行时，身心无定无乱，亦能觉了一切众事，觉及所觉俱不可得。无有诸大阴界入，众魔群盗不得入，是故名为首楞严定。从初发心，终至佛果，一切圣行，皆如随自意三昧。无初发心，无果可至，亦不失因果。因果虽在，亦无受者。虽无受者，果不败亡。虽不败亡，亦无处所。②

从"法华菩萨""不作次第行""不行二乘路"的大乘"圆顿"法门中，似乎让人看到了禅宗"无念""无相""无住""三无"法门的影子。但是，这仅仅是慧思禅法的一个层面，不能忽视慧思禅法还有其他的层面。在《诸法无诤三昧法门》中，慧思严格地区分了下智声闻、中智缘觉、上智菩萨、上上智如来四乘禅，以声闻、缘觉、菩萨为"次第行"，如来才是"不次第行"。在《法华经安乐行义》中，慧思又以声闻、缘觉、钝根

---

① （陈）慧思：《法华经安乐行义》，《大正藏》第46册，第700页上。
② （陈）慧思：《随自意三昧》，《卍续藏》第55册，第498页上。

菩萨为"次第行",而以"利根菩萨"(法华菩萨)为"不次第行"。后来智𫖮发挥这个思想,在《妙法莲华经玄义》中讲藏、通、别、圆的"化法四教",又在《摩诃止观》中讲了常坐三昧、常行三昧、半坐半行三昧、非坐非行三昧,一共四种三昧,其中的常坐三昧又名"一行三昧",与禅宗顿法似乎有交叉的地方。但是,智𫖮说的"一行三昧"是《文殊说般若经》中的端坐正念、闭目合口的禅定,与慧能所发挥的"直心是道场"的"一行三昧"完全是两回事。而且,既然天台宗要依机设教,还得先讲次第,只有对"利根菩萨"才会使用"不作次第行""不行二乘路"的"圆顿"之法,这跟南宗禅普设的"顿教"是大异其趣的。

四 此禅非彼禅

现在可以回到《续高僧传》关于慧思的评价。道宣的原文是:"自江东佛法宏重义门,至于禅法,盖蔑如也。而思慨斯南服,定慧双开,昼谈义理,夜便思择,故所发言,无非致远,便验因定发慧,此旨不虚。南北禅宗,罕不承绪。"这段话的本义是赞赏慧思打破南北朝以来北方重禅定、南方偏义理的格局,开"定慧双运"之先河,不愧为一代宗师。其中的"禅宗"二字,也就是通俗所谓的"佛门大德"。

事实上,道宣(596—667)去世的时候,慧能(638—731)还不到30岁,那时禅宗南派还没有正式建立,所以他说的禅宗只能是北宗的禅,与慧能的禅毫无关系。而且,道宣是唐朝的律宗祖师,他本人就极看不起早期禅宗的所作所为,批评达摩的门徒是"相命禅宗,未闲禅字"[1],意思是这类人自命"禅宗",压根就与"禅"沾不上边。还大骂他们"妄传风教,同

---

[1] (唐)道宣:《续高僧传》卷十七,《大正藏》第50册,第597页中。

缠俗染"①，搞乱了佛门的规矩。但对于天台宗，道宣却来了一百八十度的大转弯。他特别赞扬天台宗的禅风："如斯习定，非智不禅，则衡岭、台崖扇其风矣。"② 文中的"衡岭"指慧思，"台崖"指智𫖮，可见其对天台禅的推崇。如果道宣能活到慧能的时代，他也许对慧能的南宗禅更是不满。

最后，我们还得看看唐代佛学大家宗密的意见，并以此作为本文的结束。在《禅源诸诠集都序》中，宗密如此说禅：

> 禅三宗者，一息妄修心宗，二泯绝无寄宗，三直显心性宗。……初息妄修心宗者，说众生虽本有佛性，而无始无明覆之不见，故轮回生死。诸佛已断妄想，故见性了了，出离生死，神通自在。当知凡圣功用不同，外境内心各有分限，故须依师言教，背境观心，息灭妄念。念尽即觉，悟无所不知，如镜昏尘，须勤勤拂拭，尘尽明现，即无所不照。又须明解，趣入禅境方便，远离愦闹，住闲静处，调身调息，跏趺宴默，舌拄上腭，心注一境。南侁、北秀、保唐、宣什等门下，皆此类也。牛头、天台、惠稠、求那等，进趣方便，迹即大同，见解即别。二泯绝无寄宗者，说凡圣等法皆如梦幻，都无所有，本来空寂，非今始无，即此达无之智，亦不可得。平等法界，无佛无众生，法界亦是假名。心既不有，谁言法界。无修不修，无佛不佛。设有一法，胜过涅槃，我说亦如梦幻。无法可拘，无佛可作，凡有所作，皆是迷妄。如此了达，本来无事，心无所寄，方免颠倒，始名解脱。石头、牛头，下至径山，皆示此理。便令心行与此相应，不令滞情于一法上。日久功至，尘习自亡，则于怨亲苦乐一切无碍。因此便有一类道士、

---

① （唐）道宣：《续高僧传》卷十七，《大正藏》第50册，第596页中。
② 同上书，第597页中。

儒生、闲僧泛参禅理者，皆说此言，便为臻极。不知此宗，不但以此言为法，荷泽、江西、天台等门下亦说此理，然非所宗。①

宗密将禅宗分为"息妄修心宗""泯绝无寄宗""直显心性宗"三大流派。天台宗的禅法与禅宗南侁、北秀、保唐、宣什一类的"息妄修心宗"相似，但表面上差不多，境界却不一样。天台宗也讲"无修不修，无佛不佛"的禅法，与禅宗神会、马祖道一之类"泯绝无寄宗"相似，但宗旨还是不同。

---

① （唐）宗密：《禅源诸诠集都序》卷下，《大正藏》第48册，第402页中—下。

南岳慧思大师思想概谈

释诚信

（天童禅寺方丈）

摘　要：慧思大师是天台史上承上启下的重要人物。他承传其师慧文大师的一念三观思想，通过平常对《法华经》的深刻信仰圆成法华三昧，并提出了表面上以十二支缘起为依据、实则以如来藏缘起为特点的法华至上观念。其思想为天台宗的实际创建者智者大师提供了一定的理论依据。

关键词：慧思　法华三昧　十二支缘起　如来藏缘起　法华至上

引　言

慧思大师（515—577），南北朝高僧，俗姓李。武津（今河南上蔡县）人，十五岁出家，专诵《法华经》，后皈依慧文禅师。因当时北方战乱，遂从北方转移到江南。从河南光州大苏山辗转到湖南衡山的数十年间，先后四次被人毒杀，未死。大师注重禅法实践，也注重义理推究，"昼谈义理，夜便思择"，"定慧等持"。太建九年（577）六月二十二日晨，安详圆寂，世寿六十三。其著作多半是口授的讲义，由门徒笔记整理而成，主要有《法华经安乐行义》《诸法无诤三昧法门》《随自意三昧》等。自著有《立誓愿文》。慧思大师的主要思想为法华三昧及如来藏缘起思想。其法华三昧思想，来自于其师慧文大师的一念三观理论，而其如来藏缘起思想对其徒智者大师"一念因缘观"具有启发意义。为此，慧思大师称得上是天台宗承上启下的奠基性人物。下面就大略地谈一谈。

一　法华三昧思想

一般认为，慧思大师的法华三昧思想是以龙树般若空观为基础，以六度行持为导向，以最终圆成佛道为结果的法华至上体系。法华至上理论是智者大师天台学的核心，而智者大师又是承传慧思大师，所以法华至上理论仍建立在慧思大师法华三昧思想之上。《续高僧传》中这样描述慧思大师："道志弥隆，迥栖幽静。"① 可见大师是解行并进的楷模，尤其注重实践。在其简短的传记中有记载，其修学时期，除了进行禅坐修定外，还讽诵《法华经》千遍不辍，所以了别了诸法实相的"空有一昧，凡圣一如"，证得了法华圆融圆顿的奥旨，从而建立了空观基础上的法华三昧。

1. 法华三昧的理论渊源

慧思大师立法华至上的思想渊源，是依于龙树菩萨的《大智度论》。这主要是因为《大智度论》思想，不但含有《大品般若经》的空观思想，更含有浓厚的法华大乘超越思想。这种特殊思想，慧文大师十分赏识，之后传于慧思大师。慧思大师通过头陀实践熏习内证，将此密藏法门称为"法华三昧"。

慧思大师自证法华三昧后，特别重视《法华经》。他认为《法华经》就是"大摩诃衍"，是用来区别声闻、缘觉、钝根菩

---

① （唐）道宣：《续高僧传》卷十七，《大正藏》第50册，第562页下。

萨与利根菩萨的。《法华经》是唯对利根菩萨所说的不次第行；而法华行者就是利根菩萨，远异于钝根菩萨和二乘及外道等。慧思大师强调法华不必经次第而进修真道，是属于果因一时具足的圆顿法。为此，他在《法华经安乐行义》中说："法华菩萨，即不如此，一心一学，众果普备，一时具足，非次第入……不从一地至一地者，是利根菩萨。正直舍方便，不修次第行，若证法华三昧，众果悉具足。"①

不仅如此，慧思大师还通过对佛陀两字的解释来阐述法华至上的妙理。他认为不必烦恼断尽才称为佛陀。因为一切众生，本来具足法身如来藏，只是被无明遮蔽其本心而如来藏不显现而已。如能觉悟本来清净具一切功德，即可称为佛陀。所以他在《法华经安乐行义》开端即明确表示："《法华经》者，大乘顿觉，无师自悟，疾成佛道，一切世间难信法门。"②

从中看出，慧思大师极力强调"法华至上"，就是要证明这是速成佛道的要门。大师了达一切众生，本具清净无垢的法身，只是因无明业感所染才堕为凡夫。如能依靠熏习净法，通过修禅的妙定力，体会觉悟到实相的本质，使之恢复本来面目，即是妙证"法华三昧"了。这种思想，显然是与早期观无常无我而证涅槃的业感缘起及中观思想不相符合的。

2. 法华三昧的行践方式

慧思大师在慧文大师身边学成后，受当时大乘佛教广泛传播的影响，觉得当时江南佛学界重理论轻禅观是一种偏失，提出要勤修六度以证法华三昧。他在《法华经安乐行义》中说："凡是一切新学菩萨，欲求大乘，超过一切诸菩萨，疾成佛道，须持戒、忍辱、精进、勤修禅定，专心勤学法华三昧。"③ 大师

---

① （陈）慧思：《法华经安乐行义》，《大正藏》第46册，第698页下。
② 同上书，第697页下。
③ 同上。

认为正确的修学方法应当是定慧等持,所以特别提倡精进、忍辱及禅定行。

(1) 精进行

在精进行中,慧思大师首先提出有相行和无相行两种行践方法。所谓有相安乐行,是指散心诵《法华》,坐立行一心;无相安乐行则是其高级阶段,达到深妙禅定,洞察六情根。他在《法华经安乐行义》中说:

> 有相行,此是《普贤劝发品》中,诵《法华经》散心精进,知是等人不修禅定,不入三昧。若坐若立若行,一心专念法华文字,精进不卧如救头然,是名文字有相行。
>
> 无相行者,即是安乐行。一切诸法中,心相寂灭毕竟不生,故名为无相行也。常在一切深妙禅定,行住坐卧饮食语言,一切威仪心常定故。①

可见,有相行是通过不断禅诵而达到禅定,无相行则是达到"心相寂灭,毕竟不生"的境地,从而由定生慧。这一道理,大师在《诸法无诤三昧法门》中也谈到,从初发心至成佛道,应当一心一意修持,求取无上智慧,以教化众生,并指出:"夫欲学一切佛法,先持净戒勤禅定,得一切佛法诸三昧门……如是无量佛法功德,一切皆从禅生。"②

此外,慧思大师又以《法华经·安乐行品》的自利利他思想,来阐明菩萨"不住生死,不入涅槃"积极度生的慈悲精神。大师认为《安乐行品》中,第一正慧离着安乐行,第二无轻赞毁安乐行(转诸声闻令得佛智安乐行),第三无恼平等安乐行(敬善知识安乐行),第四慈悲接引安乐行(成就神通智慧佛道

---

① (陈)慧思:《法华经安乐行义》,《大正藏》第46册,第700页上。
② (陈)慧思:《诸法无诤三昧法门》,《大正藏》第46册,第627页下。

涅槃安乐行)。这四种安乐行归结起来就是以法华三昧的实践来显现菩萨的无量功德。换句话说，第一安乐行，是以"自利"证得的实相净观行，其余三种则是关于"利他"的慈悲济度行。这种思想的渊源是依据龙树的《大智度论》而来，该论卷十八说：

> 以无相破诸法相，若有无相相，则坠诸法相中，若不入诸法相中，则不应难无相，皆破诸法相亦自灭相，……是故圣人行无相，无相三昧破无相故。①

如此强调无相三昧，旨在提醒行者不得单以消极空观为目的，而应以菩萨"不住生死，不入涅槃"的慈悲精神积极住世度生。

（2）忍辱行

慧思大师法华三昧的行践也很看重忍辱行。他把忍分为三种：生忍、法忍及大忍。这三忍在《大智度论》及《法华经》中皆有提及，但没有详细的阐述。慧思大师通过自内证的"法华三昧"对"三忍"赋予了新义，从而创立了颇具法华特点的新学说。关于生忍的三义，慧思大师如此解释：

> 菩萨受他打骂、轻辱毁訾，是时应忍而不还报。应作是观，由我有身，令来打骂，……我若无身，谁来打者？我今当勤修习空观，空观若成，无有人能打杀我者。若被骂时，正念思惟，而此骂声，随开随灭；前后不俱，审谛观察，亦无生灭如空中响，谁骂谁受？②

---

① 《大智度论》卷十八，《大正藏》第25册，第195页上。
② （陈）慧思：《法华经安乐行义》，《大正藏》第46册，第701页中。

这是对生忍第一义的解释。这种解释是希望行者于修持实践中,必须要忍辱。这与《法华经·法师品》中的"诸法空为座"思想颇相类似。关于第二义,慧思大师说:

菩萨于一切众生都无打骂,恒与软语将护彼意,欲引导之。于打骂事心定不乱。①

这是针对积极的忍辱行者而言的。对于仇人,忍辱菩萨应用"以德报怨"的精神对其加以爱护。这与《法华经·法师品》中的"柔和忍辱衣"相类似。至其第三义说:

于刚强恶众生,处为调伏,令改心故,或与粗言毁呰骂辱,令彼惭愧得发善心。②

这是菩萨以无缘大慈的大乘无畏精神,来折服刚强作恶众生,使其恢复净法,至速生起善心。这种思想与《法华经·法师品》中的"大慈悲为室"相契合。

显然,慧思大师是较重视第三义旨趣的,所以他强调说:

若有菩萨行世俗忍,不治恶人,令其长恶败坏正法,此菩萨即是恶魔,非菩萨也。③

如果菩萨不敢实践无畏精神,即不是大乘菩萨的大愿行,终究无法趋入如来大悲的体性。因此关于生忍第三义的解释,慧思大师特为引出《涅槃经》中有德王护持觉德比丘,杀一国

---

① (陈)慧思:《法华经安乐行义》,《大正藏》第46册,第701页中。
② 同上。
③ 同上书,第701页下。

破戒恶人，最终往生阿閦佛国的典故①，来证明菩萨行无畏精神的重要性。

至于法忍也有三义解释，主要是在教法上，建立使众生能够明确认可的根据和旨趣。文繁不引。

大忍又名神通忍，《法华经安乐行义》说：

> 一念悉能遍观察之，一时欲度一切众生，心广大故名为大忍。具足诸佛大人法故，名曰大忍。②

从上述三忍可看出，慧思大师对忍辱法门的重视。

(3) 修禅观

慧思大师亦十分重视禅观。他在《诸法无诤三昧法门》中指出了观心的方法：

> 复次行者，初学禅时，思想多念，觉观攀缘，如猿猴走，不曾暂停。假使行者，数随心观，亦不能摄，即作是念：三界虚妄，皆心所作。即观是心从何处生？心若在内，何处居止？遍观身内，求心不得，无初生处，亦无相貌。心若在外，住在何所？遍观身外，觅心方所，都不见心。复观中间，亦不见心。如是观时，不见内入心，不见外入心，不见内外入心，不见阴中心，不见界中心，当知此心空无有主，无名无名行，无相貌，不从缘生，不从非缘生，亦非自生，是是名者，能观心念，心念生灭，观念念生灭。观念念相，不可得故，亦无生灭。③

他指出，初学禅时，心猿意马，不能入定。要想入定，必

---

① 《大正藏》第 12 册，第 263 页下。
② (陈) 慧思：《法华经安乐行义》，《大正藏》第 46 册，第 702 页上—中。
③ (陈) 慧思：《诸法无诤三昧法门》，《大正藏》第 46 册，第 636 页。

须先明白"三界虚妄,皆心所作"的道理。再进一步推求这"心"究竟在何处?它不在内,不在外,也不在中间,它不从缘生,不从非缘生,亦非自生。观念无生灭,则自当入定。此外,还可从"观息入出"来入定。在同书《身念处观如音品》中说:

> 气息处中,轻空易解。先观入息从何方来都无所从,亦无生处;入至何处都无归趣,不见灭相,无有处所,入息既无。复观出息从何处生?审谛观察,都无生处;至何处灭,不见去相,亦无灭处,既无入出。复观中间相貌何似,如是观时,如空微风,都无相貌。息无自体,生灭由心。妄念息即动,无念即无生。①

观息时先观出入息,它是无所从、无生处、无归趣、无灭相、无处所的;复观入出息也是一样;再观中间,如空微风,俱无相貌。最后明白"妄念息即动,无念即无生"的道理。这和他的《大乘止观法门》中关于止观的记述十分相似。他认为,"性非自有,不生不灭",非有而有,有即非有,能做到"妄念不流",方能"止";还要认识到"虽知本不生今不灭",但因"心性缘起,不无虚妄",犹如幻梦,非有而有,才能达到由定生慧,这就是"观"。这种止观思想,与他一贯倡导的法华三昧的圆融三谛思想,显然是密不可分的。

二 缘起思想

慧思大师的时代,中国佛教界已盛行业感缘起、赖耶缘起,以及清净真识缘起等诸缘起学说。慧思大师的缘起理论借鉴了业感缘起理论,但却有发展。他的理论表面上是以十二因缘为

---

① (陈)慧思:《诸法无净三昧法门》,《大正藏》第46册,第633页。

根据，核心内容却是倡导一切众生皆有如来智慧德相的如来藏缘起观。

1. 十二支缘起观

十二支的关系是：无明缘行，行缘识，识缘名色，名色缘六入，六入缘触，触缘受，受缘爱，爱缘取，取缘有，有缘生，生缘老死。这里，无明是十二因缘中极为重要的环节。十二因缘的次序可以从顺向和逆反两方面加以观察，如果从原因往结果方面顺推，无明是众生一系列流程的起点；如果从结果往原因方面逆推，无明也被归结为造成生死的原因。无明究竟从何而来，在慧思大师以前，佛教界鲜有人探索。慧思大师却对此极为重要的问题，提出了崭新的见解。他在《诸法无诤三昧法门·法念处品》中说：

> 一切烦恼，无明为主。因眼见色，生贪爱心，爱者即是无明。为爱造业，名之为行。至心至念，名之为识。识共色行，名曰名色。六处生贪，名为六入。因入求受，名之为触。念色至法，名之为受。贪著心者，即名为爱。四方求觅，名之为取。如是法生，名之为有。次第不断，名之为生。次第断故，名之为死。众苦所逼，名之为恼。乃至识法因缘生贪，亦复如是。如是十二因缘，一人一念中心，悉皆具足，名为烦恼。生老病死，十二因缘非是解脱。①

这就非常清楚地告诉人们："因眼见色，生贪爱心，爱者即是无明。"也就是说，爱是原动力，是十二因缘的理论枢纽。故人们应当根除无明，断绝贪爱。而且十二因缘皆因"一念心中，

---

① （陈）慧思：《诸法无诤三昧法门》卷下，《大正藏》第46册，第639页。

悉皆具足，名为烦恼"。至于如何断绝贪爱，驱除烦恼呢？他在《法华经安乐行义》中说：

> 一切烦恼皆属贪爱，是爱无明无能制者。自在如王，性清净者，如上观眼义中说。用金刚慧觉了爱心，即是无无明无老死。是金刚慧其力最大，名为首楞严定。譬如健将能伏怨敌，能令四方世界清净，是金刚智慧亦复如是。①

他主张用金刚慧根绝爱心，使心性清净，正确认识人生的实相，认识十二因缘的实相，就能灭尽无明，没有无明就没有行，也就没有老死，一切痛苦也就没有了，这就达到了超脱生死，获得解脱的涅槃境界。

总的来说，慧思大师的缘起理论，最初是十二因缘的妄识种子论。这种妄识论把人生现象分析为从无明到老死的十二部分，以无明为父，爱心为母，生识种子。在《诸法无诤三昧法门》卷下，慧思大师说：

> 无爱行二法，不能于中种识种子，是故名为无明。独头无明、不共无明，二乘声闻及诸行人、初入道者，不能断此无始无明。诸佛菩萨及二乘行人，但断有始共伴，无明共爱合故，名之为伴。能作行业，名为始生，是身初因，是故为无始无明。无明为父，爱心为母，行业和合，生识种子，亦得名为种识种子。种未来身故名为种。②

在慧思大师的体系中，他认为妄识种子论是由无明与爱和合而生的，是十二因缘的根源。之后，他通过长期的修持，对

---

① （陈）慧思：《法华经安乐行义》，《大正藏》第46册，第697页。
② （陈）慧思：《诸法无诤三昧法门》卷下，《大正藏》第46册，第639页。

佛法有了更进一步的了解，于是倡导"六识为枝条，心识为根本，无明波浪起，随缘生六识"的说法，并提出：被称为根本的心识即心相、心性和"具足无量性功德"的如来藏，肯定地指出心识即是如来藏，也就是通常所说的"烦恼即菩提"。

2. 如来藏缘起观

（1）众生本具如来藏的理论基础

如来藏又名为真如。真者，即诸法的体性离虚妄而真实；如者，即常住而不变不改。具体地说，一切诸法依此心有，以心为体。应知诸法虚妄，有即非有，但以虚妄因缘而有生灭之相。然彼"虚法生时，此心不生；诸法灭时，此心不灭。不生故不增，不灭故不减。以不生不灭、不增不减，故名之为真"①。"诸佛及众生，同以此一净心为体。凡圣诸法自有差别异相，而此真心无异物相，故名之为如。"② 总之，它是指一切法真实如是，唯是一心。关于"心为如来藏"，慧思大师在《大乘止观法门》卷一中以自问自答的方式作了解释：

> 问曰：云何复名此心为如来藏？答曰：有三义。一者能藏名藏，二者所藏名藏，三者能生名藏。所言能藏者，复有二种：一者如来果德法身，二者众生性德净心，并能包含染净二性及染净二事无所妨碍。故言能藏名藏。藏体平等，名之为如。平等缘起，目之为来。此即是能藏名如来藏也。第二所藏名藏者，即此真心而为无名壳藏所覆藏，故名为所藏也。藏体无异无相，名之为如，体备染净二用目之为来，故言所藏名藏也。第三能生名藏者，如女胎藏能生于子，此心亦尔，体具染净

---

① （陈）慧思：《大乘止观法门》卷一，《大正藏》第46册，第642页。
② 同上。

二性之用,故依染净二种熏力,能生世间出世间法也。是故经云:如来藏者,是善不善因。又复经言:心性是一,云何能生种种果报?又复经言:诸佛正徧知海从心想而生也。故染净平等名之为如,能生染净目之为来,故言能生名如来藏也。①

这就是说,如来藏包括能藏、所藏、能生三个方面。能藏即是所摄之义。真如于众生位时含有和合不和合二门。和合门时能生一切染法,不和合门时能生一切净法。一切染净之法,皆含有如来的性德。真如既摄藏如来果德法身,又摄藏众生性德净心,并能包含染净二法和染净二事无所妨碍。所藏即是隐覆之义,真如在烦恼中时,为烦恼隐覆如来的性德而不显现,即是众生的烦恼如来藏。能生即是能摄之义,真如在烦恼中,含摄如来一切果地的功德,使本具染净二法的功用,依染、净二种熏力,能生世间出世间法,即《起信论义记》中所说:"隐时能出生如来,名如来藏;显时为万法依止,名为法身。"②

如来藏缘起是佛教史上一种颇具新异色彩的缘起理论。它是在融合了业感缘起和赖耶缘起的不同说法的基础上,所提出的新的止观教程。后来天台宗认为慧思的这一发现,是具足超过恒沙的不可思议功德。但是如来藏"在浊不污""在净不增",虽在烦恼业感中亦毫无变动的特点,显然和《阿毗达磨》所说的业感缘起论是有天壤之别的。

(2)如来藏缘起观的实践方法

关于如来藏缘起观的实践方法,慧思大师倡导"严持净戒""心境契同""能所冥一"等行践功夫。他在《诸法无诤三昧法

---

① (陈)慧思:《大乘止观法门》卷一,《大正藏》第46册,第644页。
② 《大正藏》第44册,第273页。

门》卷下说：

> 若无净戒禅智慧，如来藏身不可见，如金矿中有真金，因缘不具金不现。众生虽有如来藏，不修戒定则不见，净戒禅智具六度，清净法身乃显现。净妙真金和水银，能涂世间种种像，如来藏金和禅定，法身神通应现往。①

从引文可知，慧思大师继承了慧文大师的"一心三观"思想。他通过突破观念，悟得"心体""心性"不是观念化的虚妄体，从而证明"众生本具"的如来藏为主人翁。

可见，慧思大师以十二因缘为立论基础，在六识所建立的业感缘起说影响下，通过详细论述六识（枝条识）及心识（根本识）的不同，最后得出根本的心识就是心相、心性和"具足无量性功德"的如来藏这一殊胜的学说。基于这种思想，大师认为"自性清净心"和"涅槃"是一而不是二，即心与心性在自体究竟方面是一致的，不必分别。也就是说理论和实践并行，这才是成佛之道。慧思大师这种"自性清净心"即"涅槃"的不二思想，对其弟子智者大师的"一心因缘观"理念的形成具有重要影响。

结　语

综上所述，慧思大师的理论是：既倡导十二因缘缘起的妄识种子论，又倡导烦恼即菩提、生死即涅槃的如来藏缘起论，通过"法华安乐行义"为指导的"法华三昧"行践而疾成佛果。这是一种理论和实践相结合的完整体系，是有划时代意义

---

① （陈）慧思：《诸法无净三昧法门》卷下，《大正藏》第46册，第630页上。

的。这里要说明的是,"法华三昧"法门不是依靠单调的消极空观而证入空定,而是通过展开具有魄力的菩萨六度,通过不断的修学实践而证得无上菩提。这是唯法华才有的纯粹的圆顿法门,也是慧思大师的历史性创造。

"内丹"之名出自慧思说再考

盖 菲 盖建民

(云南大学哲学系讲师;四川大学道教与宗教文化研究所所长,教育部长江学者特聘教授)

摘 要:最早记载道教"内丹"之名的文献约有三处,东晋许逊、隋苏元朗、南北朝慧思,唯有出自慧思之说经得起推敲。慧思谓"藉外丹力修内丹",此"内丹"的含义当为第六神通"漏尽通",道教亦有以外丹修内丹之说。慧思"内丹"之名的成立,为中国道教与佛教双向影响提供了一个典型例证,彰显了南岳地域道佛文化交融的历史记忆。

关键词:内丹 《南岳思大禅师立誓愿文》 六神通

魏晋南北朝时期,正是历史上佛道思想碰撞、交融的最为频繁的一个时期,在这个时期,中印、佛道思想互相影响、融合,逐渐发展出具有中国特色的佛教。佛教与道家学说之间的部分相似性为佛道的互相融合、影响提供了前提条件,佛教以道家词汇格义经文的行动,使其成功地打进了中国文化圈,也正是因为如此,佛教教义受道家道教影响颇深。观南岳慧思大师所著经文中,"神仙""长寿""芝草"乃至"内丹""外丹"等概念屡见不鲜,甚至因其最早提出"内丹"这一概念,使其在中国道教史上也占有一席之地。

一 "内丹"之名渊源三考

"内丹术"是以鼎炉、药物、火候为三要素,以人体为炉鼎,以精气神为药物,以意念呼吸为火候,以阴阳、五行、八卦等符号系统为象征语言,假借外丹术语,以求长生不死、飞升成仙的道教方术。"内丹术"可谓是道教神仙方术集大成之术,其综合和升华了道教史中各种内修方术,最终形成了以性命双修为宗旨、追求"与道合一"境界的内修成仙之道。

内丹术是当代道教研究的热点问题。学界早年多关注外丹术,主要因为外丹术与科学中的化学沾上了关系,从20世纪20年代到80年代,对外丹术的研究可谓是层出不穷,从早期的化学史的研究、文献解读乃至后来的实验室模拟炼丹,外丹术的研究一度繁荣。而内丹术则因为早年对封建文化的封锁与抨击,因其重个人体验的非定量定性的非科学性,被打入了迷信的范畴,让不少研究者止步不前,直到80年代末90年代初,气功热的出现,才让内丹术的研究出现契机。等到了新世纪,外丹术因其可重复可证明的"科学性"被耗尽了潜力,研究者寥寥。而内丹术相反,因其神秘性,心灵体验性,反而开始大热,心灵领域是当代科学尚未开垦完全之处,故内丹在当代蓬勃发展了起来。当今内丹术被不少学者大力推崇。

内丹术约起源于行气术、房中术,此二者流行于春秋战国时期,观此时文献中对仙人的描述,无论是王子乔、彭祖皆以行气以致长生,行气术简单而言即呼吸吐纳之术,广见于《庄子》《素问》等战国秦汉文献,被学界认为是内丹术的雏形。房中术大抵是因为其修炼亦涉及精气,故被不少学者认为是内丹的起源。至魏晋,行气术、房中术与上清存思术合流,纳胎息、辟谷诸小术,借外丹概念、理论为己用,逐渐形成一种新的内修方术,这种内修之术已可看出内丹术的雏形。至唐世,内修众术再融摄重玄学、道性论中的思想,直至唐末五代,以钟吕内丹术的出现为标志,内丹术方正式出现。

研究内丹术的源起发展,就必须对"内丹"一词具体出现的时间进行考证。"内丹"一词的出现是为了将其与"外丹"对立,是为了提高内修功法的地位,有极为重要的意义。言"内丹",即已是长生方法的一种,而非"内修"之养生术,这是内丹功法地位从旁门小术到登堂入室的重要事件。如有学者云:"内修的根旨在于养生,修炼内丹则被作为证验神仙的新途径。"①

当前学界对"内丹"一词最早出现的时间有三种说法,前两种说法皆出自道教内部,有云东晋许逊,亦有云隋苏元朗。而最后一种说法则来自南北朝的佛教大能慧思大师。经笔者再次集众经文、说法考证之,唯"内丹"之说出自慧思大师较为可信。

言"内丹"一词出自许逊,此说法源于《正统道藏》洞玄部众术类题名为"旌阳许真君述"的经文《灵剑子》与《灵剑子引导子午记》。

《灵剑子·服气诀》云:

凡服气调咽用内气,号曰内丹。②

《灵剑子·松沙记》载:

学道之士,初广布阴骘,先行气攻,持内丹长生久视之法。③

---

① 卢国龙:《道教哲学》,华夏出版社1997年版,第478页。
② 《灵剑子》,《道藏》第10册,文物出版社、上海书店、天津古籍出版社1988年版,第665页。
③ 同上书,第667页。

《灵剑子引导子午记》载：

> 《谷神论》含津炼气，吐故纳新，上入泥九，下注丹田，谓之内丹。阳龙阴虎，木液金精，二熙交会，烹炼而成，谓之外丹。修道之人，先成内丹，后炼外药，内外相应，即致神仙。①

主张此说的学者不多。卿希泰先生主编的《中国道教史》指出："若此书作者确为东晋许逊，则是最早出的'内丹'一词。"② 在这一问题上是十分谨慎的，并没有肯定。言"内丹"出于许逊，当先考证《灵剑子》二经的出世时间。《灵剑子》一文可见于宋代《秘书省续四库阙书目录》，郑樵《通志·卷六十七·艺文略第五·道家四·外丹》，《宋史·卷一百五十八·艺文志四》，但宋以前史志并未著录，可见此二经为后人伪托的可能性较大。任继愈版《道藏提要》指出，成书于唐代的《孝道吴许二真君传》亦未曾言及许逊著《灵剑子》之事。而宋元以来，道教净明宗奉许逊为祖师，依托真君之道书渐传于世，故"此书或为两宋间净明宗道士所作"③。但亦有不同意见，孟乃昌认为，此二书，或被指为宋人所作，但许逊内外丹法未必尽是伪托，且"《灵剑子》二书，内容朴素，有八段锦初步口诀。曾慥《道枢》有引述。按《道枢》非源头书，多系摘引前人（唐或以前）书而成。有与《道枢》相似之内容，不可遽定

---

① 《灵剑子引导子午记》，《道藏》第 10 册，文物出版社、上海书店、天津古籍出版社 1988 年版，第 674 页。
② 卿希泰主编：《中国道教史》第二卷，四川人民出版 1996 年版，第 506 页。
③ 任继愈、钟肇鹏：《道藏提要》，中国社会科学出版社 1991 年版，第 250 页。

在其后。至于许逊内外丹可能为较原始材料，后人增益之"①。另有学者甚至认为《灵剑子》二书，或"排在葛洪、陶弘景、孙思邈等著作之前"②。但并没有给出确切的理由。笔者认为《灵剑子》二书为宋人伪托的可能性较大，除了因宋以前史志中未有记载之外，观《灵剑子引导子午记》中"含津炼气，吐故纳新，上入泥丸，下注丹田，谓之内丹。阳龙阴虎，木液金精，二熙交会，烹炼而成，谓之外丹"之说，可知此文必然是五代或两宋之间的作品。此内外丹之定义广见于两宋丹经之中，如《修真十书》杂著捷径卷之十八外丹内丹论③、元《历世真仙体道通鉴》卷八尹喜传④中皆有极为类似的说法。且观其对于外丹的定义，若不言"谓之外丹"一说，只看其定义"木液金精，二熙交会"必以为此乃内丹，张伯端《悟真篇》有云："二八谁家姹女，九三何处郎君？自称木液与金精，遇土却成三性。"⑤所谓"木液金精"，多用于内丹，少见于外丹，"木液"指真汞，"金精"指真铅，可见此定义必然出自内丹已发展成熟的时期，至少也是五代之后。故"内丹"一词出自东晋许逊的可能性不大。

言"内丹"一词出自苏元朗，此说法源自《罗浮山志》：

（苏）元朗不知何许人也，尝学道于句曲，得司命真

---

① 孟乃昌：《〈周易参同契〉考辨》，上海古籍出版社1993年版，第147—149页。

② 员信常、石宇森编选：《道教养生法》，中国道教协会1989年编印，第1—42页。

③ 《修真十书·杂著捷径》卷十八，《道藏》第4册，文物出版社、上海书店、天津古籍出版社1988年版，第691页。

④ 《历世真仙体道通鉴》卷八，《道藏》第5册，文物出版社、上海书店、天津古籍出版社1988年版，第152页。

⑤ 《修真十书·悟真篇》卷二十九，《道藏》第4册，文物出版社、上海书店、天津古籍出版社1988年版，第741页。

秘，遂成地仙。生于晋太康时，隋开皇时来居罗浮，年已三百余岁矣。居青霞谷，修炼太丹，自号青霞子。作《太清石壁记》。弟子从游者闻朱真人服芝得仙，竟论灵芝……元朗笑曰："灵芝在汝八景中，盍向黄房求诸。谚云：天地之先，无根灵草，一意制度，产成至宝。此之谓也。"乃著《旨道篇》示之，自此道徒始知内丹矣。又以《古文龙虎经》、《周易参同契》、《金碧潜通秘要》三书，文繁义隐，乃纂为《龙虎金液还丹通元论》，归神丹于心炼。①

学界不少人持此说法，但此说法依然是站不住脚的。首先，考《罗浮山志会编》的成书过程，此书于清康熙年间编订，其最早的底本可溯至北宋仁宗时期。不过当时的《罗浮山志》只有一卷，名为《罗浮山记》，南宋、明朝时皆有重修，单从《罗浮山志》编修的过程来看，它对苏元朗的记载真实性如何，殊难判定。② 北宋时期内丹已兴起，教徒多言内丹，观不少宋元所成之书，甚至有言老子传内丹之说，言苏元朗传内丹也不足为奇。且另有学者对此说提出异议，其认为："以内丹法斥外丹法，是宋金以后的现象。而这一条所谓隋开皇年间的材料，不但单提外丹，且有明显地排斥外丹法的倾向，这是很可怀疑的。"③ 考内丹与外丹二者在历史上的发展状况，此辩驳理由是极妥当的，唐以前多言外丹内修，内修一脉的地位是远远不如外丹的；唐五代时多将内丹与外丹二者并提，此时内丹之说尚未风靡，多以其和外丹并列以提高其地位；直至

---

① 《罗浮山志会编》卷四，载龚鹏程、陈廖安主编《中华续道藏》第05—03册，台北新文丰出版社1999年版，第344—347页。
② 张广保：《唐宋内丹道教》，上海文化出版社2001年版，第7页。张广保以经文中出现的俗语"赚"字认为此经当为宋代作品。
③ 杨立华：《匿名的拼接——内丹观念下道教长生技术的开展》，北京大学出版社2002年版，第67页。

宋元，内丹渐次兴盛，才多见以内丹斥外丹之说。另《罗浮山志》言，由苏元朗众人始知内丹。《道藏》中有外丹经《太清石壁记》，亦题为苏元朗所撰，此经收录于《新唐书·卷五十九·艺文三·神仙家类》中，故指为苏元朗所撰是有一定的可信度的。经中有"内丹法"："取生丹薄绵裹至夜，勿吃食，临卧以中指送丹，尽指深内便外，少闲脐下雷鸣，唯须忍。至三更已来忍不得，即于净地，放出脓，三五合连三夜，熟丹补之。"① 此内丹法实际上是外丹的一种，名之以"内丹"是因其使用方法不同，普通外丹为服食，此"内丹"为治病之丹，使用则从肛门处塞入，多为治痔疮之用。若苏元朗真明了内丹术，当不会将此外用之丹术名之以"内丹"。故"内丹"一词出自苏元朗之说也应该是站不住脚的。

言"内丹"一词出自慧思，此说法源自《南岳思大禅师立誓愿文》：

为护法故求长寿命，不愿生天及余趣。愿诸贤佐助我，得好芝草及神丹，疗治众病除饥渴，常得经行修诸禅。愿得深山寂静处，足神丹药修此愿，藉外丹力修内丹，欲安众生先自安。②

大约由于道教内部人士多不愿认为"内丹"一词最早是出自一名佛教徒，故虽然此说虽屡有所见，但多是一笔带过，仔细分析之人不多。细考之，当先明了《南岳思大禅师立誓愿文》经文的年代，以及其是否出自慧思大师。汤用彤先生在《隋唐佛教史稿》中言："有《南岳禅师立誓愿文》，然证之以道宣传

---

① 《太清石壁记》卷中，《道藏》第18册，文物出版社、上海书店、天津古籍出版社1988年版，第769页。

② 《南岳思大禅师立誓愿文》，《大正藏》第46册，台北新文丰出版社1985年版，第791页。

所言,颇不合,恐系后人附会伪造。"① 指其文为后人所伪造,其中提到的道宣传是指道宣所撰的《续高僧传》,此二者中年号、地名等略有不同,陈寅恪先生对此已有详细的考证,其经过对比研究认为唐道宣《续高僧传》中的年号与事实不符,必有伪误;而《立誓愿文》与史籍附会,当非后世所伪造,刚好与汤用彤先生所持观点相反。陈寅恪先生另考证了《立誓愿文》中所提到的地名,认为:"此类行政区域,其名称至为重叠混杂,若作者非当时亲历之人,恐难有如是之正确。"② 陈先生得出结论,《立誓愿文》应为南北朝慧思大师所撰。观文中所言,长生求芝草神丹之说,极少在隋唐之后的佛经中得见,考南北朝的宗教社会环境,此时正是佛道交融的一个大时代,佛经中出现道教专用词汇是相当常见的。从道教史的角度说,南北朝是外丹术颇为流行的一个时代,虽尚未达到唐朝全民炼丹狂潮的地步,但外丹术已广为大众所知。尤其还可从"芝草"之说看出此经当出自魏晋南北朝之时,外丹起源于服食术。春秋战国时期所求的长生不死之药并不是人工炼成的金丹,而多为天然的"仙草"。约在西汉末东汉初,能人工炼制的外丹术方成系统,但影响力不大,对长生不死药的追求依然多为芝草等物,观魏晋不少经文、神仙传,虽略有提到人工金丹,却仍然将其等级放在天然芝草之下。直至葛洪横空而出,对金丹之术推崇之至,金丹术方渐为人知。至隋唐,金丹道大兴,已少见天然芝草之说。而《立誓愿文》中,将"芝草"与"金丹"并提,甚至"芝草"还在"金丹"之前,可见此文出自南北朝之时是基本无疑的。

从慧思大师"内丹"之说,还可明了道教史上一个模糊的问题,这就是内丹术究竟是何时出现的?内丹道的建立毫无疑

---

① 汤用彤:《汤用彤全集》第二卷,河北人民出版社2000年版,第135页。
② 陈寅恪:《陈寅恪集·金明馆丛稿二编》,生活·读书·新知三联书店2001年版,第240—242页。

问是在魏晋南北朝这一时期,但内丹一术显然在有此称呼之前就有了其实,这是毋庸置疑的,内修术是道教方术中的一大分支,早在上古时期就有吐纳呼吸之术,现可考的最早的内修之术是出自晚周的《行气玉佩铭》,甚至有学者即以此为最早的内丹术①。众内修术总和成内丹术的时期就在魏晋南北朝时期,虽然究其实质,此时的"内丹"术内容不定,多与诸"内修"方术类似,但亦可以看出内丹术的理念雏形。但内丹术作为一种独立的方术,究竟是何时登上历史舞台的?孟乃昌先生曾言:"苏元朗之前有慧思,提到内丹和服外丹;释家能知之,其来自道家无疑,亦即时代必早于释家。"② 即慧思大师提到内丹术,是因为内丹之名此时已广为人知,所以至少在慧思之时,内丹术作为一种独立的方术实际上已经出现了。但是,这种说法显然是有问题的。观"藉外丹力修内丹"一句,让人不禁想起葛洪"藉众术以共长生"之说,葛洪提倡修炼众方术是为了长生久视以能有更多的时间掌握外丹术,而此处慧思大师为了护法故希望自己能长寿。常言佛教"修性不修命",此处和尚提出"内丹"一词显然不是传统意义上的"内丹",这更像是形容内修精神的一种,"与专主修炼精气神的'内丹'说有所不同"③,并未有行气周天等意味蕴含其中。若此时"内丹"一词的含义已有心照不宣之领悟,大和尚恐不会使用"内丹"一词,这也从一个侧面说明此时即使有实际上的内丹术,其显然也并未与"内丹"之名相接。就此句而言,李约瑟所言较为公允:"虽然是最早(约公元565年)有'内丹'出现的文字,但它读起来几乎让人感到仿佛这个词语只是一个文学上的比喻。如果是这

---

① 王沐:《内丹养生功法指要》,东方出版社1990年版,第116页。
② 孟乃昌:《〈周易参同契〉考辨》,上海古籍出版社1993年版,第149页。
③ 卿希泰主编:《中国道教史》第二卷,四川人民出版社1996年版,第507页。

样，那么正如我们已经看到的，它很快就受到了认真对待。"① 即"内丹"一词出现有其历史的必然性，但最早是无意中提出的可能性较大。这个"无意中"也许有很多人都提出过，毕竟内外相对，有了外丹，总会有人提及内丹，但是，至今为止，能找到的最早记载只有慧思大师一例，此殊荣自然而然地就落在了慧思大师身上。

再说几句题外话，从《立誓愿文》中也可以侧面看出道教外丹术的发展，《立誓愿文》中有载："是末法一百二十年，淮南郢州刺史刘怀宝共游郢州山中，唤出讲摩诃衍义，是时为义相答。故有诸法师起大嗔怒，有五人恶论师以生金药置饮食中令慧思食，所有余残三人噉之一日即死。慧思于时身怀极困，得停七日气命垂尽，临死之际一心合掌向十方佛忏悔，念般若波罗蜜作如是言，不得他心智不应说法。如是念时生金毒药，即得消除还更得差。"② 其中恶论师拿出毒害慧思大师的毒药为"生金药"，何为生金药？外丹术中分为两支，其一为金丹术，以求炼出长生不死药；其二为黄白术，以求点石成金，能以贱金属炼制出黄金。"生金药"即为黄白术的产物。金丹有毒之事约在唐朝才被广泛注意，由此发展出不少解毒丹方，但在南北朝时期，就有人会用"生金药"来达到下毒的目的，可见外丹的毒性在此时已不是秘密了。

二 探慧思大师"内丹"之意

慧思大师言"藉外丹力修内丹"，外丹力是不需要解释的，这个意义不管在道教中还是在这里都是同样的意思，但这里的

---

① ［英］李约瑟：《中国科学技术史》第五卷，化学及相关技术；第五分册，"炼丹术的发现和发明：内丹"，周曾雄等译，科学出版社、上海古籍出版社2010年版，第126页。
② 《南岳思大禅师立誓愿文》，《大正藏》第46册，第787页。

"内丹"含义则不同,慧思大师所修之"内丹"究竟为何?《立誓愿文》载:

> 今故入山,忏悔修禅,学五通仙,求无上道,愿先成就,五通神仙,然后乃学,第六神通。
> 誓愿此土,具足十地,种智圆满,成就佛地,是故先作,长寿仙人,藉五通力,学菩萨道,自非神仙,不得久住,为法学仙,不贪寿命,誓以此身,未来贤劫,誓于此生,得大仙报,获六神通。
> 誓于此生作,长寿五通仙,修习诸禅定,学第六神通。①

外丹的作用在于长生,服用外丹也可得到不少神通,故可见慧思大师此"内丹"大约就是说"第六神通"了。神通之说主要见于佛教,道教虽亦有神通之说,但并不常见,多以法术、方术言之。《易·系词》云:"阴阳不测谓之神""往来不穷谓之通"。"神"为会意字,从示申。"申"是天空中闪电形,古人以为闪电变化莫测,威力无穷,故称为神。王弼云:"神也者,变化之极,妙万物而为言,不可以形诘。"② 通,达也。无拘无碍为通。"神"的本义为神灵,神通即为神灵的力量,指经过修行或服丹药等方式得到的神异的功能。

佛教六通为天眼通、天耳通、他心通、宿命通、如意通、漏尽通。其中"如意通"在不同经文中叫法略有不同,亦有云"神足通""神境通"。慧思言"五通神仙",是因为六通中前五通可为外道所有,唯有漏尽通,独为极三乘之证果者所有。漏即三界见、烦恼、思惑也,漏尽通即指破除执着烦恼、思惑尽,

---

① 《南岳思大禅师立誓愿文》,《大正藏》第46册,第789页。
② (魏)王弼著,楼宇烈校释:《王弼集校释》,中华书局1980年版,第543页。

不受三界生死，脱离轮回。道教亦有"五神通"之说，看经文多是受佛教思想的影响所成之文，如南北朝的道经如《太上灵宝元阳妙经》《洞玄灵宝上师说救护身命经》等，多有"备五神通""得五神通"之说。道教自身亦有"六神通"之说，如《道德会元》解《道德经》"五色令人目盲"章："故次之以五色令人目盲，色声味物皆是根尘。一切世人皆受盗，惟有道者不受他瞒，视听言动，非礼勿为，则六贼化为六神通也，故去彼取此。颂曰：见色神无定，闻声丧太和。掀翻无一事，赤手造弥罗。"① 又如《上清道宝经》载："一曰眼通，为洞视，视于三尊，不乱五色，无阴无阳，无小无大，无所不见。二曰耳通，为洞听，听受三宝，不滞五音，无清无浊，无缴无昧，无所不闻。三曰鼻通，为洞空，无故无新，无沉无浮，无不知别。四曰口通，为洞虚，愿尝甘露，妙法尤丹，不耆腥荤，无惧无畏，无刚无柔，无不辨行。五曰身通，为洞微，无广无狭，无内无外，无不究悉。六曰心通，为洞清，灌溉五神，荡涤十欲，无尊无卑，无道无俗，无不究明。"② 道教六神通多指眼、耳、鼻、舌、身、意所化神通，与佛教颇为不同。

如佛经所言，前五神通是所有外道皆可得之的神通，道教亦有类似的神通。比如"如意通"是指身能飞行山海无碍，能大能小，随意变现，举例说就是孙悟空的成名绝技，七十二变和筋斗云。而早在庄子处就有列子御风而行之说，而变化之术在汉魏神仙传中亦有记载。慧思大师欲得五神通，以修六神通，除了禅定之法，亦有借助道教外丹之术的意思。毕竟在南北朝，禅定往往也被归为方术的一种，如支谦所译《法律三昧经》云："佛用世间多贪乱意故，于树下闭目而坐，为现禅法，欲令解者

---

① 《道德会元》卷上，《道藏》第12册，文物出版社、上海书店、天津古籍出版社1988年版，第646页。

② 《上清道宝经》卷一，《道藏》第33册，文物出版社、上海书店、天津古籍出版社1988年版，第709页。

以道缚意，亦随所乐，各得其所，是为如来本所入禅。外诸小学五通禅者，学贵无为，不解至要，避世安己，持想守一，瞑目纵体，内观历藏，存神道气，养性求升，恶消福盛，思致五通，寿命长久，名曰仙人。行极于此，不知泥洹，其后福尽，生死不绝，是为外道五通禅定。"① 观此小五通禅法，与道教内修功法也没什么区别，故殊途而同归，禅定可成五神通，外丹亦然。服用外丹之后，除了能长生之外，自然而然也会产生不少神通。如《黄帝九鼎神丹经诀》载："服神丹令人神仙度世，与天地相毕，与日月同光，坐见万里，役使鬼神，举家升虚，无翼而飞，乘云驾龙，上下太清，漏刻之间，周游八极，不拘江河，不畏百毒。"② "服之者能乘云龙，浮游太清，出入紫阙，宴寝玄都矣，此是云腾羽化之妙事也。"③《太微灵书紫文琅玕华丹神真上经》载："取食一珠，则与天相顿，身生水火，唾炁成玉，化形为日，天帝下迎，乘景上清。"④《上清九真中经内诀》载："至使百鬼，皆可致。其一神名上，其二神名曰青，其三神名为情。乃万物呼名，可致入水为波，人金为汁，视万里外，彻见五藏，可为真人，诸神皆知之，出入无问，道成立致。"⑤《九转流珠神仙九丹经》载："坐知天地者，言服丹华，须臾飞上，尽见天上诸神也。远见他者，言目大明视万里也，故言远见他。忽然万里渡江河者，言服丹华一日一夜，忽飞万里，不拘江河也，行不用船梁，乘云气也，故言忽然万里渡江河也。

---

① 《佛说法律三昧经》，《大正藏》第 15 册，第 460 页。

② 《黄帝九鼎神丹经诀》卷一，《道藏》第 18 册，文物出版社、上海书店、天津古籍出版社 1988 年版，第 795 页。

③ 同上书，卷八，第 817 页。

④ 《太微灵书紫文琅玕华丹神真上经》，《道藏》第 4 册，文物出版社、上海书店、天津古籍出版社 1988 年版，第 556 页。

⑤ 《上清九真中经内诀》，《道藏》第 19 册，文物出版社、上海书店、天津古籍出版社 1988 年版，第 106 页。

以龙为马，士买为车者，言飞入青云，从太一真人也。"① 可见服用金丹后自然而然即可成为五通神仙，金丹一粒入口，五通神仙立成，也勿怪乎慧思大师欲求外丹以修"内丹"了。

值得思考的是，随着内丹术与外丹术的发展，道教内部也出现了"藉外丹力修内丹"之说。早期道教长生术只讲究肉体成仙，对人的心性几乎没有什么要求，金丹入口，不管是男是女是老是少，甚至是人是兽，皆可长生不死、飞升成仙，所谓"鸡犬飞升"正是如此。至唐朝，由于道性论与重玄学的影响，心性之说逐渐在道教中流行起来，甚至后来成为主流，心性说在道教方术中的表现之学，即为内丹术。宋金之时多有贬低外丹而赞内丹之说，主要就是基于此点，如《西升经》云："伪道养形，真道养神。"② 此即以外丹之道为"伪道"，内丹方是真道，颇有五神通与六神通对比之感。王玄览《玄珠录》载："谷神不死，谷神上下二养，存存者坐忘养，存者随形养，形养将形仙，坐忘养舍形入真。存者如木生火，存存者如土生火。亦有修子至母者，亦有修母者，亦有直修子不至母者。修子不至母者，神仙。修子至母者、直修母者，解形至道也。"③ 此处亦然，讲修外丹可成神仙，但修内丹方成至道。内丹术中的一个基本理念即为"性命双修"，这也是其与外丹理论的本质不同之处，甚至内丹术常被称为"性命之学"。外丹主于"修命"，内丹以"修性"见长，故亦有少数人提出外丹修命与内丹修性合而修之亦是"性命双修"之说，早在南北朝时，陶弘景即已提出"假令为仙者，以药石炼其形，以精灵莹其

---

① 《九转流珠神仙九丹经》，《道藏》第 19 册，文物出版社、上海书店、天津古籍出版社 1988 年版，第 427—428 页。
② 《西升经》卷上，《道藏》第 11 册，文物出版社、上海书店、天津古籍出版社 1988 年版，第 495 页。
③ 《玄珠录》卷下，《道藏》第 23 册，文物出版社、上海书店、天津古籍出版社 1988 年版，第 618 页。

神，以和气濯其质，以善德解其缠，众法共通，无碍无滞"①之说，此处即以外丹而修形，以其他方术（"精灵"似为存思术）修神，二者配合而行，以证大道。张伯端《紫阳真人悟真篇讲义》亦云："同声相应，同气相求，金丹大药，不出铅汞二物。铅能化汞，汞复化铅。七返九还，是此外丹也。视之不见名曰希，听之不闻名曰夷。希夷大道，出于自然，清静无为是也，此内丹也。有内丹以炼神，必有外丹以炼形，使形神俱妙，与道合真。"② 作为内丹术成熟的标志，《悟真篇》的作者张伯端有《悟真篇·禅宗歌颂》云："夫学道之人，不通性理独修金丹，如此既性命之道未备，则运心不普，物我难齐，又焉能究竟圆通，迥超三界？故《楞严经》云：有十种仙，皆于人中炼心坚固精粹，寿千万岁。若不修正觉三昧，则报尽还来，散入诸趣。是以弥勒菩萨《金刚经颂》云：饶君百万劫，终久落空亡。故此《悟真篇》中先以神仙命衍诱其修炼，次以诸佛妙用广其神通，终以真如觉性遣其幻妄，而归于究竟空寂之本源矣。"③ 可见张伯端所谓的"修性"近似佛教禅定之术，故观慧思大师言"藉外丹力修内丹"之说，在道教内部也是完全行得通的。内丹术大成之后，达到"与道合一"的境界，这个境界亦可类比于练成佛教的六神通。

小　结

道教最大的特点恐怕就在于"贵生""重法"二处，这也是与其他宗教最为不同之处。道教在这两方面也不断充实和改

---

① 《华阳陶隐居集》卷上，《道藏》第23册，文物出版社、上海书店、天津古籍出版社1988年版，第646页。

② 《紫阳真人悟真篇讲义》卷四，《道藏》第3册，文物出版社、上海书店、天津古籍出版社1988年版，第54页。

③ 《修真十书·悟真篇》卷三十，《道藏》第4册，文物出版社、上海书店、天津古籍出版社1988年版，第745页。

变中国佛教的思想和信仰，这点在早期天台宗文献中尤为突出。观慧思大师之文，这方面的倾向很为明显，其将神仙之学作为学佛的必经之历程。慧思大师此说，应是受以下几方面影响，其一恐是来自龙树菩萨这一脉的传承，唐澄观《大方广佛华严经随疏演义钞》载："唐三藏初遇龙树宗师，欲从学法，师令服药求得长生，方能穷究。三藏自思本欲求经，恐仙术不成辜我夙愿，遂不学此宗，乃学法相之宗。"①《隋书·经籍志·子部·医方类》西域诸仙药方中有著录"龙树菩萨药方四卷""龙树菩萨养性方一卷"②。可见外丹服药一事在天台宗中之渊源。其次在于佛教在中国传教的传统。早年佛教东传，东汉末魏晋时期，正是道教方术大为流行之期，故早期僧人多习方术，以此传教，故佛教亦多有修行神通、法术。最后还是在于环境的影响，南岳衡山一直是道教福地，历代高道层出不穷，最有名者，为上清派始祖南岳夫人魏华存，其在南岳集贤峰下苦修十六年，后在礼斗坛飞升。慧思大师在南岳传道，自然而然会为道教思想所影响，从而形成了其独有的以道修佛之说。慧思"内丹"之名的成立，为中国道教与佛教双向影响提供了一个典型例证，彰显了南岳地域道佛文化交融的历史记忆。

---

① 《大方广佛华严经随疏演义钞》，《大正藏》第36册，第52页。
② （唐）魏徵、令狐德棻：《隋书》，中华书局1973年版，第1047、1049页。

南岳慧思《南岳思大禅师立誓愿文》中的道教影响及论天台智𫖮《摩诃止观》中对儒、道二家之态度

赵东明

(华东师范大学哲学系讲师)

摘　要：本文旨在论述以下几个重点：1. 关于南岳慧思《南岳思大禅师立誓愿文》中的道教影响：在此，笔者认为陈寅恪的一些观点，诸如："天台宗者，佛教宗派中道教意义最丰富之一宗也"，"天台原始之思想虽不以神仙为极诣，但视为学佛必经之路程"，是值得再仔细商榷与讨论的。2. 天台智𫖮《摩诃止观》中对儒、道二家之态度：在此，笔者首先顺着上面陈寅恪的思路，探讨智𫖮在《摩诃止观》中引用道家《庄子》"庄周梦蝶"的譬喻，以说明这种引用，并非是"天台宗者，佛教宗派中道教意义最丰富之一宗也"的表现，而毋宁说是一种"格义"佛教的遗风。3. 探讨天台智𫖮对道家、道教学说采取严厉批判的立场，但却有融合与比附儒家学说的倾向。笔者以为，这是智𫖮那个时代佛、道二教激烈竞争与冲突所致。而儒家则因握有政治上的主导权，而使智𫖮必须融合与比附儒家的学说，以让佛教能获得政治上或知识分子的认同。

关键词：慧思　道教影响　智𫖮　庄周梦蝶　道家　道教　儒家

一 南岳慧思《南岳思大禅师立誓愿文》中的道教影响

陈寅恪在为审查冯友兰的《中国哲学史》而撰写的《审查报告三》中曾称：

> 天台宗者，佛教宗派中道教意义最丰富之一宗也。①

陈氏此语是就天台宗先驱南岳慧思（515—577）的《南岳思大禅师立誓愿文》一文中，慧思曾发愿求得神丹药草，以外丹修内丹，这些道教术语而下的判断。②陈氏此语其实是值得再仔细商榷与讨论的。因为如果仅是就天台宗的先驱南岳慧思言，可能确实有一些道理。然而就整个天台宗，或就天台宗的开创者智𫖮（538—597）③而言，笔者以为，应该都是值得再商榷

---

① 陈寅恪的原文为："如天台宗者，佛教宗派中道教意义最丰富之一宗也。（其创造者慧思所作誓愿文，最足表现其思想……）"[陈寅恪：《审查报告三》，收于冯友兰《中国哲学史》（下册），华东师范大学出版社2000年版，第440页]

② 《南岳思大禅师立誓愿文》载慧思云："我今入山修习苦行，忏悔破戒障道重罪，今身及先身是罪悉忏悔，为护法故求长寿命，不愿生天及余趣。愿诸贤圣佐助我，得好芝草及神丹，疗治众病除饥渴，常得经行修诸禅。愿得深山寂静处，足神丹药修此愿，藉外丹力修内丹。"（陈）慧思：《南岳思大禅师立誓愿文》，《大正藏》第46册，第791页下。

③ 关于智𫖮的卒年，有学者以为应为公元598年。据陈垣《二十史朔闰表》，隋开皇十七年十一月二十四日应为公元598年1月7日。所以中国大陆杨曾文、张风雷等人认为应改为公元598年较适当。（参见杨曾文《关于中日天台宗的几个问题》，《东南文化》第二期，南京博物院1994年版，第78页。张风雷：《智𫖮评传》，京华出版社1995年版，第104页。李四龙：《智𫖮思想与宗派佛教的兴起》，北京大学哲学系博士论文，1999年，收入佛光山文教基金会主编，中国佛教学术论典——《法藏文库》硕博士学位论文第14册，高雄佛光山文教基金会2001年版，第1页脚注1）。

本文则维持传统上之说法，以智𫖮为597年卒，而对此问题暂时不做深究。

的。还有,例如,禅宗思想与道家思想的接近性,其实应该更甚于天台宗,那是否可说在思想上,禅宗内具的道教或道家之思想内涵意义更为丰富呢?

此外,陈寅恪在《南岳大师立誓愿文跋》一文中也曾提到:

> 而文中所述志愿,即求长生治丹药一事,最为特殊。似与普通佛教宗旨矛盾。寅恪以为此类思想却为当时产物,而非后来所可伪托。……①

虽然陈寅恪在其文中推论《南岳思大禅师立誓愿文》是慧思的真作。②潘桂明也认为该文有理由认为是慧思的著作。日本学者结城令闻、山田龙城、小林泰善、川胜义雄等人,也认为该文是慧思的真撰。③但是,也有不少学者怀疑《南岳思大禅师立誓愿文》是伪作,例如日本江户时代的日好首先提出该文有部分是伪撰,之后平了照、惠谷隆戒、安藤俊雄等人对伪撰的部分也有不同的看法。④

因此,笔者以为《南岳思大禅师立誓愿文》,首先并不一定能像陈寅恪推论的一样,认为该文确实是慧思的真作品。至少,有某些部分,可能也许不是慧思的真撰。这至少是仍然值得再商榷与进一步研究讨论的。

而陈寅恪在《南岳大师立誓愿文跋》一文之中,还提到

---

① 陈寅恪:《南岳大师立誓愿文跋》,《陈寅恪集·金明丛稿二编》,生活·读书·新知三联书店2001年版,第242页。
② 同上书,第241—242页。
③ 潘桂明:《智𫖮评传》,南京大学出版社1996年版,第85页。
④ [日]小林泰善:《南岳慧思立誓愿文の形成に关する问题》,《印度学佛教学研究》第24卷第1号(东京日本印度学佛教学会,1975年版),第250页。(转引自释正持《慧思禅观思想之研究》,台湾嘉义南华大学宗教所硕士论文,2008年,第50页)

《南岳思大禅师立誓愿文》中含有与道教有关的字句,并提出如下看法:

> 誓愿文中如
> 又复发愿,我今入山忏悔一切障道重罪,经行修禅,若得成就五通神仙及六神通。
> 及
> 是故先作长寿仙人,藉五通力,学菩萨道。自非神仙,不得久住。为法学仙,不贪寿命。
> 及
> 誓于此生得大仙报。
> 及
> 为护法故求长寿命,不愿生天及余趣。愿诸贤圣佐助我,得好芝草及神丹。疗治众病除饥渴,常得经行修诸禅。愿得深山寂静处,足神丹药修此愿,藉外丹力修内丹。
> 及
> 以此求道誓愿力,作长寿仙见弥勒。
> 及
> 誓愿入山学神仙,得长命力求佛道。
> 等语,皆表现求长生治丹药之思想。……①
> 故天台宗内由本体之性质,外受环境之熏习,其思想之推演变迁,遂不期而与道家神仙之学说符合。明乎此,则天台祖师栖止之名山,如武当南岳天台等,皆道家所谓神仙洞府,富于灵药,可以治丹之地,固不足为异也。总而言之,天台原始之思想虽不以神仙为极诣,但视为学佛

---

① 陈寅恪:《南岳大师立誓愿文跋》,《陈寅恪集·金明丛稿二编》,生活·读书·新知三联书店2001年版,第242—243页。

必经之路程。①

上面陈氏说的"故天台宗内由本体之性质,外受环境之熏习,其思想之推演变迁,遂不期而与道家神仙之学说符合",这固然不错。但必须声明的是,这样的观点,必须是要建立在该文是慧思真实作品的立场上,才能显得比较有效力些。另外,陈氏所言:"总而言之,天台原始之思想虽不以神仙为极诣,但视为学佛必经之路程。"这句话中的"但视为学佛必经之路程",则可能颇有问题。因为这最多只能推论是慧思(如果该文为慧思真撰)想借由长寿,而求佛道或亲见弥勒菩萨的一种"方便"修行法门而已(如上引《南岳思大禅师立誓愿文》之原文:"以此求道誓愿力,作长寿仙见弥勒。""誓愿入山学神仙,得长命力求佛道。"),而或许不能视为是陈氏所言:"天台原始之思想虽不以神仙为极诣,但视为学佛必经之路程。"至少笔者以为,这应该只能视为一种"方便",而非陈氏以为的天台原始思想将修仙视为是"学佛必经之路程"。

而且,在天台宗的历史上,可能除了慧思之外找不到第二个这样受道教影响之人(如果《南岳思大禅师立誓愿文》为慧思真撰),而慧思会受道教影响约莫是受所处的时代背景影响(陈寅恪也有此观点)。而智𫖮本人则明白地在其著作中严厉地批判道教与道家的学说,故而天台宗其实未必有陈寅恪所谓道教意义最丰富的这种状况。而陈氏此观点,或许是指智𫖮或其他天台宗人的著作中,常出现道家或道教的语词。然而笔者以为,智𫖮之所以在其著作中运用道家的词语,或许更毋宁说是属于他那时代上承"格义"佛教的余风,而并不是认同道家或

---

① 陈寅恪:《南岳大师立誓愿文跋》,《陈寅恪集·金明丛稿二编》,生活·读书·新知三联书店 2001 年版,第 245 页。

道教之说。

并且，若仅凭著作中运用许多道家或道教的词汇，就认为其道教意义最为丰富，则恐怕许多佛教大师都有此迹象，如华严宗第四祖清凉澄观（738—839）在其《大方广佛华严经疏》中大量引用《庄子》《老子》二书，那么为何不说华严宗才是佛教宗派中道教意义最丰富之一宗呢？又或者禅宗呢？因此，笔者以为陈氏此语——"天台宗者，佛教宗派中道教意义最丰富之一宗也"，仍然值得仔细地商榷与讨论。

所以，笔者在下面一段落中，将以《摩诃止观》一书中，天台宗开创者智𫖮对道、儒二家的态度，作为论述的主题。而智𫖮对道家的态度，其实是非常严厉批判的，这应该是和当时的佛、道斗争有关。而他对儒家的态度，则是较为客气缓和并有融合与比附儒、佛二家学说的倾向，常将儒家的学说附会成佛教的教理，这则应该和儒家在政治上握有比较多的主导权有关联。

二 智𫖮《摩诃止观》"一念三千"说中引用"庄周梦蝶"之譬喻

本文此段，笔者想说明的是，在智𫖮的《摩诃止观》一书中，也有多处提及道家学说之处。但是这种引用，却并非上面陈寅恪所认为的"天台宗者，佛教宗派中道教意义最丰富之一宗也"。而毋宁说是一种为了让知识分子理解佛学，而承继智𫖮他那个时代之前"格义"佛教的遗绪之风，而有的解说。

智𫖮《摩诃止观》一书中，有多处提及道家之说，在他阐述后来被荆溪湛然（711—782）称为"终穷究竟极说"的"一念三千"① 时，亦引用了《庄子》书中"庄周梦蝶"的譬喻：

> 又如眠梦见百千万事，豁寤无一，况复百千！未眠不梦不觉，不多不一，眠力故谓多，觉力故谓少。庄周梦为蝴蝶，翱翔百年，寤知非蝶，亦非积岁。无明法法性，一心一切心，如彼昏眠。达无明即法性，一切心一心，如彼醒寤（云云）。②

关于智顗引用的"庄周梦蝶"这个譬喻，出现于《庄子》

---

① 荆溪湛然："故至《止观》正明观法，并以三千而为指南，乃是'终穷究竟极说'。"（唐）湛然，《止观辅行传弘决》，《大正藏》第46册，第296页上。

但是，关于"一念三千"，是否为智顗亲口所说，日本学者佐藤哲英以为"一念三千"并非天台智顗本人所说的，而是章安灌顶（561—632）在整理《摩诃止观》的过程中提出的。佐藤氏的根据是：在智顗的所有著作中，仅有《摩诃止观》一书出现过"一念三千"，《法华玄义》里也仅出现"百界千如"［（隋）智顗：《妙法莲华经玄义》卷二上；《大正藏》第33册，第696页上］，而没有看到"一念三千"之说。而且，智顗在其临终前所讲述的《观心论》中，也没有提到"一念三千"。在灌顶为之注释的《观心论疏》里曾大量引用《摩诃止观》的话语，然却仅提到"十界百如"或"百界千如"，也没有提到过"一念三千"。（唐）灌顶：《观心论疏》卷四；《大正藏》第46册，第609页上—611页上。因此，佐藤氏以为灌顶在撰疏《观心论疏》时，《摩诃止观》一书还未定稿，通行本《摩诃止观》中的"一念三千"，应是灌顶本人的发挥与渗入。（［日］佐藤哲英：《天台大师の研究：智顗の著作に関する基础の研究》，东京百花苑1961年版，第400页）

虽然佐藤氏的证据似乎蛮合理的，不过也有学者，如圣严（1930—2009）以为即便"一念三千"真是出于灌顶之手，但它也还是在智顗思想的基础上提出的。因为智顗在《法华玄义》中已经讲述过"百界千如""三种世间"，所以并无损于"一念三千"的思想意义。（释圣严：《天台思想的一念三千》，收入张曼涛主编《现代佛教学术丛刊》第57册天台学专集之三：天台思想论集，台北大乘文化1980年版，第218—219页）而且，灌顶在整理智顗的《法华玄义》时都将自己的想法加上"私记"二字，并对其师智顗倍加称颂。佛教中任何虔诚的弟子皆不敢冒渎师意、伪造师说，何况是如此尊敬其师的灌顶呢？（李志夫编著：《法华玄义研究》下册《附录》，台北中华佛教文献编撰社1997年版，第3页）

笔者对此历史文献学上的问题，亦即"一念三千"是否智顗亲自提出的理论，暂持保留的态度，而姑且暂时随顺一般的观点，认为是智顗的说法。

② （隋）智顗：《摩诃止观》卷五上，《大正藏》第46册，第53页下。

书中内篇《齐物论》的最后一段，原文为：

> 昔者庄周梦为胡蝶，栩栩然胡蝶也，自喻适志与！不知周也。俄然觉，则蘧蘧然周也。不知周之梦为胡蝶与，胡蝶之梦为周与？周与胡蝶，则必有分矣。此之谓物化。①

《庄子》书中的这个寓言是庄子梦到自己变成蝴蝶，逍遥快乐地翩翩飞舞，一副志得意满的样子。突然间，他醒觉过来，才知道原来是在做梦，自己其实是叫"庄周"的人，而非蝴蝶。然而庄子在此却又说他不知道是庄周这个人梦为蝴蝶？还是蝴蝶梦为庄周？接着又说，庄周和蝴蝶必定有所分别，而这样的分别就是所谓的"物化"。"物化"二字应该是《齐物论》的关键，若配合着《齐物论》的前文，则"物化"应是指达致消泯万物对立的一种状态而言。亦即齐万"物"之分殊，而"化"为一自然整体之谓。②

智𫖮举此庄周梦蝶之寓言，说明若像地论师般以为法性是无明及万法之依持，就像是庄子昏眠中以为自己是蝴蝶一样。若了达"无明即法性"，则如同庄子的醒寤，才知自己的真实身份。智𫖮在这里，并无意重新诠释《庄子》这段文章的内容，他仅是借用庄子的寓言来说明"无明即法性"这种敌对相即的概念而已。

而智𫖮的这种引用，当然并不是一种站在支持道家学说的立场。而毋宁说是他那个时代上承"格义"佛教的遗绪，亦即为了让知识分子容易理解佛学，才引用道家学说的譬喻来解说

---

① （清）郭庆藩：《庄子集释》第一册，中华书局1995年版，第112页。
② 郭象（约252—312）在解释此段时以为"物化"是指"物理之变化"："故知生来死往，物理之变化也。"（清）郭庆藩，《庄子集释》第一册，中华书局1995年版，第114页。吴怡在《新译庄子内篇解义》中则认为"物化"是"修养达到真我境界后，把物提升上来，和物同化。"（吴怡：《新译庄子内篇解义》，台北三民书局2000年版，第116页）

佛法的。

三　智𫖮对道家与道教之态度

　　道家思想作为一学术派别而言，产生于先秦时期的老、庄思想，在中国哲学史上称作"道家"①。而在思想上托附老、庄道家所形成的"道教"，作为一宗教派别而言，东汉至魏晋南北朝则是最重要的发展阶段，此时其由民间教团逐步演变发展成一官方认可的正统宗教。②

　　然而，在佛教界人士看来，就道教作为一"教"而言，至唐代法琳（572—640）著《辩正论》时依然驳斥其称"教"之说。③ 在智𫖮所处的时代，道教已形成一庞大的教派，北周武帝（543—578）时所发生的灭佛事件（天和四年，569 年）就和还俗僧卫元嵩崇道抑佛有关，智𫖮在《摩诃止观》一书中亦有批评这类还俗又崇道之人。《摩诃止观》卷五下：

> 今世多有恶魔比丘，退戒还家，惧畏驱策，更越济道士，复邀名利，夸谈庄、老。以佛法义，偷安邪典，押高就下，推尊入卑，概令平等。以"道可道，非常道；名可名，非常名。"均齐佛法，不可说示。如虫食木，偶得成字，检校道理，邪正悬绝。愚者所信，智者所萤，何者？

---

①《史记》载《司马谈论六家要旨》言"道家"："道家使人精神专一，动合无形，赡足万物。其为术也，因阴阳之大顺，采儒、墨之善，撮名、法之要。与时推移，应物变化；立俗施事，无所不宜。指约而易，操事少而功多也。"（西汉）司马迁：《太史公自序》第七十，《史记》卷一百三十，中华书局 1992 年版，第 3278 页。

② 任继愈主编：《中国道教史》（增订本）上卷，中国社会科学出版社 2001 年版，第 3 页。

③ ［日］小林正美：《六朝道教史研究》，李庆译，四川人民出版社 2001 年版，第 486—496 页。法琳称道教非"教"的理由，是其无教主与经典。详见（唐）释法琳《辩正论》，《大正藏》第 52 册，第 499 页上—中。

如前所说，诸生、诸不生，诸四句诸不可说，汝尚非单四句外不可说，何况复外？何况具足外？何况犊子耶？尚非犊子，何况三藏、通、别、圆耶？诸法理本往望常，名常道，云何得齐？教相往望，已不得齐，况以苦、集往检，过患彰露，云何得齐？况将道品往望，云何得齐正法之要？本既不齐，迹亦不齐，佛迹世，世是正天竺金轮刹利；庄、老是真丹边地，小国柱下书史，宋国漆园吏，此云何齐？佛以三十二相，八十种好，缠络其身；庄、老身如凡流，凡流之形，痤小丑箧。《经》云："阎浮提人，形状如鬼。"云何齐佛？佛说法时，放光动地；天人毕会，又手听法。适机而说，梵响如流，辩不可尽。当于语下，言不虚发，闻皆得道。老在周朝，主上不知，群下不识，不敢出一言谏诤，不能化得一人，乘坏板车出关西，窃说尹喜，有何公灼？又漆园染毫，题简句治改足，轧轧若抽，造《内》、《外》篇以规显达，谁共同闻？复谁得道？云何得齐？如是不齐，其义无量，倦不能说，云何以邪而干于正？复次如来行时，帝释在右，梵王在左，金刚前导，四部后从，飞空而行。老自御薄板青牛车，向关西作田；庄为他所使，看守漆树；如此举动，复云何齐？如来定为转轮圣帝，四海颙颙，待神宝至，忽此荣位，出家得佛。老仕关东，吝小吏之职，垦农关西，惜数亩之田，公私匆遽，不能弃此，云何言齐？盲人无眼，信汝所说。有智慧者，憨而怪之。①

在上面这段引文中，智顗毫不客气地批评这类还俗又崇道之人为"恶魔比丘"。并对这些道教人士所推崇的老、庄道家思想加以批判，他从"本"（学说思想）、"迹"（说法之人所示现的身份）两方面来批评。在学说思想之"本"方面，智顗以为

---

① （隋）智顗：《摩诃止观》卷五下，《大正藏》第46册，第68页中—下。

庄、老连生、不生、亦生亦不生、非生非不生这单四句不可说都不如,何况复四句不可说及具足四句不可说,甚至连小乘佛教犊子部都不如,何况天台所判之藏、通、别、圆诸教呢?其大力斥责还俗又崇道之人所以为的庄、老齐于佛法之说,认为庄、老之说"如虫食木,偶得成字",仅是像虫吃木头偶然形成类似字的状况,这可见得智颛对道家思想与道教人士的批评异常严厉、毫不客气。在说法之人所示现的身份即"迹"方面,智颛以佛之面容、家世、社会地位、说法现瑞等方面,和庄、老相比,言庄、老不如佛甚矣。① 由引文中可看出智颛的抨击异常严厉,这很可能是和他亲身经历因还俗僧卫元嵩(其人后崇信道教,可能就是智颛所言之"恶魔比丘")所导致的北周武帝灭佛的事件有关。

智颛对道家(道教)之所以持反感的态度,约有三个原因:

1. 道教站在民族文化的立场排斥佛教,认为佛教是"胡神",并伪造老子化胡等之说。

2. 道教的道士,常挑拨离间帝王(如北周武帝时之卫元嵩),假儒家之手以打击佛教。

3. 道教在理论上,常剽窃佛教义理以充实自己,或伪造道经攻击佛教(如《老子化胡经》)。②

在智颛的时代,佛、道斗争应是非常激烈且台面化的,北周武帝灭佛发生于天和四年陈宣帝太建元年,569 年,时智颛三十二岁③,而智颛的《摩诃止观》则讲说于隋开皇十四年(594),智颛亲身感受到当时北朝北周武帝灭佛的影响,所以他

---

① 参考廖明活《天台智颛对儒家道家的态度》,《世界宗教研究》1984 年第 4 期,第 25—35 页。

② 参考潘桂明《智颛评传》,南京大学出版社 1996 年版,第 451 页。

③ 潘桂明:《智颛年谱》,《智颛评传》,南京大学出版社 1996 年版,第 516 页。

对道家的态度是毫不客气地批评，而且异常严厉。①

四 智𫗦对儒家之态度

智𫗦对庄、老之批判非常严厉，然对儒家则以五常、五行、五经配以佛教五戒的方式比附与合会。这应该是因为儒家不仅在政治上，在文化上亦是中国文化之正统、主流之故。因此智𫗦对儒家便不能像对道家一样般攻击，而要将其吸纳、比附、融会，而与己说可会通相仿。《摩诃止观》卷六上：

>《大经》云："一切世间外道经书，皆是佛说，非外道说。"《光明》云："一切世间，所有善论，皆因此经。"若深识世法，即是佛法，何以故？束于十善，即是五戒，深知五常、五行义，亦似五戒。仁慈矜养，不害于他，即不杀戒。义让推廉，抽己惠彼，是不盗戒。礼制规矩，结发成亲，即不邪淫戒。智鉴明利，所为秉直，中当道理，即不饮酒戒。信契实录，诚节不欺，是不妄语戒。周孔立此五常，为世间法药，救治人病。又五行似五戒：不杀防木，不盗防金，不淫防水，不妄语防土，不饮酒防火。又五经似五戒：《礼》明撙节，此防饮酒；《乐》和心，防淫；《诗》风刺，防杀；《尚书》明义让，防盗；《易》测阴阳，防妄语。如是等世智之法，精通其极，无能逾，无能胜。咸令信伏，而师导之，出假菩萨欲知此法，当别于通明观中，勤心修习。大悲誓愿，精进无息，诸佛威加，豁然明解，于世法药，永无疑滞。然世法药，非毕竟治，屈步移

---

① 《摩诃止观》卷十上亦出现："何意滥以庄老齐于佛法？"这些批评庄、老之文。(隋) 智𫗦：《摩诃止观》卷十上，《大正藏》第 46 册，第 134 页下—135 页中。

足,虽垂尽三有,当复退还。①

智顗在这段引文中,一开头就引《大般涅槃经》说:"一切世间外道经书,皆是佛说,非外道说。"② 但是如果依据这点而言的话,那么他批评道教也实在是太过了一些。因为若这个观点成立的话,道教的典籍不也是佛为教化众生所说的吗?在这里,智顗将儒家的仁、义、礼、智、信以及说明这些道理的儒家五经《诗》《书》《礼》《乐》《易》和佛教的不杀生、不偷盗、不邪淫、不妄语、不饮酒这五戒相匹配。他的目的,应是想让儒家的知识分子认同佛教,既然儒家的五经所阐述的道理,和佛教的戒律是一样的,那么推广佛教在教化意义上和推广儒学是一致的,所以佛教也就可以名正言顺地在以儒家为主流的中国文化、政治上立足弘法了。这或许是智顗为争取占主流地位而支持儒家的知识分子,也能在某种程度上去支持佛教的立场的缘故。

五 结 语

以上,笔者考察了南岳慧思的《南岳思大禅师立誓愿文》,与陈寅恪《南岳大师立誓愿文跋》,以及天台智顗在《摩诃止观》中引用道家《庄子》"庄周梦蝶"的譬喻解说佛法。笔者以为,陈寅恪所谓"天台宗者,佛教宗派中道教意义最丰富之一宗也",是仍然值得再仔细商榷与讨论的。

并且,在比较智顗对儒、道二家的态度之后,我们可以看出,智顗对儒家是采取比附、融会、调和之说,认为这是菩萨

---

① (隋)智顗:《摩诃止观》卷六上,《大正藏》第46册,第77页中。
② 《大般涅槃经·文字品第十三》:"佛复告迦叶!所有种种异论、咒术、言语、文字,皆是佛说非外道说。"(刘宋)慧严等编:《大般涅槃经》卷八,《大正藏》第12册,第653页下。

要学的度化众生之法门。然而,对于道家,他就毫不客气、异常严厉地抨击。这其中的关系应是儒家基本上,不仅在文化上,在政治上更是中国传统的主流。而佛教是一外来文化,若要弘扬佛法、吸引信众,还得借助政治上的助力,这即所谓"不依国主,则法事难立"[①]。而道教则在吸引信徒上和佛教形成一竞争、冲突之关系,故在佛教传入中国,儒、释、道三教冲突、融合的过程中,释、道二教经常是争如水火(虽然儒家也有激烈地排佛与抨击佛教,但佛教对儒家却经常是采取比附、会通的立场)[②]。这应该是智𫖮对道教和道家思想采取严厉批评的立场,但却对儒家学说采取比附、会通之方法的原因。

---

① 此为(梁)慧皎《高僧传》载释道安(312—385)之语。(梁)慧皎:《高僧传》卷五,《大正藏》第 50 册,第 352 页上。

② 可参看杨惠南《佛教思想发展史论》,台北东大图书 2012 年二版,第 208—233 页。

南岳慧思的法华思想诠释

黄国清
（台湾南华大学宗教所副教授兼所长）

摘　要： 本文以慧思所撰《法华经安乐行义》为主要文本，并且对比《法华经》的文句意旨，考察慧思的法华思想，解明他为此经所注入的圆顿思想意涵。慧思精通《般若》与《法华》二经，深入般若禅观，综合融贯而成圆顿思想，为"四安乐行"与"六根清净"赋予深妙理趣。他将安乐行界定为"无相行"，空观具关键意义，远离对一切诸法的分别和执取，消解惑障，使行者本自具足的法身自然显豁，行者顿时发起大神通与大智慧，此为顿觉的真理揭显进路。这种广大觉证境地，慧思视为"六根清净"的义理蕴含。《安乐行品》强调"忍辱地"的精神涵养，慧思以众生忍、法性忍、法界海神通忍三种层次进行阐释，以法界海神通忍将安忍修学拉高到圆顿义理级别。他用"无生法忍"的脉络来展示宽宏深厚的安忍境地，具足一切智慧、一切神通，能于一时演示无边度化活动。这种广大心灵亦非后天开发始得，慧思指出凭借安乐行所开显者是"不动真常法身"，非"方便缘合法身"，也就是本来清净常住、具足一切的如来藏法身。

关键词： 南岳慧思　《法华经》　安乐行　六根清净　圆顿思想

一 引 言

在鸠摩罗什（Kumārajīva，344—413；一说350—409）翻译《妙法莲华经》之际（406），大乘经传译的种数尚且不多，特别是论说佛性的大乘"涅槃经"系经典尚未汉译，①《法华经》在判教面上基本是与《般若经》列于平行互补的地位。② 随着大乘《涅槃经》的译出，《法华经》在南北朝诸家判教架构的义理地位通常低于《涅槃经》，因《法华经》虽提出一乘思想，倡言佛陀出世本怀，却缺少对一乘教之实质教理的详细诠说；与此相较，《涅槃经》阐明佛性常乐我净，一切众生本具的深奥意趣，在佛性阐释这一点上，两经之间存在不了义与了义的差别。③《法华经》虽铺叙令一切众生开示悟入佛之知见的高远化导理想，但较少讲述精深圆熟的真理教义内容，在取得"经王"地位方面，其正当性显得不足。对于扭转此经判教地位卓有贡献者是南岳慧思（515—577），他拥有深厚的禅修功底，精于《般若经》的智慧观照，而在专思《法华经》时悟得其字里行间的圆妙意趣，④ 给出体系性的义理诠解，为此经充实了圆顿真理的具体论述，得以将其教理层次抬高到至上位置，其思想创发功绩实功不可没。

---

① 最早汉译的大乘"涅槃经"系经典是法显所译《大般泥洹经》，是他在413年返回中国后始翻译，已在鸠摩罗什译出《妙法莲华经》的时间之后。参见《高僧传·释法显传》，《大正藏》第50册，第337页中—338页中。

② 如僧叡《小品经序》言："《法华》镜本以凝照，《般若》冥末以解悬。解悬理趣，菩萨道也；凝照镜本，告其终也。……是以《法华》《般若》相待以期终，方便、实化冥一以俟尽。……是故叹深则《般若》之功重，美实则《法华》之用微。"见《出三藏记集》卷八，《大正藏》第55册，第54页下—55页上。

③ 参见拙著《〈法华经〉于中国佛教的判教地位——从鸠摩罗什到法藏》，《世界宗教学刊》2010年第16期（2010年12月），第41—94页。

④ 关于慧思的学思历程，可参见《续高僧传·释慧思传》，《大正藏》第50册，第562页下—564页上。

《法华经》是一部非常特殊的经典,虽屡次言及诸法实相、佛之知见,却不见对其教理思想的直接阐述,令人对此经教义的崇高地位感到疑惑。慧思弟子天台智𫖮(538—597)对此点有所洞见,指出《法华经》有超于诸经的指导意义:"凡此诸经皆是逗会他意,令他得益,不谭佛意意趣何之?今经不尔,绝是法门网目,大小观法,十力无畏,种种规矩,皆所不论,为前经已说故。但论如来布教之元始,中间取与渐顿适时,大事因缘,究竟终讫,说教之纲格,大化之筌罜。"① 如来想说的全部教理在《法华经》之前已演说完成,此经重在揭示如来出世教化的本末因缘,统合所有经典教说成为一个次第整体,标举出最高的修证理想,引领各个闻法者趣入真实的成佛道途。如果想要了知种种教义与行法的具体内容,可参研释尊在讲说《法华经》之前所开示的各部经典。换言之,吾人可用任何经典教说来补充《法华经》的实相教义;而此经既是最为圆极之谈,欲使闻法者领解的诸法实相必是最高层次的真理法义。天台学系对于此经的圆实真理诠释工作实以慧思为启导人物,他为核心教理贞定方向,并给出义理诠释的优异范式,而由智𫖮完成宏大精深的义理体系建构。②

关于慧思的法华思想,已有当代学者进行过研究,③ 但对其圆顿思想的深妙理趣与诠释体系,仍未见到充分的展示。本论文以慧思所撰述的《法华经安乐行义》为主要文本,辅以《南岳思大禅师立誓愿文》与《诸法无诤三昧法门》等现存著作,

---

① 见《妙法莲华经玄义》卷十,《大正藏》第33册,第800页中。
② 参见董平《天台宗研究》,上海古籍出版社2002年版,第14页;及潘桂明、吴忠伟《中国天台宗通史》,江苏古籍出版社2001年版,第64—66页。
③ 参见 Daniel B. Stevenson and Hiroshi Kanno, *The Meaning of the Lotussutra's Course of the Ease and Bliss*: *An Annotated Translation and Study of NanyuHuisi's* (515—577) *Fahuajinganlexingyi*, Tokyo: The International Research Institute for Advanced Buddhology, Soka University, 2006;及韩焕忠《慧思大师的〈法华〉观》,南岳佛教协会编《慧思大师研究》,岳麓书社2012年版,第431—440页。

并且对比《法华经》的文句意旨,考察慧思的法华思想,解明他为《法华经》所注入的圆顿思想意涵,以及所开出的顿觉实践进路。

二 法华禅观的顿觉意趣

慧思在《法华经安乐行义》开卷处,即说《法华经》是大乘佛教的"顿觉"法门,通过精勤修学"法华三昧",得以快速证得无上菩提。① 也就是说,必须在修持《法华经》的厚实基础之上,深修禅定以使"法身"顿时显豁出来。其深层原理,在于众生本具同于如来的清净法身藏,只是暂时为惑障所遮蔽:

> 一切众生具足法身藏,与佛一无异。如佛藏经中说:三十二相、八十种好湛然清净,众生但以乱心惑障六情,暗浊法身不现。如镜尘垢,面像不现。是故行人勤修禅定,净惑障垢,法身显现。②

不凭借众生本来具足而招致掩蔽的如来藏教理,将难以证成顿觉的真理揭示修证历程。如果修行者原本不具备如来藏,而由后天修得始有,则必然是一个渐修积累的开发过程。此处所说的"法身藏",不只是始终清净的,还含具一切的圆满特质与智慧德用,用"三十二相、八十种好"作为喻示。引文中的"六情"也就是六根,作为有情个体本身的代表,有情因六根遭到遮蔽而使法身无法显现。《法华经·法师功德品》述说依凭此经之受持、读、诵、解说、书写的功德,在经力加

---

① 参见《法华经安乐行义》,《大正藏》第46册,第697页下。
② 同上书,第698页上。

持之下，将可获得"六根清净"，以父母所生凡质六根而得知见广大无边的境界，此实非自身修持禅定所开发的神通，而由经力佑助所起的大神通力。六根清净中较为特殊者是意根的清净，虽然尚未证得无漏智慧，却能听闻一偈一句即通达无量无边的法义，所思所言都与佛法相应。①《法华经》原本重视经典的外部加持力量，慧思转向以自力依经修持为首要的法华三昧禅观践行，还需持戒、忍辱、精进等波罗蜜菩萨行的配套运用。②此种以法华禅观为中心统摄诸菩萨行的修学活动，目的在迅速涤除各种层次的惑障，使本来清净的法身顿时豁显出来。

根据慧思的诠解，《妙法莲华经》的"妙"义，也须通过清净如来藏的观点始得以成立。慧思主张法华圆顿禅观是利根菩萨层级所修，不经由方便的曲折次第，直接观照、体证《法华经》的实相真理，即可具显本来完具的如来一切果德。"妙法"的"妙"意谓"众生妙"，"法"意指"众生法"，以六根为其代表，众生本身即是妙，其具体意义现以"眼妙"为例解明如下：

> 问曰：云何名众生妙？云何复名众生法耶？答曰：众生妙者，一切人身六种相妙，六自在王性清净故。六种相者，即是六根。有人求道受持《法华》，读诵、修行，观法性空，知十八界无所有性，得深禅定，具足四种妙安乐行，得六神通父母所生清净常眼。得此眼时，善知一切诸佛境界，亦知一切众生业缘，色心果报、生死出没、上下好丑，

---

① 参见《妙法莲华经·法师功德品》，《大正藏》第9册，第47页下—50页中。

② 如《法华经安乐行义》说："欲求无上道，修学《法华经》，身心证甘露，清净妙法门。持戒行忍辱，修习诸禅定，得诸佛三昧，六根性清净。"（《大正藏》第46册，第698页上）

一念悉知。于眼通中具足十力、十八不共、三明、八解、一切神通，悉在眼通一时具足。此岂非是众生眼妙？众生眼妙即佛眼也。①

"妙法"即是修持《法华经》证得的六根清净，这种特殊神通所知所见的对境同于如来的六根境界，并且具足如来的一切功德。慧思不将这种行法视为主要依靠外部经力的易行实践，经典神圣力量的佑助虽仍不可或缺，但要求行者先须具备利根潜能，并且付出极大的精进努力，从事《法华经》的读诵、修行，进而体得甚深禅定与如实观照法空，开展四种高妙的安乐行（其深义详见下文解说），最后证得如此微妙程度的眼根神通。其他诸根清净的开发类此。藉由禅定、空观、四安乐行所开显的凡质六根神通力而能认识如来清净六根的无边范围，若不依如来藏本具的理据，实无法证成这样的修习成果，即尚未成就佛果却能知见如来广妙境界。慧思说："眼自在王性本常净，无能污者，是故佛言：父母所生清净常眼，耳、鼻、舌、身、意亦复如是。……人身者即是众生身，众生身即是如来身，众生之身同一法身，不变易故。"② 众生、如来、法身，平等无差异，众生的六根身即是本来清净的如来法身，所以顿觉的修证程序不是由无到有、变染成净的心性发展进路，而是心性本来清净无缺的去垢显净的揭显复归之道。

这种顿觉法门可从《法华经安乐行义》中有相行与无相行的对比而更显其特质。修学《法华经》的方法可分为有相、无相二行，"有相行"依据经中末品《普贤菩萨劝发品》，以"散心"专心诵念经典文字，不拘坐立，不修禅定，不入三昧，不惜生命地全心投入，以见到普贤菩萨乘六牙白象示现而得初步

---

① 见《法华经安乐行义》，《大正藏》第46册，第698页下。
② 同上书，第699页上—中。

成就；然后普贤菩萨以神力帮助行者消除障道罪业，获得眼根清净得见释迦佛与诸佛，于佛前深切礼拜忏悔进而证得三种陀罗尼，开启天眼、法眼、佛眼，具足一切三世佛法。① 相较于此，慧思依《安乐行品》所修者是以"定心"修习的"无相行"：

> 无相行者，即是安乐行。一切诸法中，心相寂灭，毕竟不生，故名为无相行也。常在一切深妙禅定，行住坐卧、饮食语言，一切威仪心常定故。②

无相行必须运用禅定的心来修，不论行住坐卧、语默动静，心都要安住于禅定之中，不生起任何分别心相，这其实已是禅定与智慧的融合。将"安乐行"联结到"无相"的禅定与智能修习的明确经证，可在《安乐行品》中找到，第一安乐行讲述菩萨"行处"说："若菩萨摩诃萨住忍辱地，柔和善顺而不卒暴，心亦不惊；又复于法无所行，而观诸法如实相，亦不行不分别，是名菩萨摩诃萨行处。"③ 又说第一安乐行的正确"亲近处"为："常好坐禅，在于闲处，修摄其心。……是名初亲近处。复次，菩萨摩诃萨观一切法空如实相，不颠倒、不动、不退、不转，如虚空无所有性；一切语言道断，不生、不出、不起，无名、无相，实无所有，无量、无边，无碍、无障，但以因缘有，从颠倒生故说。常乐观如是法相，是名菩萨摩诃萨第二亲近处。"④ 初亲近处为禅修，第二亲近处为观空性实相。第一安乐行的核心实践就是修习禅定来观照无相空相的中道实相。慧思在《法华经安乐行义》颂

---

① 参见《法华经安乐行义》，《大正藏》第46册，第700页上—中。
② 同上书，第700页上。
③ 见《妙法莲华经》卷五《安乐行品》，《大正藏》第9册，第37页上。
④ 同上书，第37页中。

文中更明白显示"安乐行"即是以禅定观照清净实相的顿觉法门：

> 无相四安乐，甚深妙禅定，观察六情根，诸法本来净。
> 众生性无垢，无本亦无净，不修对治行，自然超众圣。
> 无师自然觉，不由次第行，解与诸佛同，妙觉湛然性。①

所观的实相理境，是有情六根的本来清净，已融入佛性如来藏的思想。② 所以无相禅观的修习原理是直接观照离分别戏论的心性真实，自然止息分别性质的心垢；并非将尘垢遮障因素视为应加对治的对象，如此仍属著相形式以致无法真正舍离惑障。这种直观无相实相的进路即是不经由次第修行的顿觉法门。

《法华经》的修学可有两种进路，慧思所倡修的"安乐行"属于"无相行"的定心禅观行法，以与"顿觉"法门接轨，由此点特别能够彰示慧思法华禅观的特色。③ 运用深妙禅观来观照有情的六根，彻见其清净无染、圆满具足的本来面目，觉证到与诸佛妙觉境界平等无异的真理世界。这是慧思对《法华经》的"六根清净"教说的精深化、圆顿化诠释，是适应利根行者

---

① 见《法华经安乐行义》，《大正藏》第46册，第698页上。
② 在上段引文之下言及："上妙六神通，清净安乐行，不游二乘路，行大乘八正。菩萨大慈悲，具足一乘行，湛深如来藏，毕竟无衰老。"（《大正藏》第46册，第698页上—中）其中明白说出"如来藏"之词。
③ 智颛《法华三昧忏仪》主要依《观普贤菩萨行法经》，他将行者智慧潜能分为下品慧根、中品慧根与上品慧根，上品行者即适合修普贤观法。还有一类根机更利的行者则为："欲一心常寂入深三昧，即须废前所行，直依《安乐行》常好坐禅，观一切法空如实相，不起内外诸过，大悲怜悯一切众生，心无间念，即是修三昧也。"（《大正藏》第46册，第955页中—下）智颛的《法华三昧忏仪》是糅合了有相行与无相行，不像慧思那样专注无相行。

的法华三昧行法。①

三 安乐行法的圆顿诠释

慧思《法华经安乐行义》的核心思想是经由对《法华经·安乐行品》的诠释所带出，赋予此品博大渊深的义理内涵与实践意义。《法华经》原本属于初期大乘时期的经典，当时的大乘佛典教理并未如后世某些大乘学说发展到如此高深复杂，《安乐行品》的实相义理仍以般若波罗蜜为中心，统摄慈悲、愿行、忍辱、禅观、说法等诸种菩萨修行方法。② 慧思时代已能接触到较多不同思想系统的大乘典籍，这些经论的多元教理为他提供了思考《法华经》义理蕴含的丰富资源，加上他个人深厚的禅修体验，③综合融贯而对此经做出极具创新意义的圆顿诠释，发前人所不能发。

---

① 智𫖮《摩诃止观》卷二言："《普贤观》云：专诵大乘，不入三昧，日夜六时忏六根罪。《安乐行品》云：于诸法无所行，亦不行、不分别。二经本为相成，岂可执文拒竞？……南岳师云有相安乐行、无相安乐行，岂非就事、理得如是名？持是行人涉事修六根忏，为悟入弄引，故名有相；若直观一切法空为方便者，故言无相。"（《大正藏》第46册，第14页上）智𫖮对《观普贤菩萨行法经》主要教导事修六根忏悔，《安乐行品》指导无相理忏，是有清楚认识的。又智𫖮所制《法华三昧忏仪》夹注说："修行有二种：一者，初行；二者，久行。教初行者当用此法；教久修者依《安乐行品》。"（《大正藏》第46册，第949页下）《安乐行品》的修学进路是为久修利根者所设。

② 参见《妙法莲华经·安乐行品》，《大正藏》第9册，第37页上—39页下。

③ 慧思《立誓愿文》言："誓于此生作，长寿五通仙，修习诸禅定，学第六神通。具足诸法门，成就等觉地，妙觉常湛然，以此度众生。"（《大正藏》第46册，第791页中—下）《立誓愿文》中屡屡言及入山忏悔修禅，具足神通，受持释迦佛与十方诸佛法藏以广度众生之事。又如《诸法无诤三昧法门》卷上言："夫欲学一切佛法，先持净戒、勤、禅定，得一切佛法诸三昧门，……大慈大悲、一切种智、五眼、六神通、……十力、四无畏、十八不共法、三十二相、八十种好、六波罗蜜、三十七品、四弘大誓愿、四无量心、如意神通、四摄法，如是无量佛法功德。一切皆从禅生。"（《大正藏》第46册，第627页下）这也是一种凭借禅修以开显如来无量功德的顿觉法门。

慧思将《法华经》的安乐行视为一种无相行的智慧禅观，经由空观的趣入以揭显圆满具足的法身。他对"安乐行"所给的义界如下：

> 一切法中心不动故曰安；于一切法中无受阴故曰乐；自利利他故曰行。①

立基于无相行的禅观径路，观一切法毕竟空，不分别、不执取，所以能心不动摇，这是"安"的意旨。由观诸法毕竟空寂，不起苦、乐、不苦不乐三种觉受，不受各种感觉的束缚，无碍自在，这才是真正的"乐"。依于此种无相慧观而对一切法心无执取，并教导一切众生远离对一切法的执取，精进不息地修习禅定及修持《法华经》，既利益自身，又能顺利弘法利益他人，这是真实的菩萨之"行"。② 这是站在空观立场对"安乐行"的解释。

慧思对安乐行意趣的理解并不停留于此种空观层次，空观在圆顿观法上主要属于破执显真的方法学层面的意义，诸法毕竟空尚非了义的诠解，慧思引证《法华经·方便品》的文句说："安乐行中观则不如此，'正直舍方便，但说无上道'，若证法华三昧，众果悉具足。"③《法华经》不再取径曲折教化的模式，而是直接开阐诸佛无上菩提的圆满觉证内容。慧思的空观并非静态无作用的真理体证，而是动静相涵地联结到如来藏法身的一切功用显发：

> 又复"于法无所行"者，于五阴、十八界、十二因缘中，诸烦恼法毕竟空故，无心无处；复于禅定解脱法中，

---

① 见《法华经安乐行义》，《大正藏》第46册，第700页上。
② 同上书，第700页下。
③ 同上。

无智无心，亦无所行。而"观诸法如实相"者，五阴、十八界、十二因缘皆是真如实性，无本末、无生灭、无烦恼、无解脱。"亦不行不分别"者，生死、涅槃无一无异，凡夫及佛无二法界，故不可分别，亦不见不二，故言不行不分别，不分别相不可得故。菩萨住此无名三昧，虽无所住而能发一切神通，不假方便，是名菩萨摩诃萨行处，初入圣位即与等。此是不动真常法身，非是方便缘合法身，亦得名为证如来藏，乃至意藏。①

由空观离执所顿显的诸法实相，其实是一切法的"真如实性"，采取遮诠解释路数只能显示它的一个侧面而已。由彻底的无执，连空、中道都不执取，始能开显如实真理的世界，除了无分别的空性含义，还含具无穷尽的神妙功用。慧思强调菩萨安住于如此的"无名三昧"，于诸法离于戏论、无所住著而能任运自然地发起一切神通，不须经由禅定起动的先行方便。这是本来如如不动、常住不灭的圆足法身意涵，也就是如来藏法义所言的法身，不是方便法门意义上由因缘和合所成就的法身。

关于安乐行之无相智慧禅观的圆顿思想含义，在慧思对于"三忍慧"的详细诠解中有最具体的呈现。他用三忍作为论说四安乐行之第一"正慧离著安乐行"的基本间架，这同时也是他对四安乐行的义理诠释的核心部分。安乐行法注重"忍辱"（安忍）的工夫，以达成经典法义的顺利弘通。② 安忍可分为众生忍（生忍）、法性忍（法忍）与法界海神通忍（大忍）三个层次，都是有利弘经的精神涵养。前二忍的真理修学仍聚焦在观照诸法空寂无生的层次，慧思将其界定为"破无明烦恼忍"；③ "大

---

① 见《法华经安乐行义》，《大正藏》第46册，第702页中—下。
② 《妙法莲华经》卷五《安乐行品》于第一安乐行处说："若菩萨摩诃萨住忍辱地，柔和善顺而不卒暴，心亦不惊。"（《大正藏》第9册，第37页上）
③ 见《法华经安乐行义》，《大正藏》第46册，第700页中。

忍"则为"无生法忍"的高深体证，以具备广大神通为其特点：

> 大忍者，名神通忍。云何名为神通忍？菩萨本初发心时，誓度十方一切众生，勤修六度法，施、戒、忍辱、精进、禅定，三乘道品，一切智慧，得证涅槃，深入实际，上不见诸佛，下不见众生，即作是念："我本誓度一切众生，今都不见一切众生，将不违我往昔誓愿？"作是念时，十方一切现在诸佛即现色身，同声赞叹此菩萨言："善哉！善哉！大善男子！念本誓愿，莫舍众生。我等诸佛初学道时，发大誓愿广度众生，勤心学道，既证涅槃，深入实际，不见众生，忆本誓愿，即生悔心，顾念众生。"是时即见十方诸佛同声赞叹："我亦如汝念本誓愿，莫舍众生。"十方诸佛说是语时，菩萨是时闻诸佛语，心大欢喜，即得大神通，虚空中坐，尽见十方一切诸佛，具足一切诸佛智慧，一念尽知十方佛心，亦知一切众生心数，一念悉能遍观察之，一时欲度一切众生。心广大故，名为大忍；具足诸佛大人法故，名曰大忍。为度众生，色身智慧对机差别，一念心中现一切身，一时说法，一音能作无音音声，无量众生一时成道，是名神通忍。①

这段叙述本于菩萨在第八地（一言七地）阶位证入"无生法忍"之际的思维过程，原本为避免证入涅槃而留惑润生，在此阶段正式断尽三界烦恼，但在菩萨自身大誓愿力与十方诸佛加持力的支撑之下，得以不证入涅槃继续住世广度众生。过去因为留有三界的些许烦恼，仍以业力所牵轮转而生的单一身体实行菩萨道；此时已超脱三界生死，拥有大神通力，可随意愿

---

① 见《法华经安乐行义》，《大正藏》第46册，第702页上—中。

而现起无数身形，进入三界从事化度事业。① 慧思在此神通忍之前加上"法界海"三字，令人联想到《华严经》的宽广圆妙意境，菩萨在大愿力与诸佛加持力的守护下顺利进入第八不动地，证得无生法忍，"入菩萨所行大智慧海，不施功力，能近一切诸佛智慧"；"善能出生诸禅三昧，能作无量诸身差别，于诸身中皆有势力，得大果报神通力，于无边三昧中得自在，能受无量记，随众生成就处，示成阿耨多罗三藐三菩提"。② 除了如来藏常住清净的义理，慧思还为《法华经》的安乐行导入八地"无生法忍"位的圆顿教理，由法华三昧的修学成熟顿时而发，展现出大神通，具足一切佛智慧，一时广度无数有情。拥有如此的完备能力，能随顺众生而施予最适当的化导，对于经典的弘通来说，实属最高意义的安乐行。

慧思会在《法华经》诸品中特别关注《安乐行品》的"四安乐行"及《法师功德品》的"六根清净"，透过深行禅观以寻求大神通与大智能的觉证，除了他的高深禅观体验以及对《般若经》与《法华经》教理的熟稔，应该还与个人的弘法遭遇有关。他为了弘讲大乘经义，数度遭到恶心法师下毒，垂死之际一心合掌向十方诸佛至心忏悔，并诵念般若波罗蜜，感悟

---

① 《大智度论》卷十言："菩萨亦如是，立七住中，得无生法忍，心行皆止，欲入涅槃。尔时，十方诸佛皆放光明，照菩萨身，以右手摩其头，语言：'善男子！勿生此心！汝当念汝本愿，欲度众生。汝虽知空，众生不解，汝当集诸功德，教化众生，共入涅槃！汝未得金色身、三十二相、八十种随形好、无量光明、三十二业。汝今始得一无生法门，莫便大喜！'是时，菩萨闻诸佛教诲，还生本心，行六波罗蜜，以度众生。如是等初得佛道时，得是佐助。"（《大正藏》第25册，第132页上—中）"七住"即"七地"，当时"住"和"地"的译词有相通的意义。又《大智度论》卷七十七言："如是菩萨得是无生法忍，舍是生死肉身，得法性生身，住菩萨果报神通中，一时能作无量变化身，净佛世界，度脱众生。"（《大正藏》第25册，第602页上—中）

② 参见（东晋）佛驮跋陀罗译《大方广佛华严经》卷二十六《十地品》，《大正藏》第9册，第564页中—566页中。

到"不得他心智,不应说法",中毒症状竟得痊愈。① 佛力与经力是如此不可思议,神妙效验是在顿时发生的。慧思体认到要想平安顺利地弘通经典法义,神通是不可或缺的能力,以免招引无谓的障碍力量。他在《法华经》中找到理论根据,"安乐行"的核心要义是指导无相智慧与"忍辱地"的修行,两者之间实具紧密的联结,忍辱地的深层意义是无生法忍的证得,顿时开启大神通与大智慧。《法华经》中对广大神通说得最奥妙的是《法师功德品》,也吸引了慧思的目光,同样对其进行精深与圆顿的阐释,而使整体义理得以前后一致。虽以众生本来具足的如来藏义作为顿觉的理论根据,绝非意谓此种高妙的真理境界易修易悟,这是至高圆通的真理,虽然肯认经典神圣力量的加被推进作用,仍要由利根行者依照经义深修无相禅观扫荡惑障,因缘成熟始得顿时开显。因此,原本看似容易修学的《法华经》教义,慧思在将其经义与圆顿思想融通之后,也对实践方法朝向难行禅法发展。

四 结 论

《法华经安乐行义》是慧思诠释《法华经》的主要撰述,特别关注经中的《安乐行品》与《法师功德品》,融入精深高妙的佛法教理,阐明顿觉的实践方法及圆顿的真理境地。慧思精通《般若经》与《法华经》及其他大乘佛典奥义,深入禅法与般若慧观,综合融贯而成大乘圆顿思想,为"四安乐行"与"六根清净"注入深妙意义的诠解。

慧思援引佛性如来藏思想,为法华三昧确立"顿觉"的修证历程,修行重点在于直观圆满真实的真理境界,不直接对治烦恼惑障而自然予以消解,使本来清净而具足功德的法身藏完

---

① 参见《南岳思大禅师立誓愿文》,《大正藏》第46册,第787页中。

整地呈现出来。安乐行是一种"无相行",空观在这个顿悟揭显的修学过程中具有关键性的意义,观照实相真理达到对一切诸法不分别、不执取,惑障失去其存在基础而消散无踪。无相行并非停留在空性真理的领悟层次,对空和中道都不加执取,法身任运自然地显豁,行者顿时发起大神通与大智能的功用。这种神通与智慧的广大觉证境地,慧思视为《法华经》"六根清净"的义理蕴含。"六根清净"即是行者本具的清净法身的全然开显,虽非如诸佛那样达致完全觉证的程度,也须凭借长久修学菩萨行以累积智慧潜能,再勤修无相禅观发起法华三昧而得趣入。《法华经》原本注重经力加持而让凡质六根开展无碍神通的易行取向,因慧思对"六根清净"赋予深妙的真理意涵,而要求深修无相禅观的去惑显真的难行道途。慧思应该不是刻意要化易为难,此种真理与修行论述实乃出于他的佛法理解与实修体验而发,开决经典文句的隐含意义。

慧思在其弘通经典的经历中遭逢过巨大的阻碍力量,甚至被恶心人士下毒而几乎丧失生命,或许因此引起他对"安乐行"的重视。慧思运用圆顿义来诠说安乐行的深层义理,唯有显发大神通与大智慧,达到全然不违逆众生的极致层次,始能与圆满真实的法义接轨。《安乐行品》强调"忍辱地"的精神涵养,慧思以众生忍、法性忍、法界海神通忍(大忍)三种层次进行阐释,以法界海神通忍将安忍修学拉高到圆顿义理的级别。他其实是用"无生法忍"的脉络来展示这种广阔深厚的安忍境地,具足一切智慧、一切神通,能于一时演示无边的度化活动。这种心灵的宽宏无尽亦非后天开发始得,慧思指出凭借安乐行所发露者是"不动真常法身",而非"方便缘合法身",也就是清净常住、具足一切的如来藏法身。安乐行可有不同层次的实践方式,但圆顿意义的无生法忍觉证是其修证目标所在,这是最高的安乐行。

慧思处理宗教三种关系之初探

旷顺年

(《磨镜台》丛书主编)

摘　要：慧思在处理教内关系时，用"教法"，求和合；在处理与道教的关系时，用"斗法"，求共处；在处理与中国传统宗教（宗法性宗教）的关系时，用"世法"，求融合；在处理政教关系时，视"国法"而定，国法善则亲而近之，国法恶则敬而远之。

关键词：慧思　处理　宗教　关系

今读慧思大师《立誓愿文》、唐代道宣《慧思传》、宋代志磐《慧思传》，我们深深感到，慧思大师是一位誓愿宏大、为法忘躯、勇猛精进、终身苦修、意志如钢的杰出僧人。纵观他修行、弘法的一生，在处理教内关系，处理佛教与其他宗教的关系，处理政教关系中，有其独到之处，至今仍有其自身价值与借鉴意义。

一　处理佛教教内关系

慧思在北方弘法过程中，多次遭到教内"恶比丘""恶论师"的毒害，第一次34岁时在河南兖州界，第二次39岁时在淮南郢州，以后岁月，"遭数非一"，之后42岁在光州，43岁在南定州等等，皆遭毒害，或用恶毒药，或用生金药，或欲杀害，或断檀越断送饮食，三个弟子被害死，他本人"垂死之间"，"身怀极困"，"气命垂尽"，九死一生。从《立誓愿文》记载来看，看不出这些"内部矛盾"是名闻利养的原因，因为慧思反复宣称"舍名闻利养，舍一切眷属"，而应该是因双方对"教义"主张不同，理解有异而产生的。在兖州界"论义"，在郢州"为义相答故"，在南定州"讲摩诃衍义时"，众恶比丘，针对慧思所讲的大乘之义，"般若波罗蜜义"，"起大嗔怒"，"生嫉妒心"，故而施以毒手。道不同则不相谋。慧思多年苦修，精研华法、般若，"遍历齐国诸大禅师学摩诃衍"，得到诸刺史、守令、信徒如巴子立五百家的邀请，广受欢迎，故而恶比丘、恶论师"迷失正道"，采取极端卑鄙的手段，欲致慧思于死地。所以，慧思在北方的矛盾，主要是教内、教派的矛盾。

慧思是采取什么办法化解这些矛盾呢？

一是深入山中苦修，自我忏悔。慧思在多次受到迫害时，不是反击，不是针锋相对，而是深入山中修行，如少年时，奉持守素，梵行清慎，修去"宿罪"，以求解脱。弘法是我的责任，我的使命，责是宿作，时来须受，此私事也，体现一代宗师的高尚情操和崇高境界。他用自修的人格力量去"度化"众生与恶僧。二是广宣般若、法华摩诃衍。各界有请即行，从不退缩，迎难而上，表明其坚定的立场和态度，表达了献身正法的坚强意志。三是造金经，发大誓。42岁时在光州，恶论师欲杀害慧思，毁坏般若波罗蜜义，于是发誓造金字《摩诃般若》及诸大乘，琉璃宝函奉盛经卷，实现自己现无量身于十方国土讲说是经的能力，达到令一切恶论师咸得信心的目的，并且使其"信心""住不退转"。

在慧思的众多方法中，最有效的方法是发大誓愿，造金字经。发愿之后，众恶比丘皆悉退散。社会各界也积极响应，诸州刺史及土境人民，白黑道俗，得诸财宝，持买金色，终于造成。这是中国最早的金字佛经,开天辟地,影响巨大。

按佛教的组织原则,"六和敬"是僧团和睦相处的原则要求。其中"见和同解"是化解主张不同、观点相异的主要手段和方式。但是,在慧思的时代,已经是"五浊竞兴"的"大恶世",是佛教的末法时代,战争频仍,社会动荡,人们行十恶事,共相杀害,任你怎么解说已无济于事了,所以,特殊时期,用特殊办法。

为何造金经有如此威力呢?造金经本身是一个耗财、耗力且需很高工艺的浩大工程,绝非一般僧人轻易敢提出、敢作为,但慧思敢"唱告诸方",十方自信。在慧思师徒,包括恶比丘、恶论师看来,"金字威力"——可令"大地震动","出大光明,普照十方",其香殊妙,超过栴檀百千万倍……总之,金字佛经,比一般佛教经书,更有"威神力""神通力""般若力""五通力",甚至可以"令此恶心时心痛闷绝"。金经庄严神圣,高贵神奇,是佛教的"宝物",可以"降伏""摧伏"恶比丘等,"教化诸罪人",最终摄服恶比丘。

金经仍是佛经,"威神力"最终仍是依靠佛力。佛法僧三宝,佛宝、法宝是根本依据。在正法时代,一般不需借外在物质涂抹一层光芒来摄服众生。僧宝是弘法的主要力量,是让正法久住的关键,故而慧思造金经与发誓愿是同时进行的,誓愿的力量,即精神的力量,心念的力量,加上贵重物质的辅助,形成巨大的威力。这里体现了慧思高明的智慧和无限的慈悲。他不是用以杀对杀、以毒制毒的办法,故始终没有脱离"教法"的范围。

二 处理佛教与其他宗教的关系

在北方时,有"异道兴谋",但最终"谋不为害"。唐道宣《慧思传》载:名行远闻,四方钦德,学徒日盛,机悟寔繁,乃以大小乘中定慧等法，敷扬引喻，用摄自他。众杂精粗，是非由起。怨嫉鸩毒，毒所不伤。异道兴谋，谋不为害。此"异道"是指佛教（其他派别），还是指道教呢？既可以理解为是佛教，也可能是道教。是佛教的话，则是那些恶比丘、恶论师。而读道宣《慧思传》后文记载，"致有异道怀嫉，密告陈主，诬思北僧，受齐国募，掘破南岳"，则与其中"异道"所指应该相同，故而前面"异道"应是指道教。当时北方朝廷宗教政策摇摆不定，时而兴佛，时而兴道，甚至出现同时打击佛道两教，故而出现佛道矛盾异常激烈，因此，道家对慧思的谋害也不能说没有。但慧思没有记载他怎样处理与道教的矛盾，由此可见，慧思在北方，其矛盾主要是教内矛盾，或者说教内矛盾远比佛道两教矛盾激烈。

那到了南朝，慧思是怎样处理与其他宗教的关系的呢？

慧思带着四十余名弟子，"径趣南岳"，远离了战火纷飞的北齐，寻找一个安宁清静之地"修定"。但是，南方、南岳就没有宗教矛盾吗？有人的地方就有矛盾，有利益的地方就有竞争。

南方佛教宏盛，佛道关系比较和谐，所以，南岳作为远离政治中心的一座曾经的名山，没有遭遇像北方那样灭佛、灭道，或佛道一齐被淘汰的命运。当时，南岳有三种宗教：一是佛教，规模不大，势力较小，据历代《南岳志》记载，仅有惠海、海印等尊者在深山老林、偏远谷地修行。二是道教，是南方上清派的重地，宫观宏大，道众甚多，栖居岩洞修行者不可计数，人才辈出，创新理论，正处于兴旺发达阶段，是当时衡山一股重要力量，且与江东上层贵族关系密切。三是传统宗法性宗教，即自古以来形成的对南岳衡山之神的信仰。这是一种源自远古，至少源于尧舜时代，信徒众多的古老世俗宗教，被历朝统治阶级认可并自然继承。在三山五岳之中，南岳在古代楚国边陲，南陈西面，这种民众自发的古老信仰尤其影响深远。虽然，此时的衡山已经不是国家层面的五岳之一，但是，长达几千年的对山岳的崇拜已根深蒂固，在广大的南方人眼中，它仍然是古老的南岳，是人们心中的神圣大山。人们朝拜大山，朝拜岳神，一直不曾停止，是南岳民众基础最为雄厚的一种力量。今天，有学者把它称为融入国家礼制中的"宗法性宗教"，笔者认为是十分恰当的。

慧思面对这三种宗教，采取了三种不同的态度和方法。

对佛教：与梁朝时高僧海禅师等，"一见如旧识"，不仅没有矛盾和斗争，而且满满的是融融暖意，佛教界"即以是山俾师行道"，支持慧思的弘法事业。这里应该也有发展队伍、壮大势力、扩大影响的意味。这些行动，与慧思在北方时形成鲜明对照，慧思真的有一种回家的感觉，因而把衡山当作人生的归宿之地。

对古老的传统宗教：慧思放下身段，主动接触，积极融入，尽量扩大统一战线，营造良好的生存、弘法环境。他通过与"岳神会棋"，获岳神"福地"，得"岳神乞戒"，使岳神入道（成为佛弟子），并告之"岳神"将来与自己一样"亦当有难"，表明与岳神同山而居、共度患难的决心，从而获得最广泛的群众基础。

这里的"岳神"，实属传承数千年的传统宗教信仰之代表，包括无形的南岳衡山神，有形的南岳神像，地方官方庙令，庙内祭祀人员，等等。南岳这种岳神信仰，包括后来唐代所封的司天王，宋代所封的司天昭圣帝，元代所封的司天昭大化圣帝等，直到今天，一直是这座大山的主要信仰，其宗教体系一直由官方主持，政府建庙，政府塑神，政府任命祭祀官员，政府主持祭仪，政府主管百姓平时朝圣活动的引导，一直延续到民国和今天，香火不断。只是今天的政府不再把它当作一种宗教对待，而把它当作一种文化现象，不再主持祭祀礼仪，日常祭扫交由佛道代替，两家共同主持。而衡山上多处寺院，都供奉岳神（南岳圣帝，南岳圣帝菩萨），礼拜岳神，这是与全国多地寺院与众不同的一个独有的现象。

对道教：起初相安无事。后来，道教徒发现，慧思来了之后，有一支规模不可小觑的队伍，与以"岳神"为象征的传统宗教（宗法性宗教）相处融洽，获建寺院，站稳脚跟，信众日增，影响扩大，明显已"有胜气"，将有超越自己之势，"彼盛则吾法衰矣"，自己的势力范围被蚕食，于是按照道教理法，大行"道法"，"凿断岳心"，"钉石为巫蛊事"，开始与佛教斗法。

根据唐道宣《慧思传》、宋志磐《慧思传》记载，经数十年苦修的慧思是有"神通"的。但他在北方面对诸恶比丘、诸恶论师，一直不用，总是"起大悲心"，念佛、经行、忏悔，最后发大誓，造金经，从而降伏、摧伏他们而"教化之"。但是，到了南岳之后，他却"大显神通"：他可以找到"三生"行迹，可以"飞锡"获得"福地"，可以转石鼓为"岳神"安新家，甚至预测未来的法难等，在"神通广大"的岳神面前，出神入化，道教徒"施法""为巫蛊事"不起作用，也不是对手。这时道教徒以九仙观欧阳正则为首的一行开始政治迫害，他们"埋兵器于山上"，诡奏慧思等人乃受齐募而为之，试图借政府之手打击对方。一场曾发生在北方的佛教法难，即将引发。当年北魏太武帝之时，发现长安寺内藏有兵器、酿具和官民寄存财物，太武帝借此发动了一场声势浩大的灭佛运动，史称中国第一次佛教法难，无数无辜的佛教徒命丧黄泉。当时道教也使出如此手段，为防止南方佛教，尤其南岳佛教受到浩劫，重现法难，慧思毅然出山，大显神通——驱"两虎号吼"，惊退"使者"；飞锡至金陵，以空降宫殿；展示"异常"梵相，让陈宣帝"惊悟其神"，镇服朝廷，"一无所问"而断定"道士诬告罔上"，"令案治之，罪当弃市"。慧思大获全胜。

佛教史书上的记载，神乎其神。而另外一个重要原因，往往被人们严重忽视，那就是陈废帝光大元年（567），慧思准备南下衡山之前一年，即命其优秀弟子智𫖮等27人，直去陈都金陵"传灯化物",讲经说法,弘扬教观。有"东土小释迦"之誉的智顗以自己高深而新颖的理论,折服金陵义学、禅观大德及士大夫,皇帝特敕停朝,率诸京官,亲临听法,名震天下,朝野纷纷投归智者门下。有如此良好的基础,有一群多达 27 人的弟子队伍和众多再传弟子来打官司,还用审问吗?

与道教的斗争,是教与教之间的斗争,靠谈理说法是南辕北辙,故而慧思使出浑身解数,调动全部资源,大获全胜。

按照陈宣帝的判决,众道士"罪当弃市"。但慧思为什么又为他们求情呢?害人之命,非贫道意,乞放还山,给侍僧众,亦足小惩。这里体现了慧思一贯的慈悲情怀。慧思来到陈朝衡山,不是与其他宗教争地而来,而是为修行而来。况且杀人,见死不救,皆与佛教教规和戒律不符。更何况,慧思自己在北方受过迫害,感同身受,还发誓造金经,降伏恶人,普度众生。道士也是众生。另外还有一点,慧思的思想里,有很深的修道情结和学仙思想,在《立誓愿文》中,他一再表示要为法学仙,誓于此生作长寿五通仙,愿得深山寂静处,足神丹药修此愿,藉外丹力修内丹。所以,他为道众求情,表示只给"小惩"即可。

对于朝廷而言就没那么简单了。南朝的宗教一直以来处于一种和谐局面,现在南岳的道士却行诬告之事,借朝廷之手,迫害其他宗教,将严重影响社会稳定。于是,死罪可免,小惩可行,而罪状必须记录在案,警示天下,故"敕有司冶铁为十四券,识道士十四名,周回其上,封以敕印,令师还山"。此一铁券,让道士铁心膺服,为南岳佛道二教长期共存打下了铁的基础,让朝廷的宗教和谐政策铁定不变。

三 处理政教关系

慧思处理政教关系,南方北方,差异很大。

在北方，慧思与朝廷，不甚合作。在北方时，慧思与地方官员关系比较融洽，信州刺史（及诸守令），许昌刺史，淮南刺史，光州刺史，南定州刺史，皆建立"禅斋"，多次"苦苦留停"，恭请他说法，讲说摩诃衍，如《般若波罗蜜经》等。慧思造金经，耗资巨大，诸州刺史亦很支持，捐献财宝，使慧思宏愿得以实现。没有地方官僚的大力支持，慧思在北方的弘法事业更难，影响恐怕也不会有如此之大。这是古代中国特有之政治体制和意识形态所决定的。但在多次被教内毒害过程中，地方官员怎样护持和化解，没有记载。笔者推断，这是因为，对不同学术派别，官方不好评判和干涉。而每次教内迫害，慧思总是首先忏悔自责，认为"责是宿作，时来须受，此私事也"，故而不想动用公器，对簿公堂。在那个没有明确的稳定的宗教法规的年代，这应该较为顺理成章。

随着慧思"游行诸州"，四处说法，影响日益扩大，也引起朝廷关注。朝廷曾诏敕全国高僧，延请他们进入皇宫（内台）供养，慧思也收到"国敕"，"唤入"内台，成为"享受国务院津贴"的专家学者。但面对如此荣誉，慧思的态度与众不同，"自量愚而无道，不肯随敕，方便舍避，渡淮南入山"。他采取与中央政府不合作的态度，退避三舍，隐于山林，对朝廷敬而远之。

慧思为何会采取不合作的态度呢？一是因为北朝政权的宗教政策摇摆不定，时而抬佛教压道教，时而护道教压佛教，时而两教同时打击。在慧思出生前的七十多年，发生了中国佛教史上第一次大法难，影响深远，阴魂不散。二是当时的社会现实令慧思预见"我法不久应灭"，与一个灭佛的朝廷苟合，自然不是慧思的选择。慧思的追求在《立誓愿文》中是旗帜鲜明的：我今誓愿，持令不灭，教化众生，至弥勒出，他的目标与理想，就是让正法久住。后来，北方果然发生了第二次大法难（不过慧思已逃脱），给佛教以沉重的打击。可见慧思具有超强的洞察力与预见力，也证明他南下衡山的正确性。三是与慧思的修行方法与习惯有很大差异。慧思从青年时起，就爱独自修行，或"恒居林野"，或"心心专念入深山中"，甚至在"空冢"中读经行经，与官方人士如刺史刘怀宝共游，亦是"在山中"，爱与山林为伍。即使后来到江南金陵受到朝野钦慕，也不愿栖居繁华都市，而要回到偏远衡山修行，心向山林，从来不向往繁华宫殿。

而到南方后，慧思处理政教关系，发生了很大变化。一是预先安排，亲近朝廷。慧思于陈废帝先大元年（567），派遣弟子智𫖮与法喜等27人东下金陵，在京都弘法，上自帝王，下至王公大臣，广有接触，显示扶持国家之诚意。这也为慧思在南岳顺利弘法打下了良好基础。二是主动亲近。主动亲近"岳神"，其实就是亲近地方政府，尊重汉民族长期祭祀的天地山川等社稷之神，尊重传统固有文化。三是召之即往，长期交往。道士诬告，对簿公堂，慧思召之即往。在金陵，与僧正、大都督、别将军等宗教官员、政府高官和军队将领交往密切。与皇帝交往，赴饯行之重礼，接受"大禅师"的称号。之后，每年陈主三信参劳，热线不断，关系友好、密切。可以说慧思与朝廷共同打造了南岳政教和谐、宗教和谐的良好局面。

总之，朝廷实施善政，政策稳定，则亲而近之；朝廷实施恶政，或政策摇摆，则特立独行，敬而远之。这，就是慧思。

试论《大乘止观法门》之体用逻辑

胡 勇

（南京牛首山文化研究中心主任，
南京大学文化产业研究中心博士后）

摘　要：慧思思想表现出了强烈的融合意识和创新精神，这种融合和创新建立在其体用逻辑的运用之上。本文的中心即在以《大乘止观法门》为中心来分析其中的体用思想。

关键词：慧思　止观　如来藏　体用　性具

慧思（515—577）的思想，可以分为前后两期，前期在入南岳之前，受地论师与楞伽师影响颇深，作品以目前可见的《随自意》《安乐行》《无诤门》以及《立誓愿文》《授菩萨戒仪》等为代表；后期为与智者等弟子辞别，入南岳（569）修行，特别受摄论师的影响，故有融汇地论与摄论学的《大乘止观法门》。无论前期还是后期，慧思的思想都表现出了强烈的融合意识和创新精神，这种融合和创新又是建立在其体用逻辑的运用之上。本文的中心即在以《大乘止观法门》为中心来分析其中的体用思想。

一　《大乘止观法门》简述

关于《大乘止观法门》是否为慧思所作，前人论述很多，笔者比较赞同圣严法师在《大乘止观法门》研究一书中的观点，即认为这是慧思晚年最为重要最具有创造性的著作。此论分为三部分。第一部分"略标纲要"明大乘止观的主旨，此意难解故须广作分别；第二部分（本论主体）从五个方面阐明主旨（五番建立）：止观依止、止观境界、止观体状、止观断得、止观作用；第三部分为历事止观，阐明生活中（礼佛、饮食、大小便利等）修行止观的方法。具体组织和内容摘要如下[①]：

略标纲要（止观）

广作分别（五番建立）
（一）明止观依止
1. 何所依止：谓依止一心以修止观
（1）出众名
（2）释名义
（3）辨体状
①举离相以明净心：离名、绝相
②举不一不异以论法性：心具染净，染净唯心、平等
举二种如来藏以辨真如：
A 空如来藏：心体平等、空、净，诸法虚妄无自性
B 不空如来藏：
a 具染净二法以明不空如来藏
净法：具足无漏性功德法，具足出障净法
染法：具足染性，具足染事
b 藏体一异以释实有
b1 圆融无碍法界法门：凡圣种种共一如来藏——相即相入、

---

① 以下参照刘朝霞《早期天台学对唯识古学的吸收与抉择》，四川大学2005年博士学位论文，第120—122页。

体融相摄

 b2 因果法身名别之义：以事约体，凡圣法身不同

 约事辨性、以性约体，凡圣法身不异

 b3 真体在障出障之理：染净熏习不同，有在障出障之别（一时具与始终具；在障出障之义）

 b4 事用相摄之相：据心性缘起依持之用论相摄

 （圣人称理施作，凡夫情执乖旨）

 b5 治惑受报不同之义：凡圣同具能治、所治之性，依染净熏力不同而有差别

 b6 共不共相识（阿梨耶识为真如心体之相）

 2. 何故依止：此心是一切法根本

 3. 以何依止

 （1）以何依止体状：以意识依止此心修行止观（本觉熏不觉故有始觉）

 真心——本识——六、七识

 （体）——（相）——（用）

 水——流——波

 金刚无碍智——无尘智——意识

 （2）破小乘人执：不知依止净心

 （3）破大乘人执：不知用意识依止

 （二）明止观所观境界：三自性

 1. 总明三性：真实性：出障真如及佛净德

 依他性：在障之真（如）与染和合，名阿梨耶识

 分别性：六识、七识妄想分别

 2. 别明三性

 （1）真实性：有垢净心：众生之体，事染之本性

 无垢净心：诸佛之体性，净德之本实

 （2）依他性：净分依他：真如性净分显——三身净土自利利他之德

染分依他：真如性违之用，依熏变现——流转生死

（3）分别性：清净分别性：清净他性法中所有利他之德

染浊分别性：染浊依他性中虚状法内有于似色、尘等法

（三）明止观体状

1. 就染浊三性以明止观体状

（1）依分别性以明：从观入止：所观诸法唯是心相虚状无实，能观之心亦无实念——执心止息。从止起观：反观本自谓为实时，但是无明妄想。或从止入观：若从此止径入依他性观者，名为从止入观。

（2）依他性中止观体状：从观入止：缘心遣心，知相本无，故虚相之执即灭。从止起观：既知诸法有即非有，而复知不妨非有而有，似有显现。或从止入观：从此止行径入真实性观。

（3）真实性中止观体状：从观入止：知心外无法，又觅此心无心，离有无四句，执无之心即灭，则名为止。从止入观：净心离分别，能觅所觅唯净心无二，一一随顺真如一证真如。从止起观：于定中兴起大用。（以上止观也称为根本真如三昧）

2. 清净三性中止观体状

（1）分别性中止观体状：诸佛显现唯是真性缘起，众生妄想曲见不实，行者但能观察，知此曲见执心是无明妄想者，即名为观；以知此见是迷妄故，所作心意观知无实，唯是自心所作，如是知故实执止息，即名止。

（2）依他性中止观门：诸佛净德唯心权现，寂而常用（观），用而常寂（止）。

（3）真实性中止观门：知诸佛净德唯是一心名观；佛与众生净心无二名止。

（四）明止观断得（除障得益）

约分别性：除无明妄想上迷妄：除果时迷事无明及以妄想

约依他性：成就如幻三昧；除果时迷理无明虚相，无明住

地渐薄

约真实性：灭无明住地及妄想习气

（五）止观作用

历事止观：礼佛、食时、大小便利。

以上是对《大乘止观法门》一文内容的大概说明，关于此文的写作目的和理论特色，圣严法师有过很好的阐释。他说：

> 本书的目的，在于指导行者如何修持大乘止观法门，以及说明大乘止观法门的伟大作用，在断惑证真。本书的理论基础，则在运用了《起信论》的如来藏缘起或真如缘起，以及《摄大乘论》的自性三无性说。本来，《起信论》属于唯心系统的重要论书，《摄大乘论》属唯识系统的重要论书，两者并不能够结合，但以本书著述者的智慧运用，却把唯心系统《起信论》的真如缘起作为修行大乘止观法门的依止心，藉此强固的唯一清净心为所依止，起修大乘止观法门；同时再引用《摄大乘论》的三自性观法，作为修习大乘止观法门的手段，至于唯心、唯识的问题，不是本书所要推敲的焦点，所以不致发生矛盾及不调和的现象。[①]

诚如圣严法师所述，大多数研究者都会比较关注慧思在《大乘止观法门》中的核心思想以及理论创新，却很少关注到这样的思想创新是如何在形式或者说在逻辑上实现或者说展开的。下面本文的重点则在于讨论这一问题。

[①] 圣严法师：《〈大乘止观法门〉之研究》，宗教文化出版社2006年版，第5页。

二 《大乘止观法门》体用分析

从全文来看，慧思在该论中的全部思想论述和理论创新，可以说，都是建立在体用逻辑的架构基础上的。通观《大乘止观法门》（下面简称本论）的整个思想体系，其中最为关键的部分，即是在第一部分"止观依止"中的"何所依止"中所阐明的止观所依之"体"——真如心（如来藏）的名义与体状，其所占篇幅最大，约两卷，占了全文的一半。其次是在"以何依止"中所阐明的以意识依止此真如心修止观，以及在"止观境界"中所阐明的三自性，各从染净两方面予以分析。再次是在"止观体状"中指明如何依止三性次第修止观、证真心。至于"止观断得"和"止观作用"则是其止观修行的自然利益和日常运用罢了。也就是说，从佛教实践哲学的角度来说，虽然有本论基于止观展开的五个部分，其实可以分为两个层面，一个是止观修行的本体论层面，即是止观修行的根据，即是如来藏真如心，包括止观依止、止观境界两个部分；一个是止观修行的功夫论层面，包括止观体状、止观断得、止观作用三个部分。

下面将依据本论的内在结构来进一步分析其对体用逻辑的运用和影响。

首先来看他对"大乘止观"本身的认识。他说：

> 所言止者，谓知一切诸法，从本已来，性自非有，不生不灭，但以虚妄因缘故，非有而有，然彼有法，有即非有，唯是一心，体无分别，作是观者，能令妄念不流，故名为止。所言观者，虽知本不生今不灭，而以心性缘起，不无虚妄世用，犹如幻梦，非有而有，故名为观。①

---

① （陈）慧思：《大乘止观法门》卷一，《大正藏》第46册，第626页下。

显然，此处以实现"唯是一心，体无分别"为"止"，以明了"心性缘起不无虚妄世用"为"观"，可谓是止于体而观于用，根本上即是以"体用"来言"止观"。止者止于观之体，观者观于止之用，显然，"止观"二者并非是二事，而是不一不异的体用关系。

接下来，阐明止观修行的根本依据为何——"何所依止"时，谓"依止一心以修止观"，此"一心"即是自性清净心、真如、佛性、法身、如来藏、法界、法性等。在说明此"心"即是"佛性"时，提出如如佛与智慧佛之不同，"以明心体，为如如佛，不论心体，本具性觉之用也"。与此同时，他又说：

> 智是心用，心是智体。体用一法，自性无二，故名自性体证也。如似水静，润照照润，义殊而常湛一。何以故？照润润照故。心亦如是。寂照义分，而体融无二。何以故？照寂寂照故。照寂顺体，寂照顺用。照自体名为觉。于净心体自照即名为净心。自觉故言二义一体，此即以无分别智为觉也。净心从本已来具此，智性不增不减，故以净心为佛性也。此就智慧佛以明净心为佛性，又此净心自体具足福德之性及巧用之性。①

显然，这是依照体用逻辑来阐明：就佛性觉心之根本而言，如如佛之寂然清净心为体，智慧佛之照润觉性为用。"智是心用，心是智体。"虽有体用之别，但"体用一法，自性无二"。借用僧肇的寂用论，即是"照寂顺体，寂照顺用。照自体名为觉，于净心体自照即名为净心"。与此同时，就智慧佛而言，则是"就智慧佛以明净心为佛性，又此净心自体具足福德之性及巧用之性"。也即是说，所谓如来藏真心，同时具有体用两个层

---

① （陈）慧思：《大乘止观法门》卷一，《大正藏》第46册，第628页下。

面,一是以寂然不觉为心之体,同时以照润自体之用,前者为如如佛之佛性(觉心,以不觉为性),后者即是智慧佛之佛性(觉心,以觉为性)。也即是慧思所言"以明心体为如如佛,不论心体本具性觉之用也"。

在阐明此心为何又名法身时,他说:

> 法以功能为义,身以依止为义,以此心体有随染之用故,为一切染法之所熏习。即以此心随染故,能摄持熏习之气。复能依熏显现染法,即此心性能持能现二种功能。及所持所现二种染法,皆依此一心而立,子时阿梨耶识也。依熏现法之能与所现之相和合,故名为果报阿梨耶识。此二识体一用异也。①

显然,慧思在此把法身做分析阐释,以身为体,以法为体之功用,此功能即是所谓心体之随染之用,具体来说有二,一是能摄持熏习之气;一是能依熏显现染法。此处最具有创造性的则是:慧思把上述能摄、能持两种染用与阿赖耶识结合起来,并置两种阿赖耶识,一是子时阿梨耶识;二是果报阿梨耶识。更重要的是,他明确指出此二识是"体一用异"的关系。子时阿赖耶识仅就染法之能现而言,果报阿赖耶识则是能现与所现的和合。如下图。

与此同时,慧思进一步指出,阿赖耶识同时具有染分和净分,并依此二分而有"业与果报之相"和"诸净功德之用"。以上无论法之能持能现二种功能,还是所持所现二种净用,以及子时阿梨耶识与果报阿梨耶识,都是"依此一心而立,与心不一不异,故名此心为法身也"。也即是都建立在体一用异的逻辑之上的。

---

① (陈)慧思:《大乘止观法门》卷一,《大正藏》第46册,第630页下。

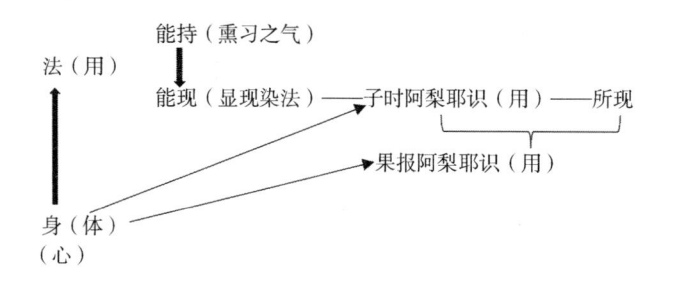

```
                能持（熏习之气）
                    ↓
法（用）         能现（显现染法）——子时阿梨耶识（用）——所现
   ↑                         ↗
   |                        /
   |                       /
   身（体）       ——→ 果报阿梨耶识（用）
   （心）
```

在接下来阐释何以名如来藏时，慧思创造性赋予如来藏三种内涵，即能藏、所藏、能生藏，并进一步依据体用逻辑展开其中深刻内涵。能藏即是因其"并能包含染净二性及染净二事无所妨碍"，所以如来之能藏即为"藏体平等名之为如，平等缘起目之为来"。如来之所藏即是"藏体无异无相名之为如，体备染净二用目之为来"。如来之能生藏，即是"如女胎藏能生于子"，心体同具染净二性之用，并依此染净二种熏力而能生世间出世间法。

在辨明止观体状时，慧思展开三个层面，一是以"离相"；二是以"不一不异"；三是以"二种如来藏"辨明止观体状。在以"离相"辨明体状时，慧思认为，因为绝对的心体是离名绝相的，强调"体既离名即不可设名以谈其体，心既绝相即不可约相以辨其心"，所以只能勉强以"所离之相"来论止观之体状。在"以不一不异"辨明体状时，指出"此心体虽复平等，而即本具染净二用"，因此心体染用依熏显现各种差别虚相，此即不一，然而此等虚相确实无体唯是净心，所以"不异"。也即是说，以体而言是"不异"，约用而言是"不一"。接下来约空与不空二种如来藏辨明体状。所谓"空如来藏"，即是因"心体平等，泯染净二用"，而致心体空净，故名此心体为"空如来藏"，而并非是说空无此心体。结合上述子时阿赖耶识和果报阿赖耶识二种无名染性，依熏而有业识妄想，慧思进一步指明：二种无明与妄想的关系也是"不一不异"，依体用言，"二种无明是体，业识妄想是用"。与此同时，二种无明之间又互为因果，业识与妄想也互为因果。次说不空如来藏，在解决心体本具染性者如何能转凡成圣的诘难时，慧思指明：

> 一一众生心体，一一诸佛心体，本具二性，而无差别之相，一味平等，古今不坏。但以染业熏染性故，即生死之相显矣；净业熏净性故，即涅槃之用现矣。然此，一一众生心体，依熏作生死时，而不妨体有净性之能。一一诸佛心体，依熏作涅槃时，而不妨体有染性之用。以是义故，一一众生，一一诸佛，悉具染净二性，法界法尔未曾不有；但依熏力起用先后不俱。是以染熏息故称曰转凡；净业起故说为成圣；然其心体二性，实无成坏。是故，就性说故，染净并具；依熏论故，凡圣不俱。①

诘难者认为，如果心体本来具有"染性"，那么就不能实现"转凡成圣"。答者认为，心体如果只是本具"染性"而无"净性"，则不能"转凡成圣"。若是同时并具"染净"二性，则可以实现"转凡成圣"。问者继续质疑，他说，既然"凡圣"之用不能同时发生，那染净二性怎么可以同时本具呢？实际上，问者在此处使用了一个体用逻辑：即用以求体，用既不能并起，体何能并有呢？

慧思认为：众生心体与诸佛心体，本具染净二性，平等不二；但因染净二"业"熏染染净二"性"不同，而分别生起"生死之相"和"涅槃之用"之差别。重要的是，当依染熏作生死时，而不妨心体有净性之能；依净熏作涅槃时，也不妨心体有染性之用。也就是说，染净之用存在两种状态，即发生实

---

① （陈）慧思：《大乘止观法门》卷一，《大正藏》第46册，第646页下。

际作用与潜在发生作用，当受熏时，相应的方面则会由潜在势用状态显现为发生实际作用，而另一方面自然仍然处在潜在势能状态。

虽然心体同时具有染净二性，但依染净二业熏习的缘故而有力用先后差别，所以"凡圣"二用不会同时。也就是他说的"就性说故，染净并具；依熏论故，凡圣不俱"。从佛性思想来说，此种说法充分体现了天台宗特有的性具佛性论——诸佛众生心体不二，本具染净二性，依熏习不同而有凡圣二用不同；所以虽本具染性，不碍"转凡成圣"。

从体用思想来说，很重要的是，此处佛性思想论述中，存在一个明确的"体性用"结构逻辑：心体—染净二性—凡圣二用。事实上，此种"体性用"结构可以简化为"体用"结构，即还把染净二性归属到"心体"之上，因为染净二性本是同时俱存于"心体"之中，换句话说，心体除染净二性外别无所有。如图所示：

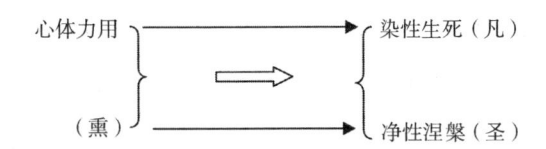

```
心体力用 ┐         ┌─→ 染性生死（凡）
         ├──  ⇒  ──┤
   （熏） ┘         └─→ 净性涅槃（圣）
```

与此相关的诘难即是：如来之藏体同时所具的染净二性，是习以成性，还是不改之性呢？针对这个问题，慧思指出："此是理体，用不改之性，非习成之性也。"并强调："在缠之时，虽体具染性故，能建生死之用，而即体具净性故，毕竟有出障之能，故称佛性。若据真体具足染净二性之义者，莫问在障出障，俱得称为性净涅槃，并合名性染生死。"①

此处关于如来藏体是否同时具有染净二性的问题，既是佛

---

① （陈）慧思：《大乘止观法门》卷一，《大正藏》第46册，第647页上。

教佛性论历来争论的焦点,更是天台宗得以建宗立论的要害所在。这里有三个层次,首先针对"如来之藏体具染净二性者,为是习以成性,为是不改之性"的问题,明确指出,此二性乃是先天不改之性,而非后天习以成性,这也就是所谓"本具"之义。接着针对"既然如来藏体具染性,则只应说佛性中有众生,但不可说众生中有佛性"的问题,认为佛性与众生互具。佛性中有众生,即以如来藏体具染性表明法性能够生起生灭诸法;众生中有佛性,表明佛性之体是隐含于众生之中,这种关系犹如色法与空性之间的关系。所以如来藏性能生生死,与众生中有佛性之义并不相违。第三,针对"既然真如在障时名为性染生死,又何以能称作真如佛性"的问难,他认为,一方面真如在障之时有建立生灭诸法之用,另一方面因为同时真如体具净性,故始终存有出障得净的功能,所以就此而可言"佛性"。由此,若根据真如体具染净二性,所以无论在障出障,都可以既称为"性净涅槃",也可以同时称为"性染生死"。可见,天台宗"性具"说的基本内涵在此已经全部显现。

既然如来藏体本具染净二性,依彼此熏力而作染净二业,故有真俗二谛之分别。那又如何来处理二谛之间的关系呢?对此,慧思依据"体用无二"的逻辑来阐明二者关系。他说:"以体作用,名为世谛。用全是体,名为真谛,宁不相摄?……今云体用无二者,非如揽众尘之别用,成泥团之一体。但以世谛之中,一一事相,即是真谛全体,故云体用无二。以是义故,若真谛摄世谛中一切事相得尽,即世谛中一一事相亦摄世谛中一切事相皆尽。"①

显然,慧思是以"体用无二"逻辑回答二谛是否相摄之问难,认为真谛与世谛的差别在于,"以体作用,名为世谛;用全是体,名为真谛"。以"体用"论,真谛属体,但此体全由世谛

---

① (陈)慧思:《大乘止观法门》卷一,《大正藏》第46册,第647页上。

之用所成；世谛属用，但此用乃由真谛之体所生发。如此，体用无二，故真俗二谛相摄。所谓"体用无二"，并非把全部各种不同的生灭现象作用揉成泥团那样成一混合之体，而是指世谛之用中的任一事相都即是真谛全体的展现。所以依此"体用无二"之逻辑，不仅真俗二谛可以相摄，且真谛还能尽摄世谛中的一切事相，而世谛中一一事相也能尽摄世谛中一切事相。若以"一多"来说，真谛体一，世谛用多，不仅真俗之间是"一多"相摄，且世谛之用多中，各一之间也是相入互摄的。这从逻辑上与华严宗之理事无碍和事事无碍的法界缘起观极为接近了。

在本论卷三阐明"何故依止"时，指明"此心体本性具足寂用二义"。他说：

> 心体平等离一切相，即是寂义。体具违顺二用，即是用义。是故修习止行即能除灭虚妄纷动，令此心体寂静离相，即为自利。修习观行令此心用显现繁兴，即为利他。①

慧思重视"心"在修习止观法门中的本体地位，他所谓的"心"是烦恼心，是现实心，即此处的"此心"，也是天台后来注重的"一念心"。在回答为何要依止"此心"来修习止观时，他认为原因在于"此心"是一切法的根本。其关键又在于"此心"是本性具有"寂用"二义，即以"心体平等离一切相"为心之寂体；以"体具违顺二用"为心之用。"寂用"即是"体用"，正因为"此心"是体用兼备，所以为一切法的根本。若从修养工夫和境界的层面来说，则是"用时寂，寂时用"，因而"寂用双修"。如此"寂用双修"则能获得自利利他之功德。关于自利、利他二德的真实性问题，有人认为：利他之德，乃三

---

① （陈）慧思：《大乘止观法门》卷一，《大正藏》第46册，第650页下。

身中化身之用，随缘而有，属于权应方便，因此可以说是"有即非有"。但对于自利之德，属于法身和报身之用，是由圆觉大智正理显现而成，具有常乐我净之性，为何也说是"有即非有"呢？针对这样的问难，慧思认为，自利之德确实是因正理显现而成自常乐我净，但正是因为正理显现而成的缘故，才有心体缘起之作用发生。并且此缘起作用无非全是心体，心体也无非全部的缘起作用，正所谓"体用不二"。问难中的"有即非有"，"有"是真实存在之义，"非有"是指不存在之义。他说：

> 是故以体体用，有即非有，唯是一心而不废常用。以用用体，非有即有，炽然法界而不妨常寂。寂即是用，名为观门。用即是寂，名为止行。此即一体双行。①

显然，慧思与问者的认定不同，以"体用"来界定有与非有的，即以真如心体为"有"，缘起之用为"非有"。因此，若从心体的角度来统摄有与非有，则是"有即非有"，也即是"心体即缘起之用"；若从缘起之用的角度来统摄，则是"非有即有"，即是"缘起之用即心体"。"体即是用"，表明"唯是一心而不废常用"；"用即是体"，正是"炽然法界而不妨常寂"。以实践功夫而论，前者"寂即是用"，名为"观门"，后者是"用即是寂"，名为"止行"，正是所谓"止观双行""定慧双开"之义。依体用逻辑而言，则是"一体双行"，也即"体一用异，体用无二"之逻辑的具体落实。

前述，本论受《起信论》和《摄大乘论》影响甚深，故从思想上说，表现为《起信论》之一心二门和三性三无性，从运思逻辑上，则是"体相用"的论述模式。下面略为分析。

在辨明何以意识依止真心而展开止观修行之时，根据《起

---

① （陈）慧思：《大乘止观法门》卷一，《大正藏》第46册，第659页上。

信论》之本觉、始觉、不觉以及妄心，又结合唯识学之本识、六七等识，一则阐明其与真心如来藏之关系；二则说明其内在关联。他说："真心是体，本识是相，六七等识是用。如似水为体，流为相，波为用。"如图：

真心——本识——六、七识
（体）——（相）——（用）
水——流——波
金刚无碍智——无尘智——意识

本识即是不生不灭与生灭和合说名阿梨耶识，此阿梨耶识又有二分，即觉与不觉。他说："觉即是净心，不觉即是无明，此二和合说为本识。是故道净心时更无别有阿梨耶，道阿梨耶时更无别有净心，但以体相义别故，有此二名之异。"对此，刘朝霞博士在其博士论文《早期天台学对唯识古学的吸收与抉择》中指出："本论的基本性质，是以如来藏思想融摄唯识学，对唯识古学诸家思想予以融会，并在此基础上对其理论上的难题进行超越性的解答。"具体而言：

> 它在立论上从三性中的真实性（在本论中指如来藏真心）说起，此如来藏真心越出唯识学真如理性的静态模式，阐释为诸法缘起的根本因，且具含万法之差别性。在如来藏与阿梨耶识缘起的矛盾中，本论以体相用结构予以化解，真心为体，阿梨耶识为相，六七识为用，古学中真心与妄心平行所带来的不便由此消解。而对于这个凡夫所见杂染的世界之缘起，本论又从因果论、现象论上发挥梨耶缘起说，以无明为体，业识、妄想为用进行说明，这一层体用说又是从《阿含》至唯识学一贯的思想。最后，如此种种的建立、施设，目的无非使人起信、发解，并依之行证。这也是本论以止观摄教

的唯一目的。①

事实上，这里实际上存在着两种不同的体用逻辑，一则是真心与本识（阿梨耶识）之间的体用逻辑，一是本识（阿梨耶识）与六七识（业识、妄想）之间的体用逻辑。显然，前者之体用为前述之"体一用异、体用无二"的类型，在此体用相即，用净影慧远《大乘起信论义疏》中的体用逻辑即是所谓"染用"之中的"依持用"，属于互涵包容范畴，类似于《周易》中太极与阴阳之关系；而本识与六七识之间则为所谓"缘起用"，属于因果生成范畴。如此安排，即能解决佛与万象差别的世间之间的关系。如图所示：

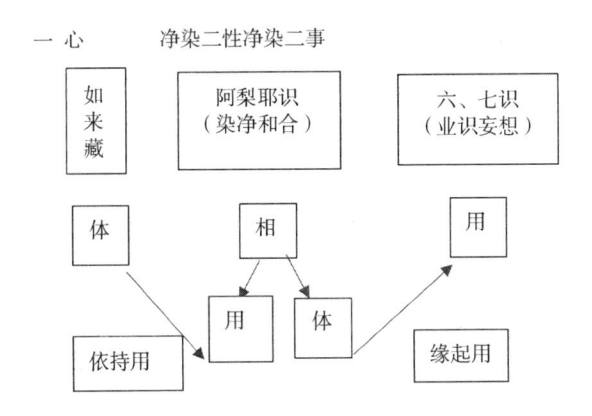

```
一心         净染二性净染二事
┌─────┐   ┌─────────┐   ┌─────────┐
│如来藏│   │阿梨耶识  │   │六、七识  │
│      │   │（染净和合）│   │（业识妄想）│
└─────┘   └─────────┘   └─────────┘

┌───┐     ┌───┐              ┌───┐
│ 体 │     │ 相 │              │ 用 │
└───┘     └───┘              └───┘
            ↓  ↓                ↑
          ┌───┐┌───┐
          │ 用 ││ 体 │
          └───┘└───┘
┌───────┐                   ┌───────┐
│ 依持用 │                   │ 缘起用 │
└───────┘                   └───────┘
```

三　结　语

综合上述分析，我们可以了解到，慧思的"性具"思想中一方面要坚持"一心"的绝对性，一方面又要融会唯识学关于心意识的理论特色，超越唯识古学第九与第八识之间的矛盾；

---

① 刘朝霞：《早期天台学对唯识古学的吸收与抉择》，四川大学博士学位论文，2005年，第128页。

既要在宇宙本体论层面,解决世间生灭万法的存在来源和根据问题,又要在实践工夫论层面,解决主体如何通过修养工夫实现自身存在的完善和完满——成佛的问题。慧思以其"性具"论创造性地融摄华严之"性起"与唯识"阿梨耶识缘起",既要归功于他对于《起信论》和《摄大乘论》思想的融会贯通,还要归功于他对两种体用逻辑的深刻认识和创造性运用。

慧思大师伦理思想研究

周谨平

(中南大学公共管理学院副院长)

摘　要：慧思大师有着极深的佛学造诣，对于人生更有着深沉的思考和感悟。在慧思大师的著作中，显现出丰富的伦理意蕴和独特的伦理视野。在对于人性与佛性的论述中，慧思大师体现了清晰的本体论思想。慧思大师认为，人的本质是"外无"的"内有"。正是基于以无载有的本体论基础，慧思表达了最质朴的伦理情怀，并在追求无的生存状态中显现出积极的伦理姿态，强调道德实践。

关键词：慧思大师　伦理　思想　本体论

慧思大师有着极深的佛学造诣，对于人生更有着深沉的思考和感悟。在慧思大师的著作中，显现出丰富的伦理意蕴和独特的伦理视野。

首先，在对于人性与佛性的论述中，慧思大师体现了清晰的本体论思想。在对《法华经安乐行义》的诠释中，慧思大师提出了一个根本性的问题，即何为人性，如何在尘世中求得安乐。人存在的方式与处世之方法相辅相成，前者借助后者予以表达和呈现，后者则依据前者而获得合理性基础。对于人的本质追寻是自古希腊以来伦理学探讨的根本性问题。亚里士多德所提出的"形而上"（meta-physics）就是旨在探寻事物背后的本质。"Meta"作为前缀即表示在什么之后，揭示事物背后的本真。人们在繁华的尘世中有着诸多的存在方式，这些方式很大程度上取决于人们社会行为的选择，从中也让人们之间具备显而易见的差异性。在差异性的社会中，人们是否必然有着诸种求得安乐、实现自我价值的路径？人们是否依据差异性而具有以不同方式接近本我的理由？如若上述问题为真，那么佛法所教导我们的具有普遍性的安乐之法何以跨越差异的鸿沟？要解答上述问题，只能诉诸对于人存在的理解，诉诸人的本质这一最根本的问题。

慧思大师认为，人的本质是"外无"的"内有"。慧思大师言道："观身不净时，先观息入出，生灭不可得。次观心，心相。若先观色，粗利难解，沉重难轻。若先观心，微细难见，心空无体，托缘妄念，无有实主。气息处中，轻空易解。先观入息从何方来，都无所从，亦无生处，入至何处，都无归趣，不见灭相，无有处所。入息既无，复观出息何处生，审谛观察，都无生处，至何处灭，不见去相，亦无灭处。"慧思大师进一步推论道："既无入出，复观中间相貌何似。如是观时，如空微风，都无相貌，息无自主，生灭由心，妄念息即动，无念即无生。即观此心，住在何处。复观身内都不见心，复观身外亦无心相，复观中间无有相貌。"[①] 可见，在慧思大师看来，人的本质具有无的特质，这种无并不是否定存在本身，而是作为存在者的无。

海德格尔认为任何存在都有存在（Sein）和存在者（Dasein）之分。存在者总是处于被抛的状态，以操心和烦作为常见的状态。因为存在者总是操心于身边的生活世界，总是烦于所面对的各种事物。在此过程中，存在者往往忘记了自我本真，

---

① 慧思：《诸法无诤三昧法门》卷下，载南岳佛教协会编《慧思大师文集》，岳麓书社2011年版，第50页。

而流于沉沦。慧思大师表达了殊为相似的观点,他认为一切心、相都不是存在的本身。在大师的论述中,无显然并不是否定其存在,不是绝对意义的否定,而是相对"我"之本真的无,从这一层面理解才能认识为何身内外无心、中间无相貌。我们只有认识到存在方式和存在本身的区别,才能在纷繁的生活世界中保持自我,留有返回本真的希望。

在生活世界中,人们往往聆听常人的声音,并且在这种嘈杂的声音中推卸责任。海德格尔就指出,死亡赋予了人们最后的罪责——唯有死亡之责不可转移和推卸。人们为了躲避责任,倾向于听从他人的意见——这种意见与人的本真存在无关,只是他人的只言片语。在这种言语中,人们很有可能会困惑、迷失,而忘了自己的自我追求,即通常所言的忘记初心。海德格尔将这种状态称之为沉沦状态。在我们的现实生活中,这种现象屡见不鲜。我们正处于商业化的时代,经济价值凭借强大的市场力量渗透到生活各个角落。毋庸讳言,经济生活正处于人们日常生活的中心地位,经济价值也开始具有难以抵御的统合性力量。对于经济价值的追求,特别是对于商品生活的热衷正成为现代生活的普遍趋势。在这种趋势中,拜金主义、消费主义日渐滋长,人们更关注于现实利益的得失,而忘却了对于生命价值的思考与追寻。道德开始逐渐被边缘化,饱受商业文明的侵扰和挑战。功利主义的社会向度被人们忽视和剥离,只留下价值比较的工具性意义。在很多情景下,道德沦为利益计算的结果,道德去高尚化也成为现实的伦理难题。这就是为什么我们在社会生活领域遭遇了各种困境,出现了诸多危机。从近年来为人们热议的食品安全问题、信用缺失问题到商业欺诈、消费欺骗,社会生活的不确定性严重困扰着人们,社会道德秩序经受着严峻的考验。我们如何应对社会道德危机,如何恢复有序的社会生活?最根本的答案在于返回自我、不忘初心。慧思大师则为我们提供了智慧。

慧思告诉我们:"欲坐禅时,应先观身本。身本者,如来藏也,亦名自性清净心,是名真实心。不在内,不在外,不在中间,不断不常,亦非中道,无名无字无相貌,无自无他,无生无灭,无来无去,无住处,无愚无智,无缚无解,生死涅槃无一二,无前无后无中间,从昔已来无名字,如是观察真身竟。"①要返回本真,就必须从纷繁复杂的生活世界中完全抽身出来,免于杂言的困惑,找到以无的方式存在的本真自我。海德格尔曾经指出,人要从沉沦状态中求得摆脱,就必须诉诸良知的呼唤。如果说嘈杂的声音是一种有声的呼唤,那么良知则是无声的召唤。慧思大师的论述与海德格尔的思路有着异曲同工之妙。从慧思大师的著作中,可以明显地看出,无是有的状态,有是无的本质,对于存在者而言,向无而生方能窥见本心,返璞归真。

其次,正是基于以无载有的本体论基础,慧思表达了最质朴的伦理情怀。慧思大师一生都充满了仁爱与包容。根据大师的记载,在他三十四岁时,遭遇他人陷害,服用了毒药导致举身烂坏、五脏亦烂,垂死之间而更得活。在其身体遭受巨大创伤之际,大师受当时信州刺史等人的挽留和劝说在信州建立禅斋普及佛法、惠及众生,连续三年没有休息。慧思大师所奉行的仁爱与其他传统仁爱观念相比,有着独特的价值。

其一,慧思大师的仁爱建立在平等之上,是无差别的博爱,这一点是对佛家平等之爱的传承与发扬。仁爱平等的最主要依据是人们佛性的平等。慧思大师认为,每一个人心中都住有一如来,而每个人心中的如来没有差别,本是一个如来——有人问:不空如来藏者,为一一众生各有一如来藏,为一切众生,一切诸佛唯共一如来藏耶?慧思答曰:一切众生、一切诸佛,

---

① 慧思:《诸法无诤三昧法门》卷上,载南岳佛教协会编《慧思大师文集》,岳麓书社2011年版,第39页。

唯共一如来藏也。可见，每一个人心中都具有佛性，人们心中的佛性是完全相同的。也正因如此，所以一旦袪除遮蔽，每个人都能呈现佛性，达到涅槃的境界。至于在佛性表现上的差别，主要缘于人们自身修为的差异。佛性的平等为人的平等奠定了坚实的基础。

其二，慧思大师的平等充分表现了其本体论的向度。即便人人佛性是平等的，还是不能为平等地爱所有人提供充分的依据。如有的传统思想所论证的，由于人们在血缘和情感等方面的差距，人们不可能同样地爱每一个人，因此爱有差等，也正是从差序之爱中形成了伦理原则。既然人们在交往和认知中有着巨大的差异，为何我们还能赋予不同的对象以相同的爱呢？要回答这一问题，就必须回到以无的方式存在的本体论基础之上。人的差异，以及人与人距离的不同都是虚幻的镜像，当我们从这些幻相中超脱出来就会发现，异质不过如浮云一般遮掩了同质的真相。谓如来藏体具足一切众生之性，各各差别不同，即是无差别之差别也。然此一一众生性中，从本已来复具无量无边之性。所谓六道四生，苦乐好丑，寿命形量，愚痴智慧等，一切世间染法，及三乘因果等，一切出世净法，如是等无量差别法性，一一众生中悉具不少也。所以慧思大师得出"世法平等"的结论。在我们的现实生活中，依据我们生活的方式和范畴，的确缔结了不同的人际关系，产生了不同的相互情感。在这些关系与情感中，我们产生了差别性的道德责任和义务。而且我们也受到不平等文化的干扰，总是以差别的眼光看待周围的人与事，抑或以自己的道德观念和价值标准评判他人。这些都让平等之爱变得难以实现。究其根本原因，在于我们还是与无的境界相去甚远，停留在嘈杂的尘世之中，只看到非本真的假象，而忘却了人人秉持佛性的事实。慧思大师向我们指出通向平等之爱的超脱道路。

其三，慧思大师倡导的平等之爱需要宽厚的包容。这种包容既包括对于人际交往的宽容,更包括对于生活苦难的承受。任何人在社会中生活都不可能一帆风顺,人也难免被他人谩骂、诋毁、挖苦、刁难甚至诽谤、欺压。一旦遇此遭遇,人们通常会产生怨恨、愤怒等负面情绪,从而淹没人际之间的仁爱。要持有仁爱之心,就必须超越痛苦的遭遇,包容他人的过失。慧思大师指出打骂、赞叹、毁訾、与者、受者,如梦如化,谁打、谁骂、谁受、谁喜、与者、受者,皆是妄念。只有达到无的境界,才能观此妄念,毕竟无心,无我无人,男女色相,怨亲中人,头等六分,如虚空影,无所得故,是名不动。范仲淹曾言"不以物喜、不以己悲"。相比慧思大师,还不彻底,因为在王安石的视野中还有"我",还有"物"。慧思大师则进一步指出,诸相皆空,连心都不存,故无法为这些妄念所牵引。所以慧思大师的宽容不同于我们现代普遍意义上的宽容。普遍意义的宽容以过错方和过错承受者为前提。宽容不是无原则的退让或忍受,它意味着对于对方罪责的肯定,在对方承认错误的存在之后,宽容才得以可能。所以宽容一定存在两方——请求宽恕方和施以宽恕方。毫无疑问,普遍意义的宽容有着严格的条件,涉及多个主体的行为选择。在慧思大师看来,这种宽容还停留在有的状态,无论过失方还是宽恕方,依然被罪责所牵动、所影响。慧思大师的宽容则建立在无的存在方式之上,完全超越了宽容对象。既然一切都不过是镜中花、水中月,那么只要超脱于妄念,便能在任何苦难面前岿然不动、淡然处之。

慧思大师将对于困难的态度分为三个层次——苦受、乐受和不苦不乐受。所谓苦受,又分为内苦与外苦,内苦是由于生理痛苦和情感痛苦引发的心灵焦虑不安,外苦则是因为外部力量的压制和威胁所导致的苦难。乐受则是因为受到他人的赞叹或者恩惠时的烦恼。慧思大师认为,所有的享乐都是表象,而且转瞬即逝,一旦沉迷其中,也会带来无尽烦恼。他举例说道，比如有人因为得到自己的恩惠而感谢、赞叹自己。如果我们总是以施惠者自居、享受这种赞叹，如果哪天没有满足别人的要求，则又会招来怨恨。而且有的利益获得并不是源自他人对自己的恩惠，不过是他人实现自我利益的衍生而已。比如土地，农夫是因为要收获更多的粮食而让土地肥沃，土地本身没有以之为喜的理由。由于苦乐是极不稳定，且会相互转化的，所以对待困难的正确态度应该是"不苦不乐"。慧思大师所言的不苦不乐并不是说人不应该有苦乐的感受，而是说我们不应将自己的内心交由外部世界的变化。因为世事无常，如果我们一味沉醉于感官，最终就会失去自我。所以他说：菩萨欲求无上佛道，应先修学大地三昧，亦应学如虚空三昧。不苦不乐受，亦复如是，不应贪著，应作是念：苦乐中间故，有不苦不乐。若无苦乐，则无不苦不乐。最终慧思大师仍然强调无的存在状态。立于这一维度看待宽容，则不需要外界的条件，也无须对方的忏悔，而是自我返回本真状态的必然结果。

最后，慧思大师在追求无的生存状态中显现出积极的伦理姿态，强调道德实践。求得内心的安宁既是个体的道德追求，又可成为帮助大众脱离尘世困扰、找回本初状态的普遍路径。慧思大师所追求的不仅是个人道德的修为，而是以将大众引回正道、发菩萨心作为自己的伦理使命。大师十五岁便出家修道、皈依佛门。修道期间，他看到普罗大众在命运的流转面前颠沛流离、无所适从、"不得自在"，深感"怖畏"，油然而生对于众生的道德责任感。正因如此，他没有选择遁入山林独善其身，而是为大众及为我身求解脱故，发菩萨心，立大誓愿，欲求如来一切神通。他立誓自求道果，为度十方无量众生。为断十方一切众生诸烦恼故，为令十方无量众生通达一切诸法门故，为欲成就十方无量一切众生菩提道故，求无上道。从己及人，表现了慧思大师的博爱，更表现了他对于本体问题的深刻思考。海德格尔认为，人作为存在者，其价值是通过彰显其他事物的价值所体现的。恰如普罗泰戈拉所言，人是万物的尺度。这并不是说人有高于万物的价值，而是说人作为特殊的存在，担负着呈现万物价值的责任。慧思大师之所以将佛法的普及、大众的修度作为自己的人生目标，与这一思想不谋而合。个人的道德修为不能只停留在个体的层面，追求个体佛性的张扬处于佛法的初级阶段，而且这一层面的个体价值是极为有限的。个人道德的修为需要在成就普罗众生的过程中得到充分的呈现。在我们的道德实践中，容易陷入两个误区：一是个人主体性的过分张扬，以自己的意志作为普遍的道德标准；二是退怯于社会道德责任，认为个体力量的有限性不足以担负帮助他人的道德义务。慧思大师则道破了其中的关键所在，普度众生是一个漫长且持续的过程，弘扬佛法并不是单向度的传授和灌输，而是双向的道德交往与互动。在这一过程中，自我也在不断地充实、提高。可以看出，慧思大师所追寻的是通向无之有，无的是生活世界的牵绊与迷惑，有的是内心蕴含的光明佛性。

略论慧思大师的传道实践

雷 良

(中南大学哲学系主任)

摘 要：慧思大师于末法时代弘扬佛法，并且独树一帜，践行"教禅并重""定慧双开"，成为天台之祖。特别是他从北方南迁衡山，在此开宗立派，与本土宗教和合共生，谱写了一曲宗教和谐的交响曲。纵观慧思大师的弘法生涯，我们会发现，弘法度人的"如来使"精神、共生融合的传道理念、匠心独运的传道策略，始终贯彻在他的传道实践之中，成为后继传道者的宝贵财富。

关键词：慧思 传道弘法 如来使 天台宗

慧思大师于末法时代弘扬佛法，并且独树一帜，践行"教禅并重""定慧双开"，成为天台之祖，特别是他从北方南迁衡山，使佛教在此开宗立派，与本土宗教和合共生，谱写了一曲宗教和谐的交响曲，在佛教南传的过程中，作出了不可磨灭的贡献，可谓世界宗教史上的一大奇迹。纵观慧思大师的弘法生涯，我们会发现，弘法度人的"如来使"精神、共生融合的传道理念、匠心独运的传道策略，始终贯彻在他的传道实践之中，是他取得成功的保障，也是后继传道者的宝贵财富。

一　弘法度人的"如来使"精神

所谓"如来使",顾名思义,即如来佛祖之使者。据考证,在一般的佛家经文和典籍中,这个概念并不常见。只有在《佛说大迦叶问大宝积正法经》以及《法华经》中,提及并阐释了"如来使"。在《佛说大迦叶问大宝积正法经》,佛祖认为,四法具足者"能作如来使,及为众生师"①。

在《法华经·法师品》中也有如是说法:

> 若是善男子、善女人,我灭度后,能窃为一人说《法华经》,乃至一句,当知是人则如来使,如来所遣,行如来事。何况于大众中广为人说! ……
>
> 药王! 其有读颂《法华经》者,当知是人以佛庄严而自庄严,则为如来肩所荷担。……
>
> 若能于后世受持是经者,我遣在人中,行于如来事。②

日本人望月良晃认为,在《法华经》以前各品中,说法及授记对象是声闻大众。从《法师品》始,以菩萨作为对象而展开说法。尤其强调佛灭后登场的"法师"的宗教实践,并提出其他经典罕见的"如来使",强调其为佛教的使徒这一菩萨行的性格。③

由此可见,"如来使",就是菩萨行者,在如来灭度以后,菩萨以"法师"或"如来使"身份出现,诵持、讲说《法华经》。他们是从佛的世界派到这个娑婆世界的佛陀使徒,在末法时代不畏邪恶艰难、肩负弘扬佛法的神圣使命。他们以慈悲(如来室)、忍辱

---

① 参见王雷泉《"如来使"精神与慧思的新法华学》,《法音》2012年第1期。
② 《大正藏》第9册,第31页下—32页上。
③ 参见[日]望月良晃《法华经的成立史》,收入[日]平川彰等《法华思想》,佛光出版社1998年版,第80页。

（如来衣）、空性（如来座），作为弘扬《法华经》的弘经三轨：

> 如来室者，一切众生中大慈悲心是。如来衣者，柔和忍辱心是。如来座者，一切法空是。①

慧思大师就是这样的如来使者。他所处的时代，佛教的发展遭遇到前所未有的困境。外有俗世政权的灭佛运动，内有教内倾轧迫害，但是，内外交困的处境，并未改变大师一心向佛、普度众生的宏愿，可以说，正是承继了"如来使"精神，慧思大师才得以克服种种困难甚至逃脱被"众恶论师"的谋害，在不断南迁的过程中，弘扬佛法，为佛教在南岳的开宗立派建立了不可磨灭的功勋。

首先，慧思大师具有强烈的末法时代弘扬佛法的使命感。

在中国佛教史上，慧思大师是最早提出末法思想并行诸文字的高僧。在《立誓愿文》中，他提出，释迦牟尼灭度之后，正法五百年、像法一千年、末法一万年，并且推算出他自己出生在末法第八十二年。据此，"末法"时代应始于北魏太武帝的一系列灭法活动。

按理，来自佛教外部的攻击和世俗政权的灭法等行为，都无法真正撼动佛教，而佛教内部的"狮子身中虫，自食狮身肉"的浊恶比丘、恶论师们，才有可能带来毁灭佛法的可怕后果。慧思大师历经浊恶比丘、恶论师们的攻击和毒害，四次垂死而复生，不但没有因此毁失向佛之志，反而更加坚定了护持正法而九死不悔的决心，体现出勇于担当、百折不挠的精神。他曾造金字《大品般若经》和《法华经》各一部。并立下誓愿，首先在修证上完善自己，然后入世度人，以积累佛道功德见弥勒。在《立誓愿文》中，慧思大师明白地表明了自己的心迹：

---

① 《大正藏》第 9 册，第 31 页下。

愿此金字《摩诃般若波罗蜜经》及七宝函,以大愿故,一切众魔诸恶灾难不能沮坏。愿于当来弥勒世尊出兴于世,普为一切无量众生,说是《摩诃般若波罗蜜经》。①

《立誓愿文》强调,出家人以度化众生为目标,提出"欲安众先安己,自身有缚,能解他缚,无有是处"②。既要自身修证,又要度化众生,实乃真正的"如来使"精神。

其次,慧思大师精研佛经,深得法华要义,修己度人,开天台宗风气之先。

据记载,慧思大师"至年十五,出家修道,诵《法华经》及诸大乘,精进苦行"③。从佛典,尤其是从《法华经》中悟得真义,在如来灭后,凡能受持、读诵、解说、书写《法华经》,乃至闻一偈、一句,即得清净意根,从而通达无量无边之义。在末法时代,身处五浊恶世,开启众生佛之知见,度化一切有善根有缘之众生,是诸佛义不容辞的义务。这一点,在《法华经》里早有论说:

舍利弗!诸佛出于五浊恶世,所谓:劫浊、烦恼浊、众生浊、见浊、命浊。如是舍利弗!劫浊乱时,众生垢重,悭贪嫉妒,成就诸不善根故,诸佛以方便力,于一佛乘分别说三。④

因此,慧思结合自身修学,推出《法华经安乐行义》,直接阐述法华之"教相"与"观心",时谓"新法华学"。慧思大师认为,末法时代的众生,只有于行住坐卧的一切行事中,时常

---

① 南岳佛教协会编:《慧思大师文集》,岳麓书社2011年版,第7页。
② 同上书,第20页。
③ 同上书,第5页。
④ 《法华经·方便品》,《大正藏》第9册,第7页中。

深入一切微妙禅定，使心意坚定一无沾著，才能印证实相，恢复本来清净无垢的法身。

《法华经安乐行义》开宗明义指出：

> 《法华经》者，大乘顿觉，无师自悟，疾成佛道，一切世间难信法门。凡是一切新学菩萨，欲求大乘，超过一切诸菩萨，疾成佛道，须持戒、忍辱、精进、勤修禅定，专心勤学法华三昧。①

依照法华，四安乐行是菩萨于恶世弘扬《法华经》时，应安住于忍辱的四种严酷苛苦的修行方法。慧思在《法华经安乐行义》中，称为：

（1）正慧离著安乐行（即众生忍、法性忍、法界海神通忍三忍）；

（2）无轻赞毁安乐行（或转诸声闻令得佛智安乐行）；

（3）无恼平等安乐行（或敬善知识安乐行）；

（4）慈悲接引安乐行（或梦中成就神通智慧佛道涅槃安乐行）。

在他看来，在一切法中，心不动故曰"安"；于一切法中，无受阴故曰"乐"；自利利他故曰"行"。

慧思大师不仅在认识上重新诠释了安乐行的弘忍要义，而且在实践上恭行不悖，使得"如来使"精神得到了很好的践行。

二　共生融合的传道理念

1. 融汇大小乘

慧思大师的佛学事件，超越狭隘的教派和宗派立场，以高

---

① 《大正藏》第46册，第697页下。

超的视野和广阔的胸怀，化解一切人为的窒碍和樊篱，打开通向终极神圣的道路。

其一，在教义上，慧思将大小乘的义理贯通一体，既强调弘法度人，又注重禅修证悟，践行"定慧双开"。特别地，他抱持"众生佛"的主张，认为包括恶人、女人在内的一切众生都可以修炼成佛，向众生开示了一条立足日常生活、修炼成佛的方便法门。

其二，对本门迫害采取了宽容处理方式。慧思深得《法华经》精髓，并大力弘扬法华三昧。由于《法华经》提倡积小善可以成佛，甚至主张"恶人、女人皆能成佛"等理念，故与一般教法相违而被诽谤，数次遭到教内毒比丘、众恶论师的毒害欲迫害。但是慧思大师行持"柔和忍辱"，避免了流血、悲惨的事件发生。

"若有恶人障碍我，令其现世不吉祥，备受种种诸恶报，若不改心自中伤。死堕地狱入镬汤，谤法罪报劫数长，愿令彼发菩提心，持戒修善至道场。"[①]

慧思大师强调了自己这种誓愿的动机和性质，是护持正法和度化众生，而非恶心和嫉妒等；且此心真实，可证之于十方诸佛贤圣。于此，可知慧思大师的"恶毒"之誓愿，并非以"恶毒"之烦恼为实质，而是以慈悲为实质。这种慈悲的表现形式，是通过将障碍正法、损害金经的极大恶报，以主观誓愿的内容予以呈现，从而达到震慑恶众、防患未然的目的。

2. 融摄本土教

慧思大师在融摄大小乘外，还融合了本土宗教信仰。其一，吸收道教长生不老、神仙方术思想，将神仙信仰纳入佛教。促进了宗教间的和谐共生。

---

① 慧思：《南岳思大禅师立誓愿文》，岳麓书社2011年版，第11—12页。

其一，求仙成道的目标指引

慧思在吸收道教思想时，不仅吸收了其"神仙"思想，出于末法意识而且还吸收了其长生思想。希望借助芝草神丹的奇效，使自己长寿不死，并得到种种神通，能够记诵一切佛经，弘扬佛法，一直活到弥勒佛出世，从而使佛教绵绵不绝且兴旺发达。从《立誓愿文》为法学仙的叙述中，归纳其学仙之原因与动机有：1. 受持十二部经。2. 求无上道。3. 学菩萨道。4. 十方现身说法。5. 成就等觉地。6. 见弥勒。7. 持佛尊经。8. 说释迦法。9. 为大乘。10. 护正法。在这十个原因当中，没有一个是为了自身，求长寿升天而学仙，这与道家所强调的羽化升天迥然不同。①

其二，丹道修炼的实践

无论从理论上还是从宗教实践上，一方面，道家追求长生成仙，与佛家的追求进入西方极乐世界的目标，虽有差别，但如果将二者纳入中国本土文化之中，不难发现二者之间的共同性。另一方面，在佛家的"禅定"与道家丹道及"吐纳"术之间，有着很多的相通之处。佛家安世高的《安般守意经》禅法中，就有持息念，即念安般，乃十念之一。安般，就是出息入息。将禅心寄托于呼吸上，这与中国方士的吐纳之术相似。王充在《论衡》中认为，道家相夸曰：真人食气。以气而为食，故传曰食气者寿而不死。

慧思大师把修道教神仙作为入禅成佛的必经步骤和阶梯，如其《立誓愿文》所述，只有先成就五通仙（道教的五种神通），才能学习佛教的第六神通（佛教指通过修习禅定所得到的六种神秘力）。南岳地区禅者历来重视人人潜修用功，且从慧思起将道教内容加以吸收。"如据智𫖮《修习止观》、《坐禅法要》

---

① 参见李思《魏晋南北朝时期的南岳佛道研究》，山东大学硕士学位论文，2014年，第45页。

及《摩诃止观》卷六所记,慧思传法弟子智者继承了这一传统,进而将道教丹田说炼气法等作为止观安心的一种方法。"①

在《立誓愿文》中,慧思反复宣示经过修行成为"神仙""五通神仙""大仙人""长寿仙人"。

> 今故入山,忏悔修禅,学五通仙,求无上道,愿先成就,五通神仙,然后乃学,第六神通。
>
> 为护法故,求长寿命,不愿生天及余趣,愿诸贤圣佐助我,得好芝草及神丹,疗治众病除饥渴,常得经行修诸禅。愿得深山寂静处,足神丹药修此愿,藉外丹力修内丹。

在发完誓愿之后,慧思大师如是说:"诸佛世尊同证知,梵释四王为证明,日月星辰及星宿,金刚大士及神仙,五岳四海及名山,诸大圣王亦证明,愿以慈悲拥护我。令此誓愿速得成。"②

关于慧思大师是如何利用丹道之术,虽然文献没有记载,但是,我们可以根据慧思本人所述而合理推断,他的禅修生活中,一定纳入了道家的丹道元素。

三 匠心独运的传道策略

1. 定慧双开的方便法门

慧思教人修习法华三昧,常以安乐行为方便。慧思自从年少出家以来,就特别注重行持,加之接触到北方僧人特有的躬行实践风气,又因师承慧文法师,推崇慧文法师所提倡的定慧

---

① 参见宋道发《慧思禅师禅学源流探析》,南岳佛教协会编《慧思大师研究》,岳麓书社2012年版。

② 慧思:《南岳思大禅师立誓愿文》,载南岳佛教协会编《慧思大师文集》,岳麓书社2011年版,第12、20、21页。

并重禅法。

在理论上，慧思大师根据《法华经·方便品》，提出智慧的最高境界，就是穷究诸法实相的"佛之知见"，建立了"十如"实相说。在实践上，他结合从《法华经》上体会到的圆顿法门，用来修习法华三昧，并具体地推广应用于日常行事上，倡导了"法华安乐行"的实践行法。

在慧思大师看来，《法华》为大乘顿觉疾成佛道的法门，好像莲花一样，一花而具众果，利根菩萨一心一学，一时具足，非次第入。他曾命其弟子智𫖮代讲《大品般若》，讲到一心具足万行处，慧思特别指示说，《大品》所讲还是次第义，到《法华》才讲圆顿义。

慧思证悟"法华三昧"，把一乘佛法落实在众生法，"谓一切众生，皆是一乘故"。认为妙指众生妙，法即是众生法。譬如，他以莲花花果同时之性质，强调不历阶梯的法华三昧之修行：

> 狂华者，喻诸外道。余华结果显露易知者，即是二乘，亦是钝根菩萨，次第道行，优劣差别，断烦恼集，亦名显露易知。法华菩萨，即不如此。不作次第行，亦不断烦恼。若证《法华经》，毕竟成佛道。若修法华行，不行二乘路。①

慧思大师的"众生法"以及修炼法华三昧的阶段性学说，为芸芸众生开启了修佛向善、离苦求乐的方便法门，为天台宗在中国的生根发芽打下了坚实的基础。

2. 神通机缘的神话叙事

慧思认为，不仅无上的般若智慧必得之于禅定，无上的神

---

① 转引自王雷泉《"如来使"精神与慧思的新法华学》，《法音》2012年第1期。

通之力也是得之于禅定的,而且只有获得"大神通力"才能度一切众生于苦厄之外。在获得"大神通力"之前,甚至对人说法的资格都不具备。

> 此心念处。初修学时,身心得证,自断一切心想妄念诸结烦恼,亦能如已教他人学。但未得神通,不能明力,不识众生种种根性所念各异,不称其机,利益甚少。作是思惟,但是学时,未是说时,不应强说非时之言。若修禅定,获大神通如意自在,得他心智差别三昧,一念悉知凡圣差别之心,通达无量阿僧祇劫过去未来,如现在世。如是学竟。乃可说法。①

首先,慧思大师用神通灵异的叙事诠释了他本人及其僧团驻锡南岳的合法性。

据他叙述,在北方屡遭众毒比丘、恶论师迫害不得不南移的过程中,得到了神明的启示,确立了武当、南岳为其弘道之所。

> 然我佛法不久应灭,当往何方,以避此难。时冥空有声:若欲修定,可往武当、南岳,是入道山也。②

慧思大师从来到南岳衡山之时,坚持以一种圆融的方式处理自己僧团的生存、发展和道教之间的关系,并促进二者在南岳一山上和谐共生。著名的有"岳神借地"故事,可谓例证。

> 师一日登祝融峰,岳神会棋。神揖师曰:师何来此。

---

① (陈)慧思:《诸法无诤三昧法门》卷二,《大正藏》第46册,第636页。
② (唐)道宣:《续高僧传》卷十七,《大正藏》第50册,第563页上。

师曰：求檀越一坐具地。神曰：诺。师即飞锡，以定其处（今福严寺是）。神曰：师已占福地，弟子当何所居。师即转一石鼓，下逢平地而止（今岳君塑像犹坐石鼓上）。岳神乞戒，师乃为说法要。①

由于慧思所建的般若禅林是向岳神借的地，所以至今福严寺第三进是岳神殿，供奉圣帝神像，由佛门供奉香火。这是对岳神表示尊重，让岳神路过的时候能有个下榻的地方。

确立自己驻锡南岳的地盘之后，慧思仍借助神通之力，向包括岳神在内的众人昭示自己三生驻锡南岳的事迹，进一步确立其南移衡山弘道的合法性。

一日，师谓岳神曰：他日吾有难，檀越亦当有难。师指岩下曰：吾一生曾此坐禅，为贼断首。寻获枯骨一聚（今福严一生岩）。至西南隅，指大石曰：吾二生亦曾居此。即拾骸骼起塔，以报宿修之恩（今二生塔）。又至蒙密处，曰：此古寺也，吾三生尝托居此地。因指人掘之果有僧用器皿及堂宇之基。即筑台，为众说《般若经》（今三生藏）。②

其次，慧思大师借助神通，震慑了包括道教在内的本土教派，进一步巩固其在南岳开宗立派的合法性。

在慧思入居南岳的第二年，即太建元年（569），九仙观道士欧阳正则联合其他一些道士采取政治诬陷的手段，试图阻止慧思大师在大般若禅林的传法活动。通过种种神通力的昭示，慧思大师成功说服了陈宣帝、南朝文武大臣及俗道两众，宣帝

---

① （宋）志磐：《佛祖统纪》卷六，《大正藏》第49册，第179页。
② 转引自南岳佛教协会编《慧思大师研究》，岳麓书社2012年版，第8页。

处罚了滋孽诽谤的道士,并钦赐十四道铁券,作为记录佛道这一争端的史实凭证,慧思自己还特立《陈朝皇帝赐南岳慧思大禅师降伏道士铁券记》石碑于南岳。对此,包括《佛祖统纪》在内的佛教典籍多有记载:

> 大建元年(569),九仙观道士欧阳正则睹山有胜气,谋于众曰:此气主褐衣法王,彼盛则吾道衰矣。乃凿断岳心,钉石为巫蛊事,埋兵器于山上,因诡奏曰:北僧受齐募而为之。宣帝遣使考验,初度石桥,有两虎号吼,使者惊退。次日复进,师曰:檀越前行,贫道当续至。越7日,度使者尚未至,始飞锡而往金陵,四门皆见师入。使者既至,遂同进谒。帝坐便殿,见是乘空而下,梵相异常,惊悟其神,一无所问。以道士诬告罔上,令案治之,罪当弃市。师请曰:害人之命,非贫道志,乞放还山,给侍僧众,亦足小惩。帝可之。勒有司冶铁为十四券。识道士十四名。周回其上,封以敕印。令随师还山。①

唐道宣的《续高僧传》中,也对此一公案有详细的记载,并且还更加详尽地记录了慧思大师的神通异事:

> 敕使至山,见两虎咆愤,惊骇而退。数日更进,乃有小蜂,来蛰思,寻有大蜂,啮杀小者,衔首思前,飞扬而去。陈主具闻,不以介意。不久,谋罔一人暴死,二为猘狗啮死。……尝往瓦官,遇雨不湿,履泥不污。……举朝瞩目,道俗倾仰。大都督吴名彻,敬重之至,奉以犀枕。别将夏侯孝威,往寺礼觐,在道念言:"吴仪同所奉枕者,如何可见?"比至思所,将行致敬。便语威曰:"欲见犀枕,

---

① (宋)志磐:《佛祖统纪》卷六,《大正藏》第49册,第180页。

可往视之。"又于一日,忽有声告:"洒扫庭宇,圣人寻至。"即如其语,须臾思到。威怀仰之,言于俗道,故贵贱皂素,不敢延留,人船供给,送别江渚。①

从这些记载中,我们看到,宣帝及满朝文武无不被两虎咆愤、大蜂护思、四门飞锡、雨泥不沾、预知他心等异象所折服,对慧思大师倾仰有加。这些神通异象,或为使者传诵,或为僧俗亲历,有力地巩固了慧思大师南移弘道的合法性。除此之外,慧思大师在处理诬陷自己的道众问题上,也没有忘记"如来使"的本心,慈悲为怀,为他们开脱,拯救了他们的性命,并使他们成为僧奴。特别是在为奴道众以病告退时,也慨然应允。

师既复归山中,说法如故。道众以老病告,愿奉田数顷充香积,用赎老身。慧师说:欲留田,当从汝愿。因名留田庄(俗呼道士赎身庄)。所赐铁券,悉收藏之。勒石记其事,名曰《陈朝皇帝赐南岳思大禅师降服道士铁券记》。

慧思大师这种处置方法,一方面体现了他的慈悲宽容精神,另一方面也可能是从维护佛道关系的角度来考虑的。

---

① (唐)道宣:《续高僧传》,《大正藏》第50册,第563页中—下。

慧思：惟其超越故成佛

曾一明

（南岳文化研究院）

摘　要：慧思，可以说是一个极富代表性的中国人，原中国佛教协会会长传印法师借鲁迅之言盛赞他为"中国人的脊梁"。慧思具备很多常人难及的优秀品质，如聪慧、勤奋、坚忍、宽容、大度、圆融，如果说有所缺憾的话，可能略有些时运不济吧！慧思之伟大，不仅仅在于其创立了天台学宗的理论基石，或是培育出了智𫖮大师，更重要的意义在于，他的一生都在不断超越和完善自己，他始终坚持做好他自己。慧思发出的狮子吼"东方人也要成佛"震古烁今，如果说现在的佛教信徒已坚信这一论点，则慧思在千余年前发此言论可谓骇人听闻，但同时也令汉地佛教界顿开茅塞。其后汉地佛教呈现一派生机勃勃的景象，慧思的思想确实首开先河，足令后辈学僧纪念和追模。作为一名思想超前、特立独行的超越者，一名"信愿行"合一的伟人，他如同站立于时空之外的观察者，他那些极富创见的思想和感人至深的言行也如同一支明亮的火炬照彻黑夜，给无数信众和后人带来温暖和光明。慧思坚信自己能够成佛，并以自己的名字与佛号并列，他的愿力时至今日仍能给我们带来强烈的感召和前行的动力。

关键词：慧思　超越　成佛　南岳　佛教

前　言

　　佛教传入中国的时间约为公元纪年前后，距今已有2000余年。佛教进入中国之初，也曾经历过水土不服的时候，其后续发展和演化均离不开各个年代诸多大师的奉持、苦修和奉献。后与儒、道文化不断交融互通，吸收了大量汉地文化之精髓，逐渐吸引到诸多贵族、文人的参与。穿越过一段漫长的岁月，历经大起大落，佛教最终完成了它的中国化并一直与时俱进。

　　从古至今，佛教系统里有许多伟大的名字如同繁星满布的天空上那些最亮的明星一般，为广大信众甚至普通百姓所熟知。比如：释道安、鸠摩罗什、玄奘、慧能、弘一等，由于他们的文化成就，每个人的声名都令闻者如雷贯耳。然而，由于一些特定的原因，也有一些真正的大师在历史长河中逐渐被沙尘湮没，以至于有些被人们所淡忘。许多大师的修为极高，著作丰富，思想深邃，在佛教界有着独特而崇高的地位，值得今人去深入探寻他们思想的深奥与玄妙。我们试图拂去遮蔽圣人的尘埃，使他们穿越千年的时光，重新焕发耀眼的光辉，让处于末法时代的人们感召于大师的奉献精神，获得佛雨的普施，启发自性的光明。

　　南岳慧思，正是这样一位划时代的大师，一位不应该被遗忘的大师。

一　超越时间的大师

　　要了解慧思的思想，就要尽可能站在和他相同的角度来看待他所面对的问题。慧思在其著作《立誓愿文》中，给人留下深刻印象的是，他以极强的信心明确地告诉信众，这个处身其间的现实世界只是处于时间长河的某一个点上，而这个时间的标尺是佛教的时间纬度，这个点恰已进入末法时代。解众生之迷惑，示众生以光明，慧思以超越时间的视野，同时他也自有其超越时间的诸多法门，带领着信众走入不可思议的"时间之旅"。以慧思的智慧，他早已深悟了用时间换取空间，和用空间换取时间之法。这种思维视角，是每个修行人都值得学习的，唯此方能时刻警醒不忘初心。慧思认定，自己是生活在历史的时空当中，因此他能清晰地观照到自己的使命，甚至能对前世今生的因果洞若观火。

1. 以末法记年。慧思在其重要著作《立誓愿文》中以末法记年，说他出生之年（北魏延昌四年乙未岁，公元515年），佛法已进入末法八十二年，在他供养金字《摩诃般若波罗蜜经》、《法华经》和发表《立誓愿文》之时进入末法一百二十五年。①此时距北周武帝禁毁佛教（574）只相隔十六年。慧思振聋发聩地以末法纪年，体现了当时佛教界有远见的高僧对佛教危机已经形成时代共识，同时，他的这一创举也为他在佛教纪年的时间标尺上永恒地刻下了他光辉的名字。

2. 颂《法华》1000遍。古人云：书读百遍，其义自现。一件普通的事，坚持做十年就是专家，坚持做三十年，那就是大师。道理很浅显，但就是很少有人能够做到。所谓，圣人抱一以为天下式。慧思做到了，终其一生，他的研究方向始终未离开《法华经》，并通过对智颛的影响，最终创立了以《法华经》为中心的天台学说。史料清晰表明，早在入大苏山之前，慧思就刻苦研修《法华经》。"日唯一食，不受别供，周旋迎送，都皆拒绝。诵法华等经三十余卷，数年之间千遍。"②绳锯木断，滴水穿石。正确的选择加上持之以恒，慧思一生的主要成就体现在，他将慧文师所授的《大品般若》证得智慧与自己从《法华经》参悟到的圆顿

---

① （陈）慧思：《立誓愿文》，《大正藏》第46册，第786页中—792页中。
② （唐）道宣：《续高僧传》卷十七《慧思传》，上海古籍出版社1991年版，第242页。

法门相结合，用来修习法华三昧，并具体推广到日常具体行事上，身体力行地实践了"法华安乐行"。慧思不但为天台宗创立了基础理论体系和可行的实践操作系统，他的实践直接开启了中国人成功改造印度佛教的范例，甚至为将来教内诸宗（包括禅宗）的建立提供了强有力的理论支持和借鉴。①"而思慨斯南服，定慧双开，昼谈义理，夜便思择，故所发言，无非致远。便验因定生慧，此旨不虚。南北禅宗，罕不承绪。"②

3. 48年苦修。慧思出生于公元515年，圆寂于公元577年，享年63岁。他15岁出家，其有生之年中有48年完完全全地奉献于自己的信仰——佛教。若依凡人寿数而论，慧思的寿数不算长但也绝不算短，尤其是在那个战事频仍、社会动荡、物资匮乏的年代。但就一项事业而言，如慧思般刻苦钻研、持之以恒的投入，48年的不懈参悟，仅就他对法华经义的深入理解方面，历史上恐难得几人可望其项背。

4. 造2部金经。信而能守，誓必能成，这就是信念的力量，也就是所谓的愿力。东方人对于起誓一事，是非常谨慎和看重的，发了誓就必须要做到，甚至有时要搭上性命来完成承诺。齐天保七年，慧思年四十三岁，经多年的钻研与苦修，已于《般若》和《法华》二经中得到了坚定的信心，并在讲法和修行中，将法华三昧与日常具体行事结合到一起，使佛教修行生活化，更易于为广大信众所接受。彼时，慧思已经数度遭遇恶人加害，此时，他的信念愈发坚不可摧。在经过深思熟虑之后，他郑重其事地发誓，要造金字《大品般若》与《法华经》二部，并盛之以宝函。齐天保九年，通过多方筹措，终于在光城县齐光寺完成大愿，并写下《立誓愿文》以记其事。③

---

① 王照权：《慧思佛教生涯中最具光辉的两大贡献》，载南岳佛教协会编《慧思大师研究》，岳麓书社2012年版。
② （唐）道宣：《续高僧传》卷十七《慧思传》，见《大正藏》第50册。
③ 同上。

5. 传1名法子。人与人之间，最大的区别并不是出身、样貌等，而是有别于思想。在不认识释迦牟尼的施主眼中，他只不过是一名普通的乞食僧。然而，若了解其思想，接触他所构建的三千世界，你就会惊为天人。幸而释迦牟尼灵山传法，在闻法众中，有摩诃迦叶、阿难陀等优秀的弟子能够领悟其要旨，并最终完成了佛典的集结和传播，以资后人学习和研究。幸而，慧思门人颇多，如南岳僧照、新罗人玄光等，将其思想、法脉远传及朝鲜半岛。但最著名的还是最善于发展师说，创立天台学系的智顗。慧思视智顗为法子，在大苏山尽全力为他提供修习条件，更给他提供难能可贵的讲法锻炼的机会，甘当人梯。在智顗讲法时，他发自内心地赞叹："可谓法付法臣，法王无事也。""此吾之义儿，恨其定力少耳。"① 在师父的鞭策和希冀中，智顗逐渐"师资改观，名闻遐迩。"② 离开大苏山八年后，他在天台山高举天台宗大旗，在佛教众多门派纷争中，以其过人的实力，打造出了中国南方最具势力、最具影响的一大佛教宗派，当上了南方佛教界的领袖。他不负师恩，以《法华经》作为开宗立派的核心经典，并将在大苏山接受的教观、训练进一步提升，创造出"一心三观""止观并重""圆融三谛"等著名的天台理论系统，从而将恩师慧思推上了天台宗三祖的宝座。

慧思的时间观是站在历史高度上建立起来的，所以我们谈到他的超越就从他对于时间的超越说起。时间是最了不起的，一切事物与精神的价值均可通过时间的检验得以衡量。慧思懂得生命之有限，要想在短暂的时间里完成对佛的超越，他做出了最好的选择：一是集中所有的时间，聚焦在他所热爱的事业之上。二是通过打造两部金字经典和倾力培养智顗，以此延续自己的精神与生命。

---

① （唐）灌顶：《隋天台智者大师别传》，《大正藏》第50册，第192页上。
② 《高僧传合集·续高僧传》卷十七《智顗传》，上海古籍出版社1991年版，第244页。

对待时间的态度,就是对待生命的态度。这就是慧思给我们现代人留下的重要启示。

二 超越空间的大师

佛教对于空间有极其高明的解释,《心经》云:"色不异空,空不异色。色即是空,空即是色"。人们常说,眼见为实。但是,对这个我们眼中的物质世界和空间,爱因斯坦的老师、量子理论之父——普朗克博士却说:世界上根本没有物质这个东西,物质是由快速振动的量子组成。在对于物质的理解上,佛陀和最高明的物理学家竟然如出一辙。这恰恰证明了,我们眼中所见的,不一定就是一切,不一定就代表着真相。也许,慧思已经通过他的神通和智慧领悟到了物质空间的真相,因此也就可以在"外静内动"的状态下,实现自己对寄身的三维空间的突破吧!

1. 山林悟大道。自15岁出家,20岁受戒,后终其一生,似乎都围绕着学习、修行、弘法这样一条主线而行,简单至极。每前往一地,非属必须,难得亲往。"为《首楞严》,遍历齐国诸大禅师学摩诃衍011"① 从各种文字记录中,我们大略整理出来这样一条路线:武津—兖州—信州—郢州—光州—大苏山(齐光寺)—定州—南岳—陈都建业(栖玄寺)—南岳。其中,慧思在大苏山十四年,完成了人生两大成就,一是确立了《法华经》为天台宗立宗的根本经法,并构建和奠定了天台学理论体系的基本框架;二是精心培养和造就了天台学说的集大成者智顗大师。由于当时佛教内斗严重,慧思率徒众40余人前往南岳

---

① (陈)慧思:《立誓愿文》,《大正藏》第46册,第787页上。

衡山,① 在南岳的十年,除了继续弘法讲经之外,逐渐完善了自己的思想体系,并完成了自己的众多著作:《诸法无诤三昧法门》二卷、《立誓愿文》《随自意三昧》《法华经安乐行义》各一卷、《大乘止观法门》二卷等,部分著作散佚。现存著作大都出于口授的记录,但必经其亲自修订。对照各种史料,可见慧思不是一个爱走动、爱交际之人,他宁愿把更多的时间用于修习。齐天保元年,"时敕国内诸禅师入台供养(南北朝常称朝廷为内台),师以方便,辞避不就。""日唯一食,不受别供,周旋迎送,都皆拒绝。"② 除非必要,如在信州经刺史共诸守令苦苦留停讲经三年。慧思"心心专念入深山中",宁愿"恒居林野,经行修禅。"③ 由此,我们可以知道,慧思的修为就是在"学习—修行—弘法—实践"中迅速提升,几乎不为无谓之事浪费掉一分钟,心心念念只在"成佛度人"。在佛教里有"须弥藏芥子"的说法,慧思并不是一个行脚僧,其行迹也极其有限,他向世间索取亦极为有限,藏身于山林间,一生使命只为证悟大道。对于他这种超越者来说,世俗的快乐根本不足以吸引他们,他们拥有的快乐和满足,隐匿在另一个不为人知的世界里。

2. 三生奉南岳。名山也需靠名人、名事、名物而显。南岳最早最精确的记载始于《尔雅注疏》:"衡山南岳者,《禹贡》云岷山导江,又曰岷山之阳至于衡山。孔注云衡山江所经,然则江水经此山之北,东入于海,故曰江南衡也。"后,汉武帝于元封五年(前106)移南岳于安徽天柱山。自汉宣帝始,把五岳作为一项国家制度而进行常祀,但是此时所确定的南岳已是霍山(天柱山)。至慧思时,他在大苏山的末期得神人召示,可往

---

① 黄心川主编:《光山净居寺与天台宗研究》,天马图书有限公司2001年版,第10页。

② (唐)道宣:《续高僧传》卷十七《慧思传》,上海古籍出版社1991年版,第242页。

③ (陈)慧思:《立誓愿文》,《大正藏》第46册,第787页上。

武当、南岳。慧思选择了南岳衡山，而非官方文件里的霍山，由此可见，民间所认同的南岳仍旧是衡山。至少，在慧思的心目中，南岳衡山才是他心目中的圣山。陈光大二年，慧思入住南岳。谓其徒曰：吾寄此山，正当十载，过此之后，必事远游。至大建九年，果十年而终。① 慧思选择了南岳衡山，并以其精行卓著，大力弘扬定慧之学，成就巨大，影响广泛，被世人称为"南岳大师"。慧思是南岳衡山历史上第一个被称为"南岳"大师的人。据官方记录，《国清百录》中《王重请义书第五十》有："南岳禅师亲所记蒠，说法第一。"这是隋代的晋王扬广在信中这样称呼慧思。在《国清百录》中《陈吏部尚书毛熹书》有："南岳亦时有信，照禅师在岳岭，徒众不异大师在时。"此"南岳"非指人，而是南岳衡山，陈朝时的官员已经认同衡山即是南岳，"大师"当时的代称即为"南岳"。以地方名作为个人之代称，古已有之，较为有名的如：以"少陵"代杜甫，以"湘乡"代曾国藩等。南岳衡山选择了慧思，依靠慧思的成就和影响力，把民间的"南岳"变成了朝廷认可的"南岳"。"虽无明文"，但已经形成统一认识，属于公认，无须下文。至唐武德、贞观之治，南岳衡山祭于衡州，天宝五年（746）直接封南岳衡山之神为司天王。慧思大师在"南岳"之名的回归上，居功至伟，对南岳后来的经济发展和开发建设作出影响深远的巨大贡献。② 慧思与南岳之间的关系似乎是一种注定的前缘，慧思选择了南岳，同时南岳也选择了慧思。慧思大师曾于今福严寺一生岩处曰：吾一生曾此坐禅，为贼断首。寻获枯骨一聚。至西南隅，指大石曰：吾二生亦曾居此。即拾骷髅起塔，以报宿修之恩。又至蒙密处，曰：此古寺也，吾三生尝托居此地。因指人掘之，果有僧用器皿及堂宇之基。即筑台，为众说《般若

---

① （宋）志磐：《佛祖统纪》卷六，《大正藏》第49册，第179页下。
② 旷顺年：《慧思大师与南岳的回归》，载南岳佛教协会编《慧思大师研究》，岳麓书社2012年版。

经》（今三生藏）。① 慧思以三生宿修，终得佛果，与南岳因缘堪称殊胜，并终以第三生的旷世成就回报了南岳之恩。历1500载春秋，也许大师又已托生某处，只望能与南岳再续前缘才好。

3. 东方人成佛。自释迦牟尼获得无上的正等正觉，顿悟成佛，其余生遍及恒河流域，向各个阶层说法教化。佛入灭后，圣典逐渐被整理出，再经各门派不断加工和重新编纂，或经译者再创作，佛教经典不断丰富，即使用浩如烟海来形容亦不为过。对于初窥门径的学僧或居士来说，难免要被海量的经典所吓倒。自佛教传入东土，中国的学佛者为能取得真经付出了极大的代价，取经、译经对于古人而言都可能是要奉献一生的事业，有时可能要付出生命代价。以玄奘万里求取真经事迹为蓝本创作的小说《西游记》，被列为中国"四大名著"之一，唐僧西天取经的故事几乎家喻户晓、妇孺皆知。多少年里，东方的佛子潜心埋首学佛礼佛，向往西方极乐世界。直至慧思在《立誓愿文》中第一次吹响了"东方人也要成佛"的号角，他充满信心地表示，自己在未来弥勒佛出世时将能成佛，② 并仿照《无量寿经》的格式，以往昔法藏比丘③以"设我得佛……若不尔者，不取正觉"的语气发下四十八愿那种格式，他也发下二十八愿。若没有深厚的佛学修习基础和强大的愿力和自信，没有无上的智慧和胆识，没有超越时空的见识和神通，慧思如何能够发出这前无古人、惊世骇俗的狮子吼？！晋宋年间，一代名僧竺道生悟出众生皆有佛性，主张"一阐提人皆得成佛"，旧学大众以为违背经说，竟致把他逐出僧门。宋元嘉七年（430）道生再入庐山，时《大涅槃经》传到建业（今江苏南京），其中

---

① （宋）志磐：《佛祖统纪》卷六，《大正藏》第49册，第180页上。
② （陈）慧思：《立誓愿文》，《大正藏》第46册，第786页中。
③ 《无量寿经》中载，往昔有法藏比丘，曾为国王，出家后修菩萨行，在世自在王佛面前发下四十八愿，后经过无量时间成佛，即为阿弥陀佛，佛国名"安乐"（或译"极乐"）。所发每一誓愿以"设我得佛"，最后为"不取正觉"，或"若不尔者，不取正觉"。

果然说"一阐提有佛性"和他先前主张完全相和，僧众才佩服他的卓越见识。由此可见，在当时的佛教氛围里，敢于发出这样的声音，可能正是慧思屡屡蒙害的原因，但这份见识和勇气，也正是他得证佛果的殊胜之处。因此，慧思能在他的时代享有巨大声誉不是没有原因的。慧思站在佛教界众多巨人的肩上，突破了一直局限人们东西方地域的局限和心理上的自我设限，解放了中国学僧和信徒思维的禁锢，极大提升了国人学修的信心，为中国人成佛铺平了道路。在后来的禅宗理论里，更进一步发展到只要明心见性，即可成佛。慧思的开创精神，对我们今天如何看待"西方"（此西方非彼西方也）科技和思想，同样也有着很强的借鉴意义。

时间与空间，构成了我们所存在的世界，二者是缺一不可，或者是合二为一的。慧思对于时空有着自己独特的观照，大开大阖，不受限制。古人提倡，行万里路，读万卷书。慧思初期也经历了遍访名师，博览群书的阶段，但他的悟性远远超过了常人。他完全超越了空间的局限，在人们认为西方才是"极乐世界"时，他第一个提出"东方人要有自己的佛国净土"。当人们认为只有西方才有佛，他第一个提出"东方人亦可成佛"。慧思并未去过西方世界，但在他之前已经有众多大师完成了这一积累，慧思通过"借力"前辈，站在大师们的肩上，实现了对东方净土的初始构想。东西方之间不远万里的地理距离，我们总有办法跨越，而精神上的盲区和禁锢，人们更难实现颠覆式的突破。慧思隅身于林野之间，或是以他累世修行的功德与慧根，才能让他以独到的视角和思想，为后来者指出了中国佛教发展的方向。这种不受限制的思维方式，对禅宗发展影响深远，发展到类似"佛是干屎橛"之类的机锋，则更为惊世骇俗了。

三　超越生死的大师

佛为一大事出世，即令众生切入佛的知见，也就是教众生往生极乐世界不退成佛。众生皆向往极乐世界，然又贪恋人世。是以，了脱生死实为约束修行人的一个大关隘，许多修行人在这一件事上仍和普通人没有区别。生死挂碍既是人之常情，当然也就是修行人需要真正予以重视的所在了。而慧思大师，在这个问题上，确实有充足的证据证明，他确已超越了生死大关。

1. 为弘法利生，三次死里逃生。死亡从来都是贪生怕死之人用来吓唬人的玩意儿。在各种文化里，不管是当权统治者还是一些宵小之辈，他们绝大多数人这样认为，剥夺对立者的生命是最可靠地消除掉威胁的良方。他们害怕或是忌恨那些有独立思想的人物，尤其畏惧这些伟大的灵魂在民众当中传播火种。所以，耶稣被钉上了十字架，苏格拉底被杀害……慧思也多次遭人投毒加害。东魏武定六年（年三十四），在河南兖州，与众议论，为恶比丘所毒，垂死复活。齐天保四年，至郢州，为刺史刘怀宝讲摩诃衍义。诸恶论师以生金药置毒食中，师命垂尽，一心念般若波罗蜜，毒即消解。八年，至南定州，为刺史讲摩诃衍。有众恶论师竟起恶心，断诸檀越，不令进食。经五十日，常遭弟子乞食济命。于时发愿造金字《般若》，慧思《立誓愿文》中所表达出的崇高信念令众恶论师自惭认败。后至南岳，于大建元年，又遭南岳道士所诬陷，慧思于宣帝殿前显示神通，帝敕为大禅师，遂得大名。① 慧思大师因其言论和思想处处高人一等，学识辩才无人能及，影响力巨大，一些恶论师因妒生恨，必欲除之而后快。幸而慧思的福根深厚，或得到佛菩萨保佑亦未可知，数次经历生死边缘得以逃出生天。而每逢此等大祸，

---

① （宋）志磐：《佛祖统纪》卷六，《大正藏》第49册，第180页上。

慧思并无怨恨，唯觉有生之年，"愿令众生识果报"。"我从末法初始立大誓愿，修习苦行，如是过五十六亿万岁，必愿具足佛道功德，见弥勒佛。"① 在南岳衡山，慧思即已发现自己的一生和二生修行处所②，而在现世又数次蒙害，使他一方面坚定信心，即使"不计劫数"，也要"至成菩提，十方六道普现无量色身，为十方一切众生讲说《般若波罗蜜经》。"③ 另一方面则认为"人生短促，不足百年"，充满了紧迫感，以至于没有时间应酬，"周旋迎送，都皆拒绝"。相反，每有说法任务，则兢兢业业，"频经三年，未曾休息"。④ 从史料的记载来看，慧思是具备一些神通的，他甚至于预言了自己的寂灭时间。陈光大二年，慧思入住南岳时对弟子言道：吾寄此山，正当十载，过此之后，必事远游。至大建九年，果十年而终。⑤ 慧思能够轻松地面对生死问题，同时能够预知自己的寿数，由此让他更为珍惜时间。子曰："未知生，焉知死？"而对于慧思而言，恰恰是，"先知死，然后知生！"与死亡数度擦肩而过的慧思，想必已经对生命的奥秘洞悉于心，进而达到了超越生死的境界。

2. 为度众生，祈愿长生久住。对于一个修行得道之人，不惧怕困难，不惧怕威胁，也不惧怕生死，怕的是众生蒙昧不得解脱。恨不得有观音菩萨的千手千眼，恨不得"于十方六道普现无量色身"⑥，恨不能早日"转秽为净土，众生皆齐平。天人等无差，飞行放光明。女皆变为男，断三恶道名。""十方大地狱，我悉于中行。教化诸恶人，悉令生人天。……畜生及饿鬼，转报亦同然。"如此迫切想要改变这个世界的信念，无不体现出慧思的大慈大悲菩萨心肠，他语气急切地发愿，唯恐自己没有

---

① （陈）慧思：《立誓愿文》，《大正藏》第46册，第786页中。
② （宋）志磐：《佛祖统纪》卷六，《大正藏》第49册，第179页下。
③ （陈）慧思：《立誓愿文》，《大正藏》第46册，第787页下。
④ 同上。
⑤ （宋）志磐：《佛祖统纪》卷六，《大正藏》第49册，第179页下。
⑥ （陈）慧思：《立誓愿文》，《大正藏》第46册，第786页上。

那么大的能量，就不得不借助于弥勒佛的威力。同时他表示，"愿先成就，五通神仙。""为法学仙，不贪寿命，誓以此身，未来贤劫，见弥勒佛，若不尔者，不取妙觉。"① 为了实现自己的誓愿，慧思想学成神仙，获得长生久住的神通，让有限的生命得以延长，以期完成自己的使命。他并非贪恋人间景色，才希图长生不老，只是感念人生之短促，能够服务众生的时间太过有限。这并不是慧思思想的矛盾，恰恰从另一方面体现了大师对众生的博爱精神和时不我待的伟大情怀。

四　超越宗教的大师

假如一定要给慧思大师作一个定义，作为我个人的观点，更倾向于认为，他是一名思想家和实践家，而更甚于一名佛教徒。慧思是一名拥有宏阔世界观的观察者，同时又具有极强的践行能力。他对于佛教的重大建树，有人认为他的主要贡献有二：一是确立了《法华经》为天台宗立宗的根本经法，并构建天台理论体系的基本框架。二是精心培养和造就了天台学说的集大成者智𫖮大师。②

我个人持这样的观点，但凡一个人想要成为合格的传道授业解惑之师，那么他的思想必须要寻找到一个制高点。放眼望去，在慧思之前，不论东方西方，已经有诸多圣人屹立于文化之峰。在他所选择的佛教修行领域里，释迦牟尼等诸佛菩萨已在方方面面都占据了制高点。对于像释迦牟尼这样的人物，要想谈超越，几乎是不可能的，尤其是经过后人无数次的完善，释祖已然是无上正等正觉的代表，是天人师、无上师。所以，作为慧思这样一个有着高远精神追求，有着超强自信心和意志

---

① （陈）慧思：《立誓愿文》，《大正藏》第46册，第789页中。
② 王照权：《慧思佛教生涯中最具光辉的两大贡献》，载南岳佛教协会编《慧思大师研究》，岳麓书社2012年版。

力，同时兼具极高悟性和行动力的人，唯一能做的恐怕就是在某一点上寻求超越了。不管是有意还是无意，他选择的方法和途径，恰恰是最正确的。

有理由相信，慧思是深通国情并博览群书的，是否熟读儒家经典不必细究，因为中国历来是儒家思想作为正统，他所生活的社会就在儒家思想的统治下，所以，他骨子里深受儒家思想的影响是很正常的。同时，慧思积极吸取道家神仙方术作为成佛之阶却是学界公认的事实。慧思对道家的态度没有明确的文献记载，但在其传记里有一段遭"邪道"陷害的记载。而另一方面慧思在《立誓愿文》中，对道家的神仙境界满怀敬慕，"誓愿入山学神仙，得长命力求佛道"，"今故入山，忏悔修禅，学五通仙，求无上道。愿先成就，五通神仙，然后乃学，第六神通。"通过将中国传统文化和道家思想融入自己的修习理论体系中，"欲安众生先自安。己身有缚，能解他缚，无有是处。"①而作为慧思首席弟子的智顗，则对道教的态度更为鲜明，一方面对道家的灵魂人物老庄及其基本思想"自然"展开批评，一方面对道教的神仙之说表现出钦慕。同时，还把道教的修炼方法融入他的止观修习体系中，作为治病的基本方法。这种博采众长，心无挂碍，收放自如的风度，完全成就了中国佛教的圆融和大和。

不想成佛的和尚，算不得好和尚。慧思在他的《立誓愿文》里明确了自己的志愿是成佛，而且他认为修行者只要按他的方法均可修成佛道，"凡是一切新学菩萨，欲求大乘，超过一切诸菩萨，疾成佛道，须持戒、忍辱、精进，勤修禅定，专心勤学法华三昧。"②从这个意义上说，慧思和深受他影响的智顗，都算得上是合格的和尚。他们一生的努力都在开派创宗，完善自

---

① 洪修平、李璐：《从佛道关系的角度看慧思与智顗的思想发展》，载南岳佛教协会编《慧思大师研究》，岳麓书社2012年版，第524页。
② （陈）慧思：《法华经安乐行义》，《大正藏》第46册，第697页下。

身的理论体系。当慧思在大苏山悉心培育智𫖮的时候，他可能很清晰地意识到，自己的理想可能要借由衣钵传人智𫖮来完成了。他们借"他山之石，可以攻玉"，利用一切可利用的材料，包括对道家思想的扬弃，去芜存精，进一步对佛教的圆融哲学加以改头换面以涵盖老庄的基本立场。智𫖮认为道家的"自然"思想，泯灭了是非善恶的界限，但他对道家"自然"的批判却是基于儒家本位立场的。这使得佛教进一步迎合统治者的需要，进一步扩大了信众基础，并在佛教中国化方面迈出了重要的一步。可以说，慧思和后来许多开宗立派的佛教大师，以他们的行动证明了，从某一个点上超越释迦牟尼，或从某一个层面去超越佛教教义本身，这是可以做到的。因为佛教必须要适应中国这个世界上最大的"宗教市场"才能保存下来，而原始佛教的确还是存在先天缺陷的，但在大师们的共同努力下确确实实地促成了这一改造计划的推进，并使得佛教越来越具有自我完善的能力。

　　慧思可能早就意识到，所谓佛教组织，其实是一个崇拜和研究佛的团体而已，而这样一个团体自然存在无法超越佛本身的先天局限。要想成佛，就必须要超越佛，哪怕只是在一个点上。慧思的使命，就是要成为"东方之佛"。而要想做到这一点，首先就要在思想上突破宗教本身的局限，慧思做出了伟大的尝试，他释道并修，农禅并重，定慧双开，恰恰是这些有意识地尝试，不经意地奠定了他个人的格局，也改变了佛教的格局，为佛教的中国化作出了强有力的推动。

　　从某种意义上说，后来居上的"禅宗"，是否可以理解为"佛教中的道教"，或者拥有自主知识产权的"国产佛教"呢？

五　超越善恶的大师

　　"慧思自惟，有此神识无始以来，不种无漏善根，是故恒为爱见所牵，无明覆蔽……进不值释迦出世，后复未蒙弥勒三会，居前后众难之中。又藉往昔微善根力，释迦末世得善人身，仰承圣教之所宣说。"他感慨自己有些生不逢时，未能与佛祖处于同一时代，而是处于末法乱世之中。作为一代佛教宗师，慧思拥有自己独特而清晰的善恶观，他基于对佛教因果的信念，相信人之成为善人或是成为恶人并非完全由自己决定，而是由因果决定。

处于这样一种宏观的思想背景下，慧思对当时的社会苦难深表同情，一方面他相信这是因为时间进入到佛法的末法时代，所以"生灭败坏，众苦不息，甚可怖畏。""一切众生迷失正道，永无出心。"① 另一方面他表现出的却是知难而进，义无反顾，奋力前行，他那种大无畏的精神和无尽的愿力使人对他深信不疑，争相皈依。由于他对于善恶的宏观而充满圆融的认识，即使是对他自身所加的毒害和摧残也被视作一场场考验。他不但战胜了死亡，同时也征服了那些必欲置之于死地而后快的小人。"发愿之后，众恶比丘皆悉退散。"② 他对这些恶人竟无恨意，仍是苦口婆心，唯愿他们能识回本心，弃恶从善。"教化诸罪人，悉令生人天。""若有刚强不改心者，或令现阿鼻地狱，种种逼切，必令改心，还令归命彼说法者，叩头求哀为作弟子，乃可放耳。"③ 慧思既然认为恶人之所以成为恶人是因果所造成的，那么他就必然能够理解自己遭害也是因果所致，无非是自己威胁和影响了某些人的利益和生存。

慧思在著作里虽表达了他"惩恶扬善"的主张，但是在现实生活中，他对于恶人的态度，我们还可以找到另一个足具说服力的实例。即他到南岳后遭"恶道"陷害，诬其谋反。当宣帝了解真相，准备对道士予以重处时，"以道士诬告罔上，令案

---

① （陈）慧思：《立誓愿文》，《大正藏》第46册，第787页上。
② 同上。
③ 同上。

治之，罪当弃市"。慧思却对宣帝请求：害人之命，非贫道意，乞放归山，给侍僧众，亦足小惩。① 宣帝对此处理方案深表赞赏。孔子曰：以直报怨。慧思却能够做到"以德报怨"，不能不说他真是达到了超凡脱俗的圣人境界了。在当时，他的举动一定程度上化解了佛道之间针锋相对的矛盾，为佛教融入本土文化，扎根中国发挥了重要作用。时至今日，在南岳衡山，令人难以置信地保存着佛道共存共荣于一山甚至一庙的奇观，这不能不说是一种伟大的文化现象。每念及此，必让人们更加向往慧思的丰神，倾慕他的人格魄力。

六 知行合一的大师

日本对中国佛教天台宗的认识，始自鉴真带去日本的天台宗典籍，最澄获悉研读之后即产生了入大唐求法的想法。后来，最澄学成回国后，经历了与旧教派的斗争，并获得了天皇的赏识，在日本国内创立了天台宗，并于死后获得"传教大师"封号。在日本甚至流传着南岳慧思往生圣德太子的传说，这无疑是日本天台宗在发展过程中为贴近国情，缩短中日之间地理和心理上的距离的一种宣传手法，而此种手法在佛教文化范畴里，早已经是运用得炉火纯青的了。也由此可见，慧思大师在日本文化里也是一位广为人知并备受尊崇的高僧。

大家都知道，日本的明治维新思想，起源于中国明朝的一位心学大师——王阳明，心学的要旨即是"知行合一"。日本明治维新的很多重要人物都研究过阳明学，被誉为"军神"的东乡平八郎自称"一生俯首王阳明"。他们十分看重阳明心学强调人的精神力量和意志、强调实践的思想，要求以实际行动变革社会。而在慧思身上，恰恰拥有着与王阳明极其相似的精神气

---

① （宋）志磐：《佛祖统纪》卷六，《大正藏》第49册，第180页上。

质,同样有着坚定的信仰、强大的愿力和绝对的行动力,完全地将"信愿行"合而为一,难怪日本人对慧思如此尊崇。

迟田大作教授在《我的天台观》一书中盛赞:"从南岳(慧思)的任何一部著作来看,都表明了他是一个彻底实践的人,行动的人……是《法华经》所说的菩萨行的真正体现者。有着南岳这样伟大的先驱者,才产生了天台(智颉)那样伟大的继承人。"①

据《续高僧传·卷十七·慧思传》载:慧思"性乐苦节,营僧为业,冬夏供养"。说慧思性情喜乐苦修,坚持农事,用劳动成果供养僧众。慧思入住大苏山,率徒结庵,继之,"掘地垦土,拓荒垡耕,辟池种莲,劈山种茶,培植林木竹篁,创立寺院经济"。②之后,慧思到达南岳衡山,更是寻找到了一片大展拳脚,发展佛教事业的沃土。南方地区群众宗教信仰基础较好,民风朴实,山川气候适宜,慧思对此地有似曾相识之感。他内心里感叹,终于找到了自己人生的最佳归宿。南岳衡山也同样是一个名优茶叶(南岳云雾茶)的主要产区,看着漫山遍野的茶树及古木林泉,慧思想必是深感欣慰的。

慧思除了发展"农事",帮助寺院获得收入之外,主要精力就是修习佛经和开坛讲学。他从北地来到南方,结合南北禅法的优点,"定慧双开,昼谈义理,夜便思择……"他不管遇到什么样的艰难困苦,始终能够坚持着自己的信念,无怨无悔,不馁不退,对纷恶的世道作出默默地抗争,以绍隆佛法,续佛慧命。

结束语

慧思的思想成就,在诸多方面都有其超越时代的意义,留

---

① [日]池田大作:《我的天台观》,卞立强译,四川人民出版社2001年版,第112页。
② 麻天祥主编:《中日韩天台学术对话》,人民出版社2011年版,第26页。

给我们许多宝贵的精神财富。于今时今日,仍能给我们许多重要的启示。作为一名超越者,一位真正的大师,他的声名已经可以与"寿岳"同辉了,在未来的某个时间里,他一定可以如愿成佛。

慧思可以说是一名完美主义者,他的著作中充满了他对于"东方佛境"的描述,他尽全力跨越所有的阻碍,并满怀信心去实现这些理想。但是,他知道自己的人生是有遗憾的。他的思想和他的理论体系也并非是完美无缺的,他不可避免地受到时代的局限。世界就是这样,过分的完美本身就会走向完美的另一面。

慧思感叹自己未能生活在一个更好的时代,那样自己或许可以亲近佛陀,可以心无旁骛地研究佛学,做他认为最崇高的事业——自度度人,为众生寻求解脱。他亲身体会到生命的无常,尤其是在数度遭害、身心饱受摧残之后,已然了解自己的生命可能随时终结。他甚至预言了自己生命的终点。而对于一个像他这样赋予自己重要使命的人,最可贵最可珍惜的就是时间了。以至于迫切地表达他想修习道家神仙养生方术的愿望,以获得更长的人寿来完成自己的使命。"是故先作,长寿仙人,藉五通力,学菩萨道,自非神仙,不得久住,为法学仙,不贪寿命,誓以此身,未来贤劫,见弥勒佛,若不尔者,不取妙觉。"而在现实当中,慧思却未能如愿以偿。对此(慧思的寿数为63岁),慧思应该是略有些遗憾的。

慧思的《立誓愿文》中,有数次提到有关女子的问题,"设我得佛,世界清静,无三恶道,亦无女人,一切众生皆悉化生三十二相……无诸秽恶"。"女悉变为男,断三恶道名",我们略可揣摩他对女性的态度。慧思虽十五岁出家,但其一生之中,必然也是要与女性打交道的。在战事频仍、物资匮乏的年代,尤其是儒家思想统治下男尊女卑现象非常严重,慧思一方面可能见过太多受迫害的妇女并对她们寄予深刻的同情,所以希望在自己想象的东方净土里，一切人都是化生而不需要女人，而所有女人也都变为男子。另一方面，他可能也深以为女人是有媚惑力的，是这个世界不得清静的原因之一，甚至能妨碍僧人的修行。而在道家思想里，这一切皆出于"自然"，认同这个世界就是由阴阳和合而成完全符合天道。在道家思想里畅行无碍的基本道理，在慧思这里却形成了巨大的矛盾。

佛门言空，将生死、色欲等关乎人性本能的东西虚无化，这与正统的儒家思想亦有着深刻的矛盾，因此在发展初期屡遭灭佛。同时，佛教虽然将中国本土的诸多文化元素（包括大量的道家元素）吸纳其中（包括圆融的思想），但仍然无法完全涵盖道教的"自然无为"思想和阴阳相生的精华。唯后来在禅宗兴起之后，佛教竟又是一番天地，越来越多贵族和文人的加入，将佛教改造得越发"中国化"，呈现一派全新的气象，此乃是需要另作讨论的话题了。

慧思思想体系存在的不足之处，毋宁说是佛教本身存在的漏洞，并且丝毫不影响他个人的伟大形象。儒释道虽存在着明显差异，但最终却合情合理地达成了三教合流的文化奇观，他们相互之间拥有着强大的互补功能，使得中华民族保持着长期旺盛的生命力，造就了中国独有的和而不同的文化现象，并给所有华人的血脉里埋下了滋养丰盛、并行不悖的强大文化基因。

慧思一生完成了诸多堪称伟大的超越，然而他留给我们最重要的启示，就是其不断超越的精神本身，它和佛陀的精神如出一辙。寻求超越，正是人类在漫长的发展进程中不断认知、坚持探索、走向自我完善的最重要的动因。

三世诸佛,被我一口吞尽

张景　张松辉

(湖南大学岳麓书院博士;湖南大学岳麓书院教授)

摘　要:慧思大师提出"三世诸佛,被我一口吞尽",这一思想大概是慧思大师屡受迫害的重要原因之一,因为其他僧人很难接受和容忍这一"吞尽佛祖"的说法。然而这一思想却与禅宗思想契合无间,它不仅是对禅宗"应无所住而生其心"这一不执着思想的形象诠释,是宣鉴"呵佛骂祖"的思想源头,而且在教育学方面也具有重大的启发意义。这一思想即使放在今天,依然值得我们学习和借鉴。

关键词:吞尽佛祖　呵佛骂祖　透过佛祖　不执着

《五灯会元》卷二记载,志公和尚曾经托人传语给慧思大师说:"何不下山教化众生?目视云汉作甚么?"慧思大师回答说:

三世诸佛,被我一口吞尽,何处更有众生可化?[①]

[①] 《五灯会元》卷二,中华书局1984年版,第119页。关于这段对话,李元度《南岳志·慧思传》解释说:"师生于梁武天监十四年,至陈光大二年始至南岳,时年五十四。志公已入灭于梁武之世久矣,不当有此遭问。今恐别有一师,后人误传为志公耳。"

三世诸佛，被我一口吞尽

这段话是慧思大师什么时候讲的，我们无法确定，因为慧思大师在驻锡南岳之前，也多在山中阐法："入深山中"，"渡向淮南山中停住"，"共游郢州山中"，"在光州境大苏山中"①，等等。但考虑到慧思大师五十多岁入南岳、《五灯会元》给慧思大师的身份是"南岳慧思禅师"、志公为南朝人这些事实，这句话最大可能是他在南岳阐法时所讲。"三世诸佛，被我一口吞尽"这句看似简单的话语，却饱含着极为深刻的禅宗意蕴和充满自信的宗教情怀。

一 提出"吞尽佛祖"可能是慧思大师经历坎坷的重要原因

慧思一生几经磨难，几乎失去生命，对此王兴国先生解释说："从佛教内部斗争的情况来说，像慧思这样，一生中遭遇了这么多的迫害，在中国佛教史上也是少见的，但是毕竟有其原因。……可能有两种：一是为了争夺寺庙的财产，一是佛教理论上的分歧。……慧思因经济利益之争而被害的可能性不大。这样，慧思多次被害的原因，就只能归结到得罪了'众恶论师'，……可能是因为持论不同所致。"② 我们非常认同王先生的看法。我们看慧思自己的记述：

> 年三十四时，在河南兖州界论义故，遭值诸恶比丘，以恶毒药令慧思食。举身烂坏，五脏亦烂。垂死之间而更得活。……
> 年三十九。是末法一百二十年。淮南郢州刺史刘怀宝

---

① 《南岳思大禅师立誓愿文》，载南岳佛教协会编《慧思大师文集》，岳麓书社2011年版，第5—6页。
② 王兴国：《从慧思的生平经历看佛教在南岳兴盛的原因》，载南岳佛教协会编《慧思大师研究》，岳麓书社2012年版，第6页。

> 共游郢州山中。唤出讲摩诃衍义。是时为义相答故，有诸法师起大嗔怒。有五人恶论师以生金药置饮食中，令慧思食。所有余残，三人啖之，一日即死。慧思于时身怀极困，得停七日，气命垂尽。……
>
> 年四十二，是末法一百二十三年，在光州城西观邑寺上。又讲摩诃衍义一遍。是时多有众恶论师，竞来恼乱，生嫉妒心，咸欲杀害，毁坏般若波罗蜜义。……
>
> 年四十三，是末法一百二十四年。在南定州。刺史请讲摩诃衍义一遍。是时多有众恶论师。竞起恶心，作大恼乱，复作种种诸恶方便，断诸檀越，不令送食。经五十日，唯遣弟子化得，以济身命。①

几乎每次都是因为"论义故"，遭到"诸恶比丘"的伤害，那么究竟是什么样的理论会受到其他僧人的如此嫉恨呢？学界认为是慧思的"定慧双开"主张得不到其他僧人的认同。当然，我们不否认这种说法的正确性，但同时，我们认为他的"三世诸佛，被我一口吞尽"这一带有禅宗意味的主张更难为当时的僧人所接受，哪一个佛教信徒能够容忍释迦牟尼佛祖被人"一口吞尽"呢！

南北朝时期，禅宗的思想很难为时人所接受。达摩的思想与包括梁武帝在内的时人就格格不入：

> 祖泛重溟，凡三周寒暑，达于南海，实梁普通七年丙午岁九月二十一日也。广州刺史萧昂具主礼迎接，表闻武帝。帝览奏，遣使赍诏迎请，当大通元年丁未岁也。〔普通八年三月改元〕十月一日至金陵。帝问曰："朕即位已

---

① 《南岳思大禅师立誓愿文》，载南岳佛教协会编《慧思大师文集》，岳麓书社2011年版，第5—6页。

来，造寺写经，度僧不可胜纪，有何功德？"祖曰："并无功德。"帝曰："何以无功德？"祖曰："此但人天小果，有漏之因，如影随形，虽有非实。"帝曰："如何是真功德？"祖曰："净智妙圆，体自空寂，如是功德，不以世求。"帝又问："如何是圣谛第一义？"祖曰："廓然无圣。"帝曰："对朕者谁？"祖曰："不识。"帝不领悟。祖知机不契，是月十九日。潜回江北。十一月二十三日，届于洛阳。当魏孝明帝孝昌三年也，寓止于嵩山少林寺，面壁而坐，终日默然。人莫之测，谓之壁观婆罗门。①

从这里可以看出，达摩的思想不仅在南朝无人理解，即使到了北方，同样无人接受（"人莫之测"），只能"面壁而坐，终日默然"，史书甚至说达摩是"隐于嵩山少林寺，遇毒而卒"②，被人害死了。禅宗二祖慧可的遭遇与达摩相似：

又于筦城县匡救寺三门下，谈无上道，听者林会。时有辩和法师者，于寺中讲《涅槃经》，学徒闻师阐法，稍稍引去。辩和不胜其愤，兴谤于邑宰翟仲侃。翟惑其邪说，加祖以非法，祖怡然委顺，识真者谓之偿债。时年一百七岁，即隋文帝开皇十三年癸丑岁三月十六日也。葬磁州滏阳县东北七十里。③

时有道恒禅师，先有定学王宗邺下，徒侣千计，承可说法，情事无寄，谓是魔语。乃遣众中通明者，来矜可门。既至闻法，泰然心服，悲感盈怀，无心返告。恒又重唤，亦不闻命，相从多使，皆无返者。他日遇恒，恒曰："我用尔许功夫，开汝眼目，何因致此诸使？"答曰："眼本自正，

---

① 《五灯会元》卷一，中华书局1984年版，第43页。
② 《旧唐书·方伎列传》，中华书局标点本，第3475页。
③ 《五灯会元》卷一，中华书局1984年版，第48页。

因师故邪耳。"恒遂深恨,谤恼于可,货赇俗府,非理屠害。①

两段记载慧可死亡的文字都有点模糊,但慧可因为佛论与其他僧派不同,遭到了恶论师与官府的共同迫害,以至于死亡,这一事实还是很清楚的。

慧可的生卒年代大约为487—593年,而慧思的生卒年代大约为515—577年,二人基本同时。而这一时代,是禅宗曲高和寡、甚至受到排挤的时代。慧思虽然不是典型的禅宗人物,但他的思想,特别是"三世诸佛,被我一口吞尽"这一思想的确与禅宗具有许多相似之处,那么他的思想不受某些僧人的欢迎,也在情理之中。

一直到了两百年之后,禅宗的一些理论照样很难为其他僧人所接受。据《宋高僧传》卷十二记载,宣鉴从出生起,就厌恶腥血一类的食物,童年出家,精通律藏,经常讲授《金刚般若》,时人称之为"周金刚"。当他听说湖南禅宗大兴,并提出见性成佛的顿悟主张时,心中十分不满,《五灯会元》卷七记载说:

> 后闻南方禅席颇盛,师气不平,乃曰:"出家儿千劫学佛威仪,万劫学佛细行,不得成佛。南方魔子敢言直指人心,见性成佛,我当搂其窟穴,灭其种类,以报佛恩。"遂担《青龙疏钞》出蜀。②

宣鉴禅师带着满腔怒火来到湖南,他的目的就是要"搂其窟穴,灭其种类",就是要"剿灭"这些离经叛道的南禅宗。按

---

① 《续高僧传》卷十六,上海古籍出版社1991年影印本,第231页。
② 《五灯会元》卷七,中华书局1984年版,第371页。

照这一记载，惹宣鉴禅师生气的还只是他听说禅宗主张"直指人心"，如果他得知有人还高言"三世诸佛，被我一口吞尽"了，那么宣鉴禅师肯定会"不反兵而斗"①，绝不留情了。

因此我们认同王先生的观点，慧思大师之所多次受到其他僧人的迫害，主要是他们持论有异。慧思大师的思想与后来的禅宗虽然具有一定的差异，但也有许多相通之处。除了"三世诸佛，被我一口吞尽"的命题之外，慧思的其他思想与禅宗也很接近，如：

> 示众曰："道源不远，性海非遥。但向己求，莫从他觅。觅即不得，得亦不真。"
> 偈曰："顿悟心源开宝藏，隐显灵通现真相。独行独坐常巍巍，百亿化身无数量。纵令逼塞满虚空，看时不见微尘相。"②

慧思大师说的"但向己求，莫从他觅。觅即不得，得亦不真"实际就是禅宗说的"即心即佛"，而且他还明确提出了被后来禅宗所津津乐道的"顿悟"。正是因为这些原因，所以《续高僧传》说：

> 江东佛法，弘重义门，至于禅法，盖蔑如也。而思慨斯南服，定慧双开，昼谈理义，夜便思择，故所发言，无非致远，便验因定发慧，此旨不虚。南北禅宗，莫不承续。③

---

① 《礼记·檀弓上》："子夏问于孔子曰：'居父母之仇，如之何？'夫子曰：'寝苫枕干，不仕，弗与共天下也。遇诸市朝，不反兵而斗。'"
② 《五灯会元》卷二，中华书局1984年版，第119—120页。
③ 《续高僧传》卷十七，上海古籍出版社1991年影印本，第243页。

这里说的"南北禅宗",有人说是指南北朝时的禅学,有人说是指禅宗的南能北秀,我们倾向于是指后者。鉴于慧思的思想和经历,徐仪明先生认为:"他与早期禅宗史有着密切的关系,有关达摩的一些传闻,极有可能出自慧思的事迹,然后出现了假借和演义。"① 这一观点虽然还属于推测,但很有道理,值得重视。

可以说,慧思大师与后来的禅宗具有某种程度的本质一致性,这大概也是禅宗把慧思大师附录于《五灯会元》卷二之后的原因吧!

二 "三世诸佛,被我一口吞尽"与禅宗的"不执着"

"三世诸佛,被我一口吞尽"这一命题是对禅宗不执着思想的一个形象表达。

禅宗认为,高僧大德的生活与一般人的生活,从表面上看,没有太大的不同,都是在"屙屎送尿,着衣吃饭,困来即卧"②,不同的是他们在着衣吃饭时的心态。一般人"吃饭时不肯吃饭,百般须索;睡时不肯睡,千般计较"③。意思是说,世俗人由于欲求过高,名利心过重,整日与人钩心斗角,以获取自身利益,于是他们吃饭不香,睡觉不稳,他们的精神负担太重。或者是因为他们对食物分别得太清楚,好的就吃下去,不好的就难以下咽。而高僧却是另一番景象:

> 终日吃饭,未曾咬着一粒米;终日行,未曾踏着一片地。与么时,无人无我等相。终目不离一切事,不被诸境

---

① 《论慧思对禅宗创立的作用与影响》,载南岳佛教协会编《慧思大师文集》,岳麓书社 2011 年版,第 860 页。
② 《古尊宿语录》卷四,中华书局 1994 年版,第 59 页。
③ 《五灯会元》卷三,中华书局 1984 年版,第 157 页。

惑，方名自在人。①

　　终日说事，未曾挂着唇齿，未曾道着一字；终日着衣吃饭，未曾触着一粒米，挂着一缕丝。②

　　高僧也要吃饭，也要穿衣。所谓的不曾咬着一粒米，不曾挂着一缕丝，不是指他们的肉体，而是指他们精神上的一种感受。也就是说，当他们的肉体在吃饭穿衣的时候，而他们在精神上并不执着于吃饭穿衣。

　　禅宗还提出了"即世间而求出世间"的主张，认为只要内心清静无为，即使不出家，即使日理万机，照样可以得道成佛。唐代著名禅师弘辨对唐宣宗说："陛下日应万机，即是陛下佛心。"③ 另如唐代吴居厚赶考路过钟陵时，曾向讷老禅师请教佛法，禅师教他"且去做官"。五十余年以后，吴居厚持节归钟陵，再谒圆通旻禅师。他坦率地对禅师说：自己一直在思考讷老禅师的话，但一直没有参透，也一直没能潇洒起来。圆通旻禅师就递给他一把扇子，吴居厚就摇起扇子，禅师当即发问："有甚不脱洒处？"④ 据说吴居厚听后即有所醒悟。

　　禅宗在传法时，有一个"不说破"的习惯，因此，他们的话听起来有一种故弄玄虚的味道。弘辨禅师、讷老禅师、圆通旻禅师的话都没有"说破"，但实际意思是一样的，那就是要求人们在世俗生活中保持内心的清静。世人即使日理万机，官事鞅掌，只要心中不执着，那就是自由自在、逍遥洒脱的真佛。

　　六祖慧能禅师很主张在家修行，他认为无论在家在寺，只要一念不起，都可成佛。《坛经》记载了他写的一首偈语：

---

① 《古尊宿语录》卷三，中华书局1994年版，第54页。
② 《古尊宿语录》卷十五，中华书局1994年版，第256页。
③ 《五灯会元》卷四，中华书局1984年版，第225页。
④ 《五灯会元》卷十八，中华书局1984年版，第1219页。

正见名出世，邪见是世间。邪正尽打却，菩提性宛然。①

邪见固然不好，但如果执着于正见，同样不好。只有在心中既不存在邪见，也不存在正见，那才算是擦净了自己的天然本性。所以慧能反反复复地要求人们既不能心存恶念，也不能心存善念。不存恶念容易理解，但为什么也要不存善念呢？佛祖不是教导人们要以慈悲为怀、普救众生吗？但禅宗自有禅宗的道理：

师（惟宽禅师）曰："心本无损伤，云何要修理？无论垢与净，一切勿念起。"

（白居易）曰："垢即不可念，净无念可乎？"师曰："如人眼睛上，一物不可住。金屑虽珍宝，在眼亦为痛。"②

禅宗认为，人心好比眼睛，眼睛里固然不能揉进沙子，但也不能揉进金屑。金屑比沙子要珍贵得多，但同样伤害眼睛。白居易在《西京兴善寺传法堂碑铭并序》中也记载了他向惟宽禅师提出的四个问题，其中第三个就是这一问题。心里老挂记着我要做到善、善、善，我要排除恶、恶、恶，这同样是执着，同样潇洒不起来。

禅宗在此基础上，还向前进了一步。禅学大师们不仅要求人们"不执着"，而且还要求人们不执着于"不执着"。也就是说，一个人如果老念念不忘地去告诫自己：我不要执着于名利！我不要执着于名利！在大师们看来，这样的人的功夫还远远不到家。一个思想境界真正高妙的人，他不仅忘记了"名利"，而

---

① 《坛经·般若品第二》，《金刚经·心经·坛经》，中华书局2007年版，第168页。

② 《五灯会元》卷三，中华书局1984年版，第166页。

且还忘记了"我不要执着于名利"这条道德准则本身。一个需要时刻提醒自己远离名利的人,他实际上还没摆脱名利的束缚。

我们附带提到一点,就是佛教还把这种不执着的"无心"状态运用到学佛方面:

> 若起精进心,是妄非精进,若能心不妄,精进无有涯。①

意思是:如果一个人时刻不忘记努力学佛,这是错误的;只有当他努力学佛的时候而又忘记了自己是在努力学佛,他才能不断进步,前途无量。这对于我们的学习具有很大的启发意义,和我们常说的"只问耕耘,不求收获而收获自有"有相通之处。

禅宗的不执着思想有自己的经典作依据,《金刚经》说:

> 应无所住而生其心。②
> 是故不应取法,不应取非法。以是义故,如来常说:汝等比丘,知我说法,如筏喻者。法尚应舍,何况非法?③

"无所住而生其心"一句,可以说是《金刚经》的主旨。所谓"无所住而生其心",意思是"应该在没有任何执着的心态基础上去生发出清净之心"。面对外界事物时,应该相应地产生各种想法,但这些想法是建立在"不执着"的基础之上。因此,《金刚经》认为,连佛法尚且不可执着,更何况那些不符合佛法的东西呢!经文中所说的"筏喻",意思是一个人想从此岸到达彼岸,离不开竹筏;到达彼岸之后,如果此人还舍不得竹筏,

---

① 《五灯会元》卷二引《法句经》,中华书局1984年版,第82页。
② 《金刚经》,《金刚经·心经·坛经》,中华书局2007年版,第36页。
③ 同上书,第27页。

而把竹筏扛在肩上带走，无疑会为自己带来额外的累赘；因此，当乘坐竹筏到达彼岸之后，就应该舍弃竹筏。同样的道理，佛祖说的佛法是引导众生由此岸到达彼岸的工具，当我们到达彼岸之后，应该忘记这一工具；如果整天还念念不忘佛法，那么佛法本身又成为一种负担，压在我们的心上。对于船筏的问题，唐代正元禅师有一首偈语写得很好：

> 沧溟几度变桑田，唯有虚空独湛然。已到岸人休恋筏，未曾度者要须船。①

正元禅师说得比较全面，已经登岸的人可以放弃船筏，而未渡河的人还是要珍惜船筏的。这就把佛祖一边说法论道、一边提醒"法尚应舍"这一看似矛盾的观点解释清楚了。

关于"法尚应舍，何况非法"的原因，临济义玄禅师也有一个很好的解释：

> 三乘十二分教，皆是拭不净故纸；佛是幻化身，祖是老比丘。……你若求佛，即被佛魔摄；你若求祖，即被祖魔缚。你若有求，皆苦，不如无事。有一般秃比丘，向学人道："佛是究竟，于三大阿僧祇劫，修行果满，方始成道。"道流，你若道佛是究竟，缘什么八十年后，向拘尸罗城双林树间侧卧而死去？佛今何在？明知与我生死不别。②

义玄禅师把佛与魔等同起来，意思是说，一旦你求佛，就会被佛所束缚，成不得自由身。义玄禅师讲的"尔若有求，皆苦，不如无事"，真是警世之言！所以牛头山慧忠禅师的《安心

---

① 《五灯会元》卷四，中华书局1984年版，第222页。
② 《古尊宿语录》卷四，中华书局1994年版，第63—64页。

偈》说：

> 人法双净，善恶两忘。真心真实，菩提道场。①

这是慧忠禅师一生的经验之谈。我们可能无法达到这段文字提出的境界，但这段文字毕竟为我们指出了努力的方向。这一观点实际上还涉及高僧与俗人对万物是"有"是"无"的不同看法。高僧大德认为一切皆无，而我们世俗人则认为一切皆有，为什么会产生如此大的差异呢？唐代的智藏禅师有一个机智的回答：

> 师住西堂（虔州西山堂，在今江西赣州），后有一俗士问："有天堂、地狱否？"师曰："有。"曰："有佛、法、僧宝否？"师曰："有。"更有多问，尽答言"有"。
>
> 曰："和尚怎么道莫错否？"师曰："汝曾见尊宿来邪？"曰："某甲曾参径山和尚来。"师曰："径山向汝作么生道？"曰："他道一切总无。"
>
> 师曰："汝有妻否？"曰："有。"师曰："径山和尚有妻否？"曰："无。"师曰："径山和尚道'无'即得。"俗士礼谢而去。②

世俗人整天把亲情、名利等挂在心上，所以他们视一切皆"有"；高僧大德放下了包括妻子儿女在内的一切，因此在他们的眼中一切皆"无"：不仅没有名利妻儿，也没有佛、法、僧，这就是慧思大师说的"三世诸佛，被我一口吞尽"。

传统佛教的教义是要求信徒通过外在的佛祖信仰以达到成

---

① 《五灯会元》卷二，中华书局1984年版，第65页。
② 《五灯会元》卷三，中华书局1984年版，第153页。

佛的目的，而禅宗则把外在信仰改换为内在信仰，信仰的对象则是自己的"心"，"心"一旦醒悟，自己就成了佛。这个醒悟的具体标准就是能够在心中抛却一切事务的缠绕，达到绝对的精神自由。所以不少禅师就自称"自由人""闲人"。既然追求绝对的精神自由，那么心就不能受任何事物的约束。一个学佛者虽然好不容易摆脱了世俗的名利、亲情束缚，但如果在自己的心灵之上还放着一个佛祖，时刻要求自己去信仰佛祖，崇拜佛祖，受佛祖的管束，那么他就不可能有什么真正的精神自由。因为这个人虽然不再当世俗名利的奴隶，却又成了佛祖的仆从，只不过改换了一个主子而已。这就是慧思大师要"吞尽佛祖"的意义所在。

三 从"三世诸佛，被我一口吞尽"到"呵佛骂祖"所包含的教育学意义

"呵佛骂祖"是人们所熟悉的一个禅宗命题，而这一命题的真正源头，可以一直追溯到慧思的"三世诸佛，被我一口吞尽"。

较早明确提出"呵佛骂祖"的就是始与禅宗不共戴天、结果却被禅宗征服的宣鉴禅师。宣鉴禅师（782—865）俗姓周，简州（今四川省简阳市）人，但他的主要活动区域是在今湖南省的澧县和常德市的德山，其"呵佛骂祖"思想也是在湖南活动期间形成并提出的。为了厘清"呵佛骂祖"的思想源头，我们先从他的师祖谈起。

宣鉴的师祖是石头希迁禅师的弟子天皇道悟，道悟是婺州东阳（今浙江省东阳市）人，十四岁出家，二十五岁具足戒。他先参国一，再见马祖，后谒石头。而马祖和石头都是南岳衡山的著名禅师。他与药山惟俨是师兄弟关系，惟俨的一派后演为曹洞宗，而道悟一派后演为云门宗。道悟在石头那里悟道后，

离开衡山，前往荆州当阳紫陵山弘法，"学徒驾肩接迹，都人士女，向风而至"①，被荆州连帅接入荆州城，住天皇寺，故世称天皇道悟。

道悟的弟子、宣鉴的老师是澧州（今湖南省澧县）龙潭崇信。崇信家以卖饼为业。当道悟居住在天皇寺时，崇信一家就住在寺庙旁边的小巷子里，崇信与道悟的缘分就是从饼子开始的：

（崇信）常日以十饼馈之。天皇受之，每食毕，常留一饼曰："吾惠汝以荫子孙。"

师一日自念曰："饼是我持去，何以返遗我邪？其别有旨乎？"遂造而问焉。皇曰："是汝持来，复汝何咎？"师闻之，颇晓玄旨，因投出家。②

崇信家为积善德，施食于僧，僧人无以为报，便用施主的东西回赠施主，再说，经过寺庙供奉的食物被认为可以去病消灾，所以道悟留下一饼给崇信，也属情理中事。但崇信却从中看出了另外的旨意，并因此而出家。道悟授予崇信的学佛秘诀是十六个字：

任性逍遥，随缘放旷。但尽凡心，别无圣解。③

这与庄子的"逍遥"思想具有很大的相似之处。崇信禅师离开道悟以后，就来到澧州龙潭，开始他在湖南弘法的生涯。

宣鉴带着挑战的姿态，担着《青龙疏钞》离开蜀地，前往澧阳（今湖南省澧县，时为澧州的治所）。然而就在将要到达澧

---

① 《五灯会元》卷七，中华书局1984年版，第368页。
② 同上书，第370页。
③ 同上书，第371页。

阳的途中，他便败在一个卖饼婆子的手下。《五灯会元》卷七记载：

> 至澧阳路上，见一婆子卖饼，因息肩买饼点心。婆指担曰："这个是甚么文字？"
> 师曰："《青龙疏钞》。"婆曰："讲何经？"师曰："《金刚经》。"婆曰："我有一问，你若答得，施与点心。若答不得，且别处去。《金刚经》道：'过去心不可得，现在心不可得，未来心不可得。'未审上坐点那个心？"师无语，遂往龙潭。①

值得我们特别注意的是，崇信家是以卖饼为生的，而指点宣鉴的婆子也是一个卖饼的，这个婆子与崇信是什么关系，书中没说，我们也不知道，但这种职业的一致大概不会仅仅是一种巧合。

刚到龙潭时，宣鉴并没有把崇信放在眼里，他曾大言不惭地说："久向龙潭，及乎到来，潭又不见，龙又不现。"对崇信的佛法表示了极大的不信任。崇信问道："子亲到龙潭？"这当然是双关语，意思是说，你并没有真正了解龙潭。真正使宣鉴折服的一件事情是：

> 一夕侍立次，潭曰："更深何不下去？"师（宣鉴）珍重便出。却回曰："外面黑。"
> 潭点纸烛度与师。师拟接，潭复吹灭。师于此大悟，便礼拜。潭曰："子见个甚么？"
> 师曰："从今向去，更不疑天下老和尚舌头也。"②

---

① 《五灯会元》卷七，中华书局1984年版，第371—372页。
② 同上书，第372页。

崇信用吹灭蜡烛的办法告诉宣鉴，他之所以会感到外面太黑，原因是他心中还执着于光明，如果心中没有光明，他自然就不会有黑暗的感觉。由于这种办法深契当事人所处的时、地、景，给人留下的印象特别深刻，所以他最终不但没能"剿灭"湖南的禅宗，自己反而被湖南的禅宗"剿灭"了。

禅宗要求人们直指人心，不必向外求佛，这本身就具有否定传统佛理的倾向。后来同为南岳禅宗弟子的天然丹霞禅师竟然烧佛像取暖，虽说他认为佛像不等于佛祖，但这种破坏偶像的做法对传统佛教教义也是一个冲击。到了宣鉴那里，他从理论上把"矛头"直接指向了佛祖本身。宣鉴曾参沩山（在今湖南宁乡县）灵祐禅师，灵祐禅师就预言说："此子已后向孤峰顶上盘结草庵，呵佛骂祖去在！"① 后来宣鉴果然不负众望，"呵佛骂祖"去了。我们看宣鉴的一段名言：

> 我先祖见处即不然，这里无祖无佛，达摩是老臊胡，释迦老子是干屎橛，文殊、普贤是担屎汉。等觉妙觉是破执凡夫，菩提涅槃是系驴橛，十二分教是鬼神簿、拭疮疣纸。四果三贤、初心十地是守古冢鬼，自救不了。②

对于传统佛教的偶像和教义"否定"得干干净净，"呵佛骂祖"达到了登峰造极的地步。

受学界的影响，我们过去一直认为，呵佛骂祖是宣鉴最早提出来的，而在学习慧思大师的思想之后，才发现"佛""祖"早被慧思大师"一口吞尽"，宣鉴晚到了一步，他已经无佛无祖可供"呵骂"了。

那么"吞尽佛祖"和"呵佛骂祖"是真的要否定佛祖吗？

---

① 《五灯会元》卷七，中华书局1984年版，第372页。
② 同上书，第374页。

后来有少数人是这样认为的，而事实并非如此。从某种角度看，"吞尽佛祖"和"呵佛骂祖"是在更高层次上的尊佛敬祖。慧思和宣鉴的"吞尽佛祖""呵佛骂祖"不是一般人所理解的否定，不是敌手对敌手的打倒，而是一种"顺向性"的否定，是对老师的超越，甚至可以说是对老师的另一种更高层次的尊重，是一种令老师更为欣慰的尊重。

从教育学意义方面看，一个人如果唯老师之话是听，亦步亦趋，不敢越雷池一步，那么他充其量不过是老师的一个"副本""翻版"，永远不会有自己的心得，因而他也就永远不可能达到老师所已经达到的水平。从学佛的角度讲，把佛祖当作偶像崇拜的人，他也就永远不可能成佛，因为他永远比佛低了一个层次。只有"目无佛祖"，具有否定佛祖、超越佛祖的勇气，才能达到佛祖所具有的思想境界。

"吞尽佛祖""呵佛骂祖"既是一种学术勇气，又是一种学术境界（包括思想境界）。一个弟子首先就要具备"吞尽佛祖""呵佛骂祖"的学术勇气，在他刚刚从师时，就要立下一个志向：要敢于超越老师，敢于否定老师。但具备了"吞尽佛祖""呵佛骂祖"的勇气，并不等于就具备了"吞尽佛祖""呵佛骂祖"的资格，因为这里说的"呵骂"不是寻常斗殴中的相互谩骂，而是一种理性的继承、批判和超越，如果连老师所具有的学问还没有学到手，又凭什么去"吞尽佛祖""呵佛骂祖"呢？所谓的具备"呵佛骂祖"的资格，也就是具备了高于老师的学术境界，这个高于老师的学术境界可以是全方位的，也可以是某一方面的。

宣鉴"呵佛骂祖"的教育学意义，我们可以在千年之后西方思想家尼采的身上得到进一步的印证。尼采在《查拉图斯特拉如是说》第一卷《赠予的道德》中有一段经常被人引用的名言，书中的查拉图斯特拉对他的弟子们说：

弟子们，我独自前进了！你们分头走吧！

我劝告你们：离开我，提防查拉图斯特拉！也许他欺骗了你们！

如果一个人永远只做弟子，那对他的老师并不是好的报答。你们为什么不撕破我的花冠呢？

你们崇敬我，但是有一天你们的崇敬倒塌下来，你会怎样呢？留心，别让一个石像压倒了你们！

你们还没有寻找自己，便找到了我。

一切信徒都是如此，因此，一切信仰都不值什么。

现在，我要教你们丢开我，去寻找你们自己。当你们都否定我时，我回到你们这里。

当弟子们找不到自我时，便找到了查拉图斯特拉；当佛教信徒还没有找到自我时，便找到了释迦牟尼。查拉图斯特拉要求弟子否定自己，与慧思、宣鉴"否定"佛祖的用意是一样的；查拉图斯特拉要求弟子"撕破我的花冠"，这与"吞尽佛祖""呵佛骂祖"方式也相似。只不过提出这一主张者的身份不同而已，查拉图斯特拉身为老师，而慧思、宣鉴身为弟子，但目的都是为了"别让一个石像压倒你们"。

以老师的身份让弟子否定自己的，在禅师中也有，只不过话没有查拉图斯特拉讲得那样明白而已。《祖堂集》卷十五记载：

师（归宗禅师）入园中，见一株菜，尽圆相裹却。谓众曰："辄不得损著者个。"众僧更不敢动着。师于时却来，见菜株犹在，便把杖趁打。呵云："者一队汉，无一个有智慧。"①

---

① 《祖堂集》卷十五，岳麓书社1996年版，第342页。

这段文字大意是说，弟子们在菜园里收获蔬菜，归宗禅师（归宗禅师是南岳马祖道一的弟子）到菜园后，在一棵菜的周围画了一个圆圈，告诫弟子不要动这棵菜，然后就离开菜园。过了一会儿，归宗禅师又来到菜园，看到那棵菜果然没有被动过。看来弟子是很听老师的话的，然而归宗禅师却拿起拐杖责打弟子，并批评他们："这样一群人，竟然没有一个聪明的。"这个故事很有象征意义。归宗禅师毫无缘由、也毫无意义地要求弟子把一棵菜留在地里（象征自己的言行未必都正确），而弟子对他的这一无理要求竟然不敢有半点违拗，这说明弟子中没有一个敢于在老师之后（归宗离开菜园象征他离开人间）否定老师的观点，这在归宗禅师看来，实在太愚昧了，他当然要失望了，要生气了。

"吞尽佛祖"和"呵佛骂祖"对今天的教育仍具有重要的启发意义。虽然从理论上讲，现在已经没有人反对弟子对老师的超越和否定，但在实际教育实践中，不少年轻学生迷信书本知识，对老师的观点也不敢有所违拗；一些老师也不愿意听到学生的不同意见，甚至当学生指出自己的错误时，老师还为自己的错误百般文饰。今天重温"吞尽佛祖""呵佛骂祖"精神，应该说是很有必要的。

慧思大师四安乐行之生命教育论析

尤惠贞

(南华大学哲学与生命教育学系教授)

摘　要：生命教育主要是以人类的"生命"作为核心，探讨生命的本质、意义与终极关怀，同时亦秉信"教育"是"向上向善"的积极动力与可能途径。佛教既对于现实生命有其具体的观解，且其终极关怀聚焦于如何令具体生命之身心无有烦恼、超越生死，也具备了生命教育所欲解决问题的依据与方法。本文从慧思大师有关菩萨四安乐行的诠释脉络中，以具体论析其与实存个体的身、口、意乃至慈悲誓愿之间的关涉与可能产生之效益，进而思考与探究如何透过更多元的管道，更生活化的方式，将其中所蕴含的生命教育义涵，即对于具体生命关怀之面向进行现代诠释，令一般的社会大众，即使非佛教徒，亦能藉由理解《妙法莲华经》所宣讲之"四安乐行"的义理与精神，在生活具体实践中有所帮助与受用。

关键词：慧思　生命教育　四安乐行　终极关怀

一 生命教育与佛教修证

生命教育①主要是以人的"生命"为核心，探讨生命的本质、意义与终极关怀，同时亦秉信"教育"是"向上向善"的积极动力与可能途径。② 台湾地区推动生命教育的背景大约可以溯自 1997 年期间几起重大的校园学生自杀与重大偏差行为等事件之发生，引发陈英豪推动"生命教育"的构想开始，和许多相关学者的坚持理想。③ 教育行政部门的政策宣播，奠定推动的基石；民间团体更在社会各角落积极倡导、推动，使生命教育的理念广受支持。2000 年台湾更进一步宣布设立"生命教育委员会"，迄今生命教育在台湾的推动已约有十八年的时间，在这

---

① 1979 年澳洲牧师 Ted Noffs 成立世界上第一所"生命教育中心"（Life Education Center, LEC），其宗旨为防治"药物滥用、暴力与艾滋病"（吴庶深、曾焕棠："先进国家与我国中等学校生命教育之比较研究"，"教育部"委托项目研究计划报告，台北市"国立台北护理学院"，2002 年；孙效智：《生命教育的内涵与哲学基础》，载于林思伶主编《生命教育的理论与实务》，台北寰宇出版公司 2000 年版，第 1—22 页；黄雅文、姜逸群："生命教育核心概念、系统架构及发展策略之研究"，"教育部"委托生命教育研究项目，台北市"国立台北师范学院"，2005 年），由之开启了社会重视"生命教育"（life education），其后新西兰、英国、美国都相继成立推动生命教育的组织。

② 依目前社会上有关生命教育的研究而观，生命教育所含括与关怀的层面非常广泛，诸如认识自我、了解他人、情绪管理、感情婚姻、亲子互动、伦理品德、道德价值、宗教信仰、生涯规划、服务学习、环境伦理乃至生态保育等主题，其根本精神乃是对于生命存在各面向的深切关怀，并对生命遭遇的各种问题探究其因，进而提供相应的参考资源与解决之道。综摄而言，生命教育相关的研究与相应措施，大致皆环绕"人与自己、人与他人、人与社会、人与环境、人与自然，乃至人与宇宙"等层面加以论述与开发，其目的在于深化人生观、价值观，开展个人的生活智慧，追求生命的意义与价值。

③ 学者如纪洁芳（纪洁芳："台湾地区生命教育教学资源手册"，"教育部"委托项目计划，吴凤技术学院、"国立彰化师范大学"，2005 年）、张淑美（"死亡学与死亡教育：国中生之死亡概念、死亡态度、死亡教育态度及其相关因素之研究"，高雄市复文，2006 年）等，主要是以"认识生命、珍惜生命、欣赏生命、尊重生命"四大理念，编写了 12 个单元的生命教育教材。

段时期中生命教育由台湾省中等学校的一项项目计划,逐步发展成为各级学校教学系统的一部分,并逐渐成为社会教育的一环。①

为了彰显哲学不是象牙塔中的学问,同时能将研究触角深入社会关怀,南华大学于2011年将原本之哲学系转型为台湾首创的哲学与生命教育学系,包含学士班、硕士班及硕士在职班三种学制,希望让哲学基础训练能与生命教育结合,提供切合社会需求的学院训练,以培养优秀且具社会关怀的学生,具足生命教育的素养与实用能力。与此同时,哲学与生命教育学系更与本校宗教学研究所及生死学系合作,在既有课程之外,特别整合哲学与生命教育、宗教学与生死学等系所之佛学专业师资,开设"佛教生命教育学程",从哲学、宗教与生死学的视角,将佛教与生命教育相关知识整合,为社会大众开设进修学习的辅助学程,推出以来,受到台湾各界的肯定与支持。

2015年底,嘉义南华大学被授权成立"'教育部'生命教育中心",并于2015年3月23日隆重举行揭牌仪式,希望以大学为生命教育发展金字塔的塔尖,不但发挥横向地整合大专校院生命教育资源,同时也能纵向地将资源推广至全岛北、中、南各区的高中职生命学科中心、各县市政府单位、生命教育特色校园文化实施计划学校等机构,更进而推扩至小区及民间团体等,积极落实资源统整、向下扎根、政策延续以及全面推动的目标。

生命教育既以生命的学问为内涵,"生命教育"一词并非天外飞来,而有其历史根源。东西方的传统与现代思想中,都能

---

① 参看纪洁芳,"台湾地区生命教育教学资源手册","教育部"委托项目计划,吴凤技术学院、"国立彰化师范大学",2005年;张淑美,"生命教育研究论述与实践——生死教育取向",高雄市复文,2006年。

找到它的端倪。① 当代学者不少人都以"生命的学问"来论述他们所最关注的生命课题，例如牟宗三先生直接以"生命的学问"为书名，来阐述其新儒家的思想理念与精神。② 从基督宗教的观点来看，耶稣称自己为"真理、生命与道路"，由此展开的基督宗教神学自然也是一种攸关生命的学问。至于源自释迦牟尼佛所亲证之佛教修证，更是一种生命的学问，因其所体证与阐释之义理与每一个体实存生命之日常生活息息相关。③ 因此，传衍后世之佛教义理无不重视与强调即于现实生活之种种行仪而觉悟体证，唯有如此，佛教之义理才不至成为与真实生命二分，只是虚悬于真实生活之上而毫无帮助的抽象思想，而是影响现

---

① 例如西方国家推动与生命相关的教育，系直接以"死亡教育"（death education）为名，教导有关生命中的"死亡、濒死与丧恸"（death, dying, and bereavement），它约源起于1903年由Elie Metchinikoff提出"死亡学"（Thanatology）之词开始，但正式兴起于1950年代末、1960年代初，迄今已被认可为"合学科正当性的学门"（legitimate discipline）。[张淑美："死亡学与死亡教育：国中生之死亡概念、死亡态度、死亡教育态度及其相关因素之研究"，高雄市复文，2006年。张淑美：《生死教育》（第二章），载于林绮云等著《实用生死学》，台中华格纳出版社2006年版。张淑美："生命教育研究论述与实践——生死教育取向"，高雄市复文，2006年。钮则诚、赵可式、胡文郁：《生死学》，台北县"国立空中大学"，2001年。Kalish, R. A. (1989). "Death Education". In R. Kastenbaum & B. Kastenbaum, (Eds). *Encyclopedia of Death. A. Z.*: Oryx Press. pp. 75 – 79. Kastenbaum, R. (1989). "Thanatology". In R. Kastenbaum & B. Kastenbaum (Eds.). *Encyclopedia of Death*. AZ: Oryx Press. p. 267. Pine, V. R. (1977). "A Social – historical Portrait of Death Education". *Death Education*, 1, pp. 57 – 84. Pine, V. R. (1986). "The Age of Maturity for Death Education: A Socio – historical Portrait of the Era 1976 – 1985". *Death Studies*, 10, pp. 209 – 231. Wass, H. & Neimeyer, R. A. (1995). "Closing Reflections". In H. Wass & R. A. Neimeyer (Eds), *Dying: Facing the Facts* (3rd ed.), W. H. D. C.: Taylor & Francis, pp. 435 – 436.]

② 牟宗三：《生命的学问》，台北三民书局2004年版。

③ 依佛教最初之所以创立与后来之传衍而观，实乃源自印度释迦族之悉达多王子，因见现实世间之生老病死，以及与其相关涉而由之生起之忧悲苦恼等诸多问题，因而出离王宫、追求解脱之道，历经多年的苦修，终至证悟世间真实之道成为具有正等正觉之觉悟者；其后更慈悲利他，分享其所观照与证悟之生命真谛而后有后来佛法之弘传。

实世间追求离苦得乐终至希冀了生脱死者之具体引导。

佛教既对于现实生命有其具体的观解，且其终极关怀聚焦于如何令具体生命之身心无有烦恼、超越生死，强调所有众生都具有借由实际修证必能如佛般成就正等正觉的可能性，并达至真正的自在解脱，如此的教理与修证实蕴涵了生命教育所关怀的特质，同时也具备了生命教育所欲解决问题的依据与方法。基于上述所观察的现象与可能面对的议题，笔者在研究与教学上的主要关怀，在于思考与探究如何透过更多元的管道，更生活化的方式，乃至从佛教经典所蕴含的生命教育义涵，即对于具体生命关怀之面向，将传统佛教经典的义理与智慧进行现代诠释，令一般的社会大众，即使非佛教徒，亦能借由理解佛教经典的义理与精神，乃至在生活中具体实践而有所帮助与受用。[①]

有见于生命关怀的重要与推行生命教育的必要，如何借由哲学反省的视角，并立基于传统的经典智慧与修证方法，以寻绎出可资参照与依循之道，实有助于生命教育之推动。佛教中所谓的诸佛菩萨，具有自觉觉他的人格特质，因为如实明了一切法皆依待因缘，如是果必依如是因缘而生，因此不会随意造作任何因缘以免后续需承受不堪忍受的后果，此诚如"菩萨畏因，众生畏果"所彰显之真实谛理。吾人若能如菩萨般具有觉照智慧，依正确的见解应对生活、价值抉择等，同时亦积极着手播撒良善之因缘种子，就不必畏惧生命中出现无法承受的结果。亦即每一当下皆能具足般若智慧而如实知见一切事物当该如何应对与处理，才不至于处在无明状态下造作了恶因而不自知，以至于引生了不良的后果，对自己或他人造成影响或伤害。因此，本文企图从慧思大师有关菩萨四安乐行的诠释脉络中，以具体论析其与实存个体的身、口、意乃至慈悲誓愿之间的关涉与可能产生之效益，进而

---

① 参看尤惠贞《华严经生命教育义涵的现代诠释——以"华严哲学生命教育专题"为例的论析》，2012第三届华严国际学术研讨会："华严学——古典与现代的交汇"。

思考与探究如何透过更多元的管道,更生活化的方式,将其中所蕴含的生命教育义涵,即对于具体生命关怀之面向进行现代诠释,令一般的社会大众,即使非佛教徒,亦能借由理解《妙法莲华经》所宣讲之"四安乐行"的义理与精神,在生活中具体实践而有所帮助与受用。如此或亦能彰显传统佛教义理与修证,仍有助于现今社会真实存在个体的身心自在与生命解脱。

二 慧思大师与《法华经安乐行义》

慧思大师生于后魏,十五岁出家修道,严守戒律;勤诵《法华》等大乘经典,并精修法华三昧而开悟,进而四处弘宣大乘禅法,南岳衡山各处几乎都留有他的足迹,因此,后世尊奉慧思大师为南岳佛教的开山祖师。[①]

综观慧思大师之思想,主要依《般若》《法华》两经而开展,主张由定发慧,并强调定慧双开、禅教并重。其中对于《妙法莲华经》,慧思大师之诠释乃是:"《法华经》者大乘顿觉,无师自悟疾成佛道,一切世间难信法门。"[②] 因此,认为:"凡是一切新学菩萨,欲求大乘超过一切诸菩萨疾成佛道,须持戒忍辱精进勤修禅定,专心勤学法华三昧。观一切众生皆如佛想,合掌礼拜如敬世尊,亦观一切众生皆如大菩萨善知识想,勇猛精进求佛道者。"[③] 由上述引文之内容可以了解慧思大师对于初发心之新学菩萨,提出具体的修证指引,以帮助新学菩萨

[①] 因为:佛教真正扎根南岳,建寺立庙,讲经说法,开宗立派,让佛教与儒、道、民间信仰和谐共存,则是由陈光大二年(568)来南岳的慧思大师奠定的。南岳佛教因慧思大师而被写进中国思想史和佛教史。通过慧思大师及其弟子智者大师等人的努力,中国佛教第一个宗派天台宗创立,同时也启发和推动了后来其他各宗派的创立和发展,从而在中国思想史和佛教史上留下了辉煌篇章。《大岳序》,载南岳佛教协会编《慧思大师文集》,岳麓书社2011年版,第6页。

[②] 《法华经安乐行义》,《大正藏》第46册,第1页。

[③] 同上。

终能证成法华三昧。

慧思大师依《妙法莲华经·安乐行品》说《法华经安乐行义》①，首先详细地阐释《妙法莲华经》经名之义涵，以及何以此经所说为唯一佛乘义；其次则依问答之形式，详细地诠释菩萨所修证之四安乐行的具体义涵与实践方法，乃至区别有相行与无相行之不同，并将四安乐行之究竟实践归属于无相行。依四安乐行之具体内涵而观，实不离菩萨之身、口、意之修证，乃至慈悲誓愿之证成，其中实蕴含了菩萨之自觉与觉他的生命教育历程；如慧思大师于《法华经安乐行义》一文有云②：

欲求无上道	修学法华经	身心证甘露	清净妙法门
持戒行忍辱	修习诸禅定	得诸佛三昧	六根性清净
菩萨学法华	具足二种行	一者无相行	二者有相行
无相四安乐	甚深妙禅定	观察六情根	诸法本来净
众生性无垢	无本亦无净	不修对治行	自然超众圣
无师自然觉	不由次第行	解与诸佛同	妙觉湛然性
上妙六神通	清净安乐行		

所谓"身心证甘露，清净妙法门"，或"得诸佛三昧，六根性清净"，皆显现对于行者整体身心之安乐的重视，同时从倡导行者应持戒行忍辱与修习诸禅定，乃至修学法华与具足有相、无相二种行，以至能观察六情根与一切诸法皆本来清净，亦彰显了慧思大师对于实际修证法门与次第之通透与推行。因此，一般实存个体只要有心学习自觉觉他之菩萨行仪，或能由慧思大师阐释四安乐行义所蕴含之生命教育义

---

① 参见《法华经安乐行义》，《大正藏》第46册。
② 《法华经安乐行义》，《大正藏》第46册，第1页。

涵得到启发。

三　四安乐行之具体义涵

慧思大师于《法华经安乐行义》中，对于菩萨之修证何以名为安乐行之诠释为："一切法中心不动故曰安，于一切法中无受阴故曰乐，自利利他故曰行。"① 意即心能专注于一切法而不为所动，即是身心之安住；对应一切法而不攀缘，则身心无所住着故不受后有之牵绊、影响，如此身心自无烦恼而得喜乐。② 身心安乐之自觉菩萨，在修证历程中进而教化他人亦得觉照智慧，达到自利利他之效益，此即菩萨之修证行仪。何以菩萨必须实践四安乐行？依《妙法莲华经·安乐行品》之阐释："若菩萨摩诃萨，于后恶世欲说是经，当安住四法。"③ 而所谓菩萨之四安乐行，可以简要综摄为：

1. 身安乐行： "安住菩萨行处及亲近处，能为众生演说是经。"④

2. 口安乐行： "如来灭后，于末法中欲说是经，应住安乐

---

① 《法华经安乐行义》，《大正藏》第46册，第4页。
② "安"是安稳、安定，也就是不受烦恼心所动的意思；"乐"是喜悦、快乐，也就是远离痛苦困扰的意思。参看圣严法师所说《安乐行——身口意誓》，http://www.book853.com/show.aspx?id。
③ 参看《大正藏》第9册，第37页上。
④ 《妙法莲华经·安乐行品》对于"菩萨摩诃萨行处"之具体诠释为："若菩萨摩诃萨住忍辱地，柔和善顺而不卒暴，心亦不惊；又复于法无所行，而观诸法如实相，亦不行不分别，是名菩萨摩诃萨行处。"而所谓菩萨亲近处，则强调菩萨"常好坐禅，在于闲处，修摄其心。……菩萨摩诃萨观一切法空，如实相，不颠倒、不动、不退、不转，如虚空，无所有性。一切语言道断，不生、不出、不起、无名、无相，实无所有，无量、无边、无碍、无障，但以因缘有，从颠倒生故说。常乐观如是法相"。见《大正藏》第9册，第37页上—中。又依据坂本幸男的《法华经注》所举，"行处"的梵文是 ācāra，修行者以实践而悟真理之意；"亲近处"的梵文是 gacara，尚未悟得真理、但已在修习而近于真理之意。参看圣严法师所说《安乐行——身口意誓》，http://www.book853.com/show.aspx?id。

行。若口宣说、若读经时，不乐说人及经典过。亦不轻慢诸余法师，不说他人好恶、长短。于声闻人，亦不称名说其过恶，亦不称名赞叹其美，又亦不生怨嫌之心。善修如是安乐心故，诸有听者不逆其意，有所难问，不以小乘法答，但以大乘而为解说，令得一切种智。"①

3. 意安乐行："于后末世法欲灭时，受持、读诵斯经典者，无怀嫉妒谄诳之心，亦勿轻骂学佛道者，求其长短。若比丘、比丘尼、优婆塞、优婆夷，求声闻者、求辟支佛者、求菩萨道者，无得恼之，令其疑悔，语其人言：'汝等去道甚远，终不能得一切种智。所以者何？汝是放逸之人，于道懈怠故。'又亦不应戏论诸法，有所诤竞。当于一切众生起大悲想，于诸如来起慈父想，于诸菩萨起大师想，于十方诸大菩萨，常应深心恭敬礼拜。于一切众生，平等说法，以顺法故，不多不少，乃至深爱法者，亦不为多说。"②

4. 誓愿安乐行："于后末世法欲灭时，有持是法华经者，于在家、出家人中生大慈心，于非菩萨人中生大悲心，应作是念：'如是之人，则为大失。如来方便随宜说法，不闻不知不觉、不问不信不解其人虽不问不信不解是经，我得阿耨多罗三藐三菩提时，随在何地，以神通力、智慧力引之，令得住是法中。'文殊师利！是菩萨摩诃萨，于如来灭后、有成就此第四法者，说是法时，无有过失。"③

慧思大师针对菩萨修行之四安乐行的诠释，其具体内容见诸《法华经安乐行义》，有关四种安乐行之具体义涵与实践方法，其文诠释如下：

四种安乐行，第一名为正慧离着安乐行；第二名为无轻赞毁安乐行，亦名转诸声闻令得佛智安乐行；第三名为无恼平等

---

① 参看《大正藏》第9册，第37页下—38页上。
② 参看《大正藏》第9册，第38页中。
③ 参看《大正藏》第9册，第38页下。

安乐行，亦名敬善知识安乐行；第四名为慈悲接引安乐行，亦名梦中具足成就神通智慧佛道涅槃安乐行。

慧思大师强调依正慧令身离着、口无轻谩赞毁、心意无恼平等对待一切众生，乃至慈悲接引他人，因此，菩萨之四种安乐行，实是对应于个体生命之身、口、意与慈悲誓愿所应具体落实之修证。① 慧思大师更将此菩萨四种安乐行归类为无相行，因为菩萨如实修证身、口、意与誓愿四种安乐行，则必证成无智亦无得之境界。其文有云：

> 无相行者，即是安乐行。一切诸法中，心相寂灭毕竟不生，故名为无相行也。常在一切深妙禅定，行住坐卧饮食语言，一切威仪心常定故。⋯不依止欲界，不住色无色，行如是禅定，是菩萨遍行，毕竟无心想，故名无想行。②

至于何以相对于无相行，更提出有相行？依慧思大师之阐释，主要是针对散心无禅定功夫之行者的引导，文云：

> 有相行：此是《普贤劝发品》中，诵《法华经》，散心精进，如是等人，不修禅定，不入三昧，若坐若立若行，一心专念《法华》文字，精进不卧，如救头然，是名文字有相行。此行者不顾身命，若行成就，即见普贤金刚色身，乘六牙象王，住其人前，以金刚杵拟行者眼，障道罪灭，眼根清净，得见释迦，及见七佛，复见十方三世诸佛。至心忏悔，在诸佛前，五体投地，起合掌立，得三种陀罗尼门：一者总持陀罗尼，肉眼天眼菩萨道慧。二者百千万亿旋陀罗尼，具足菩萨道种慧，法眼清净。三者法音方便陀

---

① 详细诠释内容请参看《法华经安乐行义》，《大正藏》第 46 册，第 4—8 页。
② 参看南岳佛教协会编《慧思大师文集》，岳麓书社 2011 年版，第 37—38 页。

罗尼,具足菩萨一切种慧,佛眼清净。是时即得具足一切三世佛法,或一生修行得具足,或二生得,极大迟者,三生即得。若顾身命,贪四事供养,不能勤修,经劫不得,是故名为有相也。①

由上述慧思大师之诠释,不论是无相行或有相行,只要为法忘身、精进不懈,以至于入禅定、开智慧,慈悲喜舍利益一切众生,皆能成就菩萨行,得佛眼清净,具足一切三世佛法。

四 安乐行所蕴含之生命教育

由上述所论析,可以显见深入理解慧思大师诠释四安乐行之具体义涵与所含摄之实践修证法门,如强调依正慧令身离着、口无轻谩赞毁、心意无恼平等,乃至慈悲接引他人,实有助于现实社会中的众生,随时关注自身之身、口、意,并立基于渐行渐净定的身心,进而自觉觉他,以证成大乘菩萨自度度他之慈悲誓愿。②

由随时关注自身之身、口、意,以效法菩萨成就身行、口说与心念之安乐行仪,或可关联星云大师大力倡导"做好事、说好话、存好心"之三好运动相对照。目前于宝岛大专校院、高中职

---

① 参看南岳佛教协会编《慧思大师文集》,岳麓书社2011年版,第38页。
② 如参照慧思大师所强调:"菩萨受他打骂轻辱毁訾,是时应忍而不还报。应作是观:由我有身令来打骂,譬如因的然后箭中,我若无身谁来打者。我今当勤修习空观,空观若成无有人能打杀我者。若被骂时,正念思惟,而此骂声随开随灭;前后不俱,审谛观察亦无生灭如空中响,谁骂谁受,音声不来人耳,耳不往取声,如此观已都无瞋喜。……菩萨于一切众生都无打骂,恒与软语将护彼意,欲引导之,于打骂事心定不乱,是名众生忍。众生若见菩萨忍即发菩提心,为众生故,故名众生忍。……于刚强恶众生处为调伏,令改心。故或与粗言毁訾骂辱,令彼惭愧得发善心,名众生忍。诸菩萨但观众生有利益处,即便调伏为护大乘护正法故,不必一切慈悲软语。"由此诠释,可以具体看出对应日常生活中之应机施教与善巧方便。参看《法华经安乐行义》,《大正藏》第46册,第6页。

乃至国中小各级学校所推行之三好友善校园实践，目的在于借由"做好事、说好话、存好心"以落实教化人心、人间行善，而具体证成佛教人间化。[①]就实际之推行而观，在学校教育中，三好运动的推动除了使学生在正规课程学习外，更能使学生朝向善心与善念的良好品德方向发展，使学生得以成为良善有德，愿意关心他人的良好公民；另外，三好运动的校园推广，也可以使师生关系良好，有助学生学习及校园伦理的建立。因此，南华大学以三好典范校园为目标，进行规划与推行友善校园实践，不论是学校制度建立、课程安排、环境形塑与活动设计，都希望能系统化、制度化地使学生在三好教育下，关注自身之身、口、意，成为愿意行善，关怀社会，具备"真善美"德性之学生。

南华大学三好校园实践之涵养与目标包含：（一）生命自觉、肯定自我：对部分学生缺乏自信及对自我生命价值的否定，必须要重建其对自我生命的自觉，重新省思过去的生活经验，找寻其生命价值，重燃新的生命力。（二）独立人格、自主负责：在自觉及生命力的提升之下，使其能了解自身处境，进而关照他人。从自省的生命到关怀服务的具体行动之行动塑造，必须要能养成负责及独立的人格，才能承担对别人的责任，关心他人，为他人付出及牺牲。（三）社会责任、关怀弱势：除了生命自觉及负责的德性养成之外，还需要了解自身对社会的责任。三好能力的养成，不应独善其身或是生活体现而已，也需要为社会付出，关心社会弱势，造福小区。

诚如《法华经·常不轻菩萨品》中所描绘之常不轻菩萨，

[①] 相对于传统佛教而言，当前台湾佛教界所推行的人间佛教，其入世精神更形积极、热烈。就其已有之成效而言，人间佛教不但顺应社会，同时也希望能够导引社会、匡正人心，不但不会让信徒在宗教事务和俗世生活之间产生紧张、焦虑和对立，反而企图提供信仰之途，纾解信徒在心理上的紧张，以及面对现世所产生的焦虑、烦恼与痛苦。由此观之，人间佛教实为目前佛教发展之趋势。见尤惠贞《论人间佛教的生命教育——天台教观的诠释进路》，"东亚佛教的形成与发展"国际学术研讨会，日本本栖寺，2015年。

"凡有所见,若比丘、比丘尼、优婆塞、优婆夷皆悉礼拜赞叹而作是言:'我深敬汝等,不敢轻慢。所以者何?汝等皆行菩萨道,当得作佛。'"① 类乎此,南华大学强调"以生命力带动生命力",以正念静坐、佛教经典诠释,以及品德涵养等生命教育相关课程,确实关怀、引导学生,不放弃任何一位学生,皆彰显了对于每一实存生命之肯定与尊重。② 而且由上述有关菩萨四安乐行或星云大师所倡导之三好友善运动之具体论析,不难发现无论是四安乐行或三好运动,皆必须从每一实存个体之身行、口说与存心,乃至发愿进行如实的观照与实践,此即充分地显现三好友善运动与身口意誓愿四安乐行,皆蕴含了对于具体存在之生命关怀,同时亦提供了真实生命得以解脱自在的教育方法与实践之道。③

五 结 论

慧思大师不但提倡菩萨四安乐行,同时亦特别注重禅修以开定慧,此可由《诸法无诤三昧法门》对于禅定之诠释与强调

---

① 参见《大正藏》第9册,第50页下。
② 此诚如星云大师的人间佛教,强调落实于"自觉行佛",因为大师认为:"能以'行佛'做为修行,在生活中确实奉行佛法,如此才能'自觉';唯有透过'自觉行佛',佛法才能落实在生活中,佛教才能走入人间,因此人间佛教以'自觉行佛'为修行。"(见《星云学说与实践》,第194页。)对于含具无限潜能的每一众生,星云大师总是鼓励大众不要妄自菲薄,借由人间佛教善巧方便的接引与开导,星云大师更进而推论每一众生即是佛,强调"我是佛"。星云大师不但认为我们应该直下承担"我是佛",而且更指出"我是佛"不是口号,因为只有"自己信佛、行佛",并敢承担自己是佛,才是佛陀的真弟子。(见星云大师等《人间佛教的发展》,佛光文化2013年版,第213页。)另亦参看尤惠贞《星云大师"我是佛"的理论与实践——取径天台宗的"六即佛"的论析》,第三届中国弥勒文化暨太虚大师思想学术研讨会,2014年,浙江大学与奉化雪窦寺共同主办。
③ 如此的终极关怀,实际上与法华经义之主旨相呼应,因为《妙法莲华经·方便品》即已具体地彰显诸佛慈悲,以种种言说、譬喻等方法,善巧、方便开示一切众生如何悟入佛之知见,而得以究尽"诸法实相",以圆满证成佛度化众生,皆令其成正等正觉之本怀。

得到印证,其文有云:"夫欲学一切佛法,先持净戒勤禅定,得一切佛法诸三昧门……如是无量佛法功德,一切皆从禅生。三世十方无量诸佛,若欲说法度众生时,先入禅定,以十力道种智观察众生根性差别,知其对治得道因缘,以法眼观察竟,以一切种智说法度众生。……如是一切佛身,一切众生身,一念心中一时行,无前无后亦无中间,一时说法度众生,皆是禅波罗蜜功德所成。是故佛言:若不坐禅,平地颠坠。若欲断烦恼,先以定动,然后智拔。"①

生命教育可以说是让人觉醒生命美好的教育,这样的美好生命并非外求,而是建立于人的觉醒及成长。因此,不论就佛教之专业研究者或身为大学教育者,尤其是哲学与生命教育之教师而言,实肩负着启发学生探究生命中最核心议题,并引领学生迈向知行合一的教育的责任。本文借由重视禅修之慧思大师有关菩萨之身、口、意及慈悲誓愿安乐行之诠释,进行理解与论析,并由之寻绎出其中所可能蕴含之生命教育与实践之道。

---

① 参看南岳佛教协会编《慧思大师文集》,岳麓书社2011年版,第43页。

论慧思大师的和合识

陈力祥

(湖南大学岳麓书院教授)

摘 要：和合文化肇始于中国古代社会的儒道文化，和合文化是中国传统文化最优秀的成果之一。学术界对慧思大师的和合识关注阙如，为我们深入探究慧思大师和合识提供了契机。慧思大师作为一代佛学大师，他的突出贡献在于将佛学本土化，合理地吸收了儒道之和合因子，并将之引入佛教文化中，成为佛教文化中与阿梨耶识并列的文化因子。慧思大师的和合识类似于种子识、本识，是与阿梨耶识居于同等地位的"第八识"。和合何以可能？慧思大师认为人首先必须具备和合之"念"，并去除现实生活中之业障，修六敬之和而实现和合。和合识的确立是慧思大师对佛学的杰出贡献，是人们祈求和平、祈求幸福、追求身心和谐的必然之路。

关键词：和合　和合识　慧思大师　阿梨耶识　和合之路

和合文化中国传统文化之精髓，早在先秦时期就为各家各派争鸣进而认同的文化现象。和合文化首先为儒家、道家所认同，而后为佛家所认同。和合文化在佛教中生根发芽，缘起于佛教中国化的历史积淀，佛教中的和合文化汲取了儒道两家和合文化之精髓，最终成就了既具有本土特色的和合文化，又保留了佛教文化的本质性特点，进而形成了独具特色的佛教和合文化。佛教和合文化的实现，慧思大师作出了历史性贡献。慧思大师将传统和合文化有机地吸纳到佛教文化中，成为佛教文化和合识之鼻祖。

一 慧思大师和合识研究之缘起

慧思大师作为佛教中国化的开创者，学术界对其思想的研究颇多。综合学术界关于慧思大师思想的研究现状，主要集中在如下几个层面：对慧思大师的生平、著作、独具特色的佛教思想进行研究的颇多；还有学者对慧思大师的止观记进行探讨；也有学者对慧思与禅学、慧思与天台宗的关系进行探讨；还有对慧思大师的国内外研究现状等予以阐释，① 等等。客观地讲，学术界关于慧思大师学术思想的研究，内蕴着慧思大师思想的方方面面，彰显了一代学术大师博大精深的思想精髓。学术界关于慧思大师思想的研究可谓全面而深刻，但关于慧思大师和合识的研究阙如，这为本文进一步深入探讨慧思大师的学术思想提供了新的契机。

当前，人们生活在物质生活丰盛、精神生活相对贫乏的时代。人与人之间关系的冷漠，人与社会之间关系的不协调，人类无限制地从自然界索取，催生了人与自然之间的不和谐等问题日渐凸显："这是一个物质的丰盛年代、精神的'末法时代'，物质与精神严重失调，影响社会和谐、人与自然的和谐，最重要的是影响人们自身内心的和谐。"② 人类的物质生活尚未达到一定高度的时候，人们的内心世界因为逐利而处于非和谐状态。

---

① 参见《慧思大师与南岳佛教》，学术研讨会论文集，2011年。
② 南岳佛教协会编：《慧思大师文集》，岳麓书社2011年版，序言部分。

因之，和合问题的研究也被再次提上议程。儒、道两家的和合思想在学术界已经较多地受到关注，而佛教中关于和合问题的探讨却付诸阙如。慧思大师作为南北朝时期的一个里程碑式的佛学大师，他的和合识在其佛学思想中占据着重要的地位，因此，研究慧思大师的和合思想，必将丰富与发展慧思大师的佛学思想研究，也可从中管窥慧思大师将和合文化吸收到佛教中、并使佛教中国化的历史性贡献。

二 慧思大师视域中的和合识

慧思大师是佛教中国化的典范，他合理地吸收了儒道两家和合文化的精髓，并创造性将和合文化吸收到佛教中，充实了佛教文化，进而使儒释道三教均成为兼收并蓄的传统文化。慧思大师和合识的"和合"一词，源自儒、道两家关于"和合"一词的词义学意义。张立文先生指出："和合一词在甲骨文、金文中早有出现，和的初义是声音相应和谐；合的本意是上唇与下唇的合拢。殷周之时，和与合是单一概念。《易经》和字2见，合字无见，有和谐和善之意。《尚书》和字44见，合字4见。"① 从张先生的统计来看，中国和合文化之源流很早，在儒家经典中早已有之；在道家经典中，同样能发觉类似的记载："宋元君将画图，众史将至，受揖而立，舐笔和墨。"（《庄子·田子方》）这里所出现的"和"字，似乎不具备和谐之意，但从字里行间却能体悟到其中的奥妙："和"字具有混合之意，此中乃可推断和合意蕴，因为只有和谐才能将诸多东西混合在一起。综合儒道二教关于"和合"文化的起源与注释，可知"和合"二字已经较早地出现在儒道二家的典籍中。

---

① 张立文：《中国文化的精髓——和合学源流的考察》，《中国哲学史》1996年第1—2期，第43页。

佛教尚未传入中国之前，"和合"二字尚未跻身于佛教典籍之中。自佛教传入中国以来，慧思大师不失时机地吸纳了佛道和合思想，并将之作佛教化处理，最终铸就了和合识。慧思大师既继承了儒道二家的和合文化，同时也发展了佛教文化，即慧思大师关于和合识的继承与创新，既是对儒家和合文化的继承，对儒家、道家本体论的进一步深化，同时还是对佛家文化的继承性创新。

慧思大师的和合识，积累了中国传统的哲学智慧。慧思大师的和合识，虽然没有明确属于佛教八识中的哪一识，但通过对慧思大师的本识探讨可以发现，慧思大师的和合识仍然属于八识中的阿梨耶识。阿梨耶识又叫作本识，作为本识的阿梨耶识，即是本识。慧思说：

> 不生不灭与生灭和合，说名阿梨耶识，即本识也。以与生死作本故，名为本。是故论云：以种子时阿梨耶识与一切法作根本种子故，即其义也。又复经云自性清净心，复言彼心为烦恼所染。此明真心虽复体具净性，而复体具染性故，而为烦恼所染。以此论之，明知就体偏据一性，说为净心，就相与染事和合，说为本识。以是义故，上来就体性以明，今就事相说，亦无所妨。①

在慧思大师的文集中，虽然没有明确说明慧思大师关于和合识属于哪一识的问题，但慧思大师却在生灭和合的阿梨耶识中导出了本识，从而明确了和合识在八识中的地位。慧思大师并没有将和合明确分类与定义，但却在佛教八识当中将"和合"二字予以明晰并奠定了和合识在八识中的地位。在慧思大师看来，和合是阿梨耶识的一种状态，即"不生不灭"与"生灭"

---

① 南岳佛教协会编：《慧思大师文集》，岳麓书社2011年版，第97页。

和合的状态,"不生不灭"与"生灭"构成了和合,二者之间这种离合的"状态"为和合识。阿梨耶识是种子,从"理一分殊"的角度来说,阿梨耶识与和合识的关系并非为总分关系。阿梨耶识是种子,为总称,但和合识并非是阿梨耶识分殊出来的。事实上,和合识是阿梨耶识存在的一种状态,本身并非独立于阿梨耶识之外,而是存在于阿梨耶识之中。慧思大师关于和合识的阐释中,虽然他所说的阿梨耶识是最根本的,但并非由阿梨耶识派生出和合识,而是和合识本身即藏身于阿梨耶识之中,是与阿梨耶识一体的东西。阿梨耶识是从总体层面——种子识来说的,而和合识是存在于阿梨耶识中的两种对立面的和合状态的一种认识。易言之,和合识是内孕育于阿梨耶识当中的一种状态,但并不能由此简单地规约为阿梨耶识派生出和合识,因为二者说的不是同一回事:一种是从质的方面来说的;另一种是从质所存在的两种状态来说的,各自有自己的侧重点。因此,可以说,和合识与阿梨耶识是处于同等层次,亦可规约为"第八识",因此也可称为本识。按照慧思大师的看法,本识、阿梨耶识以及和合识均处于同一地位,不分上下,只不过是存在的状态不同而已。本识、和合识、阿梨耶识均居于同等层次。那么何为本识?虽然和合识与本识处于同等层次,但名称各异,本识是如何彰显和合识的,慧思大师提出了自己的看法。慧思曰:

> 平等无二,但以无明染法熏习因缘故,与染和合,名为本识。然实本识之外无别真心可得,即是无性性法。此即除灭三性,为止门也。[1]
>
> 觉即是净心,不觉即是无明。此二和合,说为本识。[2]

---

[1] 南岳佛教协会编:《慧思大师文集》,岳麓书社2011年版,第107—108页。
[2] 同上书,第97页。

慧思大师关于本识的看法，说明了本识的兼容并包性。从哲学上来说，本识即具有本体性之特点。在这种具有本体性特征的本识既包含着正面的东西，同时也有负面的东西，乃正反和合所致也。在慧思看来，本识乃"无明染法熏习"和"染"之和合而生，同时也是"觉"与"不觉""净心"与"无明"的和合统一体。也正是由于这种和合，成就了我们慧思大师的本识。从字面上来说，本识更具有本体层面之意蕴。由慧思大师关于本识的阐释可知：和合识并非是与八识并列的"第九识"，而是在本识形成过程中的、对立面相反相成而形成的和合状态，"识"即是对这种对立面相反相成的对立面的觉悟。慧思大师关于和合识的阐释，其实是关于阿梨耶识中和合关系的考察，也即作为种子识内在的和合关系的考察。因为种子识内在的和合因，使得作为种子的本识，也即阿梨耶识内蕴着前七识。易言之，其他七识意蕴在本识之中。本识与其他七识的基本关系是一种和合关系，本识与其他七识和合而起。"若以净心为体，意识念念引所思修，熏净心性，性依熏起，以成种子，前念念灭，后念起时，即与前念所修种子和合而起。"① 慧思大师的和合识，在一定层面上并非是独立于本识之外的一种"第九识"，而是处于本识当中内在的处理二者关系的一种和合状态。正因为如此，慧思将和合识与本识（阿梨耶识）称之为一体两面的东西，也即慧思大师所说的"一体异名"。慧思曰："本识、阿梨耶识、和合识、种子识、果报识等，皆是一体异名。上共不共相中，已明真如与阿梨耶同异之义，今更为汝重说。谓真心是体，本识是相，六七等识是用。"② 因此，慧思大师认为，作为和合识，并非是独立于本识之外，而是本识内部和合的一种状态，这种状态即是我们所说的和合状态。同时，慧思大师

---

① 南岳佛教协会编：《慧思大师文集》，岳麓书社2011年版，第98页。
② 同上书，第97页。

也从体用关系说明了和合识与本识（阿梨耶识）的基本关系。可见，本识（阿梨耶识）与和合识乃一体异名，本识为体、和合为用的关系。也正是因为本识、阿梨耶识与其他识之间的和合之状，慧思大师将和合识看作是与本识、阿梨耶识、种子识、果报识等同一层次的东西，和合识在一定层面上也可称之为本识、阿梨耶识、种子识、果报识等。可见，和合识既游离于阿梨耶识正反相辅相成的两个层面，同时置身于阿梨耶识之中。在慧思大师看来，他所说的和合识中的一体两面在阿梨耶识均有所体现。慧思大师说："阿梨耶识中复有二种：一者，清净分依他性，亦名清净和合识，即是一切圣人体也。二者，染浊分依他性，亦名染浊和合识，即是一切众生体也。此二种依他性虽有用别，而体融一味，唯是一真如平等心也。以此二种依他性，体同无二故，就中即合，有二事别：一者共相识；二者不共相识。"[①] 可见，慧思大师的和合识既藏身于阿梨耶识之中，又不是独立于阿梨耶识之外，因此，又可称之为阿梨耶识的性状。本识（阿梨耶识、种子识、果报识）与和合识等的关系可归结为一体两面、一体异名、一体一用的关系。

三 慧思大师的和合之路

慧思大师的和合识是慧思大师关于和合的基本观点与基本看法：和合识与阿梨耶识等居于同等地位、但同时又在阿梨耶识中既对立、又统一的和合统一体。慧思大师虽然关于和合问题有着自己最基本的认识，但如何成就和合之路，这是慧思大师所着力思考和解决的问题。

慧思大师认为人世间一切法是无法和合的，一切法均是无法和合的，那么又应如何成就和合呢？慧思大师说："一切法毕

---

① 南岳佛教协会编：《慧思大师文集》，岳麓书社2011年版，第94页。

竟无和合，亦无聚集相，亦不见离散，是菩萨知集圣谛微妙慧，是名生忍。若无和合，不动不流，即无有生，众生忍者，名为身行。"① 因为一切法本身无和合，因此彰显出慧思大师和合之路的必要性与重要性。在慧思大师看来，欲取得和合，既要具备主体的主观性，又要具备客体的客观性。慧思大师对和合问题的客观性（慧思大师称之为"依他性"）尤为关注。慧思大师说："谓三自性法，就中复作两番分别：一、总明三性。二、别明三性。所言总明三性者，谓出障真如及佛净德，悉名真实性。在障之真，与染和合，名阿梨耶识，此即是依他性。"② 和合识的产生，一切依缘而起，也即依条件而起。现世界的"法"无和合之要件，但基于一定的因缘条件，一切法之间如何和合起来？慧思大师说："观察中识，无分别想，无自生处，假内外因缘和合而生，都无自性。观内六根，空无有主。观外六尘，空无形色。和合想不可分别，即无六识。是时智慧，无有得处。"③ 慧思大师的和合，矛头直指法界的无和合之象；欲取得和合，内因与外因、主体与客体条件是必不可少的。和合的产生，一切均是因缘而起，此乃和合产生的基本条件。除此而外，在和合产生的客观条件而外，还必须有最基本的和合之象，象由心生也。

在慧思大师看来，欲具备和合之象，必然要有和合之心、和合之"念"。心生和合，有知，方可有行，人之行为才能进入知行合一的境地。慧思大师说："夫观察者，眼见色时应作是念：空明根尘意识属当，妄想和合，共生眼识，睹众色像，假名为眼。复作是念：何者是眼。空是眼耶，明是眼也，尘是眼也，意是眼也，为当识独生名为眼也，眶骨是眼也，精泪是眼也，瞳人是眼也。若空是眼，无色无对无所见故，不应是眼。

---

① 南岳佛教协会编：《慧思大师文集》，岳麓书社2011年版，第31页。
② 同上书，第101页。
③ 同上书，第134页。

若明是眼，无根无觉无所知故，不应是眼。"① 心思然后成乃行，成就和合，象由心生，此乃和合产生的前提与基础。有和合之念想，而后才能有和合之实相。在念想中初想和合，想象和合之具体路径，如此方能实现我们所说的和合。可见，"念"是和合识中最为关键性的一环。"初念见和合，观察即空，无念无灭，默然正定。念起即更观，数数重观察。不念见和合，念生不复生。既无妄念心，则无现在世，过去亦尔。复作是念：心行若无常，我亦无业报。何以故。念念灭尽故。心行若是常，我亦无业报。何以故。常法如空，不变易故。但虚妄念如梦所见，无作梦者，何况见梦法。心相如梦者，诸行如梦法。无梦无梦法，亦无观梦者。梦非是生灭，亦非无生灭。观梦者亦然。"② "念"既能较好挑动人之知，同时又能敦促人之行，进而达到知行合一，实现和合之目标。慧思大师的和合，依"念"而起；有和合之"念"则有和合之实，和合在"念"中。"无念"不见和合，和合不在"念"中。可见，慧思大师的和合的构想，是以"念"为基点，念即有和合，当和合之后，不念亦有和合，因为和合也在"念"中。

"念"为和合之基点，有"念"则有和合。"念"在和合中，光有念，依然不能实现和合。在慧思大师看来，实现和合的下一步即为"修"，即柔和善顺，"修"六和之敬。慧思大师说：

> 柔和善顺者：一者自柔伏其心，二者柔伏众生。和者，修六和敬。持戒修禅智，及证解脱法，乃至调众生，瞋恚及忍辱，持戒及毁禁，皆同涅槃相。所谓六和者，意和、身和、口和、戒和、利和及见和。善顺者，善知众生根性，

---

① 南岳佛教协会编：《慧思大师文集》，岳麓书社2011年版，第65页。
② 同上书，第67页。

随顺调伏，是名同事，六神通摄。柔和者，名为法忍。善顺者，名为大忍。而不卒暴者，学佛法时，不匆匆卒暴取证。外行威仪，及化众生，亦复如是。①

慧思大师认为和合的关键在于修六和之敬，以"念"为逻辑起点，通过自内而外的逻辑线索，依"柔"致善的逻辑理路，以柔致"和"。以柔为基本价值工具的同时，实现"和"的基本目标。"柔和善顺"，以实现和合之目标。慧思大师之柔顺亦涵盖在两个层面：即自内而外，推己及人，柔伏己心，然后柔伏众生。通过法忍与大忍，不断推进人世间之和合。在慧思大师看来，以"柔和善顺"，修六合之敬是慧思大师和合之路的重要途径。在修六和之敬之时，慧思大师认为还有一个最基本的问题将会对人之修行产生严重的影响，慧思大师称之为业障之烦，因业障之烦而阻碍和合的产生，因为由修可致和，而修之过程中，有最基本的业障的干扰，故此，在修的过程中，必须排除业障之烦扰，如此方能实现和合。为实现和合，慧思大师对如何破除业障有着清晰的认识。他说："修行者欲破业障诸烦恼，作如是思惟：由我有身故，诸业聚集生。我今此身，从何处来，本无从何生，谁之所作。如是观时，即知此身因过去世无明行业和合聚集，而来生此，我今不能见过去世造业因缘，但观现世从生已来所作善恶，比知过去。作是念竟，观我现在世杀生、偷劫、邪淫、善恶及无记心。"② 慧思大师的和合之路，由念而推行修行，但在修行过程中又会遭遇业障之烦，因此和合问题的通达也会遭遇到困难。正因为如此，欲致力于和合，必须破除业障，方可实现和合。

总之，在慧思大师看来，和合的产生，在很大层面上均是

---

① 南岳佛教协会编：《慧思大师文集》，岳麓书社2011年版，第36页。
② 同上书，第67页。

因缘和合，也即和合是在一定条件下的因缘和合。

和合是慧思大师佛学思想中非常重要的一面。此外，在慧思大师的佛学思想中，还有两种条件之下是无和合的。其一，在色不相知的情况下无和合。慧思大师说："情若无眼，即无情识。既空无主无分别者，亦无虚妄，种种诸色，各各不相知故，亦无和合，毕竟寂灭，空无所有。"[1] 在慧思大师看来，和合识的产生，一个非常重要的方面即要有情识，因为有情识才能有主、有分别；有主、有分别才能为和合的产生准备必要的前提与条件。因为有分别，所以有和合；如若无分别、无主，则色之间不能相知，即无和合；其次，诸法若性自空无有和合，这种观点主要来自于慧思大师如下一段对话："问曰：汝向者说无始空破众生，无始空者，既是性空，诸法若性自空，即无有和合，云何有众生可破。答曰：是假名和合，虚妄颠倒，非是实众生。实众生者，名为心性。夫心性者，无有生死，亦无解脱，一切众生无始来受。"[2] 在性自空的情形之下没有和合。故此，慧思大师认为只有心性为实的情形之下，才有和合。心性之实乃和合之基，和合之实。因此，在慧思大师的和合观中，心性为空，无和合；心性为实，和合可见。

综上，在慧思大师的和合之路上，和合之念是前提，有和合之念，辅以和合之修；有和合之修，排除和合之修路上的业障，方可实现和合。当然，在和合之路上，还必须关注色不相知和诸法性自空的情形之下的无和合状态。故此，要达到慧思大师的和合，首先要有和合之念；其次有和合之修，并破和合之业障，同时还须警惕两种无和合的状态，如此方可实现慧思大师之和合。

---

[1] 南岳佛教协会编：《慧思大师文集》，岳麓书社 2011 年版，第 135 页。
[2] 同上书，第 126 页。

四　结语:慧思大师和合之价值

慧思大师的和合识,是儒教与佛教牵手联姻的必然结果。和合识是基于对立面的相反相成的、与阿梨椰识具与同等地位的本识。和合的达成,由念→修→破业障等环节进而实现和合。在此过程中,要警惕两种无和合状态的影响。和合识的确立,能和合共成事。慧思大师说:"如是三受,和合共成事,不能一一独生烦恼。内受外受内外受,内受是六根,名为六情。外受是六尘,名为六境。内外受名六识,亦名为心思惟分别。"[①] 和合则能致使人之心性情之间的和合、人之身心之间的和合、六根与六尘之间的和合。和合识的确立,能有效去除人之烦恼,使人之身心、人与人之间等均能居于和谐的地位。和合识的确立,使人忘却尘世间物欲的干扰,使人之"六情"清净,从而达到人之心性情之间的和合,消除外界物欲对人之内心世界的干扰。总之,慧思大师和合识的确立,能有效实现人的内心世界的和谐、人与人之间关系的和谐、人与社会之间关系的和谐。慧思大师的和合识,实乃佛学中的大智慧也。和合识的确立,确立了和合识在佛学史上的地位。和合识的确立,能使人忘却烦恼,使国与国之间免遭兵戎之苦,避免饥馑之灾。和合识的确立,使人内心安宁,国泰民安。慧思大师说:"或先随其意,后令断烦恼;十方世界中,若有刀兵劫;国国相杀害,人民皆饥馑;或现作猛将,降伏使安和;五谷悉丰熟,万民心安宁。"[②] 慧思大师和合识的确立,本身表达了慧思大师对人们美好生活的向往与关切。在和合识的关照之下,去兵戎之苦,提幸福之要。天下祥和,和合乃至。慧思大师的和合识,进一步充实了

---

① 南岳佛教协会编:《慧思大师文集》,岳麓书社2011年版,第52页。
② 同上书,第19页。

佛学之"八识",是慧思大师关于和合佛教化的理论成果,丰富了儒道两家关于和合问题深入认识,同时也丰富与发展了魏晋时期的佛学思想。慧思大师的和合识,是他对佛教历史一大独创性的贡献。对慧思大师和合识的深入探讨,可以管窥儒释道三教的融通与融合,也可管窥儒释道三教兼容并包、兼收并蓄的特色。

《法华经安乐行义》中的理趣与功夫

胡不群

（中南大学国学研究中心客座教授）

摘要：南岳大师的《法华经安乐行义》，依据《妙法莲华经》证明凡夫与佛无二，不仅是法身无二，即父母所生的肉质凡胎身与佛亦是一般无二。凡夫不仅可通过定中禅观读诵专修，还可以在平时的待人接物中，六威仪中，修习止观，见佛证真。

关键词：南岳大师　《妙法莲华经》　天台宗安乐行义

南岳大师，天台宗之三祖也。俗姓李，后魏南豫州汝阳郡武津县（今河南省上蔡县）人，十五岁剃度，二十岁具足，法名慧思。持戒精严，修持精进，谢绝人事，专诵《法华》。因阅《妙胜定经》，而习禅观。常于林野间经行、修禅。日唯一食，不受别请。证得六根清净位，即十信位。大师定慧同修，止观双运，开天台止观一脉。

南岳大师从《妙法莲华经》中领悟到佛、菩萨之行，是为安乐行，著《法华经安乐行义》一卷行世。何谓安乐行呢？大师自己解释说："一切法中，心不动，故曰安。一切法，中无受阴，故曰乐。自利利他，故曰行。一切法者，所谓三毒、四大、五阴、十二入、十八界、十二因缘，是名一切法也。菩萨于是一切法中，用三忍慧。一者名为众生忍，二者名法性忍，三者名法界海神通忍。众生忍者，名为生忍。法性忍者，名为法忍。法界海神通忍者，名为大忍。前二种忍，名破无明烦恼忍，亦名圣行忍。圣人行处，故名圣行。凡夫能行，即入圣位，是为圣行。大忍者，具足五通及第六通，具足四如意足，而对十方诸佛及诸天王，面对共语，一念能觉一切凡圣故名大忍。于诸神通心不动，圣道具足名为圣忍。三忍者，即是正慧离著安乐行。"① 菩萨之圣行，即是行安乐行，若凡夫也能行此安乐行，则凡夫亦入菩萨之圣位了。

据此，我们拟从《法华经安乐行义》中，从"理趣"与"功夫"的角度，探究南岳大师的菩萨圣行——"安乐行"。以增强我们践行佛法的坚定信心。果能坚持不懈地学习之，精勤不倦地实践之，即可证入菩萨位。这样的研究，不仅可以纠正重义理而轻功夫之偏，亦可以为践行佛法提供真实可靠的法理依据与切实可行的修行方法。限于个人之学养与修持，粗疏错漏之处，在所难免，肯请学界长者，修行明达，不吝赐教！

一 理 趣

这里所说的理趣，是指南岳大师在《法华经安乐行义》中阐释的功夫所赖以建立的法理基础。比如炼铁，不管冶炼的方法多么对路，技术多么先进，但所用的不是铁矿石而是其他，那又如何能炼出铁呢？同理，人乃俗质凡胎，又如何能通过修行而成就佛道呢？南岳大师深明此理，故欲度凡夫成佛，必须找出凡夫可以成佛的理趣。南岳大师说："一切众生具足法身藏与佛一无异，如佛藏经中说，三十二相、八这十种好、湛然清净。众生但以乱心惑障，六情暗浊，法身不现。如镜尘垢，面

---

① 《法华经安乐行义》，《大正藏》第46册，第700页上—中。

像不现,是故行人勤修禅定,净惑、障垢,法身显现。"① 这说明凡俗之人,虽肉质凡胎,但其法身藏与佛无异无别。诚如佛陀所说:"一切众生皆具如来智慧德相,只因妄想执着不能证得。"(《妙法莲华经》)据此,修行之一切功夫,只要能一其心,去其惑,灭其妄想,断其执着,斩其情思,空其罪孽,就可以证得菩提妙果。

然则,一切功夫虽都为一其心,去其惑,灭其妄想,断其执着,斩其情思,空其罪孽而设,但后世圣者所提倡的修行功夫,无不受个人证悟的程度,个人的学养、历练等方面的影响,而有优劣高下难易之分。南岳大师所修所倡之功夫又如何呢?且看大师自己怎么说,大师说:"妙者众生妙故,法者即是众生法,莲华者是借喻语。譬如世间水陆之华,各有狂华虚诳不实,实者甚少,若是莲华即不如此。一切莲华皆无狂华,有华即有实,余华结实显露易知,莲华结实隐显难见。狂华者喻诸外道,余华结果显露易知者,即是二乘,亦是钝根菩萨次第道行优劣差别,断烦恼集亦名显露易知。法华菩萨即不如此,不作次第行,亦不断烦恼,若证法华经毕竟成佛道。……一心一学众果普备,一时具足非次第入,亦如莲华一华成众果,一时具足,是名一乘众生之义。"② 南岳大师所倡行之功夫,是真实之法,按之修行,必得妙果,是一乘极致之法,极圆极顿,依之修行,不作次第,不断烦恼,而得三身、四智、五眼、六通、无量百千陀罗尼门,即所谓一心一学众果普备也。如是功夫谓之妙法,谁敢说不!名法华安乐行者,简易之称也。盖法华即妙法莲花,安乐即是易行,经名《法华经安乐行义》,良有以也。

一般而言,众生与佛无异无别者,法身也。但南岳大师从受持《妙法莲华经》千遍,又从慧文禅师修习禅观而证法华三

---

① 《法华经安乐行义》,《大正藏》第46册,第698页上。
② 同上书,第698页中—下。

昧（参《续高僧传·慧思传》）。所修所证，究竟有何高深广大？据智者大师说，他已圆证十信位。以教理衡之，七信位即可于十方世界，示现八相成道。而南岳大师已证十信位，故其所说，当作佛说。

南岳大师说："众生妙者，一切人身，六种相妙。六自在王性清净，故六种相者，即是六根，有人求道，受持法华，读诵修行。观法性空，知十八界无所有性，得深禅定，具足四种妙安乐行，得六神通。父母所生清净常眼，得此眼时，善知一切诸佛境界，亦知一切众生业缘色心果报，生死出没、上下好丑，一念悉知。于眼通中，具足十力、十八不共、三明、八解、一切神通悉在，眼通一时具足。此岂非是众生眼妙。众生眼妙即佛眼也。"① "所谓彼眼根，于诸如来常决定，分明见具足无减修；所谓彼耳根，于诸如来常决定，分明闻具足无减修；所谓彼鼻根，于诸如来常决定，分明嗅具足无减修；所谓彼舌根，于诸如来常决定，分明尝具足无减修；所谓彼身根，于诸如来常决定，分明触具足无减修；所谓彼意根，于诸如来常决定，分明识具足无减修。……是故初发心，新学诸菩萨，应善观眼原，毕竟无生灭。耳鼻舌身意，其性从本来，不断亦非常，寂然无生灭，色性无空假，不没亦不出，性净等真如，毕竟无生灭。声香味触法，从本已来空，非明亦非暗，寂然无生灭。根尘既空寂，六识即无生，三六如如性，十八界无名。"② 此说凡夫肉质凡胎之六根、六尘、六入、十八界，毕竟无生灭，空寂性如如，本来具足，自无减修，与佛毕竟相同。

又说："人身者即是众生身，众生身即是如来身，众生之身同一法身不变易故。是故《华严经·欢喜地》中言：其性从本来，寂然无生灭，从本已来空，永无诸烦恼。"③ 众生身与佛身

---

① 《法华经安乐行义》，《大正藏》第46册，第698页下。
② 同上书，第699页下—700页上。
③ 同上书，第699页中。

同一庄严妙相。这种众生与佛无异无别指的并不只是法身,而是包含父母所生之肉质凡胎与三十二相、八十种随形好、湛然清净之佛身的观念,非深入《法华》境界者,不足以语此。南岳大师所发明的这种理据,实凡夫之所以能疾证菩提,速成佛身之所由也。众生身即妙相庄严之佛身,诚可谓时代的最强音!

父母所生之肉质凡胎何以又可以是三十二相、八十随形好之佛身呢?南岳大师举眼为例,作了详细的阐释。他说:"眼见色时及观眼原,求眼不得,即无情识,亦无有色,眼界空故,即无断常,亦非中道眼界,即是诸佛法界。觉知此眼,无始无来,亦无无始,犹若虚空,非三世摄,如《般若经》中,昙无竭菩萨语萨陀波仑言:善男子空法不来不去,空法即是佛,无生法,无来无去,无生法,即是佛;无灭法,无来无去,无灭法,即是佛。是故当知眼界空故,空者即是常,眼空常,故眼即是佛眼无贪爱。爱者即是流,流者即是生眼,无贪爱即无流动,若无流动,即无有生眼,无生,故无来无去,无生,即是佛眼。既无有生即无有灭,灭者名为尽,眼既无灭,当知无尽眼既非尽,无来无去亦无住处,眼无尽即是佛。菩萨以是金刚智慧,知诸法如,无生无尽眼等诸法如,即是佛,故名如来。金刚之身觉诸法如,故名为如来。非独金色身如来也。得如实智,故称如来。得眼色如实智,耳声、鼻香、舌味、身触、意法如实智,故名如来。"① 此凡夫肉身所以为妙相庄严佛身之所由也。南岳大师直将凡夫之肉身即佛陀之妙相身的法理和盘托出,先就体之大者引经据典,直接说明,再从眼耳鼻舌身意之六根,细细阐释,层层推进,逻辑严明,令人破疑生信,广大其胸心,坚定其志愿,勇猛精进,欲不取其佛果不能也。

《法华经安乐行义》,最重观法,盖慧观最易成就故。之所以观易成就,南岳大师说得清楚。他说:"不净观法,能断贪

---

① 《法华经安乐行义》,《大正藏》第46册,第699页中—下。

淫。慈心观法，能断嗔恚。因缘观法，能断愚痴。……观身不净及能了知，此不净身，是无明根本，空无生处。不净观法，能破身见、男女憎爱，及中间人皆归空寂，是名破烦恼魔。观十八界、三受法，外苦受阴，内苦受阴。知苦受阴，身心所行受念著处，一切皆苦。舍之不著内乐受，外乐受，内外乐受。观此乐受心贪著故，能作苦因。舍之不受，知乐受一切皆空。苦乐二观，能破世谛。心住真谛初舍苦乐，便得不苦不乐。以贪著故，复是无明。复更观此不苦不乐受，无所依止，无常变坏。何以故？因舍苦乐得不苦乐，苦乐二观，既无生处，亦无灭处。毕竟空寂，不苦不乐从何处生。如是观时，空无所得，亦无可舍。既无可舍，亦复不得，无可舍法。若无世谛，则无真谛，真假俱寂。是时即破阴入界魔。观心无常，生灭不住，观察是心，本从何生，如此观时，都不见心，亦无生灭，非断、非常，不住中道。如此观已，即无死魔。法念处中，观一切法，若善法，若不善法，若无记法，皆如虚空，不可选择。于诸法中，毕竟心不动。亦无住相，得不动三昧。"[①] 此慧观所以能快速成佛之因由也，是以文长不计，全引于此，供学习并践行佛法者学习参考。

二 功　夫

　　功夫，修行之具体方法也。这里所说的功夫，是指南岳大师在《法华经安乐行义》中所倡导的践行佛法证诚不虚的行法，即通常所谓之功夫。我们知道南岳大师所倡行之法门为定慧并开、止观双运。就目前所能找到的南岳大师的著作来看，最为集中阐释这一修持法门的著作当以《大乘止观法门》最为系统完备，唯学界多以伪书视之，故未纳入研究南岳大师功夫的范围。

---

　　① 《法华经安乐行义》，《大正藏》第46册，第701页上。

南岳大师之功夫，最重慧观，他说"慧观于因，破无明、断一切烦恼，一切法，毕竟无和合，亦无聚集相，亦不见离散。"① 慧观，则十分方便，二六时中，无论动静，皆能用功，皆可修行。本文根据个人对《法华经安乐行义》的理解，分为平时功夫、专修功夫两部分，进行介绍。

1. 平时功夫

（1）待人功夫：日常生活中，最需面对的莫过于人。在寺院里，每天都要面对僧俗二众，在家中，则时时刻刻需要面对父母家人，离开寺院，则生活的方方面面又无不需与人打交道，而在与人打交道时，最能锻炼心性。盖凡俗之僧、凡俗之人，善恶、性情、烦恼各各不同，若能谦冲牧抑，平和待之，则自己的心性自然平和，心境自然宁静，此平时之定也，而南岳大师在面对各种人等时，不仅能如上所述以修定，更能借此机缘时时修观以启慧。他说："观一切众生皆如佛想。合掌礼拜如敬世尊。亦观一切众生皆如大菩萨善知识想。"② 大师将一平常时时要面对的人事环境转化为定慧同修、止观双运的无上道场。观一切众生皆如佛如菩萨，则人施我恩，我视为佛菩萨对我之慈悲，心存感恩，日益精进，人施害我，我视为佛菩萨警示于我，知己身罪孽深重，唯精进修行，方能消宿业，证菩提。如是用功，不仅心常在定中，遇一切事心能不动，得首楞严，还可渐除分别之心而入平等性智之海。

（2）日常生活中，除很重要的待人接物外，用功之处甚多，如行、住、坐、卧、饮食、语言等六威仪中，即是最好的用功时机。因此南岳大师提出了"安乐行"，以成就禅力、慧力、福力，成就无上菩提。南岳大师说：

---

① 《法华经安乐行义》，《大正藏》第46册，第700页上。
② 同上书，第697页下。

一切法中，心不动故曰安，于一切法中，无受阴故曰乐，自利利他故曰行。复次四种安乐行。第一名为正慧离著安乐行；第二名为无轻赞毁安乐行，亦名转诸声闻令得佛智安乐行；第三名为无恼平等安乐行，亦名敬善知识安乐行；第四名为慈悲接引安乐行，亦名梦中具足成就神通智慧佛道涅槃安乐行。复次二种行者，何故名为无相行？无相行者，即是安乐行。一切诸法中，心相寂灭，毕竟不生，故名为无相行也。常在一切深妙禅定，行、住、坐、卧、饮食、语言，一切威仪，心常定故。诸余禅定三界次第，从欲界地、未到地、初禅地、二禅地、三禅地、四禅地、空处地、识处地、无所有处地、非有想非无想处地，如是次第有十一种地，差别不同。有法无法二道为别，是阿毗昙杂心圣行。安乐行中，深妙禅定即不如此。①

又如生活中，所受种种苦乐，逆缘之苦，如被打被骂等，福缘之乐如供养赞叹等，皆可随时入观。南岳大师说："破打骂时，观苦受。打为身苦，骂为心苦。饮食衣服、细滑、供养名为身乐，及诸摩触亦名身乐。称扬赞叹，名为心乐。卒得好布施，眼见未受，及其受已，亦名心乐。观此无明受，及与苦乐。受苦时，起忍辱慈悲，不生嗔心。受乐时，观离受，心不贪著。受不苦不乐时，远离舍心不生无明。一切诸受，毕竟空寂，无生灭。故此三受，皆从一念妄心生。菩萨观此供养、打骂、赞叹、毁訾、与者、受者，如梦如化。谁打、谁骂、谁受、谁喜、谁恚、与者、受者，皆是妄念。观此妄念，毕竟无心，无我，无人，男女色相、怨亲，等六分如虚空影，无所得故，是名不动。如随自意三昧中说。菩萨自于十八界中，心无生灭，亦教众生无生灭。始从生死，终至菩提，一切法性，毕竟不动。所

---

① 《法华经安乐行义》，《大正藏》第46册，第700页上。

谓眼性、色性、识性,耳、鼻、舌、身、意性,乃至声、香、味、触、法性,耳识因缘生诸受性,鼻、舌、身、意识因缘生诸受性,无自无他,毕竟空故,是名不动。自觉觉他,故名曰安。自断三受不生,毕竟空寂无三受故,诸受毕竟不生,是名为乐。一切法中,心无行处,亦教众生一切法中,心无所行,修禅不息,并持法华,故名为行,如鸯崛摩罗眼根入义中说,亦如涅槃中佛性如来藏中说。"① 此生活中,触境随缘,用心修持之观想功夫也。时时可以用功,处处可以用功,人能如此践行,何悉道业不成。

2. 专修功夫

(1) 坐中修观

南岳大师,出生、出家均在当时的北方,北方佛教重禅定,且南岳大师出家后,又因机缘巧合,得阅《妙胜定经》,抓住一切时间、一切机会,甚则林中,日中一食,勤行精进,专修禅定,证得初禅。久修禅定之人深知,定中若不能启观,久而久之,必将堕入枯禅,而失去禅修之意义。正如禅宗六祖曹溪大师所言:"若只百物不思,念尽除却,一念绝即死,别处受生,是为大错。"(《六祖法宝坛经·曹溪原本》慈云山庄三慧学处印行)求升而反堕者,莫此为甚。南岳大师久修禅定,深知此弊,是以特开定慧双修,止观双运之修持方法,用以开启无上智慧,证取无上菩提。

总的原则是:"若坐禅时不见诸法常与无常,如安乐行中说。菩萨观一切法,无有常住亦无起灭,是名智者所亲近处。"②坐中启观,观一切法无常、无住、无生起、无坏灭,破断常二见。

---

① 《法华经安乐行义》,《大正藏》第46册,第700页下—701页上。
② 同上书,第698页上。

具体而言，如"眼见色时，作是思惟：今见色者谁能见耶，眼根见耶，眼识见耶，空明见耶，为色自见意识对耶？若意识对，盲应见色；若色自见，亦复如是。若空明见，空明无心，亦无觉触，不能见色。若眼识能见，识无自体，假托众缘，众缘性空无有合散，一一谛观，求眼不得，亦无眼名字。若眼能见，青盲之人，亦应见色。何以故？根不坏故。如是观时，无眼无色，亦无见者，复无不见，男女等身，本从一念无明，不了妄念心生，此妄念之心，犹如虚空，如梦、如影、如焰、如化，亦如空华，求不可得，无断无常。眼对色时，则无贪爱，何以故？虚空不能贪爱，虚空不断无明，不生于明，是时烦恼即是菩提，无明缘行即是涅槃，乃至老死，亦复如是，法若无生，即无老死。"① 此眼见色之修观功夫也。耳闻声时、鼻嗅香时、舌尝味时、身触物时、意遇法时，亦复如是。果能时时刻刻如是用心思维，明自本心，见自本性，必可期也。

除此坐中专修外，南岳大师根据自己的修行经验与观悟《妙法莲华经》所得，提出四种安乐行，录之如次，供践行佛法者采撷。南岳大师说："文殊师利菩萨白佛言：世尊，是诸菩萨于后恶世，云何能说是经？（指《妙法莲华经》）佛告文殊师利，若菩萨摩诃萨，于后恶世，欲说是经，当安住四法。一者，安住菩萨行处及亲近处，能为众生演说是经，云何名为菩萨行处，若菩萨摩诃萨住忍辱地，柔和善顺而不卒暴，心亦不惊。又复于法无所行而观诸法实相，亦不行不分别，是名菩萨摩诃萨行处。云何名为住忍辱地。略说有三种忍：一者众生忍，二者法忍，三者大忍，亦名神通忍。众生忍者，有三种意：第一意者，菩萨受他打骂轻辱毁訾，是时应忍而不还报。应作是观，由我有身令来打骂。譬如因的，然后箭中，我若无身，谁来打者？我今当勤修习空观，空观若成，无有人能打杀我者。若被

---

① 《法华经安乐行义》，《大正藏》第46册，第699页上。

骂时，正念思惟，而此骂声随开随灭，前后不俱。审谛观察，亦无生灭，如空中响。谁骂谁受，音声不来入耳，耳不往取声。如此观已，都无嗔喜。二种意者，菩萨于一切众生都无打骂，恒与软语，将护彼意，欲引导之。于打骂事，心定不乱，是名众生忍。众生若见菩萨忍，即发菩提心，为众生故，故名众生忍。第三意者，于刚强恶众生处为调伏，令改心。故或与粗言毁訾骂辱，令彼惭愧得发善心，名众生忍。云何名辱？不能忍者，即名为辱，更无别法。问曰：打骂不嗔，慈悲软语，可名为忍。刚恶众生，处菩萨是时，不能忍耐，状似嗔，想打骂轻辱，摧伏恶人，令彼受苦。云何复得名为忍辱？答曰：打骂不报，此是世俗戒中，外威仪忍。及观内空音声等空，身心空寂，不起怨憎。此是新学菩萨息世讥嫌，修戒定智方便忍辱，非大菩萨也。何以故？诸菩萨但观众生有利益处，即便调伏，为护大乘，护正法故，不必一切慈悲软语，涅槃中说。譬如往昔仙豫国王护方等经，杀五百婆罗门，令其命终入阿鼻地狱发菩提心。此岂非是大慈大悲，即是大忍。涅槃复说有德国王护觉德法师，并护正法故，杀一国中破戒恶人，令觉德法师得行正法。王命终后，即生东方阿閦佛前，作第一大弟子。臣兵众，亦生阿閦佛前，作第二第三弟子，诸破戒黑白恶人，命终皆堕阿鼻地狱，于地狱中自识本罪，作是念言：我为恼害觉德法师，国王杀我，即各生念，发菩提心。从地狱出，还生觉德及有德国王所，为作弟子求无上道。此菩萨大方便忍，非小菩萨之所能为。云何而言非是忍辱，觉德法师者，迦叶佛是。有德国王，释迦佛是。护法菩萨亦应如此。云何不名大忍辱也？若有菩萨行世俗忍，不治恶人，令其长恶败坏正法。此菩萨即是恶魔非菩萨也。亦复不得名声闻也，何以故？求世俗忍，不能护法。外虽似忍，纯行魔业。菩萨若修大慈大悲，具足忍辱，建立大乘及护众生，不得专执世俗忍也。何以故？若有菩萨将护恶人，不能治罚，令其长恶恼乱善人，败坏正法。此人实非外现诈似，常作是言，我行忍辱，其人命终与诸恶人俱堕地狱。是故不得名为忍辱。云何复名住忍辱地？菩萨忍辱能生一切佛道功德。譬如，大地生长一切世间万物，忍辱亦复如是。菩萨修行大忍辱法，或时修行慈悲软语，打骂不报，或复行恶口、粗言，打拍众生，乃至尽命。此二种忍皆为护正法调众生故，非是初学之所能为，名具足忍法忍者，有三种意：第一意者，自修圣行。观一切法，皆悉空寂，无生无灭，亦无断常。所谓一切法观眼根空，耳鼻舌身意根空，眼色空，声香味触法皆空，观眼识空，耳鼻舌身意识空。无我、无人、无众生、无造、无作、无受者，善恶之报如空华，诸大阴界入皆空。三六十八无名号，无初无后无中间，其性本来常寂然，于一切法中心不动，是名菩萨修法忍。第二意者，菩萨法忍悉具足，亦以此法教众生。观上中下根差别，方便转令住大乘，声闻、缘觉至菩萨，三种观行合同一。色心圣行无差别，二乘凡圣从本来同一法身即是佛。第三意者，菩萨摩诃萨以自在智观众生，方便同事调伏之。或现持戒行细行，或现破戒无威仪，为本誓愿满足故，现六道身调众生，是名菩萨行法忍，方便具足化众生。大忍者名神通忍，云何名为神通忍？菩萨本初发心时。誓度十方一切众生，勤修六度法，施、戒、忍辱、精进、禅定，三乘道品，一切智慧，得证涅槃，深入实际，上不见诸佛，下不见众生，即作是念，我本誓度一切众生，今都不见一切众生，将不违我往昔誓愿。作是念时，十方一切现在诸佛，即现色身，同声赞叹此菩萨：善哉善哉！大善男子，念本誓愿，莫舍众生。我等诸佛初学道时，发大誓愿，广度众生，勤心学道，既证涅槃，深入实际，不见众生，忆本誓愿，即生悔心，顾念众生。是时即见十方诸佛同声赞叹，我亦如汝，念本誓愿，莫舍众生。十方诸佛说是语时，菩萨是时闻诸佛语，心大欢喜即得大神通。虚空中坐，尽见十方一切诸佛，具足一切诸佛智慧，一念尽知十方佛心，亦知一切众生心，一念悉能遍观察之，一时欲度一切众生，心广大故，名为大忍。具足诸佛大人法故，名曰大忍。为度众生，色身智慧对机差别，一念心中现一切身。一时说法，一音能作无音声，无量众生一时成道，是名神通忍。柔和善顺者，一者自柔伏其心，二者柔伏众生。和者，修六和敬，持戒修禅智，及证解脱法。乃至调众生嗔恚，及忍辱、持戒及毁禁皆同涅槃相。所谓六和者，意和、身和、口和、戒和、利和及见和，善顺者，善知众生根性，随顺调伏是名同事，六神通摄。柔和者，名为法忍，善顺者，名为大忍，而不卒暴者。学佛法时，不匆匆卒暴，取证外行威仪，及化众生，亦复如是。心不惊者，惊之曰动。卒暴匆匆即是惊动。善声恶声乃至霹雳，诸恶境界及善色像，耳闻眼见，心皆不动。解空法故，毕竟无心，故言不惊。又复于法，无所行者，于五阴十八界十二因缘中诸烦恼法，毕竟空，故无心无处。复于禅定解脱法中无智无心亦无所行，而观诸法如实相者。五阴十八界十二因缘，皆是真如实性，无本末、无生灭、无烦恼、无解脱，亦不行不分别者，生死涅槃无一无异。凡夫及佛无二法界。故不可分别，亦不见不二，故言不行不分别。不分别相不可得，故菩萨住此无名三昧，虽无所住，而能发一切神通，不假方便，是名菩萨摩诃萨行处。初入圣位即与等，此是不动真常法身非是方便缘合法身，亦得名为证如来藏。"①

（2）读诵专修：

修行，多从读诵经典开始。不读佛经无以明佛理，理不明之修行，无异于盲子夜行，不仅无益，反而有可能巅损，此仅就读经以明理而言之。若将读诵作为一种修行功夫，则因个人悟入佛境的程度、获得的境界、修持的体验等因素的不同，而形成不同的读诵功夫，如用至诚虔敬的心去读诵经典，不顾身命，精进不止，得证菩提。南岳大师说："诵《法华经》，散心

---

① 《法华经安乐行义》，《大正藏》第46册，第701页中—702页中。

精进。知是等人不修禅定、不入三昧，若坐、若立、若行，一心专念法华文字，精进不卧，如救头然，……此行者不顾身命，若行成就，即见普贤金刚色身乘六牙象王住其人前，以金刚杵拟行者眼，障道罪灭，眼根清净，得见释迦，及见七佛，复见十方三世诸佛。至心忏悔，在诸佛前，五体投地、起、合掌，立得三种陀罗尼门。一者总持陀罗尼，肉眼天眼菩萨道慧；二者百千万亿旋陀罗尼，具足菩萨道种慧法眼清净；三者法音方便陀罗尼，具足菩萨一切种慧佛眼清净。是时即得具足一切三世佛法，或一生修行得具足，或二生得，极大迟者，三生即得。"① 虔诚读诵经典，精勤不懈，久而久之，可以灭罪、可以见佛、可以证得无上菩提，此一般之读经功夫也。

南岳大师在不废一般读经功夫的前提下，更是特别提倡观想读经法门。即通过观想以开启佛智，证入佛境。因此，我们将南岳大师之观想读经方法称为观想读经门。

如南岳大师说："有人求道，受持法华读诵修行，观法性空，知十八界无所有性，得深禅定，具足四种妙安乐行，得六神通父母所生清净常眼，得此眼时，善知一切诸佛境界，亦知一切众生业缘色心果报，生死出没上下好丑一念悉知。于眼通中具足十力十八不共三明八解一切神通悉在眼通，一时具足。此岂非是众生眼妙，众生眼妙即佛眼也。"② 这就是观想读经功夫的具体体现。其具体的方法是运思观想，即通过对《妙法莲华经》义趣的观想，从而达到开佛知见、悟佛知见、入佛知见的目的。天台宗，以《妙法莲华经》为其开宗立派的根本经典，寻其源头，当在此也。

本文对南岳大师《法华经安乐行义》的理趣与功夫进行了一次初步的归纳整理。从这个初步的归纳整理来看，南岳大师

---

① 《法华经安乐行义》，《大正藏》第46册，第700页中。
② 同上书，第698页下。

对天台宗的贡献，无论是在的教理方面还是在修持用功的方法层面，其贡献都是卓越的，都是无与伦比的！其历史功勋、历史地位不容否定。后世天台宗的宗师们推举南岳大师为天台宗的第三祖，是实至名归的。不可以不加分析地认为南岳大师能成为天台宗的第三祖，只是因为他带了一个好徒弟的缘故。最后笔者借此机会，在这里大声疾呼学界重视南岳大师在创建具有中国特色的佛教宗派——天台宗的过程中的历史功绩与历史地位研究，将南岳大师对《妙法莲华经》理趣的揭示与独创的观行方法，用现代的语言总结出来，对当今重视文化传统，重铸民族精神，必将起到不可估量的作用。

慧思《无诤行门》中的"心识"浅说

陈俣霖

(华侨大学哲学与社会发展学院硕士研究生)

摘　要：南岳慧思大师的佛学思想是天台宗早期佛学思想的重要部分，其现存于世的《诸法无诤三昧法门》包含了以"四念处"为主的教理思想和对禅观实践的指导。在这部著述中，慧思大师继承《大智度论》中对"心性"和"心相"的分类，并受到当时地论和摄论学说的影响，进而构建了自身的心识理论。其观点之一，是"心、意、识"同体异名，均指前六识；另一种观点就是认为"心"包含"八识"在内，并以"心性"和"心相"的术语来进行论述。

关键词：慧思　心意识　无诤行门　八识

南岳大师慧思（515—577）被奉为中国佛教天台宗三祖，天台宗实际创始人智者大师智𫖮（538—598）直接师承于慧思。从这个意义来看，可以认为南岳慧思大师是智𫖮之前的天台宗先驱者，研究他的佛学思想对研究天台宗思想体系具有重要意义。根据张风雷的研究，慧思大师共有九种著述，现存五种：《法华经安乐行义》《诸法无诤三昧法门》《南岳思大禅师立誓愿文》《大乘止观法门》《随自意三昧》①，其中《诸法无诤三昧

---

① 张风雷：《天台先驱慧思佛学思想初探——关于早期天台宗思想的几个问题》，《世界宗教研究》2001 年第 2 期。

法门》（以下简称《无诤行门》①）的研究相对较少。本文拟在先贤的研究基础上，管窥慧思大师《无诤行门》中阐述的"心识"，以就正于方家。

在《无诤行门》这部著述中，慧思大师关于"心识"的论述可分为"心"与"识"两部分。其中"心"可分为"心心数"②，即真心与心数，亦可分为"心性"与"心相"。此"心"包含八识在内，有时又指前六识。"识"则主要指七转识，涵盖在"心相"之内。对于心识论，《无诤行门》并没有使用前六识、第七识、第八识的术语，而是采用了心、心数或心性、心相等术语。而慧思大师的"心"与"识"在内涵上究竟是如何对应的呢？下文将详述之。

一 "心、意、识"三者同体异名

"心"与"识"的名义，常见有唯识学的解释，如"心意识"之说，以第八识为"心"，第七识为"意"，前六识为"识"。慧思大师《诸法无诤三昧法门·法念处品》中同样有"心意识"之说："六识由心，意但少分，不能尽知，攀缘计较，名之为心，属当受持，名之为意。"③ 由这一阐释可知，心为六识之主，攀缘计较名为"心"，执持我、我所等的则是"意"。

中国唯识宗的重要论书《瑜伽师地论》中对"心意识"的阐释与慧思大师所说基本一致：

---

① 《诸法无诤三昧法门》简称不一，或称《无诤门》《无诤三昧》等，本文依《佛祖统纪》卷六，简称《无诤行门》："所著述多口授，门人笔成章句。出《四十二字门》《无诤行门》《大乘止观》各二卷，《释论玄》《随自意》《安乐行》《次第禅要》《三智观门》各一卷。"

② 心心数：心与心所也。心为身识等之心王，心数者新曰心所，为心王所有贪嗔等多数之别作用也。（丁福保《佛学大辞典》）

③ 慧思述：《诸法无诤三昧法门》，《大正藏》第46册，第639页上。

复次此中诸识皆名心意识。若就最胜，阿赖耶识名心。何以故？由此识能集聚一切法种子故，于一切时缘执受境，缘不可知一类器境。末那名意，于一切时执我、我所及我慢等，思量为性。余识名识，谓于境界了别为相。如是三种。①

这段论述以"心"为集起之义，"意"为思量之义，"识"为了别之义。第八阿赖耶识即是"心"，能集聚种子；第七末那识以思量为性，起我执等烦恼，故名为"意"；前六识可认识对象，了别境界，名为"识"。与慧思大师一样，《瑜伽师地论》认为"心"能集聚种子。

但与《瑜伽师地论》的阐述稍有不同的是，慧思所说的"心、意、识"三者似乎同为六识的异名，其体实为同一。慧思大师认为"六识由心，意但少分，不能尽知，攀缘计较，名之为心"，或许是指"心（心王）"能集起各种业，因而名为"心"，能了别境界，因而名为"识"，"识"依"意"而起。"属当受持，名之为意"，则是指心能思维度量，因而名为"意"。

根据笔者对慧思大师这一论述的理解，"心、意、识"三者同体而异名，且同于六识，是一切心理现象的总称。"六识"属于十八界，指眼识、耳识、鼻识、舌识、身识、意识，以六根为依，见色、声、香、味、触、法六种境界能产生了别作用。《诸法无诤三昧法门·法念处品》中称"六识"为内外法、六识、六神、十八界，种种善恶业缘皆在其中：

内法者，是六情。外法者，是六尘，名为六境。内外法者，名为六识，亦名六神，名十八界，三毒、四大、五

---

① 弥勒菩萨说，玄奘法师译：《瑜伽师地论》，《大正藏》第30册，第651页中。

阴、十二入、十二因缘，悉是其中。①

在《诸法无诤三昧法门·受念处品》中，"六识"还称为内外受、心思维分别，因无明而起善恶业，轮回六道：

> 内受是六根，名为六情。外受是六尘，名为六境。内外受名六识，亦名为心思惟分别。如是内外，有三十种六根、六尘、六识、六触、六受，是名三十。皆由无明不能了故，贪善恶业，遍生六趣。②

由这两则材料可以看出，"心"有时就是"六识"，是造作业缘的主体，"心、意、识"三者虽同体异名，但所作业不同。但"六识"与"六根""六尘"皆空无所有，亦无有空。在禅观的实践中，需观此六识之心毕竟空。

二 "心"摄"八识"——"心性"与"心相"

《无诤行门》中的"心"有时则与"六识"不同，是指心理现象的统帅，具体而言就是指的八种识。如前文所引《瑜伽师地论》关于"八识"的论述，在眼、耳、鼻、舌、身、意六识之外，还有末那识和阿赖耶识。"六识"以了别为义，第七末那识是六识所依，向内执取阿赖耶为"我"，向外认识境界为实法，以思量为义。前六识与第七末那识合为"七转识"。第八阿赖耶识称为"藏识"，以集起为义，能集聚含藏种子，种子现行时，善恶分明，业报相续。

慧思大师在《无诤行门》亦有关于"八识"作业的论述，

---

① 慧思述：《诸法无诤三昧法门》，《大正藏》第46册，第639页上。
② 同上书，第633页下—634页上。

但慧思大师并没有采用"八识"的术语，而是称之为"心"。关于心的作业，慧思大师将其分为"心相"和"心性"两类进行讨论，如《诸法无诤三昧法门·心念处品》所云：

> 更总说心作，二分名心相，二分名心性。相常共六识行，心性毕竟常空寂，无有生灭，无三受则无一切诸烦恼。①

"心作"者，丁福保在《佛学大辞典》中释为"心之作业，即三业中的意业"。此中的"心作"，不仅包含了意业，也包含其他七种识的作业。依上文释"心性"，"心性毕竟常空寂"，当为如来藏、自性清净心。"心相"常与六识共同作业，或指心的行相。心相与六识攀缘，妄心不曾暂停。而心性之体，本来空寂，无有生灭、三受、烦恼等。

《无诤行门》卷上对"心性"和"心相"亦有论述，但所用名称不同。卷上中称"如来藏""真心""身本"等术语近于"心性"，"身身""心数"等术语近于"心相"。慧思大师述及禅观时，对"身本"和"身身"进行了一些理论性的阐释：

> 复次欲坐禅时，应先观身本。身本者，如来藏也，亦名自性清净心，是名真实心。不在内，不在外，不在中间，不断不常，亦非中道。无名无字无相貌，无自无他，无生无灭，无来无去无住处，无愚无智，无缚无解。生死涅槃无一二，无前无后无中间，从昔已来无名字，如是观察真身竟，次观身身。②

先释"身本"。如慧思大师所言，欲坐禅时先观"身本"。

---

① 慧思述：《诸法无诤三昧法门》，《大正藏》第46册，第640页上。
② 同上书，第628页上。

何为"身本"？所谓"身本"即如来藏，也称作自性清净心或真实心。也就是说，身本相当于第八识，即是心性。此"心"不生不灭，不断不常，不一不异，不来不去，无名字相貌，无生死涅槃。

"身身"者，慧思大师阐释云"身身者，从妄念心生，随业受报，天人诸趣，实无去来，妄见生灭"①。即是说，身身是由凡夫的妄念心生，产生六识的系缚，从而在六道中随业受报，流转不息。因而，身身相当于前六识。

后文《法念处品》中对"六识"有较详细解释，认为"六识为枝条，心识为根本。无明波浪起，随缘生六识。六识假名字，名为分张识。随缘不自在，故名假名识。心识名为动转识，游戏六情作烦恼。六识缘行善恶业，随业受报遍六道。"根据上述引文，"六识"也是枝条识，"心识"为根本识。"六识"是心法的旁支，因缘和合，假名而有，因而"六识"亦可称为分张识、假名识。而"心识"是能转动前六识的根本识，因而也叫"动转识"。释正持根据《随自意三昧》中对八识的论释，在《禅观思想之研究》中认为这个"心识"就是第七识。② 由此推之，"身身"包含了前六识以及第七末那识。

为进一步阐释清楚"身本"与"身身"，慧思大师采用譬喻进一步解释到：

> 身本及真心，譬如虚空月。无初无后无圆满，无出无没无去来，众生妄见谓生灭。大海江河及陂池，溪潭渠浴及泉源，普现众影似真月。身身心心如月影，观身然欲甚相似，身本真伪亦如是。月在虚空无来去，凡夫妄见在众水。虽无去来无生灭，与空中月甚相似。虽现六趣众色像，

---

① 慧思述：《诸法无诤三昧法门》，《大正藏》第46册，第628上。
② 郑素如（释正持）：《慧思禅观思想之研究》，南华大学宗教学研究所硕士学位论文，2008年，第127页。

如来藏身未曾异。譬如幻师著兽皮，飞禽走兽种种像，贵贱男女差别异，端正丑陋及老少，世间种种可笑事，幻师虽作种种变，本丈夫形未曾异。凡夫虽受六趣色，如来藏色不变异。身本及真心，譬如幻师睡，身心无思觉，寂然不变易。身身及心数，如幻师游戏，故示六趣形，种种可笑事。①

这一段引述中，慧思大师分别采用了两种譬喻来阐述"身本及真心"和"身身及心数"。第一种月喻中，虚空月指的是"身本及真心"，它住于虚空无有去来，无有生灭，因众生心生种种妄见，而显现出六趣等色像。虽然妄生种种色像，但"如来藏"的真心不变易。"身身及心数"犹如"月影"，江河、湖泊、大海等能映照出明月的影子，但这些月影并非真实的明月，"身本"与"身身"虽然相似，但它们的真伪就如同"明月"与"月影"的真伪一样。在这个譬喻中，"身本、真心"可以说是"如来藏、心性"等，"身身、心心、心数"大约相当于第六识，随妄念生起种种色像，而流转六道之中。

第二个譬喻为"幻师"喻。幻师能作种种变化，或为飞禽，或为走兽，或为男女，或为老少。虽然有种种形象变化，但幻师本来的丈夫之形并没有改变。当幻师沉睡时，身心没有思觉，即幻师显示出本来面目，幻师的形象也就如同"身本及真心"一样不变易了。当幻师作游戏时，就如同"身身及心数"，妄念心生，显示出种种六趣色像。《无诤行门》卷上认为"声香味触法，六情起诸尘"，妄念心生起六尘，"妄识本无体，依因寂法生"，生起六尘的六识以第七识为依，共同构成"转识"。② 因而"身本及真心"应该是指如来藏、自性清净心，相当于第八

---

① 慧思述：《诸法无诤三昧法门》，《大正藏》第46册，第628页上—中。
② 同上书，第632页下—633页上。

识的功能，也即是"心性"。"身身及心数"则是妄念心生所依与所起，相当于前六识与第七末那识。

受当时地论与摄论学说的影响，慧思大师已有八识的思想。根据前文的分析和论述，"心性"与"身本""真心""心"相同而名异，"心相"与"身身""心数"也可说是同体异名。由前文可知，"心性"或与第八识相同，相当于如来藏或自性清净心。《诸法无诤三昧法门·心念处品》云：

> 内心外心中间心，一切皆是心心数。心性清净无名相，不在内外非中间。不生不灭常寂然，非垢非净非明暗，非定非乱非缘虑，非动非住非来去，非是非死非涅槃，非断非常非缚解，非如来藏非凡圣。①

这个偈子中，将一切"心"分为"心"（心性）和"心数"。"心性"是清净无名相，不生不灭，恒常寂灭的，无疑是"如来藏"自性清净心。该偈语中多次对"心性"进行阐述："心性无念不可观""心性清净如明珠，不为众色之所污""心性寂然不变异""心性无体无名字"等，可知"心性"即是如来藏心、自性清净心，是不变的心体，与"八识说"对应，即相当于第八识阿赖耶识。

"心数"者，"心所"的旧译也。《大日经疏指心钞》曰："心王自在，得本性之水；心数客尘，息动浊之波。"② 心性如水，心数如波，水性为体，波浪为妄念心生。如《心念处品》云：

> 从无明缘至老死，皆是心相之所造，此假名身及诸受，

---

① 慧思述：《诸法无诤三昧法门》，《大正藏》第46册，第637页中。
② 《大日经疏指心钞》，《续藏经》第18册，第455页上。

善不善法及无记，皆由妄念心所作，观妄念心无生处，即无烦恼无无明，心性无念不可观。①

心随着种种缘生出种种对境，即是"心数"或"心相"。十二因缘所起，皆由心相造作，即由前六识作业，"此假名身及诸受，善不善法及无记"，也皆是妄念心所作，因而受到六识的牵引系缚。慧思大师阐释"心、心数"的概念，其中一个目的是为了指导禅观。慧思大师认为，观察心相是一种方便法门，通过观察心相来觉照心性，获得定慧。心相的造作，包括从无明缘至老死的十二因缘，进而产生六识，乃至三受、善法、不善法、无记法，等等。因无明妄念心的生起，受到六识系缚，进而流转六趣，此即是前六识的造作。

十二因缘的流转，苦受、乐受、不苦不乐受以及善法、不善法、无记法，皆是心相的造作，因缘和合而有，虚妄不实。这些心的对镜由妄念所产生，而观察生起妄念之处，亦是虚妄不可得。对境不真实，妄念心亦不可得，所谓的无明、烦恼也就不可得，所以"观妄念心生处，即无烦恼无无明，心性无念不可观"，心性也就是恒常清净、无念无相的了。

根据《无诤行门》以及前文的辨析和论述，结合《慧思禅观思想之研究》的成果，对"心"的内涵小结如下："心"的内涵包括"八识"在内。"心"的作业可分为"心性"和"心相"，"心性"为"心相"之体。"心性"相当于第八识，又可名为身本、真实心、真心、自性清净心、如来藏心等。"心相"又可分为"根本识"和"枝条识"，"根本识"相当于第七末那识，又名"动转识"，"枝条识"相当于前六识，又名分张识、假名识、六情、身身、心心、心数等。

---

① 慧思述：《诸法无诤三昧法门》，《大正藏》第46册，第637页中。

三　结　论

慧思大师的心识说受到龙树菩萨《大智度论》与当时摄论、地论学说的影响，其《无诤行门》中关于"心识"的论述可以从"心"与"识"两方面来认识：

其一，"心"有时与"意""识"同体而异名，是心理现象的总称，都是指的"第六识"。这种情形下的"心"能集起各种意或业，"六根名为门，心为自在王"。造生死业时，此"心"（心王）贪著六尘，没有可以制伏者，自在如王。此"心"思量称为"意"，了别之识称为"识"，"识"依托意而起。

其二，"心"有时又包含八识在内，细分为"心性"和"心相"，或"心"和"心数"等，如前所述。从"心性"和"心相"的层面来说，"心"有生、住、灭三相，此三相因外六尘因缘与颠倒无明的心和合而生，相续不断，强名之"心"。此"心"无生无灭、无去无来，无有实性，因而"心性空"，亦"心相空"。

论慧思大师大乘止观思想之二谛观

丁建华

（浙江工商大学人文学院）

摘　要：慧思大师被尊为天台宗祖师，素以解、行并重著称，他的思想集中体现在他融合大乘义理的止观修行思想之中。慧思的大乘止观思想，与大乘佛教核心范畴二谛紧密相关。慧思基于二谛阐述大乘止观法门，同时，通过大乘止观思想的论述来开显二谛。基于第一义谛"心体平等义"以及世谛"心体缘起用义"，通过真心与染性、理体与事相、止行与观行三个方面的阐述，慧思安立了"真心本具染性""心外无法"、修止行离世谛、修观行知世谛等命题，由此开显真、俗二谛与止、观二门之互摄圆融。

关键词：慧思　大乘止观　二谛

慧思大师（515—577）被尊为天台宗祖师，是天台宗实际创始人智者大师之师。根据《南岳思大禅师立誓文》的自述，以及《续高僧传》的记载，慧思之修行一般可以从两个方面来考察，一方面是精研、讲说《法华经》《大品般若经》等大乘经典；另一方面是精进苦行。慧思著述包括《法华经安乐行义》《诸法无净三昧法门》《大乘止观法门》《随自意三昧》等都与止观、禅定相关，在《续高僧传》中，道宣也将慧思归类为"习禅篇"。可见，慧思对解、行两个方面都有相当的重视，而未偏废一方,其解、行的思想集中体现在他融合大乘义理的止观修行思想之中。

慧思的大乘止观思想,与大乘佛教核心范畴二谛紧密相关。慧思基于二谛的层次来阐述大乘止观思想,同时,通过大乘止观思想的论述来开显二谛。慧思是以寂、用二义来表诠二谛的,"问曰,何谓心体寂用二义?答曰,心体平等,离一切相,即是寂义;体具违顺二用,即是用义"①。这是慧思思想之根本,即他的真俗二谛观。寂义即是心体平等义,就是真谛,意味着无差别,之所以无差别而平等,原因在于"心外无法",此真心是一切法的根本,即一切法的体,"以从本以来未有一法心外得建立故"②,慧思也是以此心作为止观双行的依止,并做了大量的论述;用义,就是心体缘起义,即俗谛,意味着无差别之差别。

一 真心与染性

慧思在《大乘止观法门》中,在说明止观的依止对象的时候,标明止观所依止的就是"一心","此心即是自性清净心,又名真如,亦名佛性,复名法身,又称如来藏,亦号法界,复名法性"③。不管从篇幅,还是从内容来看,《大乘止观法门》五门中,作为"止观依止"的真心都是关键内容,慧思在《诸法无诤三昧门》中也如是说道"欲坐禅时,应先观身本,身本者如来藏也,亦名自性清净心,是名真实心。"④ 慧思在对真心进行阐述过程中的一个核心问题,并辐射这部著作及其他著作,即真心与染性的关系,而这一问题,慧思是通过二谛,或者说基于二谛来阐述的。

---

① 慧思:《大乘止观法门》卷三,《大正藏》第46册,第653页。
② 同上。
③ 慧思:《大乘止观法门》卷一,《大正藏》第46册,第642页。
④ 慧思:《诸法无诤三昧法门》卷一,《大正藏》第46册,第628页。

慧思在辨析一心体状过程中,一个重要的主题就是净心与染法的关系,按照慧思的安立,染法并不外于净心,"此心虽复平等离相,而复具足一切染法之性,能生生死,能作生死"①。那么一系列难解的问题就产生了,即染法之染性是否由净心具足?如果具足,那何以不名此心为染心?而且若此心具足染性,是否能够转凡入圣?入圣之后,染性是否灭却?若染性能够被灭,如何谈得上此心本具染性?若不能被灭,是否意味着圣者也有染性?

慧思首先肯定的是,真心具足染性,而且是本来具足,并非是后天熏习而成,他设问自答开演此意。"问曰,如来之藏体具染净二性者,为是习以成性,为是不改之性耶?答曰,此是理体用不改之性,非习成之性也。"② 慧思区别了不改之性与习成之性,前者是本有,后者是始有,慧思以此真心本来具有染性而非熏习而成。

关于真心本具染性的原因,首先需要否定染性无明的自性。他认为无明并无自体存在,"无明染法本来与心相离故。云何为离?谓以无明体是无法,有即非有,以非有故,无可与心相应,故言离也。既无无明染法与之相应,故名性净"③。按照《俱舍论》的说法,有部认为无明并非是"明无处",而是"别实有体","无明别有实体,是明所治,非异非无"。④ 这里的非异非无并非表达不一不异的意思,非异是否定明之外比如眼等都是无明,非无是否定明无处就是无明。如果按照无明有自性、自体的观点,如来藏是无法本具染性的,因为染、净相碍,不能同时同处。

对照有部的观点来看,慧思否定了无明的实体性,但这并

---

① 慧思:《大乘止观法门》卷一,《大正藏》第46册,第646页。
② 慧思:《大乘止观法门》卷二,《大正藏》第46册,第649页。
③ 慧思:《大乘止观法门》卷一,《大正藏》第46册,第642页。
④ 《阿毗达磨俱舍论》卷十,《大正藏》第29册,第51页。

非说明无明无体。慧思在说明心体与染法的关系时，安立了子时无明与果时无明，"子、果二种无明，本无自体，唯以净心为体，但由熏习因缘故有迷用，以心往摄用即非有，唯是一心"①。可见，无明之体即是此清净真心，这也就意味着染性亦依此真心为体，"以其染性即是净性，更无别法。故由此心性为彼业果染事所依，故说言生死依如来藏，即是法身藏也"②。慧思正是从染性即是净性，染、净二性同依此真心为体的角度，说明了"真心本具染性"这个命题。

之所以慧思能够安立差别相碍的染、净二性为同体，原因就在于他是从第一义谛、心体平等义来说的，染性即是净性，同依此一心。而在俗谛上，即从心体缘起用义上来说，染、净是具有差别的，即所谓无差别之差别。慧思从体相两个方面来说明"一心为体"。"所言一切凡圣，唯以一心为体者，此心就体、相论之，有其二种。一者真如平等心，此是体也，即是一切凡圣平等共相法身。二者阿梨耶识，即是相也。就此阿梨耶识中复有二种，一者清净分依他性，亦名清净和合识，即是一切圣人体也，二者染浊分依他性，亦名染浊和合识，即是一切众生体也，此二种依他性虽有用别，而体融一味，唯是一真如平等心也。"③ 慧思所说的体相两个方面，其实就是从真如心与阿梨耶识来开演的。他首先确立以真如心为体，以阿梨耶识为相。在体的层面，一切凡夫、圣者都具有染净二性，同具法身；在相的层面，阿梨耶识也开演出清净分依他性与染浊分依他性，清净分依他性是一切圣人体，染浊分依他性是一切凡夫体。相比较以真如心为体来说，后者虽然以阿梨耶识二分为差别的凡夫与圣者两种体，但这两种依他性只是在用上的差别，其体上仍旧是一味的平等，"道净心时更无别有阿梨耶，道阿梨耶时更

---

① 慧思：《大乘止观法门》卷一，《大正藏》第46册，第645页。
② 同上书，第644页。
③ 慧思：《大乘止观法门》卷二，《大正藏》第46册，第652页。

无别有净心，但以体相义别故，有此二名之异。"①

由上述可知，慧思从第一义谛心体平等义出发，染、净二性同依此真心为体，"染性即是净性"，从而说明了真心本具染性，同时，也意味着圣者与凡夫一样本具染性，"一一众生心体，一一诸佛心体，本具二性，而无差别之相，一味平等，古今不坏。但以染业熏染性故，即生死之相显矣。净业熏净性故，即涅槃之用现矣。然此一一众生心体依熏作生死时，而不妨体有净性之能。一一诸佛心体依熏作涅槃时，而不妨体有染性之用。以是义故，一一众生，一一诸佛，悉具染净二性。"② 慧思正是通过第一义谛的心体平等义，安立诸佛与众生都具足染、净二性的。

当然同时，慧思也必须否定诸佛与凡夫无差别的观点，因为这样意味着众生不修而成圣，实际上就否定了整个佛教，所以，在肯定佛与凡夫在真谛层面的平等之后，也必须进一步标明两者在世俗谛层面的差别。差别在于凡夫虽具两性而以染业熏习染性，故而轮回生死；诸佛虽具两性而以净业熏净性，故而解脱涅槃。但同时也不妨碍两者具足染净二性，故凡夫具足净性，诸佛具足染性。所以这也就得出了一个看似颇为争议的结论，即诸佛不能灭此心之染性，"清净法中不见一法增，即是本具性净，非始有也。烦恼法中不见一法减，即是本具性染，不可灭也。"③

那么，既然此心具足染性而不灭，那何以不以此心为染，而名其为净心？慧思是通过顺违来回答的，"染业虽依心性而起，而常违心。净业亦依心性而起，常顺心也。"④ 但这顺违之义终究不能解疑，因为净业也违此心染性，以染业违心是预设

---

① 慧思：《大乘止观法门》卷三，《大正藏》第46册，第654页。
② 慧思：《大乘止观法门》卷一，《大正藏》第46册，第646页。
③ 同上。
④ 同上。

了此心为净的前提。所以慧思进一步解释此顺违义,"无明染法实从心体染性而起,但以体暗故,不知自己及诸境界从心而起,亦不知净心具足染净二性而无异相,一味平等。以不知如此道理,故名之为违。智慧净法实从心体而起,以明利故能知己及诸法皆从心作,复知心体具足染净二性而无异相,一味平等,以如此称理而知。故名之为顺。"① 慧思是以是否"知理"来判断顺不顺的,知则为顺,不知则不顺。而作为所知的理,就是从第一义谛层面的心体平等义,净心具足染净二性,一味平等。可见,在心体所具染净二性基础上,仍以心体为净,此"净"已非与染对待之净,其本身就是超越染净差别的无差别平等义。

二 理体与事相

慧思安立"真心本具染性"的意趣是什么呢？如果是论证解脱的可能性,则说明凡夫本具净性即可,何必引入圣者亦同具染性而不灭这样的话题。慧思设问自答,"问曰,若如来藏体具染性能生生死者,应言佛性之中有众生,不应言众生身中有佛性。答曰,若言如来藏体具染性能生生死者,此明法性能生诸法之义。若言众生身中有佛性者,此明体为相隐之语,如说一切色法依空而起,悉在空内。复言一切色中悉有虚空。空喻真性,色喻众生,类此可知。"② 慧思认为,如来藏体具染净二性,具净性能生净法,具染性能生染法。净法是出世间法,染法是世间法、生死法。所以,慧思所说如来藏体具染性能生生死,是在说明杂染的世间诸法的生起并不能离开此心,所以依凭此心而生起世间杂染诸法,即与"色即是空"意味相同。

可见,通过真心与染性的关系,慧思意在讨论真心与杂染

---

① 慧思:《大乘止观法门》卷二,《大正藏》第46册,第647页。
② 同上书,第649页。

世间法的关系，两者的关系也是在二谛的框架中展开论述的。"若以一心望彼，则长短俱无，本来平等一心也，正以心体平等，非长非短故，心性所起长短之相，即无长短之实，故得相摄。若此长时自有长体，短时自有短体，非是一心起作者，即不得长短相摄。又虽同一心为体，若长时则全用一心而作，短时即减少许心作者，亦不得长短相摄，正以一心全体复作短时，全体复作长时故得相摄也，是故圣人依平等义故。"① 慧思这一段对心体平等义的两个方面进行了阐述，第一个方面是，事法上的对待、差别，在真谛层面都不真实，诸法皆依此心而起，故事法、心体圆融相摄；第二个方面是，事法摄心体，是摄心体之全分，而非其一分。如果摄一分，则心体有增减，有增减则有差别，则落于不平等之差别，即世谛义。

慧思所安立的第一义谛是真如心，是体用不二的真心，"此心即是第一义谛真如心也，自性圆融，体备大用，但是自觉圣智所知，非情量之能测也。故云，言语道断，心行处灭，不可以名名，不可以相相。何以故？心体离名相故。"② 此真心离相，故不能以言语、名相来描述，"唯可说其所离之相，反相灭相而自契焉，所谓此心从本已来，离一切相，平等寂灭，非有相非无相……"③ 第一义谛不可言说，只能通过遮诠的形式来描述，因为此心外无法，所以不存在心外的能诠来表诠此心，"净心之体不可以缘虑所知，不可以言说所及，何以故？以净心之外无一法故，若心外无法，更有谁能缘能说此心耶。"④ 之所以可以缘虑此心，只是为无明所覆而产生的妄想执着，"有能缘所缘者，但是己家净心，为无始妄想所熏，故不能自知己性，即妄

---

① 慧思：《大乘止观法门》卷二，《大正藏》第46册，第651页。
② 慧思：《大乘止观法门》卷一，《大正藏》第46册，第644页。
③ 同上。
④ 同上书，第645页。

生分别，于己心外建立净心之相，还以妄想取之以为净心。"①

此心虽然离一切分别相，但此心与诸相的关系是不一不异，"此等虚相无体，唯是净心，故言不异。又复不一，何以故？以净心之体，虽具染净二用，无二性差别之相，一味平等，但依熏力所现虚相差别不同。然此虚相，有生有灭，净心之体，常无生灭，常恒不变，故言不一。"② 虚相是所执诸法虚妄之相，虚相并不离净心，所以说不异，不异即是平等，这是从真谛、心体平等义所谈的。从心体用义来说，虚相有生灭，而心体无生灭。

慧思在阐述"真如"之名义的时候，也点出了心体不生不灭之义，"一切诸法依此心有，以心为体，望于诸法，法悉虚妄，有即非有，对此虚伪法，故目之为真。又复诸法虽实非有，但以虚妄因缘而有生灭之相，然彼虚法生时此心不生，诸法灭时此心不灭，不生故不增，不灭故不减，以不生不灭、不增不减故，名之为真。"③ 这一段是从诸法与心的关系来说明何以以真如名此心的，诸法虚妄，因缘和合而自性本空，故虽有而非有，相对于虚妄的诸法，此心不生不灭故名为真。

中观也谈诸法不生不灭，但与慧思意趣有别。依青木释，《中论》开篇以八不偈从八个方面总破一切法，八不之中的"不生不灭"，首先是从包括自生、他生、共生、无因生等四生来破自性生，从而得出"生相决定不可得"④ 的结论，从"不生"进而安立"不灭"。中观是从诸法自性空的角度来安立"不生不灭"的，相比较慧思所说真如的不生不灭，中观偏重于否定诸法的自性，而慧思则通过否定诸法自性来反显"一心"的"真""常"，所以慧思说"真如者，以一切法真实如是，唯是

---

① 慧思：《大乘止观法门》卷一，《大正藏》第46册，第645页。
② 同上。
③ 同上书，第642页。
④ 《中论》卷一，《大正藏》第30册，第1页。

一心，故名此一心以为真如。"① 可见，两者虽然都从不生不灭来表述，但表达的意思确有差别。

作为藏传中观的代表，宗喀巴对此作过总结。在《入中论善显密意疏》及《辨了不了义善说藏论》中，宗喀巴简别了一对概念，自空与他空，自空即中观宗所主张的自性本空，而他空是什么呢？宗喀巴引用《宝积经》进一步说明"此说诸法，若有自相之体性，则非诸法自空。经说法性自空，则不应理。尚不从自体破除自性，须以他空而说名空，则违经说不以空性令诸法空。故是说以中道观察诸法自性时，要从诸法自体空，乃为自性空。此经亦破唯识宗所说：依他起自相不空，由无异体能取所取说名为空。"② 如果诸法不是自空，而是依据空性而说诸法空，就是他空，他空最明显的比喻就是鹿子母堂空，出自《小空经》，意味着大堂内没有鹿子与鹿母，就称其为空，并非是堂本身空，这就是他空见。

基于自空与他空的差别，慧思的安立难免使人产生似外道神我的疑问，慧思对此进行了讨论，他认为，心外无法这一点也是与外道神我相区别的关键，"外道所计，心外有法，大小远近，三世六道，历然是实。但以神我微妙广大故，遍一切处犹如虚空，此即见有实事之相异神我，神我之相异实事也。设使即事计我，我与事一，但彼执事为实，彼此不融。佛法之内，即不如是，知一切法，悉是心作，但以心性缘起，不无相别，虽复相别，其唯一心为体，以体为用，故言实际，无处不至，非谓心外，有其实事，心遍在中，名为至也。"③ 在慧思看来，外道计诸法是真实存在的，而神我则必然是外于诸法的至高存在，则两者彼此不融。但是，此真心缘生一切染净诸法，一切

---

① 慧思：《大乘止观法门》卷一，《大正藏》第46册，第642页。
② 宗喀巴著：《入中论善显密意疏》，《宗喀巴大师集》第三卷，法尊译，民族出版社2000年版，第339页。
③ 慧思：《大乘止观法门》卷二，《大正藏》第46册，第650页。

诸法以此心为体，两者互摄互融。

三 止行与观行

慧思在《大乘止观法门》开篇就对大乘止观二行进行了描述，"所言止者，谓知一切诸法从本已来性自非有，不生不灭，但以虚妄因缘故非有而有，然彼有法有即非有，唯是一心，体无分别，作是观者，能令妄念不流，故名为止。所言观者，虽知本不生今不灭，而以心性缘起不无虚妄世用，犹如幻梦，非有而有，故名为观。"① 他所说的"止"与"观"并非是一般意义上的相对概念，两者是不二的关系。止，并不离观，止是在观诸法因缘和合并无真实自性存在，以此观来使妄念不生；观，同样的并不离开止，在止的基础上，进一步了知诸法虚妄如幻而不无，以此为观。可见，在慧思这里，止观并非如小乘所说的相对概念，而更是一种相辅相成的概念，止偏重于缘起即性空的了悟，观偏重于性空不碍缘起的观照。

慧思称此止观的大乘行法，如能发心乐闻，已经超越了二乘境界，他在《法华经安乐行义》中关于法华二种行的讨论中，对无相行的描述是："何故名为无相行？无相行者，即是安乐行。一切诸法中，心相寂灭，毕竟不生，故名为无相行也。常在一切深妙禅定，行住坐卧饮食语言，一切威仪心常定故。诸余禅定三界次第，从欲界地、未到地、初禅地、二禅地、三禅地、四禅地、空处地、识处、无所有处地、非有想非无想处地，如是次第有十一种地差别不同，有法无法二道为别，是阿毗昙杂心圣行。安乐行中深妙禅定即不如此，何以故？不依止欲界，不住色无色，行如是禅定，是菩萨遍行，毕竟无心想，故名无

---

① 慧思：《大乘止观法门》卷一，《大正藏》第46册，第642页。

想行。"① 慧思这里所说的即是安乐行的无相行,就是大乘行法,他在这里说得很清楚,是与《杂心论》所说小乘四禅、四无色定的次第相区别的,超越依据三界而展开的次第,重在"毕竟无心想",这当然与无想定不同,这里所说的"无心想"是在了知"一切诸法中,心相寂灭,寂静不生"。根据《随自意三昧》以及《大乘止观法门》五门之后的内容,慧思认为,大乘止观修行是在行住坐卧、饮食言语、礼佛、大小便利等一切日常生活中,都安住在这种深妙的禅定之中。

在《大乘止观法门》五门中,止观境界、止观体状、止观断得都是通过三性来论述的,三性包括真实性、依他性及分别性。在通过三自性法说明止观境界时,真实性包括有垢净心与无垢净心,虽然名词不同,但代表的正是真心当中的染净二性,此染净二性其体唯此一心,"依熏约用,故有有垢、无垢之殊,就体谈真,本无无染、有染之异,即是平等实性,大总法门,故言真实性"②。依他性也有二分,即净分依他性与染分依他性:"清净分依他性者,即彼真如体具染净二性之用,但得无漏净法所熏,故事染之功斯尽,名为清净。即复依彼净业所熏,故性净之用显现,故名依他。……所言染浊依他性者,即彼净心虽体具违顺二用之性,但为分别性中所有无明染法所熏故,性违之用依熏变现虚状等法,所谓流转生死,轮回六趣,故言染浊依他性法也。"③ 清净分依他性是依清净业报熏习而使得真如体所显现之净性,染浊依他性是依分别性中无明熏习而使得真如体众显现之染性。与真如性之两心一样,此依他性之两种在真谛层面也是一味圆融的,因为不离此心而存在,即心体平等义,所以慧思说"净满不妨有于染德,染重不得有于净用"④。分别

---

① 慧思:《法华经安乐行义》卷一,《大正藏》第46册,第700页。
② 慧思:《大乘止观法门》卷三,《大正藏》第46册,第656页。
③ 同上。
④ 同上。

性也分为清净分别性与染浊分别性，慧思这里以利他之德为清净分别性，虽分别但始终清净，与凡夫虚妄执着的染浊分别性相对。

慧思所安立的作为止观境界的三性，与唯识学的三性多有相似，但在表诠也存在差别，最关键的是真实性中的有垢净心是不能完全与圆成实性等同的，这也与慧思其他地方反复论述的真如心中同具染性一致；另一个关键就是分别性中的清净分别性，唯识遍计所执性唯是杂染，但慧思这里将利他之德称为清净分别性，是与唯识遍计所执性意趣不同的，慧思的意指是无分别智分别，即圣者依于内证无分别智随顺凡夫世间法的分别，但此分别不为世俗染污，所以称为清净。

可见，不管三性本身还是三性各具染净二分，都是对待法、差别法，所以慧思最终又从三性回归到一心，从世俗谛上的心体缘起义回归到真谛层面的心体平等义，即没有有垢、污垢二分的绝对真实性，"就心体平等名真实性，心体为染净所系依随染净二法名依他性，所现虚相果报名分别性"[①]。

慧思按照三性从两重三番的次第，对止观体状进行了描述。两重即是三性的染、净这两个层次；三番，即从分别性之观进入止，再进起依他性之观，从此观进入依他性之止，最后由此止进入真实性之观，再入止以成止观双行。染、净两重在三性止观的次第上并无差别，但是内容不同，染浊三性止观之次第是以染浊法为对象的，而清净三性止观则以包括诸佛色身、大悲大愿等诸佛净德为对象的。慧思在染浊三性止观次第论述完毕时进行了总结，并引出了三无性的概念，"上来三番明止观二门，当知观门即能成立三性缘起为有，止门即能除灭三性，得入三无性。入三无性者，谓除分别性入无相性，除依他性入无

---

① 慧思：《大乘止观法门》卷三，《大正藏》第46册，第657页。

生性，除真实性入无性性"①。慧思所说的通过观成立三性缘起，意味着观本身就是俗谛之心体缘起义，是无差别之差别；止通过除灭三性之差别，入三无性之无差别，即是真谛层面的心体平等义。

如果按照慧思一贯安立，真实性虽然依熏用分为有垢、无垢，但是其体唯一，本身就是心体平等义，如何可得除灭？所以慧思对除灭真实性以入无性性特别进行了解说："问曰，既言真实性法，有何可除？若可除者，即非真实。答曰，执二无以为真实性者，即须除之，故曰无无性，妄智分别净心，谓为可观者亦须息此分别异相，示其无别真性可得分别，故言无真性，但除此等于真性上横执之真，非谓除灭真如之体。"② 这与慧思前文所引"但除其病，不除其法"一致，所以三无性中除灭真实性入无性性，作为所灭的真实性并非心体平等义之真实性，而是落入心体缘起义的分别性，所以除去心体平等义上之分别就是入无性性，当然所入的无性性本身就是心外无法之真如真实性。

所以，慧思最后以二谛对作为止观体状的三性做了总结，"若欲舍离世谛，当修止门入三无性。若欲不坏缘起建立世谛，当修观门解知三性。若不修观门，即不知世谛所以缘起。若不修止门，即不知真谛所以常寂。若不修观门，便不知真即是俗，若不修止门即不知俗即是真"③。舍离世谛即进了真谛，修止门除三性入三无性以了真谛，即心体平等义，所以慧思才说，不修止门不知真谛常寂；所谓不坏缘起建立世谛，即无差别之差别，即心体缘起用义，所以慧思才说不修观门不知世谛缘起。慧思则更进一步，以观门为了知真即是俗，以止门通达俗即是真，二谛本身就是言诠，言诠已落分别，分别则是心体缘起俗

---

① 慧思：《大乘止观法门》卷三，《大正藏》第46册，第658页。
② 同上。
③ 同上。

谛义，所以在第一义谛心体平等义上，慧思圆融了言诠角度的二谛，其本身就是心体平等义，就是第一义谛，就是心外无法之真心，"非谓真如之体有此差别之相"①。

慧思形容止观成就的最终状态"止观作用"："止行成故，体证净心理融无二之性，与诸众生圆同一相之身，三宝于是混尔无三，二谛自斯莽然不二。……盖以一切法本来平等故，心性法尔故，此则甚深法性之体也。谓观行成故，净心体显法界无碍之用自然出生，一切染净之能兴，……一切法法尔一心作故，即是甚深缘起之用也。又止行成故，其心平等不住生死。观行成故，德用缘起不入涅槃。又止行成故，住大涅槃。观行成故，处于生死。又止行成故，不为世染。观行成故，不为寂滞。又止行成故，即用而常寂。观行成故，即寂而常用。又止行成故，知生死即是涅槃。观行成故，知涅槃即是生死。又止行成故，知生死及涅槃二俱不可得。观行成故，知流转即生死，不转是涅槃。"②虽然慧思这里用了多种不同表述，但是对于止观二行成就之作用的意趣是一致，止行偏于真谛的体征，观行偏于俗谛的了悟。即是真俗二谛的差别，在圆融心体之中也是不二的，所以即是慧思在表述上以"二谛自斯莽然不二"为止行成就，但其本身就与观行"一切染净之能兴"的关系，是无差别之差别，其体不二，唯用显二。

四 总 结

慧思以大乘佛教义理为基础的止观思想，与其二谛观圆融互摄而展开。慧思对真俗二谛最直接的表述，"若据第一义谛，真如平等，实无差别，不妨即寂缘起，世谛不坏，而有相别"③。

---

① 慧思：《大乘止观法门》卷四，《大正藏》第46册，第659页。
② 同上书，第661页。
③ 慧思：《大乘止观法门》卷二，《大正藏》第46册，第650页。

第一义谛所演心体平等义,不论染净二性,抑或毛孔、世界等事法,悉皆平等;但是,心体平等义,并不能否定诸法的差别,仍有凡圣差别,仍需从凡入圣,意味着无差别之差别。慧思进一步于说到"以体作用,名为世谛。用全是体,名为真谛。宁不相摄?"① 这是对真俗二谛本身所出现的差别进一步否定,真俗二谛虽有差别,仍互为相摄,"体用无二者,非如揽众尘之别用,成泥团之一体。但以世谛之中,一一事相即是真谛全体,故云体用无二。以是义故,若真谛摄世谛中一切事相得尽,即世谛中一一事相亦摄世谛中一切事相皆尽"②。体用不二,并非是糅合差别之诸法而成一体,如揉尘成团。体用不二,是站在心外无法的第一义谛心体平等义上,每一诸法皆具整全之心体。基于此,则真谛、世谛、事法皆互相摄尽而不遗。

从平等义出发,一切世间与一切出世间法悉皆平等,唯此一心,所以慧思提出:"以如来藏是真实法,圆融无二故,是故如来之藏全体是一众生一毛孔性,全体是一众生一切毛孔性。"③ 作为出世间法的如来藏与作为世间法的众生毛孔,其性平等,故成立一一法性,具摄一切法性。"用无别用,用全是心,心无别心,心全是用。是故以体体用,有即非有,唯是一心,而不废常用,以用用体,非有即有,炽然法界,而不妨常寂。寂即是用,名为观门,用即是寂名为止行。"④ 用即是心体缘起用义,即是俗谛;心即是心体平等义,即是真谛。用全是心,所显示之意趣与心全是用一致,即表明差别之诸法唯是无差别之一心。心外无法,故以止门从俗谛解悟真谛,法外无心,故以观门了知无差别之差别,体现二谛之圆融。

---

① 慧思:《大乘止观法门》卷二,《大正藏》第46册,第650页。
② 同上。
③ 同上书,第648页。
④ 慧思:《大乘止观法门》卷四,《大正藏》第46册,第660页。

论慧思大师的禅定修习理念

郭延成

(辽宁大学哲学与公共管理学院讲师)

摘 要：慧思大师在诸多著述中，对修习禅定、引发神通有十分详尽的阐述。从大师的阐释，我们可以得到一些启发：慧思大师站在天台宗立场上，以"一心"为万法之本；推崇《法华》对于修行的关键作用；对于修成佛道，须以禅定为开端，而"悲智双运"是贯穿修行全过程的基本精神；大师推崇"四念处法"及"观出入息法"于修行的重要作用。

关键词：慧思大师 修习禅定 引发神通 悲智双运 四念处法 观出入息法

众所周知，被后人誉为天台宗三祖的慧思大师（515—577）对天台宗的创立起到了重要作用，从流传下来的大师的著述如《诸法无诤三昧法门》《随自意三昧》《法华经安乐行义》《大乘止观法门》等，可以体见大师具有精深的佛法理论造诣和深厚的修行实践功夫。现将大师有关修习禅定、证得神通的相关实修理念呈现出来，以使后学受益。

一 通达"'一心'为体"之理以修禅定、引发神通

我们知道，作为天台大师的慧思大师，十分推崇"一心"

为万法之体的理论，其著述《大乘止观法门》通篇可见大师对"一心"的阐释和推崇（可找到106处阐释"一心"）；可以说，"一心"思想是慧思大师佛学思想的本体论部分（假借哲学的词汇），当然，把"一心"归结为整个天台宗的本体思想也是可以的。而"一心"与证得神通关系密切，兹举一例：如大师在《大乘止观法门》中说：

> 问曰：菩萨神通与二乘神通有何差别？答曰：二乘神通但由假想而成，以心外见法，故有限有量。菩萨神通，由知诸法悉是心作，唯有心相、心外无法，故无限无量也。又菩萨初学通时，亦从假想而修，但即知诸法皆一心作。二乘唯由假想习通，但言定力，不言心作。道理论之，一等心作，但彼二乘不知，故有差别也。[①]

慧思大师在此处开示了菩萨与二乘在修习禅定、证得神通方面的区别所在：菩萨与二乘初学时，都从假想起修，但菩萨一开始就懂得"诸法皆一心作"的道理，因此感得神通无有限量；而二乘的理论水平有限，只知道假想习通，不懂"一心"之理，因此证得的神通是有限的。由此我们可以窥见慧思大师之所以重视佛法义理、推崇"一心"思想的原因。

二 修习《法华》，勤修禅定，疾成佛道

慧思大师是天台宗祖师，其推崇《法华》是非常自然之事；而《法华》所阐释的"一乘道"思想与"疾成佛道"、证得神通的修为品性，是吸引根基深厚的行者的重要原因。大师在《法华经安乐行义》说：

[①] 慧思：《大乘止观法门》卷四，《大正藏》第46册，第664页上。

《法华经》者，大乘顿觉，无师自悟，疾成佛道，一切世间难信法门。凡是一切新学菩萨欲求大乘，超过一切诸菩萨，疾成佛道，须持戒、忍辱、精进、勤修禅定，专心勤学"法华三昧"；观一切众生皆如佛想，合掌礼拜如敬世尊，亦观一切众生皆如大菩萨善知识想；勇猛精进求佛道者，如药王菩萨难行苦行，于过去日月净明德佛法中，名为"一切众生喜见菩萨"，闻《法华经》，精进求佛，于一生中得佛神通。亦如过去妙庄严王，舍国王位以付其弟，王及群臣夫人太子内外眷属，于云雷音王佛法中出家，诵《法华经》专求佛道，过八万四千岁，一生具足诸佛神通，受记作佛，尔时人民寿命大长八万九千岁，与今阎浮提八十年四百日等、于三天下八十四年等，今时人寿命短促，恶世劫浊苦逼恼多，是故于此，求道易得。"观一切众生皆如佛想"者，如《常不轻菩萨品》中说：勤修禅定者，如《安乐行品》初说：何以故，一切众生具足法身藏与佛一无异？如《佛藏经》中说：三十二相，八十种好，湛然清净，众生但以乱心惑障、六情暗浊、法身不现，如镜尘垢、面像不现。是故行人勤修禅定，净惑障垢、法身显现。是故经言：法师父母所生清净常眼耳鼻舌身意，亦复如是，若坐禅时不见诸法常与无常。如《安乐行》中说：菩萨观一切法，无有常住，亦无起灭，是名智者所亲近处。[①]

可见，慧思大师在此说出了他推崇《法华经》的缘由。从读诵《法华经》、修习《法华经》所述修行之方法，可以"大乘顿觉，无师自悟，疾成佛道"；可知，《法华经》对于立志"超过一切诸菩萨，疾成佛道"的修习大乘的新学菩萨来说是非常适合的，而新学

---

① 慧思：《法华经安乐行义》卷一，《大正藏》第46册，第697页上—698页上。

菩萨必须通过持戒、忍辱、精进、勤修禅定的一系列修行，才可证得"法华三昧"。接下来，慧思大师通过列举《法华经》中著名的修行案例来说明按《法华经》修行所取得的成就：其中提及"一切众生喜见菩萨"和"一切众生喜见菩萨"，他们都是闻《法华经》，精进求佛，专求佛道，于一生中得诸佛神通、受记作佛。慧思大师同时还引用《法华经》诸品及《佛藏经》的理念，进一步强调勤修禅定可以净惑障垢，直至证得法身显现。

大师接着说：

> 问曰：云何名"众生妙"、云何复名"众生法"耶？答曰："众生妙"者，一切人身，六种相妙，六自在王，性清净故。"六种相"者，即是六根，有人求道，受持《法华》，读诵修行，观法性空，知十八界无所有性，得深禅定，具足四种妙安乐行，得六神通、父母所生清净常眼；得此眼时，善知一切诸佛境界，亦知一切众生业缘色心果报，生死出没上下好丑，一念悉知，于眼通中具足十力十八不共、三明八解、一切神通悉在眼通，一时具足，此岂非是众生眼妙！众生眼妙即佛眼也。①

可见，慧思大师开示受持《法华经》、读诵修行《法华经》对于修行成就的重要意义：在学习《法华经》义理、掌握《法华经》所述修行之方法的基础上，通过观法性空，可以知十八界无所有性，获得深禅定，具足四种妙安乐行，得六神通。

三 强调慈悲之愿是修习禅定、佛道成就的根本动力

众所周知，佛法的基本精神是"悲智双运"。可以说，救度

---

① 慧思：《法华经安乐行义》卷一，《大正藏》第46册，第698页下。

众生的慈悲心是行者修行佛道的根本动力；除此还要以般若智慧为导来进行修习。总之，"悲智双运"的基本精神是贯穿于行者修行全过程之中的，而慈悲心有时还是引发修行飞跃的巨大契机。慧思大师在《法华经安乐行义》开示说：

> 略说有三种忍：一者众生忍；二者法忍；三者大忍，亦名神通忍。……"大忍"者，名"神通忍"，云何名为"神通忍"？菩萨本初发心时，誓度十方一切众生，勤修六度法，施、戒、忍辱、精进、禅定，三乘道品，一切智慧，得证涅槃，深入实际，上不见诸佛、下不见众生，即作是念：我本誓度一切众生，今都不见一切众生，将不违我往昔誓愿。作是念时，十方一切现在诸佛即现色身，同声赞叹此菩萨言：善哉！善哉！大善男子，念本誓愿，莫舍众生，我等诸佛初学道时，发大誓愿，广度众生，勤心学道，既证涅槃，深入实际，不见众生，忆本誓愿，即生悔心，顾念众生。是时即见十方诸佛同声赞叹：我亦如汝，念本誓愿，莫舍众生。十方诸佛说是语时，菩萨是时闻诸佛语，心大欢喜，即得大神通，虚空中坐尽见十方一切诸佛，具足一切诸佛智慧，一念尽知十方佛心，亦知一切众生心数，一念悉能遍观察之，一时欲度一切众生，心广大故名为"大忍"，具足诸佛大人法故，名曰"大忍"。为度众生，色身智慧对机差别，一念心中现一切身，一时说法一音能作无音音声，无量众生一时成道，是名"神通忍"。①

这是慧思大师在开示何谓"神通忍"。菩萨通过一系列修行过程，从本初发心誓度一切众生，经过勤修六度法：布施、持戒、忍辱、精进、禅定、三乘道品、一切智慧，终于证得涅槃，

---

① 慧思：《法华经安乐行义》卷一，《大正藏》第46册，第701页中—下。

但此时菩萨的境界是"上不见诸佛、下不见众生";正在此菩萨踌躇不前的时刻,诸佛以"莫舍众生"的充满大慈大悲之愿的开导,终于使此菩萨顿开茅塞、即刻回忆起初发心之时"誓度一切众生"的大愿;而此时菩萨心大欢喜,即得大神通,具足一切诸佛智慧,一时欲度一切众生;此具足大神通的菩萨,具有对机差别的智慧,可以"于一念心中,现一切身",可以"一时说法,一音能作无音音声",可使"无量众生,一时成道",这真是不可思议的度脱众生的成效!是名"神通忍"。可见,慧思大师给长期修行的菩萨敲了警钟,警示他们有可能出现"著于空境、忘却入世"的境界"瓶颈"而不能进步;而经诸佛的瞋充满慈心的、关键一个点拨,菩萨即刻恢复大慈大悲的初心,而救度众生的能力即刻获得不可思议的"飞跃"。

四 于日常威仪中,悲智双运,修习禅定

慧思大师非常强调在日常生活之中贯彻佛法的修行原则,大师在《随自意三昧·行威仪品第一》中说:

> 凡是一切新发心菩萨,欲学六波罗蜜,欲修一切禅定,欲行三十七品,若欲说法教化众生,学大慈悲、起六神通,欲得疾入菩萨位、得佛智慧,先当具足"念佛三昧""般舟三昧"及学"妙法莲华三昧";是诸菩萨最初应先学"随自意三昧"。此三昧若成就,得首楞严定。"随自意三昧"者,先以大悲眼观众生,举足下足具六波罗蜜。菩萨行时,先观众生,起一子想,亦如幻化,如影如空,不可得想;而自举身作轻空想,观地而行,如履虚空,自令己身,不曲不直,己身直行,不迟不疾亦不左右顾视,又不转头及望。若欲望时,举身皆转,如象王视,步步进时,观众生勿令损伤。是时众生即大欢喜心,无恐怖,无所复畏;是

时名为檀波罗蜜，名无畏施。①

可见，这是慧思大师开示学人修学的目的、次第和具体方法，大师结合学人日常行、住、坐、眠、食、语等行为来开示修习佛法的要略，也就是将佛法理念落实到现实生活的每一个方面和细节，可以说颇具"佛法生活化"的意味。大师先讲解修学的次第，即学者最初应先学"随自意三昧"。而对于如何修行"随自意三昧"，大师从生活中行的方面作了详细的开解：总的原则是具足大慈悲心，并践行菩萨六度；具体的做法是，"先观众生，起一子想，亦如幻化，如影如空，不可得想"，可知，既要以慈悲的心念视众生（"起一子想"），又不能执着众生之"实有"，这体现了佛法"慈悲与智慧等持"的基本理念。而对于自己，"自举身作轻空想，观地而行，如履虚空"，即以"轻、空"之念观照自身，并在行走之时，做"如履虚空"之想，这体现了佛法般若智慧，也可以说是佛法的基本原则；而在具体行为上，做到"不曲不直，己身直行，不迟不疾亦不左右顾视，又不转头及望……"体现了行为上的中道原则，且令"众生即大欢喜心，无恐怖"，这体现了慈悲观念。由此可知，大师开示要学佛最终成就包括证得作为济世度人本领的神通，要从日常行威仪做起，每一心念、行动、动作都要契合佛法慈悲、智慧的理念，这样久久修行才能成就。

大师还更加推崇坐威仪中的跏趺坐，大师在《随自意三昧·坐威仪品第三》中说：

> 四种身威仪中，坐最为安稳。菩萨常应跏趺，端坐不动，深入一切诸三昧门，观察一切众生根性，欲安立之，

---

① 慧思：《随自意三昧·行威仪品第一》，《卍续藏》第55册，第496页上—中。

令得解脱。是故菩萨常入禅定，起六神通，能净五眼：肉眼、清净天眼、通达慧眼、见真法眼、观察佛眼，觉了一切，能度十方世界无量众生，不前不后，一时得道，是故菩萨常在禅定。问曰：菩萨何故四种身仪中多在坐威仪，余法亦应得、独言跏趺坐？答曰：此是坐禅入道之人坐禅之法，余威仪中取道则难，多有动散，结跏趺坐，心直身正，敛念在前，复欲教诸弟子入禅定，是故菩萨结跏趺坐；余坐法者，是凡夫人，坐法动散，心多不得入定，其心难摄。结跏趺坐，身心正直，心易摄故，欲教弟子学此坐法，舍诸外道邪见威仪。有诸外道颠狂心乱，或常翘脚、或傍身欹足、或一足独立、或五热炙身，以是种种邪见，身心不安。菩萨坐时，令诸众生，见者欢喜，发菩提心，离诸怖畏，入菩萨位，是名"法施檀波罗蜜"；菩萨坐时，身心不动，众生见者，能发净信，离杀害心，舍诸恶业，具足大乘菩萨律行，是名"持戒尸波罗蜜"；菩萨坐时，知一切法、阴界诸入，毕竟不动，能令众生离高下心，不起诤论，是名"忍辱羼提波罗蜜"；菩萨坐时，能令众生，见者欢喜，舍十恶业行，行十善道，修脱勇猛精进，身心不懈，是名"具足精进毗梨耶波罗蜜"（具上原无"是名"二字，今依日藏补入）；菩萨坐时，能令众生舍离味着，能断贪爱，心无定乱，毕竟寂灭，亦令众生起神通力，何以故？是诸众生，见菩萨坐禅，深心爱乐，情无舍离……①

这是慧思大师在开示日常中"坐威仪"的修行法要。大师认为，四种身威仪中，坐最为安稳；菩萨应经常行跏趺坐，端坐不动，深入一切诸三昧门；菩萨由常行跏趺坐而入禅定，起

---

① 慧思：《随自意三昧·坐威仪品第三》，《卍续藏》第55册，第499页中—下。

六神通，能净五眼，觉了一切，从而度脱十方世界无量众生。接着，大师回答了学人"为什么提倡跏趺坐"的问题。大师回答：首先，坐禅入道之人坐禅之法；其次，大师从"跏趺坐，有助于收摄身心、使心直身正"的方面来说明跏趺坐对修道的作用，并对比了外道的有碍于"心直身正"的坐法；最后，大师逐一列举菩萨跏趺坐的种种利益和功德。

大师还阐释，般若是行者于跏趺坐的禅定修习中做观的基本原则，大师在《随自意三昧·坐威仪品第三》中说：

……菩萨坐时，虽无心阴界入，见于一切法皆如梦想，无觉观心具足无量，一切辩才，一念悉知三世九道凡圣差别，思觉不同，优劣差别，不预思惟，知过去世无碍、知未来世无碍、知无为无碍、知世谛无碍、知真谛无碍、知第一义谛空无碍，离常定，一念遍在十方佛前，现神通力种种变化供养之具，供养诸佛，一时变现入六道中菩萨色身对众生机随应说法，一念受持一切佛法，悉知诸佛弟子种数，一念能转诸法轮（原本能转下有"法"字今依日藏删），尽知众生烦恼利钝差别，成闻菩萨音声不同（"成"字疑当作"咸"），能断烦恼，虽无色像阴界入诸见，具足如此无量辩才，是名"菩萨般若波罗蜜问般若波罗蜜"，名何等法？答曰：般若波罗蜜，名一切种慧，三乘智慧，尽到其边，是名彼岸，名为"摩诃般若波罗蜜"。问曰：如是智慧，从何处生？答曰：无有生处，何以故？如《大品经》中，先尼梵志问佛世尊：如来所得一切智慧，从何处得？佛答：先尼！无有得处。如是智慧非内观中得，是智慧非外观中得，是智慧非内外观中得，是智慧亦非不观得，是智慧，是时先尼梵志即于佛一切智中得；生信解深，入般若波罗蜜，是故言无有得处。更有人言，问曰：何者为内观？何者为外观？何者为内外观？云何言亦非不观得是智慧？答曰：内观者，是内六根——眼耳鼻舌身意；外观者，是外六尘——色声香味触法；内外观者，中间六识。眼识，触因缘生诸受，乃至鼻、舌、身、意、识，触因缘生诸受（原作"鼻舌意识"无"身"字，今依日藏补入）。菩萨观内六根性空无所得，观外六尘，性空无所得，观中六识，性空无所得。若不观察，亦不能得，是故佛言：亦非不观得，是智慧无所得，即是智即是慧，所以者何？《大品经·一心具万行品》中，佛告须菩提：诸法无所有性，即是道，即是果，若于诸法中有见者，此人无果，坏法性故无道果，是故佛言：诸法无所有性，即是道，即是果。诸法者，即是众生十八界内有六根界，外有六尘界，中有六识界。观内六根，能破贪淫嗔恚（"淫嗔"原作"嗔淫"，今依日藏改）、愚痴无明、调慢诸烦恼结，能破自身我见及离我所，无有寿命、众生主者，离受念着，毕竟空故，是名"智无所得"，故名之为"慧"。观外六尘于色尘中青黄赤白女等色，是名"外"；身起贪爱心，能生烦恼；菩萨尔时观此外身，修死尸想，凉胀烂坏，九想具足，乃至十想成就，归空尽灭，更不复生，观察觉了，能破烦恼，是名为"智无所有性"，是名为"慧"；声香味触法，亦复如是。观察中识，无分别想，无自生处，假内外因缘和合而生，都无自性。观内六根，空无有主；观外六尘，空无形色；和合想不可分别，即无六识。是时智慧无有得处，若不坐禅明了观察，是十八界亦不能得如是智慧，是故佛言：亦非不观得是智慧。……①

这是慧思大师在开示菩萨之所以具有种种度众的智慧和成就（包括神通），根本在于菩萨具足"般若波罗蜜"，名"一切种慧"；大师便引经据典来阐释"般若波罗蜜"的由来：首先，大师列举《大品经》中世尊对先尼梵志"如来所得一切智慧，

---

① 慧思：《随自意三昧·坐威仪品第三》，《卍续藏》第55册，第500页上—下。

从何处得"的问题的回答——"无有得处";其次,便对"无有得处"进行阐释。总的说来,"无有得处"是诸佛的境界,是诸佛通过对众生之"内六根、外六尘、中六识"之"十八界"的智慧观照的结果,即"十八界"性空无所得、但又不离智慧观察才可得此结论。可知,贯穿菩萨修行全过程的是般若智慧,她是一切修行成就的基础所在。

五 勤修禅定可引发神通

大师非常强调禅定是修行成佛、证得神通的开端,他在《诸法无诤三昧法门》卷上中说:

> 如万行中说,从初发心至成佛道,一身一心一智慧,欲为教化众生故,万行名字差别异。夫欲学一切佛法,先持净戒、勤禅定,得一切佛法诸三昧门,百八三昧,五百陀罗尼,及诸解脱,大慈大悲,一切种智,五眼,六神通,三明,八解脱,十力,四无畏,十八不共法,三十二相,八十种好,六波罗蜜,三十七品,四弘大誓愿,四无量心,如意神通,四摄法,如是无量佛法功德,一切皆从禅生,何以故?三世十方无量诸佛,若欲说法度众生时,先入禅定,以十力道种智,观察众生根性差别,知其对治,得道因缘;以法眼观察竟,以一切种智,说法度众生。[①]
>
> 问曰:佛何经中说般若诸慧皆从禅定生?答曰:如《禅定论》中说,三乘一切智慧皆从禅生,《般若论》中亦有此语:般若从禅生。汝无所知,不解佛语,而生疑惑,作是狂难,汝何不见十方诸佛若欲说法度众生时,先入禅定,以神通力,能令大地十方世界六种震动,三变土田,

---

① 慧思:《诸法无诤三昧法门》卷上,《大正藏》第46册,第627页下。

转秽为净，或至七变，能令一切未曾有事，悉具出现，悦可众心，放大光明，普照十方，他方菩萨，悉来集会，复以五眼观其性欲，然后说法。复次《般若波罗蜜光明释论》中说：有人疑问佛：佛是一切智人，智慧自在，即应说法，何故先入禅定，然后说法，如不知相。论主答曰：言如来一切智慧，及大光明、大神通力，皆在禅定中得。佛今欲说摩诃般若大智慧法，先入禅定，现大神通，放大光明，遍照一切十方众生，报禅定恩故，然后说法，为破外道执。①

慧思大师阐释"禅定"对于修行佛道的重要基础意义。"欲学一切佛法，先持净戒、勤禅定"，也就是说，在持净戒的前提下，勤习禅定，这样才能修行成就，即"无量佛法功德，一切皆从禅生"。而从度众的角度来说，十方诸佛于说法度众生时，先入禅定，以神通力，放大光明，遍照一切十方众生；众生受其感召，才踊跃来听法；而从"溯源""报恩"意义上讲，诸佛先示大智慧神通之力，也是为"报禅定之恩"——如来一切智慧，及大光明、大神通力，皆由禅定引发。

大师还开示了修禅定的根本思想动力和具体方法，大师在《诸法无诤三昧法门》卷上中说：

> 复次，禅波罗蜜，有无量名字。为求佛道，修学甚深微妙禅定，身心得证，断诸烦恼，得一切神通，立大誓愿：度一切众生，是乃名为禅波罗蜜。立大誓愿故禅定转名四弘，欲度众生故。入深禅定，以道种智清净法眼，观察众生是处非处十力智。尔时禅定转名四无量心，慈悲愍众生，

---

① 慧思：《诸法无诤三昧法门》卷上，《大正藏》第46册，第629页上—中。

拔苦与乐，离憎爱心，平等观察。……①

慧思大师阐释修习禅波罗蜜的成就相及修习的基本方法。大师开示作为行者修习的开端是"立大誓愿，度一切众生"，强调了慈悲心是修行的根本动力。

在描述了禅定的诸多成就之相的同时，大师开示禅定的基本修法——"五方便"修法，大师说：

> 尔时禅定，转名般若波罗蜜。复次行者，为出世间故，三界九地名为八背舍，次第断烦恼，欲界未到地禅及中间，二禅及四禅，空处及非有想，最后灭受想，于欲界中具五方便。一者发大善心，求佛道故，欲得禅定，名善欲心；是善欲心，能生一切佛法，能入一切禅定，能证一切解脱，起一切神通，分别欲界色界无色界，五阴三毒四大，十二入十八界，十二因缘，一切诸法无常变异，苦空无我，亦知诸法无生灭真实相，无名无字，无漏无为，无相无貌，觉了诸法，故名法智，未到初禅得金刚智，能断烦恼证诸解脱，是名未到地。初欲界地及未到地，如是二地，是佛道初门，欲得禅定，是名欲心。复次初夜后夜，专精学禅，节食摄心，舍离眷属，断诸攀缘，是名精进。复次专念初禅乐，更无余念，是名念心。复次巧慧筹量欲界五欲，欺诳不净，是三恶道伴；初禅定乐，断诸欺诳，得真智慧，是入涅槃伴；是筹量，是名巧慧心。复次专心一处，灭诸觉观，境界都息，身心寂静，是名一心。如是五方便，能断五欲妖媚烦恼，灭除五盖，有觉有观，离生得喜乐入初禅，名初背舍，得入二禅，名二背舍，入第三禅，名三背舍，喜乐心内清净得四禅，名为入一切处，灭一切色相，

---

① 慧思：《诸法无诤三昧法门》卷上，《大正藏》第46册，第630页下。

舍第四禅，灭有对想，入无边虚空处，名为空一切处，第四背舍虚空处定，得一切识处定，是名识一切处第五背舍，复次舍识处定，入无所有处定，是名第六背舍，舍无所有处定得入非有想非无想处定，生厌离心，是名第七背舍，舍非有想非无想处定，入灭定受想定，心无所著，是名第八背舍。尔时禅波罗蜜，转名八背舍，复次自觉觉他，通达无碍，得三解脱，能破三界一切烦恼。尔时禅波罗蜜，转名十一智，复次行者，总持旋陀罗尼，戒定慧三分，八圣道，破四颠倒获四真谛。尔时禅波罗蜜，转名三十七品，起一切神通，所谓四念处，四正勤，四如意足，五根五力，七觉分八圣道分，名为摩诃衍。①

慧思大师开示"五方便"的具体修法：一者"发大善心"，即把"求佛道"作为根本动机，而禅定是修成佛道的途径。二者"精进"，即行者在初夜后夜时，专精学禅，节食摄心，舍离眷属，断诸攀缘，精进修行；这是强调修行环境的重要性。三者"念心"，即专念初禅乐，更无余念；这是讲修禅的快乐作为进一步修行的策动力，并要求行者没有其他心念。四者"巧慧心"，是从理性的角度来思量"欲界五欲的欺诳不净"和"初禅定乐作为真智慧、涅槃伴"的重要意义。五者"一心"，即"专心一处，灭诸觉观，境界都息，身心寂静"，可见，是"制心一处"。而以此"五方便"断除种种烦恼后，进入初禅，再不断提升境界。

六　修习四念处法、出入息法，成就禅定

大师非常推崇"观出入息法"在修习禅定、引发神通中的

---

① 慧思：《诸法无诤三昧法门》卷上，《大正藏》第46册，第631页上、中。

重要作用，大师在《诸法无诤三昧法门》卷上中说：

> 尔时禅定，转名精进毗梨耶波罗蜜。复次菩萨，为起神通故，修练禅定，从初禅次第，入二禅三禅四禅，四空定，乃至灭受想定，一心次第，入无杂念心。是时禅波罗蜜，转名九次第定。复次菩萨，入初禅时，观入出息，自见其身，皆悉空寂，远离色相，获得神通，乃至四禅，亦复如是。入初禅时，观入出息，见三世色，乃至微细，如微尘许，悉见无碍，亦见众生出没果报差别，于无量劫通达无碍，是名天眼神通，乃至四禅，亦复如是。入初禅时，观息出入，以次第观声，悉同十方凡圣音声，是名天耳神通，乃至四禅，亦复如是。入初禅时，观入出息住息住舍摩他，观色相貌，以毗婆舍那，观他心相，善知十方凡圣之心，是名他心智神通，乃至四禅，亦复如是。入初禅时，观息入出，获得眼通，得眼通已，观于有歌罗逻时五阴生灭，乃至无量劫中五阴生灭，获得宿命，是名宿命神通，乃至四禅，亦复如是。悉能观察一切众生，善恶业行差别不同，亦复知其发心早晚，入道远近，十方三世通达无碍，是名道种智慧神通。……①

慧思大师开示获得"五神通"的方法，总的说来，是"观入出息"的方法，这种方法，佛祖在《佛说大安般守意经》中进行过详细的阐述。慧思大师在此处并没有翔实地阐释，但基本原则，他讲到了，如"入初禅时，观入出息，自见其身，皆悉空寂，远离色相，获得神通，乃至四禅，亦复如是。"也就是说，要以般若智慧来观照"入出息"。这无疑为我们再次强调了

---

① 慧思：《诸法无诤三昧法门》卷上，《大正藏》第46册，第631页下—632页上。

"观入出息"法对开启神通智慧的重要作用。

大师还将"观息出入法"与"四念处法"紧密地结合起来,大师在《诸法无诤三昧法门·身念处观如音品》中说:

> 观身不净时,先观息入出,生灭不可得。次观心心相,若先观色,粗利难解,沉重难轻;若先观心,微细难见,心空无体,托缘妄念,无有实主;气息处中,轻空易解。先观入息从何方来,都无所从,亦无生处,入至何处,都无归趣,不见灭相,无有处所,入息既无。复观出息从何处生,审谛观察,都无生处,至何处灭,不见去相,亦无灭处,既无入出。复观中间相貌何似,如是观时,如空微风,都无相貌,息无自体,生灭由心,妄念息即动,无念即无生。即观此心住在何处,复观身内,都不见心;复观身外,亦无心相;复观中间,无有相貌。复作是念:心息既无,我今此身从何生?如是观时,都无生处,但从贪爱虚妄念起。复观贪爱妄念之心,毕竟空寂,无生无灭,即知此身化生不实,头等六分色如空影,如虚薄云,入息气、出息气,如空微风。如是观时,影云微风,皆悉空寂,无断无常,无生无灭,无相无貌,无名无字,既无生死,亦无涅槃,一相无相,一切众生亦复如是,是名总观诸法实相。如是观竟,欲得神通,观身四大,如空如影;复观外四大,地水火风,石壁瓦砾,刀杖毒药,如影如空,影不能害影,空不能害空。入初禅时,观息入出,从头至足,从皮至髓,上下纵横,气息一时,出入无碍;常念己身,作轻空想,舍粗重想;是气息入无聚集,出无分散,是息风力能轻举;自见己身空如水沫,如泡如影,犹如虚空;如是观察,久修习竟,远离色相,获得神通,飞行无碍,去住远近,任意自在,是身念处。不净观法,九想十想,及观气息生灭出入,空无障碍,亦能获得如意神通。先证

肉眼,次观天眼,能见无量阿僧祇十方三世微细色等,亦见众生生死出没善恶业报,皆悉知之,明了无碍,总摄十力十八不共法,能作大身,遍满十方,能作小身,细如微尘,一能作多,多能作一,重能作轻,轻能作重,丑陋作端正,端正作丑陋,长短大小,青黄赤白,悉能变化。虚空作地,地作虚空,地作水火,水火作地,能令变作,金银七宝石壁草木,亦复如是,皆能变作。金银七宝,象马车乘,城郭楼橹,宫殿屋宅,房舍灯烛,日月大珠,及如意珠,饮食衣服,床榻被褥,箫笛箜篌,五欲众具,众生所须,尽给与之,然后说法,令入佛道,能自变身,作十方佛身,名字不同,色像差别。亦复能令皆作金色,三十二相,八十种好,顶上肉髻光明,普遍满十方,间无空处,十方远近,如对目前,过去未来,亦复如是,人天交接,两得相见,亦复能作菩萨缘觉阿罗汉身释梵四王诸天身转轮圣王诸小王身,能作四种佛弟子形,男变为女,女变为男,亦作六趣众生之身,如是凡圣众色像,一念心中一时行语言音声,亦复如是,亦复能作臭烂死尸缚魔波旬,令舍高慢远离魔业,求佛正道,臭烂尸观,非独系缚波旬魔王,亦能降伏一切淫女,令舍要欲发清净心,信求佛道,是禅波罗蜜。身念不净观法,初修行时,能断五欲一切烦恼,能除五盖,能断十缠。①

慧思大师在对四念处修习方法的阐述中着重开示了"观出入息"法及由此所引发的神通智慧。大师开示,"观出入息"法,是以般若智慧为根本观照原则,对"出息、入息"进行般若观照,体证到出息、入息都无自体,生灭由心;进而对"心"进行般若观照,体证到"心无所住";再对"身"进行般若观

---

① 慧思:《诸法无诤三昧法门·身念处观如音品》,《大正藏》第46册,第633页上—下。

照，体证到"身无生处，但从贪爱虚妄念起"；再次对"贪爱妄念之心"进行般若观照，体证到"贪爱妄念之心，毕竟空寂"；由此，体证到"此身化生不实"，而此时体证到"入息气、出息气，如空微风"。观到此种程度，可体证到"一切皆悉空寂"，一切众生也都如此。在此种观照境界的基础上，欲得神通，可以般若观身四大，再以般若观外四大。这样，在进入初禅时，"观息入出，从头至足，从皮至髓，上下纵横，气息一时，出入无碍"，即以整个身体为背景，来观照息入出能"出入无碍"；"常念己身，作轻空想，舍粗重想"，即以"轻空"之想（般若）来观照自身；"是气息入无聚集，出无分散，是息风力能轻举"，即观气息入出都无无聚散；"自见己身空如水沫，如泡如影，犹如虚空"，便能观到自身空如水沫、泡影、虚空；"如是观察，久修习竟，远离色相，获得神通，飞行无碍，去住远近，任意自在，是身念处"，这样观照修习时间久了，便能获得神通。接下来，大师继续开示如意神通之种种变化。

除了开示由修习"身念处"所得神通之法，大师还开示了"心念处""法念处"等"四念处"的修习神通之方法，总的原则都是以般若进行观照。

七　结　论

通过学习慧思大师对修习禅定、引发神通的开示，我们得到以下几点启发：

第一，慧思大师站在天台宗立场上，以"一心"为万法之本；推崇《法华》对于修行的关键作用；对于修习禅定、引发神通，大师推崇"四念处法"及"观出入息法"。

第二，神通是由禅定所引发的，而禅定的获得，须由持戒、忍辱、精进、智慧，亦包括外在环境等多种因缘而造就（或者说神通是禅定的"副产品"）；神通并非是行者执着追求的产物。

第三，修习禅定、引发神通，深刻体现了佛法"慈悲智慧双运"的基本精神，即以"慈悲"为根本动力，以般若智慧进行观照，才能有所成就；而此基本精神贯穿于修习佛法的全过程。

第四，不能一味否定神通的意义，诸佛常以神通来摄化、度脱众生；通过展现神通，既可达到感召众生的作用，也彰显了禅定对于修行成就的起始意义。

慧思大师佛性思想探析
——以《大乘止观法门》为例

黄德昌
（四川大学商学院教授）

摘　要：慧思大师作为天台宗的开宗人物之一，对于天台宗之佛性理论有着极为独特的贡献。慧思大师的佛性思想，秉承了佛教心性理论的性净之说，分析与阐述了佛性与如来藏、真如等范畴与概念的关系，同时慧思大师还专门阐释了他所建构的性具净染的理论，即佛性是如何呈现出净与染互含与互摄的关系。更为重要的是，慧思大师通过他对于三性学说的阐述，显示了唯识与天台学说的不解之缘。

关键词：慧思　佛性　如来藏　净染　三性

佛性论思想是佛教教理体系中极为重要的一个内容，两千多年间，佛教各个宗派对于佛性思想都阐述了自己的看法与见解，由此形成了极为丰富的佛性理论。在中国佛教的各大宗派中，天台宗对于佛性之看法也有自己之见解，这在天台宗的开宗立派之一的人物——慧思大师的思想理论体系中有所体现。慧思大师的佛性论之显著特质即在于阐述了性具净染之说，这是天台宗佛性论、心性论之独到的特色。佛性本净、客尘杂染，这是一切佛教宗派在涉及佛性论与心性论时，一致公认的。但是对于佛性与相关联的如来藏、真如是怎样的关系，则存在着不同的看法与争论。与之相应，佛性为何会呈现出具有净染杂含之状态，这就是慧思大师所阐释的佛性论之精要所在。慧思大师对于佛学理论的阐释，还与唯识学的三性学说有着极大的关联，这可以看作是唯识学与天台学的一种交涉。

一　佛性与如来藏

如来藏之理论在印度大乘佛学体系中已经出现，但却没有像在中国那样引起足够的重视，而在中国佛教各大宗派的理论体系中，几乎都与如来藏思想有着千丝万缕的关系。由于如来藏思想所涉及的是关于心性论的问题，所以在讨论佛性的理论之时，一般对会涉及心性论的范畴，正是由于如来藏这一范畴与中国佛教心性论的不解之缘，因此佛性论则与如来藏这一范畴也有着不解之缘。慧思大师在讨论与建构自己的佛性论思想体系时，必然绕不开如来藏这一范畴。如来藏本性是清净无染，但是在世间法之层次则是显现出有净有染之相状，而如来藏之本性的清净之状，则是与佛性相契应的：

> 如来藏体，具足一切众生之性。各各差别不同，即是无差别之差别也。然此一一众生性中，从本已来，复具无量无边之性。所谓六道四生，苦乐好丑，寿命形量，愚痴智慧等，一切世间染法；及三乘因果等，一切出世净法。如是等无量差别法性，一一众生性中，悉具不少也。以是义故，如来之藏，从本以来，俱时具有染净二性。以其染性故，能现一切众生等染事；故以此藏为在障本住法身，亦名佛性。复具净性故，能现一切诸佛等净德；故以此藏

为出障法身，亦名性净云身，亦名性净涅槃也。①

在慧思大师的阐释中，一切众生皆具如来藏之体性，虽然众生的性相之状态各有不同，但是就其本性与本质而言，却是皆可以归摄到如来藏之体性中，因此众生之性即是如来藏之体性。如来藏之体性决定了众生性相状态之差别，六道轮回等世间法就是由此而产生的，既然有了世间法的产生，那么如来藏之体性就会呈现出净与染互含之状态，所以慧思大师由此而主张如来藏从始以来就具有净染互含之义。从具有世间法之角度而言，就是如来藏之染性，而如来藏所具有的出世间法之状态则是净性，藏之义即俱含有由净至染、由染至净的转化之可能，而由染至净则是与佛性相契应之状态，所以佛性就是如来藏呈现出清净无染、本净无染之状态，同时佛性还是如来藏得与清净心性相应的根本。基于这种佛性理论的基本模式，慧思大师进而认为："真心能与一切凡圣为体，心体具一切法性。如即时世间出世间事得成立者，皆由心性有此道理也。若无道理者，终不可成。"② 这样佛性就成为了能够保证心性最终得以清净之依止，也就是说，心有真妄与净染之别，如来藏即是与心是同一的概念与范畴，而佛性则是纯净无染的，故而佛性是如来藏本净法性的显现：

> 藏体平等，实无差别，即是空如来藏；然此藏体，复有不可思议用故，具足一切法性，有其差别，即是不空如来藏；此盖无差别之差别也。此义云何？谓非如泥团具众微尘也。何以故？泥团是假，微尘是实。故一一微尘，各有别质。但以和合成一团泥，此泥团即具多尘之别。如来

---

① 慧思：《大乘止观法门》卷二，《大正藏》第46册，第647页。
② 同上书，第652页。

之藏，即不如是。何以故？以如来藏是真实法，圆融无二故。是故如来之藏，全体是一众生一毛孔性，全体是一众生一切毛孔性。如毛孔性，其余一切所有世间一一法性，亦复如是。如一众生世间法性，一切众生所有世间一一法性，一切诸佛所有出世间一一法性，亦复如是。是如来藏全体也。①

如来藏本来就具有空与不空之二义，空如来藏之性显示的是缘起性空之真谛，是诸法空性之实相；而不空之如来藏义则是显示的是，如来藏之清净之义，唯有证得缘起性空之真谛，以及诸法空性之实相，那么祛除了分别与执着，那么本净的佛性才能够自然显现出来，这样空如来藏与不空如来藏即是一体之两面、一物之两体。并且从如来藏之真实义出发，那么就是佛性之显现与呈现，佛性与如来藏在合一的状态下，世间法与出世间法就是圆融无碍的，众生与佛也是不相滞碍而不二的。之所以众生之性能够与本净的佛性、法性圆融无碍，关键在于如来藏具有空与不空之性，如来藏具有可净可染之性，既然净染之性俱融于如来藏之性中，那么染之性相就是众生之性，净之相状就是佛性与佛性，这样如来藏所具有的空与不空，以及净与染之互为转化的模式，就成为众生之性与佛性、佛性圆融无碍的中介。基于这种理论模式，慧思大师进一步认为，佛性与如来藏之关系还可以用体与用不二之模式来予以阐释，这也是从另一个角度来阐明如来藏与佛性的关系：

问曰："如来之藏，体具染净二性者，为是习以成性，为是不改之性也？"答曰："此是体用不改之性，非习成之性也。故云：佛性大王，非造作法，焉可习成也。佛性即

---

① 慧思：《大乘止观法门》卷二，《大正藏》第46册，第648页。

是净性,既不可造作,故染性与彼同体,是法界法尔,亦不可习成。"①

如来藏的净染互含之性,在慧思大师看来是体用之性,不属于后天的习气之性,这是慧思大师运用了中国固有哲学的体用范畴来阐明如来藏与佛性的关系。佛性是一切众生本俱之性,类似于儒家性善学说中的先天之性,所以慧思大师明确指出"佛性即是净性",由此来表明佛性与如来藏的不一不异、不即不离之关系。既然慧思大师认为佛性是属于先天之性,那么如来藏则是因为有了净染互含以及净染互为转化之特性,所以从成佛之依据上而言,就不如清净无染之佛性显得更为根本。也正是在这种意义上,慧思大师专门化用了中国固有哲学的体与用这对范畴,以及化用了儒家人性学说中的后天习成之性等概念与范畴,来建构与阐释他自己的佛性理论,这显示出了慧思大师会通中印、平章华梵的一种理论创新意识。

二 佛性与净染

佛性的本质之性是清净无染,因此佛性也就成了众生能够最终成佛的依止所在。但是诚如前所述的那样,佛性与如来藏清净心有着千丝万缕的关系,而如来藏清净心却又有净染二性,于此而言,佛性则与净染之性有着关联,这就使得佛性之讨论涉入了净染之性的领域之中。慧思大师在阐述他的佛性论思想时,就是要讨论,本净无染之佛性,是如何出现了净染互含之状态,同时这种净染互含之状态,又是如何与如来藏清净心发生关联的:

---

① 慧思:《大乘止观法门》卷二,《大正藏》第46册,第648页。

> 即彼染性，为染业熏故，成无明住地，及一切染法种子。依此种子，现种种果报。此无明及与业果，即是染事也。然此无明住地，及以种子果报等，虽有相别显现，说之为事，而悉一心为体，悉不在心外。以是义故，复以此心为不空也。譬如明镜所现色像，无别有体，唯是一镜，而复不妨万像区分不同。不同之状，皆在镜中显现，故名不空镜也。①

如来藏心之染性是与熏习相关，由于有了熏习故而就有了无明之产生，同时也就有了染法之种子，由于佛性在此时被熏习、无明所遮蔽，故而也就被染法种子所作用，于是就使得众生本有之佛性无法自然显现出来。从这些关于佛性与净染之性的论证中可以看出，慧思大师于此引入了种子这一概念与范畴，显然是有唯识学影响之痕迹。由于唯识学主张万法唯识以及唯识无境，因此所谓的净染之性皆可归摄到一心之中，此一心则又与佛性息息相关，这样佛性尽管本质上是清净无染的，但是在世间法之层次上，却是有净有染的。慧思大师在阐述这一净染之性时，运用了镜照万法的比喻，认为佛性与如来藏犹如镜子，可以收摄一切法，一切皆在佛性与如来藏心之中显现。既然讨论到了佛性与如来藏心的染法之性的问题，那么就不可避免地会涉及阿赖耶识这一概念，这是讨论佛性与净染之性时不可避免的：

> 本识，阿梨耶识，和合识，种子识，果报识等，皆是一体异名。……真如与阿梨耶同异之义……谓真心是体，本识是相，六七等识是用。如似水为体，流为相，波为用。类此可知。是故论云"不生不灭，与生灭和合，说名阿梨

---
① 慧思：《大乘止观法门》卷二，《大正藏》第46册，第647页。

耶识",即本识也。以与生死作本,故名为本。是故论云"以种子时阿梨耶识,与一切法作根本种子故",即其义也。又复经云:"自性清净心"。复言:"彼心为烦恼所染。"此明真心,虽复体具净性,而复体具染性故,而为烦恼所染。以此论之,明知就体,偏据一性,说为净心;就相异与染事和合,说为本识。①

慧思大师对于阿赖耶识的理解与阐释,基本上是与《大乘起信论》中一心二门之中的生灭门之阿赖耶识之义是相一致的。《大乘起信论》中一心二门的模式是要解决净与染二性互为含摄的问题,以及净性如何为其依止,净性如何被熏习成为净染互含之性,同时还要解决净与染二性之互为转化的问题。这些在《大乘起信论》中被重点阐述的问题,在慧思大师这里都有进一步的阐释。在慧思大师所阐述的过程中,他认为真心实体,这即意味着佛性就是本体,而阿赖耶识则是相,其余诸识则是用,这是典型的《起信论》中体相用三个范畴的具体之运用。阿赖耶识在净性与染性之间起到了一个中介的作用,即由净转染,再由染成净的过程中,阿赖耶识无疑具有十分重要的作用。如来藏自性清净心作为一心二门之中的一心,其体性就是佛性,所以如来藏清净心的清净之性就是佛性,但是佛性由于无明之熏习,就会呈现出净染互含的状态,这就是阿赖耶识之产生。所以,慧思大师的结论是:"明知就体,偏据一性,说为净",佛性之净性就是如此之义:

问曰:"一切凡圣,既唯一心为体,何为有相见者,有不相见者;有同受用者,有不同受用者?"答曰:"所言一切凡圣唯以一心为体者,此心就体相论之。有其二种:一

---

① 慧思:《大乘止观法门》卷三,《大正藏》第46册,第653页。

者真如平等心，此是体也……二者阿梨耶识，即是相也。……就中即合有二事别，一者共相识，二者不共相识。何故有邪？以真如体中，具此共相识性，不共相识性故。一切凡圣，造同业熏此共相性故，即成共相识也。若一一凡圣，各各别造别业，熏此不共相性故，即成不共相识也。……然此同用之土，惟是心相，故言共相识。……所言不共相者，谓一一凡圣，内身别报是也。以一一凡圣，造业不同，熏于真心。真心不共之性，依熏所起，显现别报，各各不同，自他两别也。然此不同之报，唯是心相，故言不共相识。"①

慧思大师在论证了佛性是一切法的依止之后，就会面对这样一个问题，即为何一切法皆以佛性之净法为依止，而世间却有无数无量的有差别的染法，这之中为何同时还存在有同有异的现象。针对于此，慧思大师运用了一心开二门的模式予以回答，并就此再次论证了佛性具有净染之状态的命题。在运用一心开二门的模式时，慧思大师认为从佛性本身而言，固然是净法，这是从体性而论的。但功用的层次而言，则是染法显现而成阿梨耶识即阿赖耶识，在这一层次就有净染二性共存的现象。相较于《大乘起信论》一心开二门的模式而言，慧思大师在这里就生灭门的层次作了较为详尽的论证，于此判分除了两种不同的心性状态，一种是从染法之中修证无上之智而成就的净法状态；一种是处于无明与妄念所困扰之中的染法状态，但是这两种状态都为真如即佛性所含摄，因此真如、佛性之体中就融入了净染二性。对于净染二性融于真如、佛性之体中如何转化的问题，慧思大师引入了熏习这一概念，也就是《大乘起信论》中论述的净染互熏的理论，于此熏习中净法可变为染法，染法

---

① 慧思：《大乘止观法门》卷二，《大正藏》第46册，第652页。

也可以转化为净法，净染之间的转化全在于心性的自我熏习。与之相应，慧思大师同时认为净染二性决定了唯心净土之性，净土与秽土的差别唯在一心，此心则又与佛性息息相关，于是净染二性的相互转化由此完成。这种由熏习而呈现出的净染二性的转化之状态，也就成为慧思大师论证真如、佛性之中如何含摄净染二性的核心。

三　天台三性学说

从一些学者研究早期天台宗的思想得出了天台学受到了唯识学之影响的说法，这一说法在慧思大师的佛性理论体系中也有所体现，这就是慧思大师所阐释的具有天台宗学说之特色的三性学说："三性者，谓出障真如及佛净德，悉名真实性。在障之真与染和合名阿梨耶识，此即是依他性。六识七识妄想分别，悉名分别性。"[①] 唯识学的三性是指遍计所执性、依他起性和圆成实性，在慧思大师这里就被予以天台宗学的改造。慧思大师的三性论中认为，真如与佛性由于是清净无染、不被染法之障所覆盖，因此就是圆成实性之义；同时，阿赖耶识处于真妄与净染皆具之状态，所以被慧思大师认为是依他起性；而其余诸识则完全是被染法所覆盖，被无明所遮蔽，这就是遍计所执性。慧思大师对于三性之阐释，是为了阐述如何从三性为出发点，从而去修习天台的止观法门之义：

当知观门，即能成立三性，缘起为有；止门，即能除灭三性，得入三无性。入三无性者，谓除分别性，入无相性；除依他性，入无生性；除真实性，入无性性。……譬如手巾，本来无兔。真实性法，亦复如是；唯一净心，自

---

① 慧思：《大乘止观法门》卷三，《大正藏》第46册，第655页。

性离相也。加以幻力,巾是兔现。依他性法,亦复如是;妄熏真性,现六道相也。愚小无知,谓兔为实。分别性法,亦复如是;意识迷妄,执虚为实。是故经言:"一切法如幻。"此喻三性观门也。若知此兔依巾似有,惟虚无实。无相性智,亦复如是;能知诸法,依心似有,惟是虚状,无实相性也。若知虚兔之相,惟是手巾;巾上之兔,有即非有,本来不生。无生性智,亦复如是;能知虚相,惟是真心,心所现相,有即非有,自性无生也。若知手巾,本来是有,不将无兔,以为手巾。无性性智,亦复如是;能知净心,本性自有,不以二性之无,为真实性。此即喻三无性止门也。①

唯识学的三性是与三无性密切结合的,一般在讨论三性之时就会相应地讨论到三无性,而慧思大师在阐释了天台学的三性之义后,也涉及了三无性的问题。从慧思大师的思想中可以看到,他不仅用佛性去统摄与融汇唯识学的三性,同时还运用佛性去含摄唯识学的三无性。三无性之实质与三性不相违,但是三无性更多的是从性相之状的缘起性空之义出发来进行的阐述。慧思大师所代表的天台宗也有一心三观以及实相之义的学说,这也是与性相之空性义相应的,因此在讨论与阐释天台学意义上的三性与三无性之学说时,慧思大师本着佛性融摄一切法的原则来展开论证。三性之中的圆成实性即可被认定为与佛性相应之性,而三无性则是从无相、无生等缘起性空之义的角度来展现佛性之实相义。慧思大师的佛性论思想,就是在结合了实相义的基础上而展开的。从三无性出发,慧思大师认为佛性也具有无生、无相、无胜义等性质,这就完全是在化用唯识学的三无性来阐释他所建构的天台学意义的三性学说以及佛性

---

① 慧思:《大乘止观法门》卷三,《大正藏》第46册,第658页。

的理论。并且由于慧思大师极为重视净与染的问题,他在阐释天台学的三性学说时,也明确将三性学说与净染之法相结合来进行论证:

> 染浊依他性中,虚状法内,有于似色似识似尘等法。何故皆名为似?以皆一心依熏所现故,但是心相,似法非实,故名为似。由此似识一念起现之时,即与似尘俱起。故当起之时,即不知似尘似色等,是心所作,虚相无实。以不知故,即妄分别,执虚为实。以妄执故,境从心转,皆成实事,即是今时凡夫所见之事。如此执时,即念念熏心,还成依他性;于上还执,复成分别性。如是念念虚妄,互相生也。问曰:分别之性与依他性,即迷互相性,竟有何别?答曰:依他性法者,心性依熏故起,但是心相,体虚无实。分别性法者,以无明故,不知依他之法是虚,即妄执以为实事。是故虽无异相生,而虚实有殊,故言分别性法也。①

慧思大师对于唯识学三性理论的诠释,其中以分别之性来替代遍计所执性,这可以说是慧思大师运用天台学理论来改造唯识学的一种理论创新。慧思大师明确指出,分别之性、依他起性皆是染法之状态,此种状态都是佛性与真如不守清净之根本而被熏习无染、无明风动所致。以虚妄而论三性之中的二性,显然是受了《大乘起信论》净染之法互熏理论模式的影响,所以说慧思大师的三性学说具有天台学的意义,即在于慧思大师本人更多地运用了《大乘起信论》的理论来充实与改造唯识学的理论。慧思大师的理论贡献在于,其所建构的佛性理论,以及天台学意义上的三性、三无性学说,更多地将论述的重点放

---

① 慧思:《大乘止观法门》卷三,《大正藏》第46册,第656页。

在了染法的层面，即更多地在阐述分别之性、依他起性方面有着较为详尽的论证。这种对于佛性与染法之性关系的重视，直接与天台宗的性具善恶之理论密切相关。这也可以看作后来智𫖮大师建构性具善恶学说的理论先声。

南岳慧思大师的教育思想

黄文树

(台湾树德科技大学通识教育学院教授)

摘 要：天台宗义的奠基人南岳慧思大师，是南北朝时期重要的宗教家兼教育家。本文主要采取文本分析法，旨在说明其在三十年的教育行谊及诸多著述中，所体现的教育思想。他的教育行谊可概分为三阶段：（一）施教兖州与郢州时期，（二）雨化光州大苏山时期，（三）驻锡南岳般若寺时期。其教育思想是：在教育目的上，主张引度人们从生死烦恼中超拔出来，趋向解脱；在学习途径上，提出有相行、无相行两大门径；在教育内容上，重视《法华经》《般若经》，以及自编讲义等；在教育方法上，兼采随处游讲法、口语讲述法、问答回馈法、权显神通法、高足代讲法等多元方法。其教育精神与教育思想，在过去曾闪耀智慧光芒，在今天仍深具参考价值。

关键词：慧思大师 教育思想 天台宗

一 前 言

南北朝龙象南岳慧思大师（515—577，以下简称慧思），是中国天台宗第二祖（慧文禅师算起）或第三祖（远溯印度龙树菩萨），是"天台大师"智𫖮的恩师，为天台宗义的奠基人。他生存于动乱频起的非常时代，坎坷多舛的教化生涯里，穿插一些传奇故事，映现出他忍辱护教的坚毅精神，以及弘法利生的伟大志业。所著述之《立誓愿文》《法华经安乐行义》《诸法无诤三昧法门》《大乘止观法门》《随自意三昧》《受菩萨戒仪》等，为今南岳佛教协会汇编为《慧思大师文集》行世。

隋朝灌顶（561—632）誉称慧思："名高嵩岭，行深伊洛。"① 喻其名望与德行皆崇高。唐代道宣（596—667）为慧思立传云：

> 自江东佛法，弘重义门，至于禅法，盖蔑如也。而思慨斯南服，定慧双开，
> 昼谈理义，夜便思择，故所发言，无非致远。……南北禅宗，罕不承绪。……惟斯南岳，慈行可归。②

至宋志磐，相应赞曰："南岳以所承北齐一心三观之道，传之天台，其为功业盛大，无以尚矣。……至于悟法华三昧，开拓义门，则又北齐之所未知。"③ 这些史评，勾勒出慧思的历史地位及其教化生涯与思想的轮廓。

---

① （隋）灌顶：《隋天台智者大师别传》，《大正藏》第50册，台北新文丰出版社1996年版，第191页下。
② （唐）道宣：《续高僧传》卷十七《慧思传》，《大正藏》第50册，台北新文丰出版社1996年版，第563页下—564页上。
③ （宋）志磐：《佛祖统纪》卷六《慧思传》，《大正藏》第49册，台北新文丰出版社1994年版，第180页下。

截至目前,学界对于慧思的研究,不能算少①,但这些论著,无一从教育观点切入。究竟作为一位历史上重要的弘法人物,慧思对僧俗二众施教的目的、内容(教材)、方法,以及学习途径等之主张为何,实值得探究。本文主要采取文本分析法,辅以历史考察法,针对这些课题加以梳理、归纳、剖析,盼能就慧思的教育思想得一明白之述论。

二 慧思的教育行谊

在未说明慧思的教育思想前,有必要先略述其教育行谊。慧思于北魏宣武延昌四年(515),生于南豫州武津县(今河南上蔡东),俗姓李。《慧思传》载:

> 儿童时,梦梵僧劝令入道。或见朋类读《法华经》,乐法情深,得借本于空冢独观,无人教授,日夜悲泣。复以冢非人居,乃移托古城,凿穴栖身。……对经流泪,顶礼

---

① 这方面的研究论著,主要有:慧岳:《南岳思大师的缘起思想观》(收于张曼涛主编《天台思想论集》,台北大乘文化出版社1979年版,第313—320页);牟宗三:《关于〈大乘止观法门〉》(收于氏著《佛性与般若》,台湾学生书局1984年版,第1077—1093页);菅野博史:《中国法华思想の研究》之第五章《慧思〈法华经安乐行义〉研究》(东京春秋社1994年版,第245—267页);陈英善:《慧思的禅观思想与首楞严三昧》(《佛学研究中心》1998年第3期,第151—185页);村中佑生:《大乘の修观形成史研究》之《三、慧思禅思の法华安乐行の提示》(东京山喜房佛书林1998年版,第239—254页);泷英宽:《南岳慧思の感应思想》(《印度学佛教学研究》第49卷第2号,2001年,第213—289页);杜晓玫:《慧思教观思想研究》(辅仁大学哲学研究所硕士论文,2001年);圣严:《〈大乘止观法门〉之研究》(台北宗教文化出版社2006年版);李桂玲:《天台慧思〈法华经安乐行义〉之研究》(佛光大学宗教研究所硕士论文,2007年);鹤田大吾:《慧思における禅观の考察——禅观至上主义》(《佛教学研究》第64卷,2008年,第91—113页);王晴薇:《慧思禅观体系中之般若观行法门》(《中华佛学学报》2008年第2期,第79—128页);郑素如:《慧思禅观思想研究》(南华大学宗教学研究所硕士论文,2008年)等。

不休。……又梦普贤，乘白象王，摩顶而去。昔未识文，今自然解。所摩顶上，隐起肉髻。①

北魏庄帝永安二年（529），十五岁，出家受具。"日惟一食，不受别供，周旋迎送，都皆杜绝。诵《法华》等经三十余卷，数年之间，千遍便满。"②

年二十（东魏孝静天平元年），因读《妙胜定经》，叹禅功德，乃发心遍访北齐诸禅师，研习摩诃衍（梵语 maha - yana，指大乘教法），常居林野，经行修禅。当时慧文禅师③，"聚徒数百，众法清肃，道俗高尚"④。乃往皈依，从受观心之法。传云：

昼则驱驰僧事，夜则坐禅达旦。始三七日，初发少静，观见一生善恶业相。转复勇猛，禅障忽起，四肢缓弱，身不随心。……遂动八触⑤，发根本禅，因见三生行道之迹。……豁然大悟法华三昧。自是之后，所未闻经，不疑自解。⑥

---

① （宋）志磐：《佛祖统纪》卷六《慧思传》，《大正藏》第49册，台北新文丰出版社1994年版，第179页上。

② （唐）道宣：《续高僧传》卷十七《慧思传》，《大正藏》第50册，台北新文丰出版社1996年版，第562页下。

③ 慧文禅师，东魏、北齐僧，高氏。自幼入道，因阅《大智度论》和《中论》发一心三观妙悟。后弘扬于邺郡、太原间，传授南岳慧思，为天台立宗开先河，被尊为天台宗第二祖。其生平可参见（宋）志磐《佛祖统纪》卷六《慧文传》（《大正藏》第49册，台北新文丰出版社1994年版，第178页中—179页上）；（宋）士衡《天台九祖传》（《大正藏》第51册，台北新文丰出版社1998年版，第98页中—下）等。

④ （唐）道宣：《续高僧传》卷十七《慧思传》，《大正藏》第50册，台北新文丰出版社1996年版，第562页下。

⑤ 八触，即重、轻、冷、热、涩、滑、软、粗。

⑥ （宋）志磐：《佛祖统纪》卷六《慧思传》，《大正藏》第49册，台北新文丰出版社1994年版，第179页上—中。

悟法华三昧之后，慧思即展开他的弘法利生志业。以下分数阶段说明之。

1. 施教兖州与郢州时期

东魏武定六年（548），三十四岁的慧思大致学成后，游河南兖州，"名行远闻，四方钦德，学徒日盛。机悟寔繁。乃以大小乘中定慧等法，敷扬引喻，用摄自他"①。这是他最初的讲学弘法活动，但因听者众杂精粗，是非由起，为恶比丘所毒，垂死复活。顾徒属曰："大圣在世，不免流言，况吾无德，岂逃此责。责是宿作，时来须受，此私事也。"② 足见其青壮年即抱持奉献佛教之宏愿。

大约在三十五岁时，慧思还归信州，不复渡河，欲率众南行。是时信州刺史及诸守令坚请慧思为他们讲说《般若经》。③

北齐天保元年（550），文宣帝敕召国内大禅师至宫廷供养，慧思（时三十六岁）辞避不就。④ 天保四年（553），慧思（时三十九岁）至郢州，为刺史刘怀宝讲摩诃衍义。"诸恶论师以生金药置毒食中，师命垂尽，一心念般若波罗蜜，毒即消散。"⑤ 大约于天保五年（554），曾至光州开岳寺，巴子立五百家共刺史请讲《摩诃衍般若经》。

2. 雨化光州大苏山时期

北齐天保五年（554），慧思（时四十一岁）权止光州大苏

---

① （唐）道宣：《续高僧传》卷十七《慧思传》，《大正藏》第50册，台北新文丰出版社1996年版，第563页上。

② 同上。

③ 慧思著，南岳佛教协会编：《慧思大师文集》，岳麓书社2011年版，第5页。

④ （宋）志磐：《佛祖统纪》卷六《慧思传》，《大正藏》第49册，台北新文丰出版社1994年版，第179页中。

⑤ 同上。

山,大讲摩诃衍,短短数年内即翕来众徒。天保七年(556),慧思年四十二,曾于光州观邑寺讲摩诃衍。"有众恶论师竟欲加害,师誓造金字《般若经》,现无量身于十方国讲说是经,令一切诸恶论师咸得信心,住不退转。"① 此可见他的慈悲胸怀与大无畏精神。

北齐天保八年(陈永定元年,557),慧思(时四十三岁)短期到南定州为刺史讲摩诃衍,被当地恶论师阻断诸檀越送食,经五十日之久,常遣弟子乞食济命。就在那困顿时际,慧思复发愿誓造金字《般若经》。②翌年,他在大苏山为众讲说时,因缘不可思议,忽有一名叫僧合比丘者自己前来,助其造金字《大品般若经》及《法华经》两部,盛以琉璃宝函,庄严炫曜。功德杰异,大发众心。慧思并为此大事,写下《立誓愿文》明志。③

北齐废帝乾明元年(陈天嘉元年,560),四十六岁的慧思在大苏山讲学的第七年,智𫖮④(538—597)来拜谒。北齐后主天统三年(陈光大元年,567),慧思付法于智𫖮。

由于大苏山位于北齐、南陈交界处,兵刃所冲,"弊于烽

---

① (宋)志磐:《佛祖统纪》卷六《慧思传》,《大正藏》第49册,台北新文丰出版社1994年版,第179页中。

② 同上。

③ 同上书,第179页中—下。

④ 智𫖮,即陈隋时期世称天台大师智者。荆州华容人,俗姓陈。出家湘州果愿寺。初从慧旷学律,间通方等诸经。陈天嘉元年,诣光州大苏山礼慧思受学。陈光大元年(567)至金陵。陈太建元年(569)驻锡瓦官寺,讲《法华经》、《大智度论》,并授禅法。七年(575)入天台,居佛龙寺安禅。至德三年(585)返金陵讲《仁王般若经》等。隋开皇十一年(591),为晋王授菩萨戒。受智者号。后至荆州当阳玉泉山建寺,讲《法华玄义》《摩诃止观》等。十四年(594)归天台。为天台宗之集大成者和实际创始人。其生平可参见《续高僧传》卷十七《智𫖮传》(大正藏》第50册,台北新文丰出版社1996年版,第564页上—568页上);《佛祖统纪》卷六(《大正藏》第49册,台北新文丰出版社1994年版,第180页下—186页中)等。

警，山侣栖遑，不安其地"①。慧思乃决定带着四十余僧徒南迁南岳，另嘱智𫖮等至陈都金陵弘法。

3. 驻锡南岳般若寺时期

陈光大元年（567），慧思（时五十四岁）率四十余门徒径趣南岳。刚抵达时，他即预告众人曰："吾寄此山，正当十载，过此已后，必事远游。"②巡至衡阳，经一处林泉竦净之地，大伙皆悦心，慧思不假思索云："此古寺也，吾昔曾住。"依言掘之，果获古寺殿基墡、僧用器皿。旋往岩下，又云："吾此坐禅，贼斩吾首，由此命终，有全身也。"③徒众按言挖之，乃得枯骸一聚及髅骨。为起胜塔，报昔恩。

慧思在衡山掷钵峰下创建般若寺，弘宣《般若经》《法华经》等大乘经论，山门告集，日积高名。致有异道怀嫉，诬告于陈主。其概况是：

> 太建元年（569），九仙观道士欧阳正则睹山有胜气，谋于众曰："此器主褐衣法王，彼盛则吾法衰矣。"乃凿断岳心，钉石为巫蛊事，埋兵器于山上，因诡奏曰："北僧受齐募而为之。"④

陈宣帝遣使勘验，查系诬陷，以道士罔上，令案治之，罪当弃市。慧思请曰："害人之命，非贫道意，乞放还山，给侍僧众，亦足小惩。"⑤帝可之。由此，慧思得陈宣帝优遇，迎至都

---

① （唐）道宣：《续高僧传》卷十七《慧思传》，《大正藏》第50册，台北新文丰出版社1996年版，第563页中。
② 同上。此距慧思于陈太建九年（577）圆寂，恰好十年。
③ 同上。
④ （宋）志磐：《佛祖统纪》卷六《慧思传》，《大正藏》第49册，台北新文丰出版社1994年版，第180页上。
⑤ 同上。

城尊为"大禅师",赐寺额"栖玄寺"。

其后,慧思尝往瓦官精舍讲法,遇雨不湿,履泥不污。僧正①慧暠遇诸途,叹曰:"此神异人。"② 自是举朝道俗二众,倾心归仰。大都督吴明彻③(504—579),即"每亲道论",欲奉以犀枕,未敢言。师曰:"欲与枕,便可。"吴氏"益大惊异"④。这是慧思有"他心通"的写照。

慧思晚年常住衡山,每年陈宣帝三信参劳,供填众积,荣盛莫加。大约六十岁以后,慧思说法倍常,神异难测:"或现形大小,或寂尔藏身,或异香奇色,祥瑞乱举。"⑤ 他临终前,从山顶下半山道场,大集门生学徒,连日说法。谓众人曰:"若有十人,不惜身命,常修《法华》、般舟、念佛三昧、方等忏悔,常坐苦行者,随有所须,吾自供给,必相利益。如无此人,吾当远去。"⑥ 可惜苦行事难,竟无有响应者,师因屏众敛念,谛坐泯然命尽。时为陈太建九年(577)六月二十二日。

他的弟子众多,最杰出者当为智𫖮,而僧照、大善、慧成、慧超、慧耀、慧涌、慧威、智璀、慧命、玄光、慧璀,以及灵辩等,亦都是一时人才。⑦

---

① 僧正,系统领教团,并匡正僧尼行为之僧官。本制始于魏晋南北朝时代,为中央僧官之职称。唯自唐宋以后,多为地方僧官,中央另设僧职机构。

② (宋)志磐:《佛祖统纪》卷六《慧思传》,《大正藏》第49册,台北新文丰出版社1994年版,第180页上。

③ 吴明彻,字通昭,秦郡人。生于魏宣武帝正始元年(504),卒于周静帝大象元年(579)。其生平可参见《陈书》卷9《大将军怀德公吴明彻墓志铭》。

④ (宋)志磐:《佛祖统纪》卷六《慧思传》,《大正藏》第49册,台北新文丰出版社1994年版,第180页上。

⑤ (唐)道宣:《续高僧传》卷十七《慧思传》,《大正藏》第50册,台北新文丰出版社1996年版,第563下页。这些神异描述,是有点夸张,但透显慧思确有大神通之一面。

⑥ 同上书,第563页下。

⑦ 慧思著,南岳佛教协会编:《慧思大师文集》,岳麓书社2011年版,第215页。

三 慧思的教育思想

慧思的著作中，表述了他对教育的看法。以下分别从教育目的、学习途径、教育内容、教育方法诸方面说明其观点。

1. 教育目的

慧思实际从事教化工作凡三十年，其主要目的在于引度人们趋向解脱，即从生死诸多烦恼中超拔出来，求得解脱，成就菩提。他在展开弘法初期，即写下要为众生拔苦与乐大志之《立誓愿文》，发弘誓道："我今誓愿持令不灭，教化众生，至弥勒佛出。"① 誓愿教化众生，至弥勒佛出，意指到了理想世界——弥勒净土出现为止。这是极伟大的教育鸿志。他生活的南北朝时期，是"弥勒信仰"② 盛行的时期。此一信仰有二大意涵，一是上生信仰，信仰现今于兜率天说法之弥勒菩萨，而欲往生兜乐天净土；二是下生信仰，相信弥勒将来下生此世界时，于龙华树下，三会说法，以救度众生，而自己亦能生此世界，于龙华树下听受说法而成佛。上面慧思之大誓愿，当指弥勒信仰之下生信仰，他关切并极欲救济的是他所面对的"此时、此地"那么多深陷在生死烦恼苦迫中，不得解脱的人们。

何以慧思有那么强烈的"教化众生"誓愿，其立场、取向为何，在《立誓愿文》有明确的誓言，其文云：

---

① 慧思著，南岳佛教协会编：《慧思大师文集》，岳麓书社2011年版，第4页。
② 弥勒信仰，指以弥勒菩萨为信奉对象之宗教信仰，此在早期印度即有。中国关于弥勒信仰之译经，始自西晋，先后共十余种译本，主要者为西晋太安二年（303），竺法护译之《弥勒下生经》《弥勒菩萨所问本愿经》；姚秦弘始四年（402），鸠摩罗什译之《弥勒大成佛经》《弥勒下生成佛经》；北魏永平元年（508）至天平二年（535），菩提流支译之《弥勒菩提所问经》等。

> 一切众生迷失正道，永无出心。我为众生及为我身求解脱，发菩提心，立大誓愿，欲求如来一切神通。若不自证，何能度人。先学已证，然后得行。自求道果，为度十方无量众生。为断十方一切众生诸烦恼故，为令十方无量众生通达一切诸法门故，为欲成就十方无量一切众生菩提道故，求无上道。①

这道出了慧思一生的志望、宏愿，舍去助一切众生求解脱之外无他。

作为一个佛教高僧，慧思的教化活动导向教育人们，认识与了解现世生活中的一切富贵贫贱都是虚幻的、不真实的、短暂的，应该超脱它，去寻求一个没有烦恼苦痛的精神世界。基本上，佛教思想比儒家或玄学家的理论，要来得精致、深刻、彻底，特别是在南北朝那样一个充满着苦难、惶恐、混乱、动荡的时空中，慧思植基于般若空思想及法华三昧体证的教育理念正好契合当时众多无助的人们之心灵需要。

2. 学习途径

有诸种生死烦恼的芸芸众生，宜如何寻求解脱，此即学习佛道途径。在这方面，慧思有不少见解，所谓"定慧双修"，或"持净戒、勤禅定"②等都是。此处将这些观点，融入他所说的"有相行"与"无相行"两个门径来说明。

(1) 有相行

所谓"有相行"，又称"文字有相行"，是依照《法华经·普贤菩萨劝发品》的内容为基础，主张学习者若坐若立若行，一心专念《法华经》经文，精进不卧如救头燃，行成就即得普

---

① 慧思著，南岳佛教协会编：《慧思大师文集》，岳麓书社2011年版，第5页。

② 同上书，第38页。

贤菩萨乘六牙象王现前摩顶，开牖其智慧。此一学习途径不需要修禅定也不入三昧，但务须以至诚忏悔的方式勇猛精进。①

慧思确信，若能在诸佛前至心虔诚专念《法华经》，便可得三种陀罗尼②：一者总持陀罗尼，肉眼天眼菩萨道慧；二者百千万亿旋陀罗尼，具足菩萨道慧，法眼清净；三者法音方便陀罗尼，具足菩萨一切种慧，佛眼清净。他并且说，每个人修行的时效不同，但最慢三生可得："是时即得具足一切三世佛法，或一生修行得具足，或二生得，极大迟者，三生即得。"③ 慧思之所以有如此信心，应出自前述他自己的体证。这是他的经验所得，我们一般人没有实际体证，很难衡定其真假。

（2）无相行

"无相行"是依据《法华经·安乐行品》而来，其观行方法是常处于深妙禅定，于一切诸法中，心相寂灭毕竟不生的三昧。慧思在《法华经安乐行义》中说：

> 无相行者，即是安乐行。一切诸法中，心相寂灭毕竟不生，故名为无相行也。常在一切深妙禅定，行住坐卧，饮食语言，一切威仪心常定故。……不依止欲界，不住色无色，行如是禅定，是菩萨遍行，毕竟无心想，故名无相行。④

---

① 慧思著，南岳佛教协会编：《慧思大师文集》，岳麓书社2011年版，第31页。

② 所谓陀罗尼，是梵语dhārani之音译，意指能总摄忆持无量佛法而不忘失之念慧力，可以说是一种最高效率的记忆术，即于一法之中，持一切法；于一文之中，持一切文；于一义之中，持一切义。故由记忆此一法一文一义，而能联想一切之法，总持无量佛法而不散失。

③ 慧思著，南岳佛教协会编：《慧思大师文集》，岳麓书社2011年版，第31页。

④ 同上书，第30页。

依其观点，"无相行"与一般禅定三界次第，从欲界地、未到地、初禅地、二禅地、三禅地、四禅地、空无边处地、识无边处地、无所有处地、非想非非想处地等各种地差别是不同的；无相行中深妙禅定，没有这些繁复的次第。

吁请人们"勤修禅定"，是慧思经常使用的教育语言。如其《法华经安乐行义》云：

> 勤修禅定者，如《安乐行品》初说。……一切众生具足法藏，与佛一无异。如《佛藏经》中说：三十二相，八十种好，湛然清净。众生但以乱心惑障，六情暗浊，法身不现，如镜尘垢，面像不现。是故行人勤修禅定，净惑障垢，法身显现。①

慧思认为众生具足法身藏，与佛无异，勤修禅定，便可涤除惑障尘垢，显现清净法身。

慧思的著述中，一贯地强调禅定实证的重要性。如他在《诸法无诤三昧法门》云：

> 佛法诸三昧门……一切种智、五眼、六神通、三明、八解脱、三十七品、四弘大誓愿、四无量心、如意神通、四摄法，如是无量佛法功德，一切皆从禅定生。②

他征引了《胜定经》中一段释尊对诸论师的教诲，来佐证光有多闻智慧而缺乏禅定功夫是不足的。其文云：

> 五百论师来诣佛所，俱白佛言："我等多闻，总持十二

---

① 慧思著，南岳佛教协会编：《慧思大师文集》，岳麓书社2011年版，第24页。
② 同上书，第38页。

部经及韦陀论……"佛告诸论师:"汝等心乱,假使多闻,何所益也。汝欲与禅定角力,如盲眼人欲睹众色,……如蚊子翅欲遮日月光,如无船舫人欲渡大海,皆无是处。"①

在慧思看来,定慧双修,才是圆满的学佛之道。

3. 教育内容

在教育内容上,从前述慧思的教育行谊中,已约略可以看出他倡导的是哪些佛教经典。这里较完整地条述于后:

(1)《法华经》及《法华经安乐行义》

慧思二十岁后专研《法华经》,大约在三十岁左右证入法华三昧,所以毕生着重以禅法弘扬《法华经》义理。四十四岁时,更造金字《法华经》,以最庄严的形式来推广法华义理。他在《法华经安乐行义》中声言:"欲求无上道,修学《法华经》。……《妙法莲华经》,是大摩诃衍,众生如教行,自然成佛道。"② 依其观点,修学《法华经》是一切学佛人速成佛道的快捷方式。

《法华经安乐行义》中所倡"法华安乐行法",即是慧思继承慧文"一心三观"禅法,并将之接榫到自己体证的《法华经》之结晶。对此,吕澂(1896—1989)梳理了其思想源流:依《般若经》,由"道种智"(即熟悉种种方法的智慧)这一基础,进一层具备"一切智"能看清一切现象共同平等的通相,更进一层具足"一切种智"能辨别一切现象全部的别相。有了这些智慧,就可以彻底消灭烦恼习气(即烦恼心思的一切残余势力),而达到佛家理想的究竟地步。……慧文从这些经论就悟出一种禅法,在一心中间可以圆满观察多方面的道理。他更联

---

① 慧思著,南岳佛教协会编:《慧思大师文集》,岳麓书社2011年版,第42—43页。

② 同上书,第25页。

系到《中论》的三谛——"我说即是空"的"空"是真谛,"亦为是假名"的"假"是俗谛,"亦是中道义"的"中"是中道谛——这些恰恰相当于三种智慧的境界,由此构成了慧文无师自通的"一心三观"禅法。其后,他传授这方法给慧思,再通过慧思平常对《法华经》深刻的信仰,应用到依据《法华经》所修习的圆顿止观法门——即"法华三昧",并推广于日常行事,成功"法华安乐行"("安乐"含有心思坚定一无沾着的意味),实践的方法便益见具体了。①

《法华经安乐行义》是慧思施教的主要教材之一。杜晓玫指出,该书强调《法华经》实践的殊胜,认为其中的"法华三昧"是《法华经》的精髓,是利根菩萨直证佛果的不次第行。同时该书也确立了慧思以"正直舍方便,但说无上道"的禅观修持作为体证《法华经》的进路,有别于过去以研究《法华经》教义为主的方式,开启了天台智𫖮的止观体系。② 此一观察,应是中肯的。

(2)《般若经》

从上述慧思一生行谊中,可看出他常常讲说《般若经》。如三十五岁左右,于信州为当地刺史及诸守令讲的;三十九岁于郢州为刘怀宝等人说的;四十岁时,光州刺史及官民请他讲的,都是《般若经》。慧思《立誓愿文》即明言:"我当十方六道普现无量色身,不计劫数,至成菩提,当为十方一切众生讲说《般若波罗蜜经》。"③ 验之其弘法事业,当属不虚。

慧思之重于讲说《般若经》与时代思潮是相符契的。汤用彤指出:

----

① 吕澂:《中国佛学源流略讲》,台北里仁书局1985年版,第348页。
② 杜晓玫:《慧思教观思想研究》,辅仁大学哲学研究所硕士学位论文,2001年,第7页。
③ 慧思著,南岳佛教协会编:《慧思大师文集》,岳麓书社2011年版,第6页。

《般若经》之翻译，汉晋最多。……朱士行得梵本九十章，后译出为《放光般若经》①。西晋竺法护译《光赞般若》。……自朱士行提倡《般若》以来讫于罗什（343—413），当推《般若》为佛教义学之大宗。②

　　及罗什入长安，重译大小品（《般若经》）③，盛弘性空典籍，此学遂如日中天。……其所以盛之故，当时以《老》《庄》《般若》并谈。玄理既盛于正始之后，《般若》乃附之以光大。④

上面这两段文字，道出魏晋佛教《般若经》大行于世的脉络及其思想核心。慧思活动的时代此波荡漾尤在，故其弘传《般若经》是顺应时代的。

（3）自编讲义

除了上面《法华经安乐行义》之外，慧思也编撰了《立誓愿文》《随自意三昧》《诸法无诤三昧法门》《大乘止观法门》等讲义，作为教育信众的教材。

《立誓愿文》作于北齐文宣帝天保九年（558），当时慧思四十四岁，正所谓"壮年立豪志"。2010年，传印在《慧思大师文集》序文中指出，《立誓愿文》是"一篇誓词，一篇宣言书，铿锵长空，令人振奋"⑤。此印诸该文文字可证，如《立誓愿

---

① 朱士行于魏甘露五年（260），发迹雍州，步行孤征，西渡流沙，至于阗，得梵本九十章，使弟子送回中土，后译为《放光般若经》。

② 汤用彤：《汉魏两晋南北朝佛教史》，台北骆驼出版社1987年版，第153—155页。

③ 大品《般若经》指《放光般若经》《光赞般若经》；小品《般若经》指支谶译的《道行经》（支谦重译为《摩诃般若波罗蜜多经》）。

④ 汤用彤：《汉魏两晋南北朝佛教史》，台北骆驼出版社1987年版，第229页。

⑤ 慧思著，南岳佛教协会编：《慧思大师文集》，岳麓书社2011年版，第1页。

文》云："以我誓愿，……当令弥勒，庄严世界。"① "我从发心，所有福业，尽施众生。"② "誓于此生……获六神通，种种变化，十方六道，普现色身，一时说法，众生闻者，得不退转，速成菩提。若不尔者，不取妙觉。"③

慧思另一本讲义《随自意三昧》，以为要具足佛智慧，应先证入念佛三昧、般舟三昧、法华三昧等。④ 慧思说：

> 随自意三昧者，先以大悲眼观众生，举足下足，具六波罗蜜。菩萨行时，先观众生，起一子想，亦如幻化，如影如空，不可得想，而自举身，作轻空想，观地而行，如履虚空。⑤

该书明显受到《首楞严三昧经》的影响，强调依六波罗蜜，来观行、住、坐、卧、食、语等日常功夫，在动静闲忙行仪之中都能处于禅定的状态。印光在《〈随自意三昧〉校正重刻序》云：

> 迷悟虽异，性本无二。性虽无二，苦乐迥殊。南岳大师悯之，因着《随自意三昧》，于行、住、坐、卧、食、语六威仪中，处处点示诸法实相。所谓根、尘、识、性，空无所有，及三轮体空，四相叵得等，令人于一机一境，各得亲见实相，咸了自心。处处点示波罗蜜殊胜妙行，令人于一动一静，皆能上求下化，自利利他。⑥

---

① 慧思著，南岳佛教协会编：《慧思大师文集》，岳麓书社2011年版，第7页。
② 同上书，第15页。
③ 同上书，第16—17页。
④ 同上书，第124页。
⑤ 同上。
⑥ 印光：《〈随自意三昧〉校正重刻序》，收于慧思著，南岳佛教协会编《慧思大师文集》附录，岳麓书社2011年版，第178页。

这段话，扼要钩稽出慧思撰作《随自意三昧》的缘由、旨趣及义理。

再者，《诸法无诤三昧法门》也是慧思讲学的内容之一。此处"无诤"之"诤"即诤论，为烦恼之异名。"无诤三昧"，是指住于空理而与他人无诤之三昧。慧思之强调"无诤"，与前述他多次遭受恶论师、异道之迫害当有密切关系。该书取材《大智度论》，先总明欲学一切佛法，先持净戒、勤禅定，乃能得无量佛法功德，而一切皆从禅生。次问答释疑。后具明四念处品、法念处品——各各具足一切佛法。①

还有，《大乘止观法门》是慧思晚年作品，也是他的教材之一。虽然有不少学者质疑该书作者是他②，但历来学界较多持肯定态度③。《大乘止观法门》卷首有宋代刚由日本僧寂照"以斯教航海而来，复归圣朝"后，出资印刻的朱頔④之序。朱序云：

鹤林⑤示灭以来，贤圣应世者非一，咸以六度万行通达

---

① 慧思著，南岳佛教协会编：《慧思大师文集》，岳麓书社2011年版，第38—68页。

② 质疑之学者及著作，主要有：日本学者宝地房证真（平安末期—镰仓初期）《天台三大部私记》、贞舜（1334—1422）《七帖见闻》。对此之讨论，可参见圣严《〈大乘止观法门〉之研究》（台北宗教文化出版社2006年版，第225—227页）。另外，中国学者冯友兰（1895—1990）《中国哲学史》（河南人民出版社2000年版）中《天台宗之〈大乘止观法门〉》、吕澂《中国佛学源流略讲》中《天台宗·慧思的实相说》（第351页）等，概判定《大乘止观法门》一书非慧思作。

③ 肯定《大乘止观法门》是慧思撰述者，诸如：唐代道宣《续高僧传》卷17《慧思传》、宋代志磐《佛祖统纪》卷六《慧思传》、宋代遵式（964—1032）《南岳禅师〈止观〉后序》、明末蕅益智旭（1598—1654）《阅藏知津》卷三十九《大乘止观法门》（《大正藏》第46册，标为《南岳思大禅师曲授心要》）等。

④ 朱頔的官衔是"两浙路劝农使兼提点刑狱公事、朝奉大夫行尚书度支员外郎、护军借紫"。

⑤ 鹤林，即玄素（668—752），唐僧。字道清，润州延陵（今江苏武进）人，俗姓马。出家江宁长寿寺，晚年入青山幽栖寺，事法融契决心要，伏形苦节，曾无喜愠，道俗争迎。开元中，住京口南郊鹤林，道化大行。

大智,安住于法界,拔济于群迷,金文宝轴具载于诸法之藏。若夫空一切法,证一切性,不于三界现其身意,达正觉之真源,显毗卢之实相,则见乎南岳大师之《止观》也。……《止观》上下二论,遣真妄于一念,明体相之无迹。空拳舒手,无物可见。则止观之理自是而显,寂照之门由是而入。为出世之宗本,作佛种之导师。①

此序一则高度评价《大乘止观法门》,二则点示该书意旨。

关于《大乘止观法门》的结构,蕅益智旭作了精简的介绍:

先总示大乘止观,次广作五番建立。第一明止观依止。又三:一明何所依止,谓自性清静心;二明何故依止,以此心是一切法根本故;三明以何依止,先明以意识依止此心观,次破小乘人执,后破大乘人执。第二明止观境界。谓三自性法,各论清净染浊。第三明止观体状。先就染浊三性以明,次就清净三性以明。第四明止观断得。谓约三性修止观。各明所除障,所得益也。第五明止观作用。谓证体起用也。后更示礼佛止观、食时止观、大小便利时止观。②

由此可知该书大体架构及义理要点。

4. 教育方法

教育方法,可说是慧思的拿手本领之一,其方法相当多元,

---

① 慧思著,南岳佛教协会编:《慧思大师文集》,岳麓书社2011年版,第70页。
② (明)蕅益智旭:《阅藏知津》卷三十九《大乘止观法门》,台北新文丰出版社1973年版,第1—2页。

有随处游讲法、口语讲述法、问答回馈法、权显神通法,以及高足代讲法等。以下分别介述之。

（1）随处游讲法

慧思是教育思想家兼教育实践家,他成学后的三十年岁月所孜孜者,唯以讲学弘法利生为急务。他四处游讲,风行天下,为当时所罕见。他仿孔子周游列国的方式,随处游讲,过市井启发愚蒙,泽被林野。

兹将慧思随处游讲的活动,列为表一如后:

表一　　　　　　　慧思随处游讲一览表

中国年	公元	慧思年龄	讲学地点	讲学对象/人数	备注
东魏武定六年	548	34岁	河南兖州	学徒日盛	
东魏武定七年	549	35岁	河南信州	刺史及诸守令等	
北齐天保四年	553	39岁	湖北郢州	淮南刺史刘怀宝等	
（大约）北齐天保五年	554	40岁	湖北光州开岳寺	刺史及巴子立五百家等	
北齐天保五年至北齐后主天统三年	544—567	40—53岁	湖北光州大苏山、观邑寺	僧俗徒众	
北齐天保八年	557	43岁	湖北南定州	刺史等	
陈光大二年至陈太建九年	568—577	54—63岁	湖南衡阳南岳	僧俗徒众	

续表

中国年	公元	慧思年龄	讲学地点	讲学对象/人数	备注
陈太建元年	569	55岁	江苏金陵都城	陈宣帝等文武百官	

注：本表综合参考慧思《立誓愿文》、道宣《续高僧传》卷十七《慧思传》、志磐《佛祖统纪》卷六《慧思传》、南岳佛协会编《慧思大师文集》附录《慧思大师年谱》等资料整理而成。

从上表可发现，慧思随处游讲的地点不少，讲学对象很多，实堪为身处信息发达、交通便利的现代人引为惕励与师法之榜样。

(2) 口语讲述法

口语讲述法，是任何一位弘法师或教师最基本的教学方法，慧思当也不例外。他在《立誓愿文》自述："乐为四众敷畅说。"① 他为了弘传佛法，非常注重佛教经典的讲说，即先把佛教教义和盘托出，阐述清楚；再进一步分析、诠释，提出个人的体悟和见解。

翻检慧思的传记史料以及他的原典著作，很容易看到他为了给徒众讲习《法华经》《般若经》、禅学、大乘止观法门等，着手从大小乘经论中采集有关法门，加以组织、融通地解说，使学习者很快掌握重点。《续高僧传》卷十七《慧思传》说他："以大、小乘中定慧等法，敷扬引喻，用摄自他。"② "镇长讲悟，故使山门告集。"③ 他直到晚年住南岳，尚且"说

---

① 慧思著，南岳佛教协会编：《慧思大师文集》，岳麓书社2011年版，第41页。

② （唐）道宣：《续高僧传》卷十七《慧思传》，《大正藏》第50册，台北新文丰出版社1996年版，第563页上。

③ 同上书，第563页中。

法倍常"①。凡此都反映慧思讲学往往采取口语讲说讲解的方式进行，并取得极好的教学效果。

（3）问答回馈法

慧思强调师徒互动历程中彼此的交震互发作用，故问答回馈法是他的主要教学方法之一。其著作中，《法华经安乐行义》《诸法无诤三昧法门》《大乘止观法门》《随自意三昧》等，大部分内容是他们师徒间就佛法问题由学生、信徒、听众提问，再由慧思针对他们的疑惑，横发直指，启以机钥。

举《法华经安乐行义》一段问答记录为例如下：

> 问曰：云何名为安乐行？……答曰：一切法中心不动，故曰安。于一切法中无受阴，故曰乐。自利利他，故曰行。……问曰：云何名为一切法中心不动故曰安，一切法中无受阴故曰乐，自利利他曰行。答曰：一切法者，所谓三毒、四大、五阴、十二入、十八界、十二因缘，是名一切法也。菩萨于是一切法中，用三忍慧：一者名为众生忍，二者名法性忍，三者名法界海神通忍。……三忍者，即是正慧离着安乐行。②

这一段是慧思师徒就"安乐行"的定义、意涵及延伸出来的佛理进行问答讨论的概况。在慧思看来，教师针对学生的疑难、困惑，加以回馈、阐析是必要的。

（4）权显神通法

诸佛菩萨大多具有神通力，但释迦牟尼佛并不认可僧人在未受戒人前现神通。《法苑珠林》卷四十二载：昔有树提伽长

---

① （唐）道宣：《续高僧传》卷十七《慧思传》，《大正藏》第50册，台北新文丰出版社1996年版，第563页下。
② 慧思著，南岳佛教协会编：《慧思大师文集》，岳麓书社2011年版，第30—31页。

者，造旃檀钵着络囊中，悬高象牙杙上。对众沙门、婆罗门说："不以梯杖能得者即与之。"宾头卢闻是事，对目连说："汝师子吼中第一，便往取之。"目连惧佛教言不肯取。宾头卢于是"入禅定，便于座上伸手取钵。……逐身飞空，得钵还"。佛陀一听，呵责："云何比丘为外道钵而于未受戒人前现神通力？从今尽形摈汝，不得住阎浮提。"后来宾头卢再现神足通，佛又敕令为末世四众部作福田，不得入涅槃。① 这是因为释尊是以智慧教化众生为主，而不依仗神通力。但是在《法华经》等大乘经典中，则往往载有佛在开示前显神通，一则以摄服傲慢众生，二则激发众生升起信心。

从前述慧思的行谊中可知，他是有神通的，并且偶尔应用神通力来解决问题。就教育工作来说，他认为教师若有神通，则可裨益于对学生之认识与了解，从而能够因材施教。他在《立誓愿文》提到自己希望求得如来一切神通，能观、能现种种变化，以协助众生断烦恼、求得解脱。② 如其文云：

> 十方世界中，若有恶国土，众生皆邪见，刚强无善心。我以誓愿力，神通摧伏之。……或先同其事，方便引导之，既悦可其心，转令入佛道。③

从教育方法论盱衡，这种权显神通法其实是相当务实的。这种方法的教育功能，诚如《慧思传》云：慧思"善识人心，鉴照冥伏，……方便诲引。"④ 此"善识人心""方便诲引"说

---

① （唐）道世：《法苑珠林》卷四十二《圣僧部第三》，《大正藏》第53册，台北新文丰出版社1994年版，第609页下—610页上。
② 慧思著，南岳佛教协会编：《慧思大师文集》，岳麓书社2011年版，第5、16页。
③ 同上书，第18页。
④ （唐）道宣：《续高僧传》卷十七《慧思传》，《大正藏》第50册，台北新文丰出版社1996年版，第564页上。

出了慧思擅长以神通力来辅成教育活动之特征。

慧思明显有借用神通力来辅助教学的观念，其《诸法无诤三昧法门》有一段话，讲的便是这一教育观：

> 三世十方无量诸佛，若欲说法度众生时，先入禅定，以十力道种智观察众生根性差别，知其对治得道因缘，以法眼观察竟，以一切种智说法度众生。①

此与现代教育原理，主张以学习者为中心施行适性教育的进步思想，前后同揆。

（5）高足代讲法

上述陈天嘉元年（560），智𫖮慕名到大苏山礼慧思为师，并在数年后得法。据《续高僧传》卷十七《慧思传》载：慧思在讲学过程中，曾"命学士江陵智𫖮代讲金经②"③。慧思本人在旁辅导指点，以加强教学效果。

智𫖮虽然是慧思门下最杰出的弟子，但初次代师讲课，难免因对教材欠熟悉，而出现一些状况。《慧思传》载：

> 至一心具万行处，𫖮有疑焉。思为释曰："汝向所疑，此乃《大品》次第意耳，未是《法华》圆顿旨也。吾昔夏中，苦节思此，后夜一念，顿发诸法。吾既身证，不劳致疑。"𫖮即咨受《法华》行法。④

这种由高足代讲的教学方法，具有很大的教育学意义，一

---

① 慧思著，南岳佛教协会编：《慧思大师文集》，岳麓书社2011年版，第38页。
② 此处金经，指慧思立誓造成的金字《般若经》与《法华经》。
③ （唐）道宣：《续高僧传》卷十七《慧思传》，《大正藏》第50册，台北新文丰出版社1996年版，第563页中。
④ 同上。

则有益于培养优秀弘法人才,二则教师可实际了解学生的学习成效,作为教学回馈与改善教学之参考。

除了上面五种教学方法之外,慧思僧偶尔也应用身教示范法及随机感悟法。就身教示范语言慧思强调教学之前,教师宜先有"证验",即教师本身要由实践结果来验证所欲传授内容的正确性,这可说是一种身教示范法。他在《立誓愿文》云:"若不自证,何能度人?先学已证,然后得行。"① 即此之谓。道宣《慧思传》所言:"便验因定发慧,此旨不虚。"② 讲的也是这一教法。就随机感悟法言,慧思讲学弘法,亦用随机指点的教法,借着当下情境,引证比喻,或微谈或剧论,总以使听者除疑惑、断烦恼为指向。他在《诸法无诤三昧法门》自陈:"随机感悟种种异"③,映现的便是此一教法。

四 结 语

综上可知,慧思是南北朝时期重要的宗教家兼教育家。他将慧文禅师的一心三观,接榫到自己体证《法华经》而悟出之法华三昧,进一步开拓"安乐行法""大乘止观法门"等义门,为天台宗思想奠基,赢得佛教史家高度之评价。

本文主要采取文本分析法,辅以历史考察法,旨在梳理慧思的教育行证,述论其教育思想。他的教育活动前后计三十年,可概分为三阶段:一是施教兖州与郢州时期(三十四岁到四十岁间),以大小乘中定慧诸法,敷扬引喻,学徒日盛。但其间也有因缘不谐衍生是非之困境。二是雨化光州大苏山时期(四十

---

① 慧思著,南岳佛教协会编:《慧思大师文集》,岳麓书社2011年版,第5页。
② (唐)道宣:《续高僧传》卷十七《慧思传》,《大正藏》第50册,台北新文丰出版社1996年版,第564页上。
③ 慧思著,南岳佛教协会编:《慧思大师文集》,岳麓书社2011年版,第41—42页。

一岁到五十三岁间），除宣讲摩诃衍，并造金字《般若经》《法华经》，大发众心。此期高足智𫖮来谒，付法之。三是驻锡南岳般若寺时期（五十四岁到六十三岁），期间曾至都城金陵弘法于陈立及朝中大夫等，被尊为大禅师，优遇、荣盛莫加。

慧思有着丰硕的教育思想，在教育目的上，他主张教育工作之方向在引导人们从生死烦恼中趋向解脱。在学习途径上，提出有相行与无相行两大路径。前者重在一心专念《法华经》文字，精进不懈，以得智慧；后者是勤修禅定，常处于深妙禅定中。如此，定慧双修，解脱之道可成。在教育内容上，《法华经》及《法华经安乐行义》中所偶"安乐行法"，《般若经》之空义理论，以及他自编的《立誓愿文》《随自意三昧》《诸法无诤三昧法门》《大乘止观法门》等，都是其教材。在教育方法上，他兼用随处游讲法、口语讲述法、问答回馈法、权显神通法、高足代讲法等多元方法，相当精彩。

可以说，慧思作为一位热情弘法、传道的宗教家，毕生精力与心力都奉献于利他的菩萨事业上，令人敬佩。其教育精神与教育思想，在过去曾闪耀智慧光芒，在今天仍深具参考价值。

从南岳慧思传略生平考述其佛学思想

蒋家华

（深圳职业技术学院副教授）

摘　要：慧思（515—577）大师被尊为"天台三祖"，其佛学思想上承慧文，下启智者大师，在智颉建立天台宗中起了关键的作用。在本文中，笔者打算通过研究慧思的传略生平文献，来探究他的佛学思想。有关载录慧思生平的文献资料很多，其中主要体现在慧思撰《南岳思大禅师立誓愿文》（以下简称《立誓愿文》）、道宣撰《续高僧传》卷十七中。本文的研究将主要以这两部文献为基础，考察慧思的部分佛学思想。

关键词：慧思　末法　神通　神仙

目前研究慧思佛学思想的文献资料很多，研究者主要集中在中国大陆地区、中国台湾地区、日本等地。[①] 在这些研究文献中，大多是基于慧思现存的著作资料为基础进行考察。一方面，一些研究者主要从慧思的其中一部著作文献入手进行研究；另一方面，一些研究者是从慧思的"全部"或"数部"著作进

---

① 目前在中国大陆知网数据库中收录有关慧思的研究文献不到 30 篇；日本方面的相关日文研究文献有 30 多篇（参见日本 CINII Articles 在线数据库）；中国台湾地区有关慧思的研究文献也有不少，但数据方面不是很明确，欧美的研究文献没作统计。

行考辨和研究。① 从这两方面的研究成果看，有纯从佛教义理入手的，也有从文献版本考证、辨伪入手的，这些研究基本上都不同程度地丰富和完善了对南岳慧思大师佛学思想的考察。在所有有关慧思的研究文献中，很少有学者从慧思的传略生平角度切入来考察其佛学思想，这正是笔者在本文的尝试。需要指出的是，有关慧思传略生平的文献除了上面"摘要"中提到的慧思撰《立誓愿文》②与道宣撰《续高僧传》卷十七③之外，其他文献还有很多，总计达二十多种。因此，在本文中，笔者还将对这些传略生平文献进行逐一的考察和甄别，并从中拣择出属于慧思佛学思想因素的部分进行考述，这是本文研究的初衷。

一 慧思传略生平文献考述

在下面的论述中，笔者将以载录有慧思传略生平的文献为考察对象，并以《立誓愿文》《续高僧传》卷十七等资料为基础整理出慧思的生平"年谱"，然后对罗列出的传略文献版本进行简略的比较和考察。

1. 传略文献综述及生平年谱

在藏内文献《大正藏》《卍续藏》等资料库中，出现了二十几个关于慧思传略生平的文献，时间跨度上从南朝陈代到明清时期。这些文献分别是（不分时间先后）：慧思撰《立誓愿

---

① 郑素如：《慧思禅观思想之研究》，台湾南华大学硕士学位论文，2008年；刘朝霞：《南岳慧思心识论——以〈随自意〉、〈安乐行〉、〈无诤门〉为范围》，《四川师范大学学报》2007年第4期。这两篇文章都是立足于慧思的多部著作进行研究。

② （陈）慧思：《南岳思大禅师立誓愿文》卷一，《大正藏》第46册。

③ （唐）道宣：《续高僧传》卷十七，《大正藏》第50册。

文》卷一、志磐编《佛祖统纪》卷六①、觉岸编《释氏稽古略》卷二②、灌顶撰《隋天台智者大师别传》卷一③、道宣撰《续高僧传》卷十七、佚名撰《神僧传》卷四④、僧惠祥撰《弘赞法华传》卷四⑤、僧祥撰《法华传记》卷三⑥、士衡编《天台九祖传》卷一⑦、戒珠叙《净土往生传》卷二⑧、道原纂《景德传灯录》卷二十七⑨、道宣撰《大唐内典录》卷五⑩、净昇集《法华经大成音义》卷一⑪、宗鉴集《释门正统》卷一⑫、昙噩述《新修科分六学僧传》卷三⑬、宗晓编《法华经显应录》卷一⑭、周克复纂《法华经持验记》卷一⑮、道衍撰《诸上善人咏》卷一⑯、普济集《五灯会元》卷二⑰、瞿汝稷集《指月录》卷二⑱、徐昌治编《高僧摘要》卷二⑲、朱时恩著《佛祖纲目》卷二十八⑳、唐时编《如来香》卷五㉑等。

---

① （宋）志磐：《佛祖统纪》卷六，《大正藏》第49册。
② （元）觉岸编：《释氏稽古略》卷二，《大正藏》第49册。
③ （隋）灌顶：《隋天台智者大师别传》，《大正藏》第50册。
④ 佚名撰：《神僧传》卷四，《大正藏》第50册。
⑤ （唐）惠祥：《弘赞法华传》卷四，《大正藏》第51册。
⑥ （唐）僧祥：《法华传记》卷三，《大正藏》第51册。
⑦ （宋）士衡：《天台九祖传》卷一，《大正藏》第51册。
⑧ （宋）戒珠叙：《净土往生传》卷二，《大正藏》第51册。
⑨ （宋）道原纂：《景德传灯录》卷二十七，《大正藏》第51册。
⑩ （唐）道宣：《大唐内典录》卷五，《大正藏》第55册。
⑪ （清）净昇集：《法华经大成音义》卷一，《卍续藏》第32册。
⑫ （宋）宗鉴集：《释门正统》卷一，《卍续藏》第75册。
⑬ （元）昙噩述：《新修科分六学僧传》卷三，《卍续藏》第77册。
⑭ （宋）宗晓编：《法华经显应录》卷一，《卍续藏》第78册。
⑮ （清）周克复纂：《法华经持验记》卷一，《卍续藏》第78册。
⑯ （明）道衍：《诸上善人咏》卷一，《卍续藏》第78册。
⑰ （宋）普济集：《五灯会元》卷二，《卍续藏》第80册。
⑱ （明）瞿汝稷集：《指月录》卷二，《卍续藏》第83册。
⑲ （清）徐昌治编：《高僧摘要》卷二，《卍续藏》第87册。
⑳ （明）朱时恩：《佛祖纲目》卷二十八，《卍续藏》第85册。
㉑ （清）唐时编：《如来香》卷五，《国图善本》第52册。

通过上面的慧思传略生平文献，笔者将主要参考《立誓愿文》①《续高僧传》卷十七为基础，大致归纳出慧思大师的生平年谱：

1—14 岁。公元 515 年，乙未年十一月十一日，于大魏国南豫州汝阳郡武津县生。

15—20 岁。公元 529 年（魏庄帝永安二年），年 15 岁，己酉年，出家修道。诵《法华》及诸大乘至年二十。

20—33 岁。公元 534 年，甲寅年，受具足戒。立誓求解脱，求如来一切神通，断诸烦恼，遍历齐国诸大禅师，恒居林野修禅。

34—38 岁。期间在河南兖州界论义，遭恶比丘以恶毒药与食，举身烂坏，五脏亦烂，得活。归信州，受信州刺史挽留建立禅斋说《摩诃衍义》，历三年。受梁州许昌来请，将归邺郡，然慧思不欲向北，心欲向南，向淮南山停住。

39 岁。同淮南郢州刺史刘怀宝共游郢州山中，讲《摩诃衍义》。时有诸法师起大嗔怒，五恶论师以生金药投毒，得活。

40 岁。在光州开岳寺，巴子立五百家共光州刺史请讲《摩诃衍般若波罗蜜经》。

41 岁。在光州境大苏山，讲《摩诃衍义》一遍。

42 岁。在光州观邑寺，讲《摩诃衍义》一遍。时多有恶论师欲加害大师、毁坏经义。大师起大悲心，欲誓造金字摩诃般若及诸大乘。

43 岁。在南定州，受刺史请讲《摩诃衍义》一遍。时多恶论师起恶心、大恼乱，断大师食。

44—52 岁。太岁戊寅还于大苏山光州境内，僧合造金字般若。大师作当来弥勒世尊出兴于世。②

---

① 陈寅恪认为慧思《立誓愿文》是中国古代最早的按时间顺序撰写的个人年谱。参见陈寅恪《南岳大师立誓愿文跋》，收录于《陈寅恪史学论文选集》，上海古籍出版社 1992 年版，第 41 页。

② （陈）慧思：《南岳思大禅师立誓愿文》卷一，《大正藏》第 46 册，第 787—791 页。

54岁。陈光大（二）年（568）六月二十二，移居南岳。①

55—63岁。慧思预言，将寄于南岳止十年。陈太（大）建九年（577），六月二十二圆寂。②

根据以上关于慧思的传略生平年谱发现，《立誓愿文》并不完全，而《续高僧传》则将其补充完整了。郑素如在其论文中，将慧思的生平分为四个时期：青少年时期（1—19岁）、河南游学时代（20—39岁）、光州教化时代（40—53岁）、南岳隐栖时代（54—64岁）（实际上应该是63岁，笔者注）。③应该说，这种分期还是比较契合上面的慧思生平年谱的。

2. 生平文献考辨

从以上所例举的23个文献版本看，文中所载录的有关慧思的传略生平文字基本上大同小异，有的详细，有的极其简略，且没有年代、时间上的具体标记。笔者发现，在这些版本中，时间上比较早的版本是慧思撰《立誓愿文》、隋灌顶撰《隋天台智者大师别传》（慧思传略穿插其中）、唐道宣撰《续高僧传》卷十七中的传略文字。而其他的传略版本文字基本上是在《立誓愿文》及《续高僧传》卷十七版本的基础上进行的传抄、摘录或增益。因而出现一些版本文字间所记录的传略事实产生差异的情况。这就涉及古代文献传抄的"母本"现象。关于母本的概念，美国学者汤普森认为，母体故事是一个独立存在的传统故事（文本），可以把它作为完整的叙事作品来讲述，其意义不依赖于其他任何故事，当然它也可能偶然地与另一个故事合

---

① （唐）道宣：《续高僧传》卷十七，《大正藏》第50册，第563页中。一说光大元年移居南岳，如觉岸《释氏稽古略》卷二中"陈废帝光大元年（567）来南岳"，见《大正藏》第49册。

② （唐）道宣：《续高僧传》卷十七，《大正藏》第50册，第563页下。

③ 郑素如：《慧思禅观思想之研究》，台湾南华大学硕士学位论文，2008年，第40页。

在一起讲，但它能够单独出现这个事实，是它的独立性的证明。① 由于上面23个版本撰述的前后时间从南朝陈代到清代长达一千多年，而且除了基于母本的事实，多个版本之间互有差异，体现了每个撰述者的意图，下面分别作简略论述。

慧思自撰《立誓愿文》中载录的生平，最为"客观"，文献撰成的时间也最早，文中出现比较明显的时间标记，因此比较可信。②

道宣撰《续高僧传》卷十七中载录的慧思生平，在栖息南岳之前的五十四年间，已经没有了明显的时间标记，仅有栖息南岳的十年前后有年号标记，而这又正好是《立誓愿文》中所没有的，正好补充完整。与《立誓愿文》最大的不同是，道宣在《续高僧传》卷十七中增益和敷衍了不少的神异成分，属于宗教性的神圣叙事，是对慧思进行的神化。文中记慧思寿辰64岁（比实际年岁大1岁）。

志磐编《佛祖统纪》卷六，载录的慧思生平最为详细，参考的历代资料也较多，所不同的是，慧思年岁记为63岁时圆寂，符合事实。资料中同样载录了很多慧思的神异事迹，可以明显地发现该文本是以《立誓愿文》与《高僧传》卷十七为母本作参照撰述的。

觉岸撰《释氏稽古略》卷二中载录的慧思生平非常简略，没有神异的成分，仅有少量的时间标记，如"陈废帝光大元年（567）来南岳"等，文中记慧思寿辰64岁。

灌顶撰《隋天台智者大师别传》卷一中载录的慧思生平是穿插在智者大师传记中的。传记内容没有时间标记，也没有神

---

① [美]斯蒂·汤普森：《世界民间故事分类学》，郑海等译，上海文艺出版社1991年版，第499页。

② 由于《立誓愿文》在道宣等著作中没有列出，从而引起《立誓愿文》真伪问题的讨论，吕澂认为《立誓愿文》为慧思所撰无疑。（参见吕澂《中国佛学源流略讲》，中华书局1979年版，第162页。）

异成分和具体的实质内容。

佚名撰《神僧传》卷四、僧惠祥撰《弘赞法华传》卷四、宗晓编《法华经显应录》卷一等文献，载录的生平较为简略，没有时间标记，并掺杂一些神异成分。

僧祥撰《法华传记》卷三较上更为简略，并增益新的神异事迹。

士衡编《天台九祖传》卷一、戒珠叙《净土往生传》卷二、宗鉴集《释门正统》卷一、昙噩述《新修科分六学僧传》卷三、徐昌治编《高僧摘要》卷二等文献，几乎是对道宣《续高僧传》卷十七中传略材料的抄录。

道原纂《景德传灯录》卷二十七、道宣撰《大唐内典录》卷五、净昇集《法华经大成音义》卷一、朱时恩著《佛祖纲目》卷二十八等文献，非常简略，无时间标记，且无神异成分。

周克复纂《法华经持验记》卷一，生平记载比较简略，有少量时间标记，如"光大二年（568）入居南岳"，与前面觉岸撰《释氏稽古略》卷二中"陈废帝光大元年（567）来南岳"略有差异。文中有神异成分的记载。

道衍撰《诸上善人咏》卷一、普济集《五灯会元》卷二等文献非常简略，传记内容没有时间标记，也没有神异成分。

瞿汝稷集《指月录》卷二，传记文字比较简略，仅有少量的时间标记。

唐时编《如来香》卷五，收录在《国图善本》第52册中，传记文字比较简略，掺杂有神异成分。文末载慧思寿辰八十三岁[①]（实际是六十三岁），可能是后人在抄录或印刷时的脱厄。

笔者通过以上23个慧思传略文献的简略比较，发现其中大部分版本是以慧思撰《立誓愿文》、道宣《续高僧传》卷十七

---

① 笔者认为，可能是唐时在编撰时或他人在抄录《如来香》时的笔误，应该是六十三岁，"六"字有脱厄。

为母本进行的传抄与增益。在传抄过程中，在时间、神异事迹等方面，出现不同的差异。特别是在增益慧思神异事迹方面，出现各种不同版本，这是需要注意的地方。客观地说，剔除神异的文字记载部分，慧思的《立誓愿文》中的记录还是很可信的，而补充入《续高僧传》卷十七慧思居南岳十年的部分，基本上完整地呈现了慧思的传略生平面貌，这为上面诸多版本的文献资料所印证。

二 慧思传略生平文献中体现的佛学思想

与具体阐释慧思佛学思想的多部著作不同，在慧思的生平传略文献《立誓愿文》、道宣《续高僧传》卷十七中，已经比较粗略地交代和呈现了慧思的一些佛学思想，特别是在他自撰的著作《立誓愿文》中。在下面的行文中，笔者将主要以《立誓愿文》（辅以《续高僧传》卷十七）中的文献资料来考察慧思的佛学思想。

1. 末法时思想

在慧思所撰《立誓愿文》中，有很深的佛教"末法时"思想意识，这应该说是他佛学思想的重要组成部分之一。在《立誓愿文》中，"末法"一词，出现频率达12次之多，① 而关于慧思的末法思想有专门的论文研究。② 笔者以为，慧思末法思想

---

① （陈）慧思：《南岳思大禅师立誓愿文》卷一，《大正藏》第46册，第786—792页。

② 如：日本学者诸如高雄义坚《末法思想と諸家態度（上）》，将末法与正、像二时并列，成为有组织的三时体系的思想，认为在文献上最初建立末法信念的人，则始于慧思禅师。结城令闻则将《立誓愿文》置于中国佛教最初末法自觉思想文献的位置。还有山田龙城在《末法思想について——大集经の成立问题》，肯定《立誓愿文》为中国最早的末法文献，并确认为慧思真撰。笔者依此说。（参见释性玄《佛教末法思想在中国之收容与开展——以南岳慧思之末法思想为中心》，台湾圆光佛学研究所研究生学位论文，2009年，第70页。）

的形成，很可能来自两个方面的影响：一方面，在他生前，北方发生了两次灭佛事件，在道宣《释迦方志》卷二中有载：

> 佛法之垂振旦，三被诛焚。初赫连勃勃号为夏国，初破长安，遇僧皆杀。二魏太武用崔皓言，夷灭三宝，后悔皓加五刑。三周武帝但令还俗，皆不得其死。①

道宣文中前面两次赫连勃勃（381—425）、魏太武帝（408—452）两次灭佛，均发生在慧思生前，应该让慧思产生了强烈的末法思想意识。另一方面，从慧思撰《立誓愿文》看，当时佛教内部的斗争非常激烈，慧思至少在"河南兖州""淮南郢州""光州观邑寺"等地弘法讲学期间，受到"恶论师"等嫉妒者的"投毒""断食"等加害，每次均化险为夷，起死回生。可以想象，在慧思弘法的一生中，所受到的佛门排挤肯定远不止这些。这些遭遇，更能催生慧思末法思想的根植。需要注意的是，在《立誓愿文》的行文表述中出现的时间大都采用"年岁+末法时间"为标记。而且文中还着重提到："以大愿故，一切众魔诸恶灾难不能沮坏，愿于当来弥勒世尊出兴于世。"②可见，由于"众魔诸恶"等破坏佛法，急切盼望未来佛弥勒下生于世，这是慧思基于末法时思想的内心企盼。

2. 神通修、神仙思想

在慧思《立誓愿文》中，"神通"一词出现22次，可见慧思对神通修思想的看重。关于神通概念，丁福保《佛学大辞典》的解释是："神为不测之义，通为无碍之义。不可测又无碍之力用，谓为神通或通力。是为五种通之一，有五通，六通，十通

---

① （唐）道宣：《释迦方志》卷二，《大正藏》第51册，第973页上。
② （陈）慧思：《南岳思大禅师立誓愿文》卷一，《大正藏》第46册，第787页下。

之别。"① 实际上，神通是指佛、菩萨、阿罗汉等通过修持禅定所得到的神秘法力。佛教是不提倡神通的，因为佛教是觉悟、智慧的教育，过于使用神通，会让众生执着于神通，而神通不敌业力，使得修神通者不得解脱。可见，慧思的禅修行为，在很大程度上有获得神通力的目的。与此同时，在慧思《立誓愿文》中，还提到各种"仙"的词汇，达15次之多，诸如"大仙、成仙、通仙、神仙、寿仙、成仙、学仙"等各个与"仙"相关的名目，可见慧思还具有深切、浓厚的道教神仙思想。其中慧思的寿仙思想具体体现在《立誓愿文》中，书云：

> 我今入山修习苦行，忏悔破戒障道重罪。今身及先身是罪悉忏悔，为护法故求长寿命。不愿生天及余趣，愿诸贤圣佐助我。得好芝草及神丹，疗治众病除饥渴。常得经行修诸禅，愿得深山寂静处。足神丹药修此愿，藉外丹力修内丹。欲安众生先自安，己身有缚能解他缚。无有是处。②

引文中出现"长寿命""芝草""神丹""足神丹药""外丹""内丹"等道教修仙词汇，已经迥异于佛教的修行法门语汇，是典型的神仙思想的体现。而苦行坐禅修神通，实际上也是变相的修仙方式。可见，慧思是把修禅得神通、道教修仙等修持行为结合在一起的。

从客观情形考察，慧思所提倡的神通、神仙思想，实际上是和当时社会的思想文化背景，以及他自身的禅修理论有关的。当时社会上流行着神仙、延年益寿的思潮。汤用彤认为在慧思

---

① 丁福保：《佛学大辞典》"神通"词条，文物出版社1984年版，第283页，第二栏。
② （陈）慧思：《南岳思大禅师立誓愿文》卷一，《大正藏》第46册，第791页下。

时期，盛行着延年益算的信仰："北朝佛教不脱汉世色彩，尤可于延寿益算说之盛行，而可知之。延年益算，为众生之所最贪爱，自为南北之所普信。而因其与道教之长生久视同科，为佛道混杂最重要之点。"① 因此，基于这样的社会思想背景，慧思宗教思想中的佛道混杂就不足为怪了。

3. 佛学著作

一般来说，著作是最能体现慧思佛学思想的主要载体。遗憾的是，在慧思撰《立誓愿文》中没有提到他的著作目录。所幸在道宣撰《高僧传》卷十七《慧思》传略生平文献中，则提到了慧思的著作：

> 思所独断高遵圣检，凡所著作口授成章，无所删改。造《四十二字门》两卷、《无诤行门》两卷、《释论玄》《随自意》《安乐行》《次第禅要》《三智观门》等五部各一卷，并行于世。②

在上面道宣《续高僧传》卷十七的引文中，提到了慧思的7部著作，应该比较可信。现存署名为慧思的著作共计有6部，分别为：《诸法无诤三昧法门》二卷、《大乘止观法门》四卷、《法华经安乐行义》一卷、《南岳思大禅师立誓愿文》一卷、《随自意三昧》一卷、《受菩萨戒仪》一卷。③ 与上面道宣《续高僧传》卷十七中所录慧思著作相比较，发现仅有《无诤行门》两卷（《诸法无诤三昧法门》二卷）、《随自意》一卷（《随自意

---

① 汤用彤：《汉魏两晋南北朝佛教史》（下），昆仑出版社2007年版，第694页。
② （唐）道宣：《续高僧传》卷十七《大正藏》第50册，第564页上。
③ 前四部收录于《大正藏》第46册，《随自意三昧》收录于《卍续藏》第55册，《受菩萨戒仪》收录于《卍续藏》第59册。

三昧》一卷)、《安乐行》一卷(《法华经安乐行义》一卷)三部著作重合,可以证明这三部著作是慧思所撰无疑。如果道宣撰文中涉及的慧思著作也确实,那么意味着《四十二字门》《释论玄》《次第禅要》《三智观门》等四部著作已佚失。而现存的《大乘止观法门》四卷、《南岳思大禅师立誓愿文》一卷、《受菩萨戒仪》一卷三部著作在道宣等撰的慧思传略文献中没有发现,因此,这引起了当下学者对这三部著作是否为慧思原著的辨伪争论。对于此问题的看法,吕澂认为:

除《立誓愿文》外,慧思还有一些著述。……另有《大乘止观法门》(现存),说是慧思的著作,事实上很成问题,因为其内容全用《大乘起信论》的思想来结构,从时代上,从学说的基本思想上,都有矛盾,无疑是后人伪托的。①

从吕澂的说法看,《立誓愿文》确为慧思所作(笔者前文已作了肯定),但《大乘止观法门》不是慧思的著述,是后人伪托的,笔者也持同样的观点。而对于《受菩萨戒仪》,更是无可稽考是否为慧思所撰。因此,至少通过以上四部现存的著作(《立誓愿文》《随自意三昧》《诸法无诤三昧法门》《法华经安乐行义》),可以比较直观地呈现慧思的佛学思想,这是客观的事实。

三 结 论

目前载录慧思生平传略生平的文献达 23 部之多(实际上还不止),撰述的时间跨度长达一千多年。其中很多版本主要是以慧思撰《立誓愿文》、道宣撰《续高僧传》卷十七中慧思生平

---

① 吕澂:《中国佛学源流略讲》,中华书局 1979 年版,第 162 页。

为母本进行转述和抄录。在本文中，笔者对这些传略文献版本进行了比较，并简述了各个版本之间的大致差异。对于慧思的佛学思想而言，笔者主要是在以《立誓愿文》为主（辅以《续高僧传》卷十七中的《慧思》传略生平）的基础上展开的。笔者发现《立誓愿文》集中体现了慧思的"末法时""神通修"以及"神仙修"等宗教思想。慧思这些思想的形成与当时社会流行的神仙信仰、北朝佛教"延寿益算"思想的风气相关。同时，笔者通过对《续高僧传》卷十七中罗列的慧思著述与现存署名为慧思的著述进行比较，认为至少有四部为慧思的撰述，这几部著作能直接呈现他的佛学思想。因此，本文从慧思的传略生平文献入手考察了他的佛学思想，从而实现了本文的考察目的。

略论慧思"一心三观"及其对天台"三谛圆融"思想之影响

赖功欧

（江西省社会科学院哲学所研究员）

摘　要："一心三观"，其核心内容在"修习道种智、一切智、一切种智"，慧思在其师慧文"一心三观"基础上有了新的发展，得出了诸法实相"十如是"之说。"十如是"是作为诸法实相的基本内涵而提出的，这是慧思深刻而独到之见解；实相法在其时僧人心目中有极其重要的地位。而如何"由定发慧"，则是在此基础上的进一步探寻。慧思"由定发慧"之禅观，尤其是次第、圆顿可统一的方法论，对后来唐代的禅，有极其重要之思想意义。总体上，从"一心三观"到"三谛圆融"，可见出从慧思到智𫖮的命题承接。

关键词：慧思　一心三观　法华三昧　由定发慧　天台　三谛圆融

慧思（515—577）南北朝时代高僧。武津（河南上蔡）人，俗姓李，世称南岳尊者。为我国天台宗第二代祖师（一说三祖）。15岁出家，后参谒河南慧文禅师，得授观心之法，专心读《法华经》而深得法华三昧。慧思是个既重禅法修行，亦重义理探究的禅师。《续高僧传》《弘赞法华传》《佛祖统纪》《景德传灯录》《佛祖历代通载》等文献，都有关于他的记载：北齐天保五年（554），慧思至光州，他不分远近而为众演说，长达14年之久。"名行远闻，学侣日至，激励无倦。机感寔繁，乃以大、小乘定慧等法，随根引喻，俾习慈忍行，奉菩萨三聚戒。"① 可见其时他早已声闻远播，学徒日盛；然嫉其德望或谤难是非者亦甚多。后慧思于河南南部之大苏山传法，智𫖮成为其弟子中最为杰出者。陈代光大二年（568）慧思入南岳衡山，悟三生行道之迹，讲筵益盛，居止10年，遂有"南岳尊者"之称。慧思倍受宣帝礼遇，当时就被尊称为"大禅师"，时人又称"思大和尚"，"思禅师"。太建九年，晏然而化，世寿63。其著作多半由门徒整理而成，如《法华经安乐行义》一卷、《无诤行门》二卷、《大乘止观法门》四卷、《四十二字门》二卷、《受菩萨戒仪》一卷等。另有自撰《立誓愿文》一卷。

一 证"法华三昧"与"一心三观"法门

慧思是个颇有传奇色彩的僧人，曾十年专诵《法华经》，最终证得"法华三昧"，大小乘法门，朗然洞发。然须知，慧思早年是立基于《般若》，而其后来显然更为推崇《法华》，此实因其认识到若从佛的教化辗转增胜上看，《法华》更具境界；故称《法华》为大乘顿觉疾成佛道的法门，此如同莲花一般，一花而具众果。更有利根菩者专心致志，若一时具足，则可超于次第而入。此理念有例可证：慧思曾命弟子智𫖮代讲《大品般若》，讲到一心具足万行处，慧思特别指示说，《大品》所讲还是次第义，至《法华》则讲圆顿义。在慧思，次第与圆顿是可以统一者。此理念于后来智𫖮创《法华》为核心的天台宗学说，至关

---

① （宋）道原：《景德传灯录》卷二十七，见顾宏义译注《景德传灯录译注》第五册，上海书店出版社2009年版，第2157页。

重要。据《景德传灯录》载慧思："及禀具，常习坐，日唯一食。诵《法华》等经满千遍，又阅《妙胜定经》，叹禅那功德，遂发心寻友。时慧闻禅师有徒数百，乃往受法，昼夜摄心，坐夏经三七日，获宿智通，倍加勇猛。"① 此中"慧闻禅师"通作"慧文禅师"。可见其确实在慧文处得到传法。慧文禅师在读《大智度论》而获悟于"一心三智"后，就依此而修心观，谓果既一心而得，因岂前后而获？此观若成，证一心三智，双亡双照，即入初住无生忍位；又阅《中论》"因缘所生法，我说即是空，亦名为假名，亦是中道义"之偈，遂悟入即空即假即中之妙理，而立"一心三观"之法门。须知，后来天台宗的立宗，实可上溯至此。慧文以此"一心三观"之法门而传慧思，慧思传智𫖮，而终至天台宗的"三谛圆融"理论。天台宗推龙树菩萨为第一祖，而第二祖则为慧文禅师，第三祖即南岳慧思，第四祖为天台智𫖮。慧文依龙树的《中观论》而证得"一心三观"之妙旨，故历史上又有人称北齐慧文为天台初祖，慧思为二祖，三祖自然为智𫖮了。

先说"三观"，即空、假、中三观。然其有内外三观之分：内三观依《智度论》三智一心中得而立。一会无相谓之空，无法不备谓之假，不一不异谓之中。在一念观心中，法尔具足。外三观即观诸法具足三观，依《中论》："因缘所生法，我说即是空（空观），亦名为假名（假观），亦名中道义（中观）。"此三观法，随观一法，莫不具三。如观空时，假、中皆空，观假，空、中亦然。如葫芦落水，面面皆泛，水银落地，颗颗皆圆，是称一心圆融三观。而"三谛"即真、假、中三谛。真谛泯一切法，俗谛立一切法，中谛统一切法，一一法中，具此三谛。而从"一心三观"到"三谛圆融"，正是从慧思到智𫖮的命题

---

① （宋）道原：《景德传灯录》卷二十七，见顾宏义译注《景德传灯录译注》第五册，上海书店出版社2009年版，第2157页。

承接。其三观内涵为能观心,则三谛内涵为所观境,二者既能所交融,又不可分割。

就理念上说,"一心三观"其源头仍在龙树的《大智度论》与《中论》。而慧思本人不仅从其师接续了"一心三观"之妙旨,更是通过对《法华经》的苦读、熟读,深通之而获开悟。当年,慧思将僧俗所施予的金子书写成金字的《般若经》《法华经》。众人请慧思讲说这二部经,慧思随文诠解,洞明真旨。其时,智𫖮正在慧思门下,慧思即命智𫖮代其解经。当说到"一心具备万行"时,智𫖮稍有疑惑而请慧思再作诠解。慧思即说道:你所疑惑的是《大品般若经》中次第之意而已,而不是《法华经》圆满顿悟之真旨。我从前在坐夏时,一念之间顿时开悟,诸法就在面前。我既是用自身亲历而证悟,你还需要疑惑什么呢?智𫖮接受了师父的教导,历经三七二十一天的证悟而洞明大道。这里,重要的是如何通过"修习道种智、一切智、一切种智"来解释"一心三观"。对此,吕澂先生十分有见地地指出:

> 《大品》开头说:"修习道种智、一切智、一切种智。"这里把智慧分为三种:"道种智"对于大小乘所说的各种道均能了解;"一切智"了解一切法的共相,这是小乘所要达到的最高智慧;"一切种智"了解一切法的共相,这是小乘所要达到的最高智慧;"一切种智"了解一切法的自相,这是大乘所追求的最高智慧。三者有高低层次的差别,必须修习般若才能获得。《智论》二十七卷解释这句经文,认为三种智慧虽有层次,但开始是点滴的积累,而最后达到圆满,可以一时得到,所以说"一心中得"。因为达到无所不知时,这三种智当然都于一心中具备了。《智论》在讲"一心中得"时,还特别提出一切智和一切种智来。慧文由这些说法理会到修习般若的结果乃是"一心中得"三智,果

既顿得,那末,因也就可以一时综合起来观察了,这就是所谓"因顿观"。此外,他还联系到《中论·观四谛品》中的三是偈。偈说因缘法是空、假、中,三种相都真实,所以又叫三谛。照这样说,一心同时也是可以从这三个方面来观察的,因而成立了空假中的三种观门。于是由原来的"三智一心"观发展成为"三谛一心"观。这就是慧文"一心三观"的说法。①

可见,所谓"一心三观",其核心内容即为"修习道种智、一切智、一切种智"。而事实上,在吕澂看来:慧思在其师"一心三观"基础上有了新的发展。这可从其《立誓愿文》中见出。其中谈到他自己学禅是遍历各国诸大禅师参学摩诃衍,可见其是转益多师而不限一家的。慧思在"一心三观"之上创出了"十如是"一说。这则是我们下面要谈到的。

二 作为"诸法实相"的"十如是"

慧思早年出家,即注意行持;而自发心习禅,及参访诸禅宿,更接触到其时北方佛教学者所特有的躬行之风,使其深受其益而笃信由定发慧之道。作为当时的禅师,其学极其重视般若,几尽全力于引发智慧、穷究实相。此当与其亲承慧文禅师有关。慧文为北齐时最为著名之禅观学者,所倡禅法即为定慧并重。尤在"慧"上,特加注力修持。据《续高僧传》,慧文于《大品般若》所言三种智慧(道种智、一切智、一切种智)可次第证得亦可同时得到之道,有其独到的见解。慧思得其真传,更结合到他自己对于《法华经》的领会,在禅学的理论和实践上,更进一步提出自己独到的说法。

---

① 吕澂:《中国佛学源流略讲》,中华书局1979年版,第160—161页。

如何理解"诸法实相",诸法实相需联系三论宗特别是《中观论》来理解。我们先看印顺法师的《中观今论》是如何说的:"缘起是侧重于现象的,性空是侧重于实相的,本性的。依佛法来看,现象与本性的中道,是甚深的。佛法的说明诸法实相,以此相对的二门——缘起与性空为方便。从缘起明性空,依性空明缘起,如不能适中的恰到好处,即有过与不及的误解。"①事实上,在慧思专颂的《法华经·方便品》中,明确指出了"唯佛与佛乃能究尽诸法实相",我们来看看这段原话:

> 止!舍利弗,不须复说。所以者何?佛所成就第一希有难解之法,唯佛与佛乃能究尽诸法实相,所谓诸法,如是相,如是性,如是体,如是力,如是作,如是因,如是缘,如是果,如是报,如是本末究竟等。②

这是佛陀明白告诉舍利弗当停下来,无须多言。何以如此呢?因为如来所成就的最上稀有之法是如此深奥难解,唯有已经达到圆满佛果的诸佛之间,方能觉证诸法最为根本的实相。这就是诸法所具有的真实无伪的"如是"。即"如是相,如是性,如是体,如是力,如是作,如是因,如是缘,如是果,如是报,如是本末究竟",这就是实相的十项内容。吕澂据此说:"既然这十项都是用'如是'来形容,又概括了一切相,所以慧思在'一心三观'的基础上又发展出了诸法有'十如是'之说。但经文上的这些说法,只是罗什译本上独有的,其余译本不这样说,可见是罗什译时所改动的。这种作十如是的讲法,与《智论》中的解释有配合,所以仍然与龙树学有关。因此,天台宗说他们思想来源于龙树,是有相当根据的。"③吕澂深以

---

① 印顺讲,续明记:《中观今论》,福建莆田广化寺1992年印,第137页。
② 赖永海主编,王彬译注:《法华经》,中华书局2010年版,第59页。
③ 吕澂:《中国佛学源流略讲》,中华书局1979年版,第161—162页。

为天台宗的主要思想虽可导源于"一心三观",但终究归宿到实相说。而这才是慧思最核心的观念。既然如此地重智慧,如此地从方法论上关注由定发慧,就必然要从"一心三观"发展到实相说上来。实际上,《法华经·方便品》尤其提出了要以"佛的知见来做一切智慧的标准,以为佛的知见广大深远不待说,又还成就无量未曾有法。为什么呢?就为了它能够穷尽诸法的实相。这实相又是怎样的呢?分析它的内容,即如是相、性、体、力、作、因、缘、果、报、本末、究竟等,一共十项。这些话虽然也曾散见在其他经论里,但总没有像《法华经》这样会扰了而又扼要地提了出来。从前罗什门下通达《法华经》的,对于经文这一点似乎也被注意到,就如道生所作的《法华义疏》说,此处经文是用十一事缘解释了佛说的一切善法。'相'说法的外貌,'性'说法的内容,合内外为'体',这一切法中所含有的功能是'力',有所作为便是'作',能发生他法为'因',加以扶助为'缘',能遂所期的是'果',穷尽它的历数的是'报',善法的开始为'本',得着佛法的终极为'末',最后晓了源极为'究竟'"①。这就再好不过地说明了为何要叫作"实相",为何"十如是"是作为实相的基本内涵而提出。无论如何,这是慧思的深刻而独到之见解。然而,慧思没有停留在这一见解上,而是极度张扬了修行禅观——由定发慧。这正是我们下面要讲到的。

印光大师曾在《佛法修行止偏法要·不可妄期圣证》中云,南岳思大禅师,智者之得法师也。有大智慧,有大神通。临终有人问其所证,乃曰:"我初志期铜轮(即十住位,破无明,证实相,初入实报,分证寂光。初住即能于百三千大千世界,示作佛身,教化众生,二住则千,三住则万,位位增数十倍,岂小可哉),但以领众太早,只证铁轮而已(铁轮,即第十信位,

---

① 吕澂:《中国佛学源流略讲》,中华书局1979年版,第161—162页。

初信断见惑，七信断思惑，八九十信破尘沙，伏无明。南岳思示居第十信，尚未证实相法。若破一品无明，即证初住位，方可云证实相法耳）。"智者大师，释迦之化身也。临终有问："未审大师证入何位？"答曰："我不领众，必净六根（即十信位，获六根清净，如法华经法师功德品所明）。损己利人，但登五品（五品，即观行位，圆伏五住烦恼，而见惑尚未断除）。"由印光大师所言可透见，实相法在慧思那一时代僧人心目中的重要地位，而如何由定发慧，则显然是在此基础上的进一步探寻。

三 "由定发慧"的禅观

前述慧思禅观，于次第、圆顿二者是可以统一的。汤用彤在《汉魏两晋南北朝佛教史》中谈到这一历史时期的禅法时指出："北方禅法偏盛，其影响约有四端。……江东佛法，弘重义门，至于禅法，盖蔑如也。（语见《慧思传》）自慧思止于南岳，智颉东趋江左，而天台止观行于南方。……自此以后，谈义理者，必依观法。而隋唐大宗派之兴，均以'定慧双修'自许。智颉为天台之宗师。昙鸾为净土之柱石。《地论》巨子昙迁融合南方真谛之这，下启唐代华严一派。（以上诸人除昙鸾外，《续传》均列入习禅中。）天台、净土、地论以及贤首宗均特有其观法。而上列诸人，亦禅师也。"① 对这一时期"定学"的发达，汤先生又慧眼独具："梁陈之时，荆、襄定学仍多受北方之影响。如其中僧人法聪，曾游嵩岳武当。法常原在漳、邺授禅。而荆州禅师颇多慧思弟子。慧思设教于衡岳，而三湘亦兴禅学。南朝之末修定者稍盛，仍多系受北人之熏陶也。"② 这里不仅相当明确地道出了其时慧思及其弟子们如何重视定学，更为重要

---

① 汤用彤：《汉魏两晋南北朝佛教史》，北京大学出版社2011年版，第441—442页。

② 同上书，第440页。

的是,汤先生也确定了此时的定学其实仍由北方而来,更进一层则是指出了地理位置:荆、襄、武当、衡岳一地,其风气已开始盛行修禅定。杜继文也在其《佛教史》中指出:"慧思也是禅师,而以苦行实践又注意解经为特点。当他在北方学禅时,受慧文等禅师影响,通过诵读《法华经》而自悟'法华三昧',开始了对《法华经》的崇拜。他到南方后,提倡'教禅并重'、'定慧双开',开辟了佛教的新格局。道宣记述:'自江东佛法弘重义门,至于禅法盖蔑如也。而思慨斯南服,定慧又开,昼谈义理,夜便思择,故所发言,无非致远。便验因定发慧,此旨不虚。南北禅宗罕不承绪。''昼谈义理',是指弘扬佛教理论;'夜便思择',是指修定。由此确定了天台宗'止观双运'的基本风格。"① 此中重要者,在说到慧思以自身之实践而得到对因定发慧的证验,从而确认此旨不虚。而正是由于后来智颛在慧思基础上再度确认此旨不虚,才有了天台宗的止观双运。可见,此止观双运确实源于并得力于慧思。

其实,慧思早年出家,即注意行持;而自其发心习禅而参访诸禅宿,更感触到其时北方佛教学者所特有的躬行之风,这使他深受其益而笃信由定发慧之道。作为当时的禅师,其学还极重般若,几尽全力于由定发慧、穷究实相。对慧思本人而言,此又与其亲承慧文禅师直接相关。慧文为北齐时最为著名之禅观学者,所倡禅法即为定慧并重。尤在由"定"如何转为"慧"上,特加注力修持。而此时的慧思,则曾于十年之内专注于《法华经》,早已熟透法华义理中的定慧观。我们不妨先来看《法华经·方便品第二》中说到的:

  尔时,世尊从三昧安详而起,告舍利弗:"诸佛智慧甚深无量,其智慧门难解难入,一切声闻、辟支佛所不能知。

---

① 杜继文主编:《佛教史》,江苏人民出版社2008年版,第230页。

所以者何？佛曾亲近百千万亿无数诸佛，尽行诸佛无量道法，勇猛精进，名称普闻，成就甚深未曾有法。随宜所说，童趣难解。舍利弗，吾从成佛已来，种种因缘，种种譬喻，广演言教，无数方便引导众生，令离诸著。所以者何？如来方便知见波罗蜜，皆已具足。舍利弗，如来知见广大深远，无量无碍，力无所畏，禅定解脱三昧，深入无际，成就一切未曾有法。舍利弗，取要言之，无量无边未曾有法，佛悉成就。"①

《方便品第二》是《法华经》中最为核心的四品之一，是佛陀在出定后对舍利弗等诸声闻众说的一段话，世尊为对会中诸众深度宣示法义，又以偈的形式再作表达。此段话中决定性的关键一句，就在"禅定解脱三昧"。如来佛的见地是如此广大深远，无量无数，无有障碍，如来具有十力、四种无畏、禅定和解脱定等，深奥无边的、一切稀有难得的法门都能得到成就。慧思曾极有体会地说过："道源不远，性海非遥。但向己求，莫从他觅。觅即不得，得亦不真。"② 这是慧思指示僧人时说的话，其旨极为明确：道源并不遥远，性海也不遥远。但要有功夫向自身内在去探寻，而不要到他处胡乱寻觅；到他处寻觅也不可能得到，得到也不是真的。这就是慧思"由定发慧"的理念之源。慧思本人曾在领受佛法时，昼夜摄心，坐夏时经过三七二十一日，终获宿命智通。继之，加倍修习勇猛精进。就在其患上疾病而无法步行时，仍在思量未能修定得道而深感惭愧，就在其欲将身体倚靠于墙壁之际，豁然开悟。此后，修炼愈久，观（禅）定之力愈增。印光法师也曾在谈到智者大师时指出："隋天台智者大师，著观无量寿佛经疏，立六即佛义，以对治自

---

① 赖永海主编，王彬译注：《法华经》，中华书局2010年版，第59页。
② （宋）道原：《景德传灯录》卷二十七，见顾宏义译注《景德传灯录译注》第五册，上海书店出版社2009年版，第2157页。

甘堕落，及妄自尊大之病。六即佛者，一理即佛，二名字即佛，三观行即佛，四相似即佛，五分证即佛，六究竟即佛也。六明阶级浅深，即明当体就是。"① 毕竟，阶梯还须一步步走过来。印光法师即此而鼓励修行者"从兹努力修持，则由凡夫而圆证佛果，由理即佛而成究竟即佛矣"②。

综上所述，始于慧文、慧思"一心三观"而终至天台宗的"三谛圆融"，可以说在南北朝中国佛学最盛期，确实起到了承前启后的作用。而在理论上，"一心三观"到"三谛圆融"，亦可见出从慧思到智𫖮的命题承接。而慧思"由定发慧"之禅观，尤其是次第、圆顿可统一的方法论，对后来唐代的禅宗特别是南禅的兴起，更有其重要之思想意义。

---

① 印光法师：《上海护国息灾法会法语》，释大安选编《印光法师文钞简编》，庐山东林寺印经处印，第103页。
② 同上。

慧思大师《立誓愿文》对末法时代弘法自救的启示

雷树德

（湖南图书馆副馆长，研究馆员）

摘　要：本文揭示了当代社会的种种弊端，介绍了慧思大师《立誓愿文》的内容和特征，阐述了末法时代弘法自救的现实意义。

关键词：慧思　《立誓愿文》　末法　自救

一　当代社会的发展与弊窦丛生

从世界来看，当代社会物质文明的发展已经达到空前高度，但世界人民并没有共同享受这种物质文明，贫困落后地区的人民仍在过着痛苦的生活；科学技术的发展给人类带来了极大的便利，而尖端武器的研发又使得世界的不安定因素不是缩小而是极大的增加，大国争霸动辄以核武器相要挟——人类已经制造出足以毁灭自身千百次的武器。全球生存环境日益恶劣，人类千万年来方便取用、赖以生存的气候、水资源、空气、食物都充满着各种毒素。人类竭尽全力开发天上的、地面的、地下的、海洋的各种物质资源，但是，地球不是取之不尽、用之不竭的。地球物质资源的无穷开发，人类将失去赖以生存的家园；人们又指望着移居其他星球，但即使能实现，那也是在遥远的未来，即便如此，移居后的星球也将同样遭到毁灭，因为茫茫宇宙之大，实不能容纳人类贪欲之巨。

从中国来说，应该充分肯定，自拨乱反正、十一届三中全会以来，中国把握了发展的机遇，社会获得了充分发展，综合国力空前增强，中国在世界的地位已经举足轻重，中华民族正在振兴，中国梦的美好前程正在营造。但是，当代中国社会仍是问题多多。在一定时期片面强调以经济建设为中心，导致其他方面严重失衡，人们在追逐物质利益，享受高度发达的物质文明的同时，正面临着精神世界的严重缺失和空虚。物欲横流，贫富分化，贪赃枉法，欺蒙拐骗，权力腐败，道德失范，环境污染以及婚姻家庭等各种社会问题十分严重，在近年来中央铁腕反腐风暴中，各种社会丑恶现象暴露于光天化日之下。

在佛教学界方面，由于宗教政策的落实，信教自由的实施，中国佛教获得了很好的发展环境。无论从寺庙的修建，佛事活动的开展，僧职人员生活条件的改善；还是从佛经的出版，佛学研究著作的撰写以及佛教文化的传播和影响来说，都今非昔比，已经呈现出兴旺繁荣的景象。

但是，佛教的兴盛背后仍潜藏着各种隐忧。个别僧徒不修戒律，生活放浪；个别僧人攀缘权势，谋求现实尊荣；个别寺庙以发展经济为目的，严重破坏了其清修形象。而在信教人群当中，有的并不是真心信教，不懂得多少佛法佛理，而是希望通过供佛以求获得好的现世果报；个别领导干部家内供佛，其目的在于保官升官；而有的原非僧人，披上袈裟，穿行于街市，逢人化缘敛财。种种弊端，不一而足，是正本清源，重新弘扬佛法的时候了。

二 慧思大师末法思想及其大愿大誓

慧思（515—577）是北魏南豫州汝阳郡武津县（今河南上

蔡县）人，15岁信仰佛教出家，20岁受具足戒，严守戒律，终生苦修，学识渊博，历经磨难，于南朝陈光大二年（568）率徒众40余人入住南岳，弘扬佛法，统一南北学风，对南方佛教的传播起着重要作用。他是天台宗奠基人，承上启下，被尊为天台三祖。

慧思大师的著作不少，而最能体现其弘法雄心壮志的，是其《立誓愿文》：

> 我闻如是。释迦牟尼佛《悲门三昧观众生品本起经》中说，佛从癸丑年七月七日入胎，至甲寅年四月八日生，至壬申年年十九，二月八日出家，至癸未年年三十，是腊月月八日得成道。至癸酉年，年八十二，二月十五方便入涅槃。正法从甲戌年至癸巳年，足满五百岁止住。像法从甲午年至癸酉年，足满一千岁止住。末法从甲戌年至癸丑年，足满一万岁止住……我今誓愿持令不灭，教化众生，至弥勒出生。佛从癸酉年入涅槃后，至未来贤劫初弥勒成佛时，有五十六亿万岁。我从末法初始立大誓愿，修习苦行，如是过五十六亿万岁，必愿具足佛道功德，见弥勒佛。如愿中说入道之由，莫不行愿，早修禅业，少习弘经，中间障难，事缘非一，略记本源，兼发誓愿，及造金字二部经典。①

末法思想是慧思所处时代已经流行的一种佛教发展观念，佛经中只记载了正法、像法、末法的时间跨度，其具体时长亦有不同。慧思详考佛典，综合各种时论，并对照佛历与中国甲子纪年，提出了具体而微最为系统完备的末法时间说，具体列表如下②：

---

① 《南岳思大禅师立誓愿文》，《大正藏》第46册，第786页中—下。
② 刘林魁：《南岳慧思末法思想的文化渊源》，《宝鸡文理学院学报》2013年第1期。

西历	佛历	慧思年谱
公元前 1147 年	佛陀降诞	
公元前 1066 年	佛陀涅槃	
公元前 1065 年	正法 1 年	
公元前 566（东周灵王五年）	像法 1 年	
公元 434 年（北魏延和三年）	末法 1 年	
公元 515 年（北魏延昌四年）	末法 82 年	慧思生
公元 553 年（北齐天保四年）	末法 120 年	慧思 39 岁
公元 554 年（北齐天保五年）	末法 121 年	慧思 40 岁
公元 555 年（北齐天保年六）	末法 122 年	慧思 41 岁
公元 556 年（北齐天保七年）	末法 123 年	慧思 42 岁
公元 557 年（北齐天保八年）	末法 124 年	慧思 43 岁
公元 558 年（北齐天保九年）	末法 125 年	慧思 44 岁

其实，魏晋南北朝是佛教在中国流传和发展极盛的一个重要时期。自从东汉明帝梦见金人进殿，遂派人往印度求法，于是白马驮经，由迦叶摩腾和竺法兰翻译的第一部语录式佛经《佛说四十二章经》就在中土开始传播。其后至慧思所生活的时代大概五百年，佛教逐渐从中国西北部向内地，由西至东，由北至南传播开来。至南北朝时，上自皇帝公卿，下至平民百姓，普遍信奉佛教。佛经大批译出，抄经成为一种赖以营生的职业。到处建有佛塔，寺院也有相当独立的经济。著名的佛教石窟艺术，如敦煌石窟，龙门石窟，其雕塑、壁画令人叹为观止。而数以万计的碑刻造像，今人从其碑文中犹可考见其时造经者遍布朝野，而其信佛之诚心令人惊叹。

那么，为何在如此盛行的佛法传播中，又正好是慧思所说的末法起始时间呢？主要有四：

一是佛教与东土中国固有思想的冲突。战国时期，出现了"百家争鸣"的学术态势，各种有创新精神的思想学说都获得了阐述和表现的机会，从而也取得了十分丰富的学术思想成就，成为中国学术研究之源头。随着时代的发展和运用于社会的成就，"百家"之中出现了六个大的学派，即阴阳、儒、墨、名、法、道德六家。西汉司马谈《论六家要旨》一文，对于六家学说作了客观的分析和评价。特别是，自汉武帝罢黜百家，儒家学说取得了独尊的地位，成为主要的官方意识形态。同时，早就在中国土生土长的一种民间宗教，道教已有相当的势力和广泛的群众基础。佛教是在中国南北政权更替频仍、社会矛盾十分突出的时期传入的，有着传入的社会基础，但传入后，必然要与中国固有的思想、学说发生交锋，佛教与儒家、佛教与道家之间的矛盾不可避免，特别是当佛教兴盛到足以影响朝野之时，这种矛盾就白热化了，这正是物极必反的最好例证。

二是阐释佛经的歧义与论争。作为一种引进的学说，文字上的障碍，理解上的分歧，确实很多。如何准确地理解"无量甚深微妙法"，佛教经师各有解说，莫衷一是，尤其是在争夺佛教领袖地位之时，这种矛盾就暴露无遗了。慧思"乃以大小乘中，定慧等法，敷扬引喻，用摄他法。众杂精粗，是非由起。怨嫉鸩毒，毒所不伤；异道兴谋，谋不为害。乃顾徒属曰：大圣在世，不免流言，况吾无德，岂逃此责，责是宿作，时来顺受"①。可见不同的佛教认知，必然产生矛盾和遭来嫉恨，慧思于此感同身受。

三是儒教僧众信徒的泥沙混合。前文所说佛教信奉者于魏晋南北朝时已遍及朝野，这正是关键所在。当一种学说为少数人所倡导所信奉之时，即是其最真纯之时；而当其作为一种流行学说之时，则其鱼龙混杂的乱象已生。各种阶层的不良分子，以迎合时髦为幌子，曲解经典，以污秽之行从中渔利者，实不鲜见。慧思《立誓愿文》中多处提到他遭到恶论师、恶众比丘

---

① （唐）道宣：《续高僧传》卷十七，《大正藏》第50册，第563页上。

的阴谋毒害,可见即使是在佛教僧众之中,已经出现阴险狡猾、杀人害人的残暴之徒,庄严佛寺远非一方净土,而成为险象环生的人间地狱,这也即是末法时代来临的有力证据。

四是信徒对现实利益贪求的弊端。在佛教众多学说中,因果报应是获得普遍信奉的。一切宗教都提倡为善去恶,这是教之所以为教的立足之本,也是对人类向往美好未来的有益指引,但并不是施舍一物即获报一份,施舍越多则功德越多。并不是抄一部佛经即能化解一份罪孽,刻一个石碑、造一尊佛像就能求得今生的利益,死后往生极乐。而慧思时代的众多信徒则大多有此思想,有着强烈的崇佛获报的利益追求。这是佛教所说的"着相"。正如《金刚经》所说:"是故须菩提,菩萨应离一切相,发阿耨多罗三藐三菩提心,不应住色生心,不应住声香味触法生心,应生无所住心。若心有住,则为非住。"[1] 这种布施获报的"着相"现象,是严重背离佛陀本旨的。

以梁武帝萧衍的地位之尊,崇佛之隆,布施之重,三次舍身同泰寺之行,在达摩祖师看来并无功德。武帝问道:"何以并无功德?"达摩说:"这只是人天小果有漏之因,如影随形,虽有非实。"武帝又问:"如何是真实功德?"达摩道:"净智妙圆,体自空寂,如是功德,不于世求。"在皇帝尚且如此,当时之人的心态可见一斑了。

以上即是慧思所谓末法时代出现的缘由。处此末法之初,慧思如何作为呢?

慧思大师目击时艰,充满了强烈的忧患意识。他在周武帝灭佛之前,预先感知佛法之劫难,即时跳出厄运,毅然到南岳弘扬佛法,既表现出惊人的智慧,更表现出坚毅的决心。

慧思大帅在《立誓愿文》中叙述了自己的艰苦磨难,但通篇并没有颓废、失望的惆怅情绪,而是充满着信心、决心、激

---

[1] 《金刚般若波罗蜜经·离相寂灭分》,《大正藏》第 8 册,第 750 页中。

情。他洞察和分析当时佛法各种流弊,誓愿立志通过自己的修持,让无量无数无边众生离苦得乐。如文中所说:

> 我今誓愿持令不灭,教化众生至弥勒佛出。
>
> 愿于当来弥勒世尊出兴于世,普为一切无量众生说是《般若波罗蜜经》时。以我誓愿,金字威力。当令弥勒,庄严世界,六种震动。
>
> 誓以此身,未来贤劫,见弥勒佛,若不尔者,不取妙觉。
>
> 为度十方无量众生,为断十方一切众生诸烦恼故,为令十方无量众生,通达一切诸法门故,为欲成就十方无量一切众生菩提道故,求无上道,为首楞严。
>
> 舍名闻利养,舍一切眷属,悉常在深山,忏悔障道罪,若得神通力,报十方佛恩。
>
> 我于彼时起大悲心,念众恶论师,即发誓愿,作如是言,誓造金字《摩诃般若》及诸大乘。琉璃宝函奉盛经卷,现无量身于十方国土讲说是经。令一切众恶论师,咸得信心住不退转。①

大誓大愿,掷地有声,心诚志坚,心胸开阔。其坚定的时代使命感和无我的护法精神,足令千载以后感动兴起。日本池田大作《与南岳慧思的相遇》中说:"南岳慧思的末法观是真正的向前看的。它并不是简单地否定恶世、看破一切的消极态度,而是认为要建立一种'法',所以是一种非常积极的,具有建设性的观点。他认为白法隐法以后,必定会出现新法。他毕生都在追求这种救世之法。而其结论,或者说他要达到的一个目标,就是要把《法华经》付诸实践。"②

---

① 《南岳思大禅师立誓愿文》,《大正藏》第46册,第786页下—787页中。
② [日]池田大作:《与南岳慧思的相遇》,载慧思著,南岳佛教协会编《慧思大师文集》,岳麓书社2011年版,第332页。

三　末法时代的弘法自救

1. 阐明正法，亲就原典。佛教自东汉传入已两千余年，历魏晋隋唐宋元明清民国以至于今，佛经及阐释著作汗牛充栋，即使专研僧侣人士也难穷究其妙，正所谓"无量甚深微妙法"。这就需要当代高僧大德精选原典，阐释正法，发阿耨多罗三藐三菩提心之心，以高扬佛法救当世之弊，以悲天悯人之心救世俗之偏。而对于一般信教大众，必须要有基本的佛教知识，不能只是把佛寺当旅游景点，闲逛一过；不能只是烧几炷香，念几声阿弥陀佛，捐几个钱祈求获报而已。《四十二章经》《金刚经》《六祖坛经》《法华经》《楞严经》等亦应有选择性地熟读一两部，方可稍识佛教之理。而民众对于佛教经典掌握和熟悉程度的日益提高，则必将有益于正法的推行。

2. 勤修戒定慧，熄灭贪嗔痴。社会各种弊端的产生，如佛经所说贪嗔痴已概括无遗，克服得一分，即获益一分，克服得几分，人性之善就增加几分。这是确切无疑的，而要做到，必须首先持戒，以戒为师。戒非凡夫所能为，是有善根而具大勇气、大智慧者方可为。因戒而定，定而生慧，不持戒则心如飞马不定，不定而慧无以生成。持戒，禅定，则百慧由此而生，此为历代高僧所实践，而亦为普通民众学而有得。

3. 断欲绝求，达世如幻。《四十二章经》第二章说："佛言：出家沙门者，断欲去爱，识自心源。达佛深理，悟无为法。内无所得，外无所求。心不系道，亦不结业。无念无作，非修非证。不历诸位，而自崇最，名之为道。"[①] 可见佛祖开示于学佛之人，其言至简，其道崇高，非凡夫所可企及。如欲学佛礼佛，须以此为第一法门。第四十二章说："佛言：吾视王侯之

[①] 《四十二章经》，《大正藏》第17册，第722页。

位,如过隙尘。视金玉之宝,如瓦砾。视纨素之服,如敝帛。视大千界,如一诃子。视阿耨池水,如涂足油。"① 可见佛祖尘视万物,人空、法空,眼界极高,真欲学佛,则稍具学佛之境界,必能减少凡心,少牵挂于尘世利益,于己有利,于人有益。

4. 学习慧思大师,救世救人。对于当今世界和中国出现的各种社会问题,不论僧俗两界,都不应视而不见,又不可以末法时代而悲叹沮丧,而应以慧思大师的乐观精神,精进态度,精修佛法,悲悯苍生,誓除末世之恶,接引向善之人,为人类未来美好安乐奋斗一生。这是我学习慧思大师《立誓愿文》的一点体会,敬求方家赐正。

---

① 《四十二章经》,《大正藏》第17册,第722页。

慧思大师禅思想探析

李 玲

（中南大学公共管理学院哲学系博士生）

摘　要：天台宗的发展乃由体悟"三智一心"而建立"一心三观"与"圆融三谛"的圆教理论体系。南岳尊者慧思大师依"一心三观"之法，证得"法华三昧"，解行高明，并以此所证智慧而弘扬大乘禅法。本文扼要分析直接影响慧思禅行的环境、慧思大师与早期禅宗的密切联系，以及慧思大师的禅思想对后来禅宗的影响，以期对慧思禅法做一个概述。

关键词：慧思　禅思想　禅宗　一心三观

一　前　言

中国佛学的构成是以宗派的形式出现的。据汤用彤先生的说法，宗派是"有创始，有传授，有信徒，有教义，有教规的一个宗教团体"①。即一个佛教宗派的形成，它需要具备一套完整的理论体系，有明确的师承关系，有一定规模的寺院经济，一定数量的僧团。按照宗派的成立时间先后，有天台宗、三论宗、慈恩宗、华严宗、律宗、净土宗、禅宗和密宗等八大宗派。宗派的形成是中国佛教成熟、兴盛的集中体现，也是佛教中国化的重要标志。

---

① 汤用彤：《论中国佛教无"十宗"》，《汤用彤全集》第 2 卷，河北人民出版社 2000 年版，第 372 页。

天台宗始于隋代，是中国最早成立的佛教宗派。因创始人智顗住在浙江的天台山，因而得名。又因此宗的教义以《法华经》为依据，又称为法华宗。宗派的形成不但有自己独特的教义教规，而且特别强调自己的传法世系以及庙宇等财产的继承。天台宗祖师的师承关系，最早是由智顗的弟子章安灌顶（561—632）在《摩诃止观》的"缘起"段中提出来的，即以古印度大乘中观学派的创始人龙树（150—250）为初祖，以北齐慧文为二祖，南岳慧思（515—577）为三祖，而实际创始人智顗（539—598），又称为智者大师，则为四祖。这种世系递承的说法，特别是高推龙树为初祖与其说是对历史实际发展情况的表述，不如说是灌顶有意为天台宗树立一个法统。这一传法世系之所以推崇龙树为初祖，其主要原因就在于该宗的先驱慧文与《大智度论》所结下的不解之缘。《摩诃止观》的"缘起"云："文师用心，一依《释论》。智者《观心论》云：'归命龙树。'验知龙树是高祖师也。"[①] 这一段话表明了他们的师承。实际上，不仅生活在东魏北齐时代的慧文不可能直承龙树，就连慧文传法给慧思，在较早期的天台佛学史料中也是模棱两可的。[②] 不过，智顗直接师承慧思，则为历代的佛学资料所公认。从这个

---

① 《摩诃止观》卷一上，《大正藏》第46册。
② 灌顶在《摩诃止观》"缘起段"中只是简单地说"南岳事慧文禅师"（《大正藏》第46册，第1页中）。道宣《续高僧传》卷十七《慧思传》除了说慧思曾"归依"慧文、"从受正法"外，还提到慧思在证得法华三昧后，曾"往鉴、最等师，述己所证，皆蒙随喜"（《大正藏》第50册，第562页下—563页上）；在同卷《智顗传》中又谓思"又从道上，就师就又受法于最师"（《大正藏》第50册，第564页中）。湛然在《止观辅行传弘决》卷第一之一中，则提出所谓"九师相承"（明、最、嵩、就、鉴、慧、文、思、顗）的说法（《大正藏》第46册，第149页上一中）。而在传为慧思自著的《南岳思大禅师立誓愿文》中，只是笼统地说自己曾"遍历齐国诸大禅师学摩诃衍"，"从年二十至三十八，恒在河南习学大乘，亲觐供养诸大禅师"（《大正藏》第46册，第787页上一中），并未提及包括慧文在内的诸禅师名。从上举史料中可以看出慧思虽曾师事慧文，然其师承关系远非后世所言"衣钵相承"之单一、密切。

意义上讲,在智𫖮之前的天台思想先驱者中,南岳慧思无疑占有最为重要的地位。

根据佛教史传的记载①,释慧思,俗姓李,北魏延昌四年(515)十一月十一日生于南豫州汝阳郡武津县(今河南省上蔡县东),十五岁出家,后游行于兖州(今安徽亳县)、信州(今河南淮阳)一带,遍历诸大禅师学习禅法和摩诃衍(大乘)义。因遭诸恶比丘毒害,决意南下。北齐文宣帝天保四年(553)至郢州(今河南信阳),应郢州刺史之请讲摩诃衍义,又遭诸恶论师毒害。次年,至南光州(今河南光山),适逢西魏进攻萧梁,前途隔阻,遂栖居光州大苏山授禅讲法,从者如云。陈文帝天嘉元年(560),二十三岁的智𫖮不顾兵刃交加,冒着生命危险越过陈、齐边境,慕名到大苏山投在慧思门下,从慧思学习法华三昧、"十如"义理前后达七年之久,直至陈临海王光大元年(567),始奉慧思之命至陈都金陵(今江苏南京),弘扬佛法,开始了创立天台宗的历程。次年(568)慧思领众离开大苏山,南下衡岳,栖息十载,于陈宣帝太建九年(577)六月二十二日入灭。

在魏晋南北朝时期,北方佛教盛行修禅习定,通过修禅定获取神通,这成为当时的一种修行风气。天台宗的先驱者慧思大师在北方生活、成长,深受当时北方习禅风气的影响,在他的禅法中,包含了大量神通的思想。在他一生的修行、弘法过程中,多次显示神异事迹。为弘扬正法,他曾多次遭受恶比丘毒害,但都借助神通力而得以免死,"怨嫉鸩毒,毒所不伤;异道兴谋,谋不为害"。

慧思大师不仅在修行实践中显示神通,而且在其禅学思想中,掺杂了大量修习神通的理论阐述。在他的《立誓愿文》《随

---

① 此处主要依据较早期的有关史料包括传为慧思自著的《南岳思大禅师立誓愿文》、灌顶《隋天台智者大师别传》、道宣《续高僧传》卷十七《慧思传》及《智𫖮传》、湛然《止观辅行传弘决》卷第一之一等。

自意三昧》《诸法无诤三昧法门》《法华经安乐行义》等著作中,他结合个人修行实践,对神通的修习方法、修行境界、对治目的,也有着详细且深入的阐述。和他的创新禅法一样,他的神通思想也具有他自己鲜明的特征,在他的禅学体系中占有重要的地位和作用。慧思大师的神通思想对于天台宗的影响很大,修习神通的思想后来融入忏法、念佛等仪轨中,成为天台宗传统的一个重要组成部分。一念三千,一心三观,三谛圆融构成了天台佛学理论的特色。"性具实相"说,是智顗最后成熟的思想,是天台宗佛学理论的基石,也是天台佛学的缘起说,共同构成天台家法之旨要。他们的根本要义是立足于整个般若之上的。

二 慧思大师与早期禅宗的关系

慧思(515—577)作为天台宗的三祖已为世所共知,而其对禅宗创立所起到的重要作用和深远影响,虽然前人有所论及,但至今未见有详细的阐述。本文拟在前贤研究的基础上,依据较为可靠的早期天台宗佛教史料,对中国佛教天台宗的重要先驱人物南岳大师慧思的禅思想作些初步的梳理和探析。笔者不揣浅陋,不当之处敬希方家指教。

中国佛教的特质在禅。"禅"是印度一种古老的修习方法。盛传的"拈花微笑"故事,深入人心,并使禅具有一种浪漫主义色彩。"拈花微笑"来自《大梵天王问佛决疑经·拈花品》,若细分析经文,不难发现,大梵王方广献花于佛,舍身成座,请求"最上大法",而佛陀却受此莲华,无说无言,但拈莲华,入大会中,大迦叶"破颜微笑",佛即告言:是也,我有正法眼藏,涅槃妙心,实相无相,微妙法门,不立文字,教外别传,总持任持,凡夫成佛第一义谛。今方付嘱摩诃迦叶。由此可见,这种禅法高于佛陀五十年来惯常的教法,是一种"只可意会不可言传"的"最上大法"。禅存在于佛教的一切宗派中,一切修行的方法都是禅。念佛至一心不乱也是禅。在这个意义上,禅已经发展为极广意义上的禅法,同佛教中的佛法一样,禅亦成为一种修行以及觉悟的法门,它以佛教义理为指导,以现实生活为道场,以提升境界为目标,引导徒众将之作为一种人生追求、一种思维方式、一种生活方式。

要理顺慧思大师与早期禅宗的关系,从前文中可以了解到天台宗早期的创兴,有一部分历史,主要是慧思之前者,在史籍记载中,一直比较隐晦,而慧思精湛的禅行与复杂的思想,可能必须联系其师承与禅修环境才可明了。早在唐代道宣《续高僧传》卷十七《慧思传》中就指出:"思慨斯南服,定慧双开,昼谈理义,夜便思择。故所发言,无非致远便验。因定发慧,此旨不虚。南北禅宗,罕不承续。"①圣严法师认为,所称的"南北禅宗"可能指的禅宗五祖门下的南(慧能)北(神秀)两系。因道宣与中国南北二系的创始人,为同时代的人,所言当不会有误。②后有传说慧思在南岳期间,曾会见过达摩,并转生日本云云。虽然传说难免具有附会的成分,但也绝非空穴来风,其说明慧思与达摩既然是具有交往的同时代人,将慧思的事迹编排到达摩身上也就极有可能。而慧思所传的佛法显然对后世禅宗影响深远,所以在宋僧道原撰著的《景德传灯录》中,把慧思作为禅门达人加以记载,同样是承认慧思在禅宗中的地位。至于慧思之所以屡次遭受下毒和迫害的,正是由于他所弘扬的禅法与当时一般的小乘禅法大不相同。圣严法师认为,慧思本人看重禅观法门,传给他的弟子们的也以禅观为主。再说天台承受的圆顿止观,则相当于后来禅宗南宗的顿悟之说。

---

① 释道宣:《续高僧传》,载南岳佛教协会编《慧思大师文集》,岳麓书社2011年版,第167页。

② 释圣严:《〈大乘止观法门〉之研究》,载南岳佛教协会编《慧思大师文集》,岳麓书社2011年版。

慧思把日常生活全部纳入法门之内,如"《法华经》者,大乘顿觉,无师自悟,疾成佛道","妙法华会,但说一乘顿中极顿,诸佛智慧","皆顺正法,治生产业,悉入圆宗",换言之,日常的行持,其自体皆能随顺于正法者,便被包融于圆宗的大理念之中。因此由慧思大师"曲授心要"而被记录成书的《大乘止观法门》,也就是圆顿止观了。故在《大乘止观法门》的末章之中,也将礼佛、饮食,乃至大小便利等的日常生活,运用作为实践止观法门的方式。① 所以说慧思的圆顿止观便是不共于三乘的大乘止观,此后便为中国的禅宗思想开了先河。也正是因为他当时大胆的佛学革新,才受到恶比丘、恶论师之流的嫉恨并被加以毒害。遇毒绝非寻常之事,所以道宣秉笔于史显然是很郑重其事的。慧思的禅学,所承接的传统为北朝禅学深厚的思想积淀,其自身的贡献在于引入般若空观的哲学纲领和倡导"定慧双开"的平衡学风,其发生的影响则在于天台智𫖮的"一心三观"学说和庞大完整的禅观学说体系。故此,道宣(596—667)也不得不发出这样的感慨:"解行高明,根识清净,相同初依,能知密藏。又如仁王,十善发心,长别苦海。然其谦退,言难见实,故本迹叵详。"②

三 慧思对禅宗思想发展的影响

天台宗的先驱人物南岳慧思,身处于南北朝末期,由北入南,以"昼谈理义,夜便思择"的方式倡导"定慧双开"的新型学风,对天台宗的成立影响至大。智者大师"破斥南北",为隋唐宗派佛教的出现铺平了道路。在这一过程中,南岳慧思是一个极其重要的人物,不但天台宗追认他为祖师,后世禅宗也

---

① 释圣严:《〈大乘止观法门〉之研究》,载南岳佛教协会编《慧思大师文集》,岳麓书社2011年版。

② 释道宣:《续高僧传》卷十七,《大正藏》第50册,第563页中。

承认他是"禅门达者"。究其原因,是因为慧思直承北朝禅学的传统,并以《法华经》的"诸法实相"原理为指导,极力在北朝禅学和江东义学之间取得平衡,从而为智者大师融合南北学风奠定了基础,天台和禅宗等与传统禅学关联较深的宗派才得以沿波而起。佛学是定慧并重之学。天台宗强调教观双运,既重视理论的解释,又强调止观的实际修持,是颇具特色的宗派之一。它的实践行门,有理忏实践之止观坐禅,也有事忏的行持,即于二六时中,严整身、口而不断地礼佛、诵经。

1. 慧思"观心"的思想对南北禅宗的影响最为深远

慧思的心论最重要的特点是什么呢?那就是观心为本的思想。这位来自北方的禅师慧思特别重视坐禅,把坐禅置于大乘"六度"中的持戒、忍辱、施舍、精进、般若之上,说一切智慧和佛法功能"皆从禅生"。如何坐禅,慧思在《诸法无诤三昧法门》中说:"欲坐禅时,应先观身本。身本者,如来藏也,亦名自性清净心。是名真实心,不在内,不在外,不在中间,不断不常,亦非中道,无名无字,无相貌,无自无他,无生无灭,无来无去,无住处,无愚无智,无缚无解,生死涅槃无一二,无前无后无中间,从昔以来无名字,如是观察真实竟。"① 即认为应先观"身本",即先观作为人生本体的"如来藏"或"自性清净心",然后再观作为自身肉体的"身身"和作为自身精神的"身心"。慧思认为"身本"是无生灭来去的,而"身身"与"身心"则是"从妄身生,随业受报"。其实慧思的观心为本的思想,还强调反观神妙真如的佛性,即认为心性本来就是觉悟的,只要礼佛敬佛念佛参佛,以启发固有的本心觉悟,就能成佛,从而找到了人皆能成佛的内在根据。慧思在《大乘止

---

① 释慧思:《诸法无诤三昧法门》,载南岳佛教协会编《慧思大师文集》,岳麓书社2011年版,第39页。

观法门》中也说：

> 一切诸法，依此心有，以心为体。望于诸法，法悉虚妄，有即非有。对此虚伪法故，目之为真。又复诸法虽实非有，但以虚妄因缘，而有生灭之相。然彼虚法生时，此心不生；诸法灭时，此心不灭。不生，故不增；不灭，故不减。以不生不灭，不增不减，故名之为真。三世诸佛，及以众生，同以此一净心为体。凡圣诸法，自有差别异相；而此真心，无异无相，故名之为如。又真如者，以一切法，真实如是，唯是一心；故名此一心，以为真如。若心外有法者，即非真实；亦不如是，即为伪异相也。是故《起信论》言："一切诸法，从本已来，离言说相，离名字相，离心缘相。毕竟平等，无有变异，不可破坏。唯是一心，故名真如。"以此义故，自性清净心，复名真如也。①

他在这里详细解释了为什么心体又可名之为真如的道理，就是因为其不生不灭，不增不减，无异无相，自性清净。

2. 定慧双开

"定慧双开"是慧思禅学思想的一大特色，慧思的这一思想，又为智顗直接继承，成为中国佛教天台宗的基本宗风。虽然如此，但是慧思提倡的"定慧双开"实际上还是将两者分开，有前有后，这和整个北方学派重视禅定修习和造像等佛教功能的积累，而相对轻忽对佛教义理的探讨有关。慧思征引多种佛教经论，力陈"般若诸慧皆从禅定生"义。谓：

---

① 释慧思：《大乘止观法门》，载南岳佛教协会编《慧思大师文集》，岳麓书社2011年版，第72页。

如《禅定论》中说三乘一切智慧皆从禅生；《般若论》中亦有此语：般若从禅生，汝无所知，而生疑惑。……复次，《般若波罗蜜光明释论》中说：……言如来一切智慧及大光明、大神通力，皆在禅定中得。……何以故？但使发心欲坐禅者，虽未得禅定，已胜十方一切论师，何况得禅定！①

由此可见，在慧思看来，定与慧虽须双修，但二者的地位并不是等量齐观的。慧思强调"三乘一切智慧皆从禅生"，只有在禅定中亲身体证的智慧才是真正的智慧，因此，必须走"由定发慧"的路子，禅定乃是智慧的根本。

就"定慧双开"原则的提出而言，慧思无愧为中国佛教天台宗的思想先驱，但是慧思所谓的"定慧双开"实际上是"由定发慧"，仍带有北方禅师"以定为本"的思想痕迹，直到智𫖮才真正把"定与慧""止与观"圆融地统会起来，中国佛教天台宗所赖以自豪的"定慧双开""止观双修"的宗风，严格说来是智𫖮"圆顿止观"意义上的"止观双修"而非慧思所谓的"由定发慧"。

3. 一心三观

传统的说法，认为慧文创"一心三观"之法，慧文把这种独创观法传给慧思，慧思再传给智𫖮，经过智𫖮的进一步阐发，"一心三观"就成为中国佛教天台宗的基本观法。在"止观双修"的大原则下，天台宗的观法也有自己的特点。按照天台圆教义理，究竟的观法应当是于一心中同时观悟圆融的"空、假、中"三谛。这就是所谓的"一心三观"。依照传统的说法，"一

---

① 释慧思：《诸法无净三昧法门》卷上，《大正藏》第 46 册，第 629 页上—中，第 42 页。

心三观"最初是由慧思的老师慧文提出来的。据说,慧文根据《大智度论》卷二十七"三智实在一心中得"的思想①,并结合着《中论·观四谛品》中的"三是偈"——"因缘所生法,我说即是空,亦为是假名,亦是中道义",②创立了"一心三观"的圆顿观法。慧文把这种独创的观法传给慧思,慧思又传给智颉,经过智颉的进一步阐发,"一心三观"遂成为中国佛教天台宗的基本观法。

四 结 语

总之,从根本上说,慧思的禅思想是大乘佛法的示现,是心法智慧的示现,它不执着于一宗一派,而是远承佛陀之本怀,契理契机地弘扬当下人生中的真善美。作为中国大乘禅法的始作俑者,慧思的主要贡献就是为众生建构了一套新的禅法模式,并冒着生命危险到处去宣讲这种新禅法,这种新禅法就是"定慧等学"的大乘禅法,即在"止观双修"的佛教实践原则下,构建起来的以"三谛圆融"和"一心三观"为核心的天台教理。天台宗和禅宗都是在慧思"定慧等学"大乘禅法的熏陶下发展起来的,两者都"承绪"了慧思禅学的大乘精神。

---

① 《大正藏》第25册,第260页中。
② 《大正藏》第30册,第33页中。

慧思大师性具净染思想研究

李万进

（四川师范大学文理学院副教授）

摘　要： 作为天台宗历史上重要祖师之一的慧思大师，在其传授与倡导的止观理论中，提出了性具净染的思想，论证了心性如何含摄与圆融清净与杂染两种对立的性质，并于其中将心性阐释为如来藏自性清净心，于此论证了性具净染与如来藏的关系，以及性具净染与真如的关系。慧思大师在论证心性与净染，以及性具净染与如来藏、真如关系的过程中，显示出了极为严密的思辨理论，于此影响了之后中国哲学心性理论的建构走向。

关键词： 慧思　性具净染　如来藏自性清净心　真如　圆融

在中国天台宗的历史上，慧思大师具有十分重要的地位，其传法造就了一代宗门巨匠智者大师。而细究慧思大师的天台思想，则不难发现，其所传授与倡导的性具净染之说，开启了日后智者大师性具善恶之先河，形成了独具特色的天台宗的心性理论体系。慧思大师的性具净染说，秉承了印度大乘佛教心性论的理路，以净染而论心性，因为相较于印度大乘佛教心性论而言，中国佛教心性论将心性净染转化为心性善恶的讨论，由此形成了具有中国特色的佛教心性论体系。由此分析慧思大师的性具净染说，就可以认为慧思大师在心性论上体现了由印度佛学心性论向中国佛学心性论的转化。在慧思大师倡导的性具净染说理论中，涉及心性如何含摄净染的问题，并进一步引出了《大乘起信论》中"一心开二门"的模式，将此"一心开二门"的模式融入了性具净染的思想理论中，并将心性阐释为如来藏自性清净心，"此心即是自性清净心，又名真如，亦名佛性，复名法身，又称如来藏，亦号法界，复名法性，如是等名无量无边，故言众名"①。由此将心性界定为自性清净心，与之相应则论述了性具净染与如来藏、真如等佛学范畴的关系。于此可知，慧思大师倡导的性具净染的理论，开启了中国天台宗佛学心性论的理论建构的历程，具有承上启下的独特作用。

一 性与净染

慧思大师关于性具净染说的论证，是基于印度佛学心性论的一个基本论断，即"心性本净，客尘杂染"的模式，在这种心性论的模式中，已经含摄了心性具有净染的两种状态，这一模式即成为历代佛教高僧传法时所遵循的一种基本法则。这种模式在慧思大师那里，就被具体阐释为性具净染。所谓性具净染表明，一切众生的心性之中本已具有净染两种状态，心性处于杂染的状态，是违背了心性本有之性的；相应地，心性处于清净的状态，则是与众生应有之性相契合的，以这种基本的心性论模式为出发点，慧思大师展开了论证：

> 问曰：违本起违末，便违不二之体，即应并有灭离之义也。何故上言法界法尔具足二性，不可破坏耶。答曰：违本虽起违末，但是理用故，与顺一味，即不可除。违末

---

① （陈）慧思：《大乘止观法门》卷二，《大正藏》第46册，第642页上。

虽依违本，但是事用故，即有别义，是故可灭。以此义故，二性不坏之义成也。问曰：我仍不解染用违心之义，愿为说之。答曰：无明染法实从心体染性而起，但以体暗故，不知自己及诸境界从心而起，亦不知净心具足染净二性而无异相，一味平等。以不知如此道理故，名之为违。智慧净法实从心体而起，以明利故，能知己及诸法皆从心作。复知心体具足染净二性而无异相，一味平等。以如此称理而知故，名之为顺。如似穷子，实从父生，父实追念，但以痴故，不知己从父生，复不知父意，虽在父舍，不认其父，名之为违。复为父诱说，经历多年，乃知己从父生，复知父意，乃认家业，受父教敕，名之为顺。众生亦尔，以无明故，不知己身及以诸法悉从心生，复遇诸佛方便教化故，随顺净心，能证真如也。①

慧思大师之所以要论证性具净染的问题，是因为要回答"违本起违末，便违不二之体，即应并有灭离之义也"的责难，在责难中涉及了魏晋玄学的一个重要范畴——本末。而回应这种责难就成为慧思大师倡导的性具净染说的基本出发点。在责难中所言及的"法界法尔具足二性"，其实质就是要慧思大师回答心性为何具净染之性的问题。慧思在回答这一责难时，在本末这一对范畴的基础上，还引入了理事这一对范畴，从本末与理事互含互摄的角度，论证了性具净染的问题。在慧思大师的论证中，本、理是与清净心性相契合的状态，而末、事则是心性处于杂染的状态，在这之中本末、理事共同融于心性之体中，因此心性就必然会具有净染二性的状态。循着心性具净染二性之说，慧思就此展开了详尽的论证，在论证过程中引入了顺、

---

① （陈）慧思：《大乘止观法门》卷二，《大正藏》第46册，第647页上-中。

违两种状态。顾名思义,违就是心性具染的状态,这种状态的出现与形成其实质就是无明与妄念的结果,因此无明与心性之染法就形成了一种对应的状态。值得注意的是,慧思大师在论证无明与染法的关系时,认为"但以体暗故,不知自己及诸境界从心而起,亦不知净心具足染净二性而无异相,一味平等",这即是说世间一切诸法形成的根源在于从心性而显现,但是没有开悟之人却不知道世间万法与自我心性的关系,也就不知道本净的心性具净染二性。既然心性被无明与妄念所染,那么众人要寻求解脱之道就必须使得心性从杂染的状态回复到本净的状态,这一过程就是慧思大师所论证的顺之进程。相对于违的状态而言,顺的状态就是明了清净智慧之法从自我心性而生,并由此而知晓世间一切法皆从自我心性而生起,以此而观照则可知心性之体中已经含摄了净染二性,这在慧思大师看来才是真正的与本净心性相契应的状态。在顺、违之间起作用的是与佛法相契合的智慧知见,"以无明故,不知己身及以诸法悉从心生,复遇诸佛方便教化故,随顺净心,能证真如也",由无明而证真如的关键在于佛法的方便教化,于此则杂染之性转化成为清净之性。由此慧思循着这一思路即得出这样一个结论,即心性之体中,可以融净染而行于一体,本净的心性成为统摄净染二性的依止:"问曰:违用既论为垢障,违性应说为碍染。答曰:具是障性、垢性,亦得名为性障、性垢。此盖平等之差别,圆融之能所,然即唯一真心,勿谓相碍不融也。"① 这即意味着慧思已经化用了《大乘起信论》中一心开二门的模式,以一真心性之体为基础,于此中含摄了净染二性,从心性之体的本质而言是圆融、平等的,但从功用方面而论则是净染互含,有差别与分别的,针对于此,慧思大师紧接着就分析了圆融、平等之体与有差别之用之间的关系:

---

① (陈)慧思:《大乘止观法门》卷二,《大正藏》第46册,第649页下。

问曰：既言有平等之差别，能所亦应有自体在障、出障耶。答曰：亦得有此义。谓据违性而说，无一净性而非染，即是自体为能障，自体为所障，自体为在障。就净性而论，无一染性而非净，即是自体为能除，自体为所除，自体为出障。是故染以净为体，净以染为体。染是净，净是染，一味平等，无有差别之相。此是法界法门常同常别之义，不得闻言平等便谓无有差别，不得闻言差别便谓乖于平等也。[①]

在世间的知见中，平等与差别、在障与出障是两对对立的范畴，这两对对立的范畴所体现出的就是心性的清净与杂染的两种不同属性与状态，而慧思的论证就是要解决这种世间知见的对立，使得世间的对立范畴得以圆融而统一。慧思的论证是从两个方面展开的，一各方面是关于违性之说，慧思对于此的论证是"无一净性而非染，即是自体为能障，自体为所障，自体为在障"，这表明慧思在这里的论证是从心性本净因为无明与妄念而变得呈现出杂染的状态而入手，这种论证要表明的是净中之染，是本质上的平等而在现象上呈现出差别的状态。另一方面，慧思又从净性方面入手，认为"无一染性而非净，即是自体为能除，自体为所除，自体为出障"，这样就论证了染中之净的状态，杂染之性可以转化为净性，于此慧思即得出了"是故染以净为体，净以染为体。染是净，净是染，一味平等，无有差别之相"的结论，进一步则可以认为平等与差别其实就如同净染融于一体一样，两者是不相违背的，世间知见之所以会将平等与差别、净与染予以对立，原因在于世间知见将二者的差异绝对化，没有体认到两者之间存在着互相转化、互相含摄

---

① （陈）慧思：《大乘止观法门》卷二，《大正藏》第46册，第649页下—650页上。

的真谛。在确立了这种互相含摄以及互相转化的模式后,慧思大师将论证的重点转向了心性之中如何圆融净染二性的问题:

> 问曰:体性染净既得如此圆融,可解少分,但上言事法染净,亦得无碍相摄,其相云何。答曰:若偏就分别妄执之事,即一向不融。若据心性缘起依持之用,即可得相摄。所谓一切众生悉于一佛身中起业招报,一切诸佛复在一众生毛孔中修行成道,此即凡圣多少以相摄。若十方世界内纤尘而不迮,三世时劫入促念而能容,此即长短大小相收。是故经云:一一尘中显现十方一切佛土。又云:三世一切劫,解之即一念。即其事也。又复经言:过去是未来,未来是现在。此是三世以相摄。其余净秽、好丑、高下、彼此、明暗、一异、静乱、有无等,一切对法及不对法悉得相摄者,盖由相无自实,起必依心,心体既融,相亦无碍也。问曰:我今一念,即与三世等耶。所见一尘,即共十方齐乎。答曰:非但一念与三世等,亦可一念即是三世时劫。非但一尘共十方齐,亦可一尘即是十方世界。何以故。以一切法唯一心故,是以别无自别,别是一心,心具众用,一心是别。常同常异,法界法尔。①

由前可知,慧思关于性具净染的论证主要是集中在体性上,即从心性本净的角度而论证净染二性融于心性一体之中,因此这从理、体范畴方面解决了世人对于性具净染的疑惑。但是诚如前面所论证的那样,要论证性具净染的问题,除了从体性上予以论证外,相应地慧思还论证了从用、事这些范畴方面如何体现性具净染的问题,净染在这些范畴中是如何圆融无碍而相互含摄的。在论证这一问题时,慧思大师首先确立了这样一个

---

① (陈)慧思:《大乘止观法门》卷二,《大正藏》第46册,第650页上。

论断:"若偏就分别妄执之事,即一向不融。若据心性缘起依持之用,即可得相摄",也就是说从心性杂染的状态而言,就是呈现出千差万别的分别与执着的世间法,而从心性清净的状态而言则是可以含摄与圆融世间一切有分别之法。就此而论,为什么净染二性可以融于心性之体,慧思大师对于此的解释是所谓一切众生悉于一佛身中起业招报,一切诸佛复在一众生毛孔中修行成道,此即凡圣多少以相摄,这就是说众生与佛并无二质,即生佛不二,众生的杂染心性之中是诸佛清净心性之显现,而诸佛清净心性也是在众生杂染心性之中修证而成的,因此从这一角度而言既然是生佛不二,那么净染也是不二的,既然是净染不二,那么就可以认为净染融于心性之体中也是能够成立的,慧思大师通过这种论证得出了"此即凡圣多少以相摄"的结论,凡圣融于心性之体中,于是凡圣与净染二性相对应,经过这种论证与范畴的转化,慧思大师完成了性具净染的初步论证。慧思大师以此为基础,进而认为既然性具净染,那么体现出的就是一种圆融无碍的模式,由性具净染推而广之则是世间一切有分别与差异之法都是圆融无碍的,这就是"若十方世界内纤尘而不迮,三世时劫入促念而能容,此即长短大小相收"的道理。这一圆融无碍之理,其实质在于世间一切法皆可收摄于一心之中,此即"一切对法及不对法悉得相摄者,盖由相无自实,起必依心,心体既融,相亦无碍也"的真谛,由此可以看出慧思大师论证的思路是从存在世间知见的分别法入手,进而从圆融无碍的模式化解世间差别之法的对立,即此则相应地论证了性具净染的问题,继而再从圆融无碍模式出发,将分别之法收摄于心性之体中,这样不仅仅是净染二性为心性之体所收摄,一切世间、出世间法皆为心性之体所收摄。这种心性之体收摄世间、出世间法的模式,运用到世间与空间的圆融理论上,就是"非但一念与三世等,亦可一念即是三世时劫。非但一尘共十方齐,亦可一尘即是十方世界"。与之相应,慧思大师还认为,于此圆融模式更是万法唯识、三界唯心以及法界圆融理论的体现："以一切法唯一心故，是以别无自别，别是一心，心具众用，一心是别。常同常异，法界法尔。"通过这种层层论证的模式，慧思大师以清晰而严密的思辨理路，论证了心性是如何圆融净染二性的问题，这一问题的实质就是心性如何收摄出世间法与世间法的问题，圆融的思维模式是贯穿这种论证过程的关键所在。

二 性具净染与如来藏

慧思大师在论证净染二性融于心性之体中时，已经承认了《大乘起信论》中一心开二门的模式，于其中将一心诠释为心性，而二门则是清净之法与杂染之法，在一心开二门的模式中，一心也就是如来藏自性清净心，因此慧思大师关于心性与净染二性关系的论证，其实质是一心开二门模式的诠释，于此而言，慧思大师的论证必然要论证性具净染与如来藏的关系，因为如来藏自性清净心显示出了净染二性，此净染二性即是《大乘起信论》中的二门。"问曰：如来之藏既具一切世法、出世法种子之性及果报性，若众生修对治道，熏彼对治种子性，分分成对治种子事用时，何故彼先所有惑染种子事，即分分灭也。既能治、所治种子皆依性起，即应不可一成一坏。答曰：法界法尔，所治之法为能治之所灭也。"[①] 从这里可以看出，慧思大师已经将如来藏视为具足世间、出世间法的依止，对应一心开二门的模式而言，出世间法即是清净之法，而世间法则是杂染之法，因此性具净染的问题相应地就转化为如来藏所具足的出世间法与世间法的含摄问题。对于这一问题的论证，慧思大师在这里提到了熏习与种子等概念，这也是《大乘起信论》中一再强调与论述的重要问题。熏习与种子二者是密不可分的，而在慧思

---

① （陈）慧思：《大乘止观法门》卷二，《大正藏》第46册，第651页上。

大师看来种子与熏习皆依心性而起,"即能治、所治种子皆依性起,即应不可一成一坏",对于此慧思大师的回答是"法界法尔,所治之法为能治之所灭也",也就是说慧思大师已经明确将论证的中心转向了熏习、种子与如来藏、性具净染的问题上,于此展开了详尽的论证:

> 问曰:既说无明染法与心相违,云何得熏心耶。答曰:无明染法无别有体故,不离净心,以不离心故,虽复相违,而得相熏。如木出火炎,炎违木体而上腾,以无别体,不离木故,还烧于木。后复不得闻斯譬喻,便起灯炉之执也。此明心体具足染性,名为不空也。
>
> 次明心体具足染事者。即彼染性为染业熏故,成无明住地及一切染法种子。依此种子,现种种果报。此无明及与业果,即是染事也。然此无明住地及以种子果报等,虽有相别显现,说之为事,而悉一心为体,悉不在心外。以是义故,复以此心为不空也。譬如明镜所现色像,无别有体,唯是一镜,而复不妨万像区分不同,不同之状皆在镜中显现,故名不空镜也。是以《起信论》言:因熏习镜,谓如实不空,一切世间境界悉于中现,不出不入,不失不坏,常住一心,以一切法即真实性故。以此验之,具足世间染法,亦是不空如来藏也。上来明具足染净二法,以明不空义竟。①

慧思大师关于熏习与净染关系的论证是基于通过熏习可使得染法成净法的前提,所以在回答"既说无明染法与心相违,云何得熏心耶"的责难时,慧思大师的回答是"无明染法无别

---

① (陈)慧思:《大乘止观法门》卷二,《大正藏》第 46 册,第 647 页中—下。

有体故,不离净心,以不离心故,虽复相违,而得相熏",这即表明无明染法与清净心性的净法二者之间其实并不存在一种绝对对立的鸿沟,二者之间的转化关系并非是截然对立的,净法与染法的关系是不一不异、不即不离的,因此净染二性是相互依存、相互含摄,你中有我、我中有你的,所谓的净染二性的不同与对立,那是世间知见的分别与执着的结果,用《大乘起信论》的理论而言,那是从功用的层次而言的,从本体层次而言则是净染二性共融于如来藏自性清净心之中的,净染二性转化的关键在于熏习,因此净染二性虽然呈现出一种相异的现象,但却可以在熏习中得以圆融而统一,这样慧思大师认为就是"心体具足染性,名为不空也"。慧思大师在确立了心性之根本是清净之法的性质后,就将论证的重心转向了论证染法如何生成与熏习而成净法。从心性本净、客尘杂染的基本模式出发,慧思大师认为净法由于无明的熏习而成染法,于此中显现出了种种果报,世间法由此生成,这就是"此无明及与业果,即是染事也"。在论证了杂染之法的生成之后,慧思大师主要论证了染法为何能够转染成净的问题,这就是说"虽有相别显现,说之为事,而悉一心为体,悉不在心外。以是义故,复以此心为不空也",如前所论证的那样,慧思大师认为净染二法皆可融于心性之体中,心性之体可以收摄净染二法,从这种意义上而言,净染二法都是心性的显现,只是不同的状态而已,于此而言本净心性是为不空之义,为了论证这一不空之义,慧思大师引述了《大乘起信论》的观点,"一切世间境界悉于中现,不出不入,不失不坏,常住一心,以一切法即真实性故"。在这里值得注意的是,空性的染法如何而成不空的净法,关键就在于熏习,即染熏于净,以净法熏习染法,久而久之则是使得染法而成净法。通过熏习的模式,慧思大师论证染净之法互相含摄、互相转化的问题,"以此验之,具足世间染法,亦是不空如来藏也。上来明具足染净二法,以明不空义竟",此不空之义即是如来藏自性清净心，对于不空之义即如来藏自性清净心与诸佛、众生的关系，慧思大师认为是一种遍融无碍的模式："问曰：不空如来藏者，为一一众生各有一如来藏，为一切众生、一切诸佛唯共一如来藏耶。答曰：一切众生、一切诸佛，唯共一如来藏也。"① 这即意味着，在慧思大师看来，净法的如来藏自性清净心体现了生佛不二，生佛不二的模式就是一种圆融模式的体现，于此而言慧思大师初步完成了以如来藏自性清净心统摄性具净染的论证。

循着如来藏自性清净心含摄净染二性的基本思路，慧思大师于此专门展开了关于如来藏自性清净心如何含摄与圆融净染二性的论证。如前所论证的那样，如来藏自性清净心其实质就是心性之体，因此论证如来藏自性清净心含摄净染二性的问题，其实质就是论证性具净染的问题，从这一角度而言，论证如来藏自性清净心含摄净染二性也就是从一种独特的视野去分析心性如何具净染二性，于此而言慧思大师的论证思路由论证心性含摄净染二性转化为如来藏自性清净心如何含摄净染二性的问题：

> 问曰：所言藏体具包染净者，为俱时具，为始终具耶。答曰：所言如来藏具染净者，有其二种：一者性染性净，二者事染事净。如上已明也。若据性染性净，即无始以来俱时具有。若据事染事净，即有二种差别：一者一一时中俱具染净二事，二者始终方具染净二事。此义云何。谓如来藏体具足一切众生之性，各各差别不同，即是无差别之差别也。然此一一众生性中，从本已来复具无量无边之性。所谓六道四生，苦乐好丑，寿命形量，愚痴智慧等，一切世间染法，及三乘因果等，一切出世净法，如是等无量差

---

① （陈）慧思：《大乘止观法门》卷二，《大正藏》第46册，第647页下。

别法性,一一众生性中悉具不少也。以是义故,如来之藏从本已来俱时具有染净二性。以具染性故,能现一切众生等染事,故以此藏为在障本住法身,亦名佛性。复其净性故,能现一切诸佛等净德故,以此藏为出障法身,亦名性净法身,亦名性净涅槃也。然诸一一众生,无始已来虽复各各具足染净二性,但以造业不同故,熏种子性,成种子用,亦即有别。种子用别故,一时之中受报不同。所谓有成佛者,有成二乘果者,有入三途者,有生天人中者,复于一一趣中,无量差别不同。以此论之,如来藏心之内,俱时得具染净二事。如一时中、一切时中,亦复如是也。然此一一凡圣,虽于一时之中受报各别,但因缘之法无定,故一一凡圣无始以来,具经诸趣,无数回返,后遇善友,教修出离,学三乘行,及得道果。以此论之,一一众生始终乃具染净二事。何以故。以一众生受地狱身时,无余趣报。受天报时,亦无余趣报。受一一趣中一一身时,亦无余身报。又受世间报时不得有出世果,受出世果时无世间报。以是义故,一众生不得俱时具染净二事,始终方具二事也。一切众生亦如是。是故如来之藏有始终,方具染净二事之义也。①

慧思大师对于如来藏自性清净心含摄净染二性的论证,是从一个疑惑开始的,即自性清净心"具包染净者,为俱时具,为始终具耶",这是从时间与空间上去追问性具净染的问题。慧思大师从性与事两个不同的范畴予以论证。从性即体的范畴而言,"即无始以来俱时具有",这表明性具净染从时空上而言是无始无终,也是没有边际可言的,因此就此而言性具净染是一

---

① (陈)慧思:《大乘止观法门》卷二,《大正藏》第46册,第647页下—645页上。

种绝对的命题。与此有所不同的是，从事与用的角度而言，性具净染则又显示出了两种不同的状态，这两种状态是"一者一一时中俱具染净二事，二者始终方具染净二事"，于此即可看出慧思大师从世间法的时空角度，分析出了性具净染的现象。从时空的角度而论，就会显现出千差万别、纷繁芜杂的世间法，但是所有的世间法却又可以摄受于如来藏自性清净心之中，这就是说从世间法共融于如来藏自性清净心而言，是无差别的，而从世间法的现象而言却是有差别的，因此就净染二性而言体现出了无差别之中的差别之性，无差别是净法，有差别则是染法，无差别之中而有差别，显现出了净染二性共融于如来藏自性清净心的模式。循着染法这一理路而言，就是世间分别与执着之法的形成与产生，就是由净而染的过程，由此中则生成了轮回等世间差别之法。慧思大师的论证并不是仅停留在染法上，而是进一步认为通过熏习则可以由染转净，这样由净而染、由染而净的模式，论证了"是故如来之藏有始终，方具染净二事之义也"的命题。

三 性具净染与真如

慧思大师对于性具净染的论证显然是借鉴了《大乘起信论》一心开二门的模式。在一心开二门的模式中，一心被诠释为如来藏自性清净心，而二门则是真如门与生灭门，于净染二性而言，净法即是真如门，而染法则是生灭门，于此而言慧思大师的分析由此转入了性具净染与真如关系的论证。这即意味着，慧思大师的性具净染说除了要论证如来藏自性清净心的净染二性外，还要论证真如与净染二性的关系，在论证真如与性具净染关系之前，慧思大师专门阐释了真如的定义，而这一阐释也是根据《大乘起信论》中有关真如之义的展开：

问曰：云何名为真如。答曰：一切诸法依此心有，以心为体，望于诸法，法悉虚妄，有即非有。对此虚伪法故，目之为真。又复诸法虽实非有，但以虚妄因缘而有生灭之相，然彼虚法生时，此心不生，诸法灭时，此心不灭。不生故不增，不灭故不减。以不生不灭不增不减故，名之为真。三世诸佛及以众生，同以此一净心为体。凡圣诸法，自有差别异相，而此真心无异无相故，名之为如。又真如者，以一切法真实如是，唯是一心，故名此一心以为真如。若心外有法者，即非真实，亦不如是，即为伪异相也。是故《起信论》言：一切诸法从本已来，离言说相，离名字相，离心缘相，毕竟平等，无有变异，不可破坏，唯是一心，故名真如。以此义故，自性清净心复名真如也。①

真如这一概念在佛教理论体系中具有十分重要的地位，是众生修证无上之智的依止，也是众生与诸佛在本净状态上了无二质的心性，因此真如成为佛教各派理论体系不断论述的主要范畴。与《大乘起信论》相应，慧思大师在这里专门解释了真如之真的含义，即"一切诸法依此心有，以心为体，望于诸法，法悉虚妄，有即非有。对此虚伪法故，目之为真"，显然真如在这种意义上是净法，具有清净无染的性质。从这一意义出发而言，真如是真实不虚之义，是相对于缘起性空的虚妄之法而言的，而缘起性空的虚妄之法即是杂染之法，是缘生缘灭之法，相对于缘起生灭之染法而言，真如净法是不生不灭的，这样慧思大师即确立了净法是超越生灭，而染法则是缘生缘灭的模式，于此而论真如之真就是"不生故不增，不灭故不减。以不生不灭不增不减故，名之为真"。由此可以看出，慧思大师通过对于真如之真的界定与阐释，明确了真如属于净法的范畴，是相对

---

① （陈）慧思：《大乘止观法门》卷一，《大正藏》第46册，第642页中。

于染法而言的。与对于真的解释一致，慧思大师对于如的解释是"凡圣诸法，自有差别异相，而此真心无异无相故，名之为如"。慧思大师对于真与如的解释表明了真如属于净法的范畴，这与佛学心性论关于真如的界定是相契合的。而在中国佛学心性论体系中，还建立了真如缘起的理论，认为一切世间与出世间法皆可收摄于真如之体性中，因此真如就成为世间法与出世法的依止，于此而言慧思大师则认定："又真如者，以一切法真实如是，唯是一心，故名此一心以为真如。若心外有法者，即非真实，亦不如是，即为伪异相也。"这样真如不仅仅属于净法的范畴，同时与如来藏自性清净心一样由于无明与妄念的染污作用，真如还是世间法的依止，于此而论真如之体中也就含摄了净染二性，这种融净染二性于一体的模式，慧思大师再次引用了一心开二门的理论，于此来论证真如与净染二性的关系：

> 问曰：一切凡圣既唯一心为体，何为有相见者，有不相见者，有同受用者，有不同受用者。答曰：所言一切凡圣唯以一心为体者，此心就体相论之，有其二种：一者，真如平等心，此是体也，即是一切凡圣平等共相法身。二者，阿梨耶识，即是相也。就此阿梨耶识中复有二种：一者，清净分依他性，亦名清净和合识，即是一切圣人体也。二者，染浊分依他性，亦名染浊和合识，即是一切众生体也。此二种依他性虽有用别，而体融一味，唯是一真如平等心也。以此二种依他性，体同无二故，就中即合，有二事别：一者共相识，二者不共相识。何故有耶。以真如体中具此共相识性、不共相识性故。一切凡圣造同业，熏此共相性故，即成共相识也。若一一凡圣各各别造别业，熏此不共相性故，即成不共相识也。何者。所谓外诸法五尘器世界等，一切凡圣同受用者，是共相识相也。如一切众生同修无量寿业者，皆悉熏于真心共相之性，性依熏起，

显现净土，故得凡圣同受用也。如净土由共业成，其余杂秽等土亦复如是。然此同用之土，唯是心相，故言共相识。又此同用之土，虽一切凡圣共业所起，而不妨一一众生、一一圣人一身造业，即能独感此土。是故无量众生余处托生，不废此土常存不缺。又虽一一凡圣皆有独感此土之业，而不相妨唯是一土。是故无量众生新生，而旧土之相更无改增。唯除其时一切众生同业转胜，土即变异，同业转恶，土亦改变。若不尔者，即土常一定也。①

慧思大师在论证了真如是一切法的依止之后，就会面对这样一个问题，即为何一切法皆以真如净法为依止，而世间却有无数无量的有差别的染法，这之中为何同时还存在有同有异的现象。针对于此，慧思大师运用了一心开二门的模式予以回答，并就此再次论证了性具净染的命题。在运用一心开二门的模式时，慧思大师认为从真如门而言，固然是净法，这是从体性而论的。但从功用的层次而言，则是染法显现而成阿梨耶识即阿赖耶识，在这一层次就有净染二性共存的现象。相较于《大乘起信论》一心开二门的模式而言，慧思大师在这里就生灭门的层次作了较为详尽的论证，于此判分出了两种不同的心性状态，一种是从染法之中修证无上之智而成就的净法状态，一种是处于无明与妄念所困扰之中的染法状态，但是这两种状态都为真如所含摄，因此真如之体中就融入了净染二性。对于净染二性融于真如之体中如何转化的问题，慧思大师引入了熏习这一概念，也就是《大乘起信论》中论述的净染互熏的理论，于此熏习中净法可变为染法，染法也可以转化为净法，净染之间的转化全在于心性的自我熏习。与之相应，慧思大师同时认为净染二性决定了唯心

---

① （陈）慧思：《大乘止观法门》卷二，《大正藏》第46册，第652页中—下。

净土之性，净土与秽土的差别唯在一心，在于净染二性的相互转化。这种由熏习而呈现出的净染二性的转化之状态，也就成了慧思大师论证真如之中如何含摄净染二性的核心：

> 问曰：真如出障，既名性净涅槃，真如在障，应名性染生死，何得称为佛性耶。答曰：在缠之实，虽体具染性，故能建生死之用，而即体具净性故，毕竟有出障之能，故称佛性。若据真体具足染净二性之义者，莫问在障、出障，俱得称为性净涅槃，并合名性染生死。但名涉事染，化仪有滥，是故在障、出障俱匿性染之义也。又复事染生死，唯多热恼，事净涅槃，偏足清凉。是以单彰性净涅槃，为欲起彼事净之泥洹，便隐性染轮回，冀得废斯事染之生死。若孤题性染，惑者便则无羡于真源，故偏导清升，愚子遂乃有欣于实际。是故在障出障，法身俱隐性染之名，有垢无垢，真如并彰性净之号。①

慧思大师已经看到了这样一种责难的模式，即真如既然是属于净法的范畴，为何还会存在净染二性共融于真如之体中的现象，同时真如没有受到无明与妄念的染污，自然是与清净心性的涅槃状态相契应的，但是为何又会存在真如受到了无明与妄念染污之后，却又与清净佛性不相违背的状态。对于此，慧思大师认为应该从清净心性的体用两个层次去分析，从用的层次而言固然是杂染之性，从而形成了缘起生灭的世间法；但从体的层次而言，却是杂染之性无法染污本净的心性，因此"即体具净性故，毕竟有出障之能，故称佛性"，即杂染之性可以经过转化而成为清净之性，并且本净之性并不会因为染污而改变，

---

① （陈）慧思：《大乘止观法门》卷二，《大正藏》第46册，第469页中—下。

因此从这一意义而言，真如无论是处于在障还是出障的状态，都是本净的，同时也正因为真如是本净的，故而真如为杂染之性所缠，也是可以出障而回复到本净的状态。由此慧思大师得出了"若据真体具足染净二性之义者，莫问在障、出障，俱得称为性净涅槃，并合名性染生死"的结论，这一结论表明真如之体含摄了净染二性，无论处于怎样的状态，都是真如之体的显现，不过从用与事的层次而言，"但名涉事染，化仪有滥，是故在障、出障俱匿性染之义也"，这已经表明真如处于在障的状态就是杂染之性，与之相关，"又复事染生死，唯多热恼，事净涅槃，偏足清凉"，这从清净的层次论证了真如处于净性的状态。从这些论证与分析可以看出，慧思大师在论述真如与性具净染的关系时，注意到了两方面的内容，即如若只倡导涅槃的清净之性，那么就会忽视缘起生灭的世间法的存在，这不利于最终修证无上之智，于涅槃净性而言也是存在一定偏颇的。与之相应，如若只倡导杂染之性，那么就会使得没有开悟的众生无所适从、不知所措，不知道如何去修证无上之智，因此针对这种状况就必须要倡导真如的清净心性状态。值得注意的是，"是故在障出障，法身俱隐性染之名，有垢无垢，真如并彰性净之号"，这意味着无论是净还是染的状态，都是真如之性的显现。而具体到世间法的层次而言，则是仍然存在诸多差异，这样慧思大师必须还要回应真如在障、出障不同状态的责难，回应如何体性与功用角度会存在不同的净染状态：

> 问曰：既言真如法身平等无二，何得论在障出障、有垢无垢之异耶。答曰：若论心体平等，实无障与不障，不论垢与不垢。若就染净二性，亦复体融一味，不相妨碍，但就染性依熏起故，有障垢之名。此义云何。谓以染业熏于真心违性故，性依熏力起种种染用，以此染用违隐真如顺用之照性故，即说此违用之暗，以为能障，亦名为垢。

此之垢用不离真体故，所以即名真如心为在障法身，亦名为有垢真如。若以净业熏于真心，顺性故，性依熏力，起种种净用，能除染用之垢，以此净用，顺显真心体照二用性故，即说此顺用之照，以为圆觉大智，即真名大净波罗蜜。然此净用不离真体故，此有即名真心为出障法身，亦名无垢真如。用说义故，若总据一切凡圣以论出障、在障不障，即真如法身于一时中并具在障、出障之明。若别据一一凡圣以论在障、出障之义，亦即真如法身始终方具在障、出障二事也。然所以垢无垢、在障出障之别，但约于染净之用是也，非是真心之体有此垢与不垢、障与不障。①

慧思大师对于此的论证，认为从真如本体之性的层次而言，其实质是心性之体平等，也就是"实无障与不障，不论垢与不垢"的。但从功用的层次而言，却是存在净染二性融于真如之体中的现象，即"若就染净二性，亦复体融一味，不相妨碍"，那么为什么会存在净染二性存在于真如之体中的状态？慧思大师于此引入了熏习这一概念，认为是无明与妄念的熏习，从而使得真如之体显现出了净染二性，即"但就染性依熏起故，有障垢之名"。循着这一思路则是，染法熏于净法时，则是出现有垢真如的状态，而净法熏于染法时，则是出现无垢真如的状态。但是慧思大师一再强调的是，无论是真如显现出怎样的一种状态，都是从功用的层次而言的，都不是从体性的层次而言的，因此"然所以垢无垢、在障出障之别，但约于染净之用是也，非是真心之体有此垢与不垢、障与不障"，这即意味着真如显现出的净染二性，是无妨真如之体本净之性，于此而言也就不存在垢与不垢、障与不障的差别，而这也就是慧思大师论证性具净染的关键所在。

---

① （陈）慧思：《大乘止观法门》卷二，《大正藏》第46册，第469页下。

慧思圆顿思想对禅宗顿悟的影响

——以水牯牛自喻为例

刘 胜

(湖南师范大学公共管理学院博士研究生)

摘 要：智者大师在《摩诃止观》卷一上说："天台传南岳三种止观：一渐次、二不定、三圆顿。皆是大乘，俱缘实相，同名止观。"由是可知，修行法门乃分两种：顿修和渐修，分别针对两类人群——"钝根"与"利根"而言。与此相同，慧思也认为修行的对象不同，从而所采用的功法自然也需要做出区别。他在《法华经安乐行义》中说："《法华经》者，大乘顿觉，无师自悟，疾成佛道。"在《诸法无诤三昧法门》中又说："妙法华会，但说一乘顿中极顿，诸佛智慧。"显然，这两种说法都是针对"利根"之人而论。同时，也可以看出以慧思为代表的天台宗比较看重"圆顿"的修行方法，即所谓的"顿悟"法门。这种倾向在圣严法师的观察中，亦有所强调。他认为，慧思本人着重禅观法门，传给他的弟子们的也以禅观为主。而这种"圆顿止观"的倾向由后来的禅宗所继受，进而演化成禅宗南宗的"顿悟"之说。

关键词：慧思 圆顿 禅宗 顿悟

智顗在《摩诃止观》卷一上说："天台传南岳三种止观：一

渐次、二不定、三圆顿。皆是大乘,俱缘实相,同名止观。渐则初浅后深,如彼登隥;不定前后更互,如金刚宝置之日中;圆顿初后不二,如通者腾空。"① 由是可知,修行法门乃分两种:顿修和渐修,分别针对两类人群——"钝根"与"利根"而言。与此相同,慧思也认为修行的对象有所不同,从而所采用的功法自然也需要做出区别。他在《法华经安乐行义》中说:"《法华经》者,大乘顿觉,无师自悟,疾成佛道。"② 在《诸法无诤三昧法门》中又说:"妙法华会,但说一乘顿中极顿,诸佛智慧。"③ 显然,这两种说法都是针对"利根"之人而论。同时,也可以看出以慧思为代表的天台宗比较看重"圆顿"的修行方法,即所谓的"顿悟"法门。这种倾向在圣严法师的观察中,亦有所强调。他认为,慧思本人着重禅观法门,传给他的弟子们的也以禅观为主。而这种"圆顿止观"的倾向由后来的禅宗所继受,进而演化成禅宗南宗的"顿悟"之说。

一 慧思观心法门对禅宗"见性成佛"的影响

慧思说:"欲坐禅时,应先观身本。身本者,如来藏也,亦名自性清净心。是名真实心,不在内,不在外,不在中间,不断不常,亦非中道,无名无字,无相貌,无自无他,无生无灭,无来无去,无住处,无愚无智,无缚无解,生死涅槃无一二,无前无后无中间,从昔以来无名字,如是观察真实竟。"④ 慧思认为,坐禅的根本目的乃是观心。而所谓心者,就是他所言的"清净心""真实心"。而什么又是"清净心""真实心"呢?慧思在《大乘止观法门》中说:"一切诸法,依此心有,以心为

---

① 《摩诃止观》,《大正藏》第46册,第1页下。
② 《法华经安乐行义》,《大正藏》第46册,第697页下。
③ 《诸法无诤三昧法门》,《大正藏》第46册,第635页中。
④ 同上书,第628页上。

体。望于诸法，法悉虚妄，有即非有。对此虚伪法故，目之为真。又复诸法虽实非有，但以虚妄因缘，而有生灭之相。然彼虚法生时，此心不生；诸法灭时，此心不灭。不生，故不增；不灭，故不减。以不生不灭，不增不减故名之为真。三世诸佛，及以众生，同以此一净心为体。凡圣诸法，自有差别异相；而此真心，无异无相，故名之为如。又真如者，以一切法，真实如是，唯是一心；故名此一心，以为真如。若心外有法者，即非真实；亦不如是，即为伪异相也。是故《起信论》言：'一切诸法，从本已来，离言说相，离名字相，离心缘相。毕竟平等，无有变异，不可破坏。唯是一心，故名真如。'以此义故，自性清净心，复名真如也。"① 由是可知，所谓"清净心""真实心"即是"真如"。所谓"真如"乃是一切事物和现象真实地如其所是的样式，不存在虚伪和变异的现象——"伪异相"。简言之，无论名为"清净心""真实心"，还是"真如"，其实慧思都在强调观心法门所观之"心"乃是一种由人们的本源观照方式去对待事物的心态，即如事物本来面目的方式来观照事物的认知方式。

　　为什么要以这样的方式来观照事物和自身呢？因为这样做能达到慧思所认为的"如实中观"的状态，即两向否定中的真实面貌。而所谓的"两向否定"即是"不（生、增、内、断）不（灭、减、外、常）"和"无（名字、自、生、来、愚、缚、前）无（相貌、他、灭、去、智、解、后）"等。在这种"两向否定"中，人们就可以达到无异相、无差别地以真实如其所是的方式来观照事物和自身。为什么慧思这种观心法门能达到这样的境界呢？因为慧思所言的"观心"之"心"是基于佛教对人的基本设定，即人人皆有佛性。因此，观心所发挥的功能乃是佛性对人心的基本预设。换言之，人有佛性，而性由心显，

---

① 《大乘止观法门》，《大正藏》第46册，第642页中。

因此观照此心，由此心显发，自可唤发佛性。由是可知，慧思所观之"心"便包含着人们对"佛性"的觉悟，只要观照此"清净心""真实心"，就可以启发对"佛性"的觉悟，进而成就佛果。

慧思这套思路与禅宗南宗"顿悟成佛"的法门甚为接近，甚至可以说禅宗的"顿悟"思想很可能受到了慧思的影响。为了证明这点，我们不妨与禅宗一些思想材料进行比对。在《坛经》中记载一段禅宗法脉传承的故事。五祖弘忍欲传法脉，便考察诸弟子的思想状况，令他们各自作偈。大弟子神秀写一首偈，曰："身是菩提树，心如明镜台，时时勤拂拭，勿使惹尘埃。"弘忍观后，评价道："汝作此偈，未见本性，只到门外，未入门内。如此见解，觅无上菩提，须得言下是自本心，见自本性，不生不灭，于一切时中，念念自见，万法无滞；一真一切真，万境自如如，如如之心，即是真实。若如是见，即是无上菩提之自性也。"可见，弘忍并不满意神秀对佛理的认识状态，故而令其回去重写。仔细考察这段故事，不难发现这其中传达出一个重要问题，即如何认识佛性。同时，从弘忍的回应上来看，对这个问题的正确认识成为禅宗法脉传承的关键因素。易言之，对于禅宗而言，如他们所认为的方式去正确认识佛性，才是"正眼法藏"，反之，则是"未及门内"。比如说，神秀的偈语中亦谈到如何"观心"问题，只是没有达到本源真性，因而只在"门外"，未及"门内"。弘忍对他的指点乃是希望他能打开"门"来，直至本心自性原来如是，也不外如是，即其所言"万境自如如，如如之心"。这种"如如之心，即是真实"的思想与慧思关于"真实心"——"是名真实心，无名无字，无相貌，无自无他，无生无灭，无来无去，无住处，无愚无智，无缚无解，无死无涅槃，无一无二，无前无后无中间，从昔以来无名字，如是观察真实境"的表达极为相近，甚至可以认为两者的内在精神旨趣是一致的。

这段传法的故事并没有就此结束。神秀日思夜想，最终还没有作出令弘忍满意的偈子。而另一个寺内杂役房的沙弥——慧能却写出一首偈子，曰："菩提本无树，明镜亦非台，本来无此物，何处惹尘埃。"弘忍见此偈，甚喜，连夜传法，亲自护送慧能南去。从弘忍的表现中，不难发现，慧能此偈明显达到了对弘忍"如如真实心"的领悟。慧能的这首偈子乃是领悟的结果，即是从观心而出的。甚至有学者认为，慧能"见性（心）成佛"的思想既是从对慧思"观心"思想的证悟而来，又达到了对这种思想的超越。虽然慧能到底多大程度上受到慧思"观心"思想的影响，并没有十分的史料给予支撑，但是他早期受学于弘忍处，而弘忍与其师道信被世人称为"东山宗"。有一些史料指出，"东山宗"的主要思想之一——"五门心要"受到了《证心论》的影响。而从敦煌出土的《证心论》被考证出是天台宗一派的著作，甚至有人认为是智𫖮所作。因而就有学者认为道信、弘忍两人所提倡的"坐禅观心"，明显是从天台宗的《证心论》脱胎而来。所以说，"东山宗"的学风和思想中饱含着天台一脉"观心"法门的影响，而慧能受学于这般学风气氛中，又岂能毫无所染，不受影响呢？从他所作的偈语来看，"观心"法门对慧能的浸染"相当深入和透彻"。

二 慧思"定慧双开"思想对禅宗顿悟的影响

慧思在《大乘止观法门》中说："所言止者，谓知一切诸法，从本已来，性自非有，不生不灭。但以虚妄因缘故，非有而有。然彼有法，有即非有。唯是一心，体无分别。作是观者，能令妄念不流，故名为止。所言观者，虽知本不生，今不灭，而以心性缘起，不无虚妄世用，犹如幻梦，非有而有，故名为观。"[①] 慧思

---

① 《大乘止观法门》，《大正藏》第46册，第642页上。

在此段中阐述了什么是"止",什么是"观"。"止"可以被理解成"只是如此",即诸法本来如此,而"此"则是"本无自性,缘起而生,故非有而有"。所谓"观"则是观"此",即知非有,则又以缘起而有观之。正果法师认为经论中的"止观"即是禅定,如其所言:为了解脱生死,迷执者要修习止观。修习止观能利益自他,故名大义。解脱必须具足智慧,智慧从禅定生起。无禅不智,非定不生,无漏智慧,能尽众苦根本。由是可知,止与观,乃是一体两面,不可以一废一,而失去平衡,否则将无法达到"止观变运的圆满成就"。

既然"止"与"观"两者皆不废,又不能以此损彼,以彼拆此,那么又如何做到这般精妙的平衡呢?慧思认为人的修行可以根据自身才具的特征,采用相应方法和路径,他说:钝根菩萨,修对治行,次第入道,证非一时,是故不明一华成众果。法华菩萨,即不如此。一心一学,众果皆备,一时具足,非次第入。亦如莲华,一华成众果,一时具足,是名一乘众生之义。是故《涅槃经》言:或有菩萨,善知从一地至一地。《思益经》言:或有菩萨,不从一地至一地。从一地至一地者,是二乘声闻,及钝根菩萨,正直舍方便,不修次第行。若证法华三昧,众果悉具足。由此可知,慧思指出菩萨分两种——"钝根菩萨"和"法华菩萨",因此菩萨修行亦分两种——"次第入道"和"非次第入"。"次第入道"则是从"一地"至"另一地"地逐步前进;而"非次第入"则是"一花成众果",因而"众果皆备"。虽然慧思承认这两种人和两种修行方法的存在,但并没有进行价值评价,贬低"钝根渐修"的法门。甚至他认真地为"渐修"法门进行辩护,说:勤修禅定者,如《安乐行品》初说。何以故?一切众生具足法身藏,与佛一无异。如《佛藏经》中说:三十二相,八十种好,湛然清净。众生但以乱心惑障,六情暗浊,法身不现,如镜面垢,面像不现。是故行人勤修禅定,净惑障垢,法身显现。是故经言法师,父母所生清净常眼,耳鼻舌身意，亦复如是。由是观之，慧思还是承认渐修的意义和作用，这就与禅宗后来只重"顿悟"法门略有不同。然则这只能说明慧思思想与禅宗思想存在着差异，却不能据此认为慧思思想对禅宗思想没有影响，甚至我们还可以换个角度来看慧思对禅宗的影响。在前文中，神秀所作的禅诗，乃是强调修行的持久性，这与慧思对"渐修"的规定甚为相合，所以说，慧思对禅宗的影响不必仅仅突出在"顿悟"一脉的影响。比如说，曹洞宗的天童禅师在《默照铭》中说：默默忘言，昭昭现前，鉴时廓尔，体处灵然。由是可知，天童禅师认为觉悟本身也是需要长期的修持，才可能发生那灵光一闪之时，似有以"渐修"配合"顿修"的意味在其中。

让我们再回到慧思对"菩萨"的区分上来，这种区别在慧能那里亦有所继受，慧能亦认为"法无顿渐，人有利钝"。慧思认为有些人可以"无师自悟"，顿觉成佛，或者说在"一乘中极顿，诸佛智慧"。这些说法无疑是针对"利根之人"或曰"法华菩萨"而言的。这种思想直接被禅宗南宗吸引，比如他们将慧思的"顿觉""极顿"解释成"顿悟"法门。慧能在《坛经》中说："自性具三身，发明成四智。不离见闻缘，超然登佛地。吾今为汝说，谛信永不迷。莫学驰求者，终日说菩提。""三身"中包含着佛性法身，可以直接转化为修行所需的四种智慧——"成所作智""妙观察智""平等性智"和"大圆镜智"。这里表达出一种可能性，即"转识成智"可能由一次性的开悟来获取，并不需要长期的形式性的修持，即所谓"一切不立，顿悟顿修"。除此之外，有学者指出慧能的定慧之学亦是受到慧思的"定慧双开"思想的影响。

三 慧思圆顿思想在日常生活中的阐释对禅宗参悟方式的影响

慧思在《受菩萨戒仪》中说：皆顺正法，治生产业，悉入圆宗。由此可知，慧思的圆顿思想不仅体现在前文所说的静态坐禅参悟中，也包括了对日常生活的感悟。换言之，慧思的圆顿思想囊括人们的一切行为活动，既有静态的思维观照，又有动态的生命感悟。在日常生活中感悟自体的佛性亦是慧思圆顿思想的应有法门。因此，慧思"曲授心要"的《大乘止观法门》一书就将日常生活中运用止观法门，纳入其必要的论述内容里。

在《大乘止观法门》的末章中，说三历事止观。初明礼佛时止观，二明食时止观，三明便利时止观。在慧思看来，"礼佛之法"亦有止观二门。所谓"观门礼佛"，即是"当知十方三世一切诸佛。悉与我身同一净心为体"。如是观佛则体现在供养、礼拜、赞叹、忏悔、劝请、随喜、回向、发愿时等，即行处无处不是如是念、如是观，即名之为"称实而观"。如是观佛，便会达至"是心作佛""所见之佛不在心外""我今念佛之想"至于"彼此即齐"和"我即真实""即是实佛""心外无佛，应于诸佛心内众生"等。所谓"止门礼佛"则是，一切诸佛，及以己身，一切供具，皆从心作。有即非有，唯是一心。亦不得取于一心之相。何以故，以心外无法，能取此心相故。若有能取所取者，即是虚妄。自体非有，如是礼者，即名止门。这是止门法门在礼佛事仪上的运用。而止门在前文中已有所交代，于此不复赘言。慧思在礼佛上运用止观法门，其实依然在于强调诸法一体，诸佛与己身无有分别相，唯此一心平等待之，则是"止观双行"。至于"饮食""便利"等如何运用"止观"法门可以参详《大乘止观法门》中的具体内容，亦可以参考圣严法师关于此书的研究——《〈大乘止观法门〉之研究》一书。

而本文所关心的内容乃是这种将止观法门运用于日常生活中的圆顿思想直接而又深刻地影响着禅宗关于顿悟在生活中运用的方法。这种运用只要留意阅读一些禅门公案，就不难发现。下文将以一个具体事例——水牯牛自喻来展示这种运用。

牯牛，在现代所编的很多词书中，被解释为母牛，或又说是被阉割过的公牛。这种解释既自相矛盾，更不符合实际情况。至少在南方农村，牯牛仅指公牛，而且并没有被阉割。禅宗的兴盛在南方，禅师们亦农亦僧，多从事农业生产，比如沩仰宗始祖灵祐禅师在沩山寺中便经常牧牛。他们对水牛非常熟悉，有着特殊的感情，绝不至于公母不分。在禅师们眼里，牛是众生之一，含有佛性，经过佛陀的指引，它们也可以成为菩萨。《五灯会元》卷九仰山慧寂禅师章次（下引本书，若连续引用则仅标明卷数章次）：

> 沩山（灵祐）同师（慧寂）牧牛次，沩曰："此中还有菩萨也无？"师曰："有。"沩曰："汝见那个是，试指出看。"师曰："和尚疑那个不是，试指出看？"①

慧寂反问之意便是：一切众生，皆有佛性，你、我，还有这头牛，都可以成为菩萨。

在禅师的说法和对话里，牛经常作为譬喻或"话头"来说明各种禅理，禅师们还往往自喻为"水牯牛"，并以此引出机锋，演为公案。如《五灯会元》卷十四石门绍远禅师章次：

> （绍远）初在石门作田头。门（指石门慧彻）问："如何是田头水牯牛？"师曰："角转轰天地，朝阳处处春。"他日门又问："水牯牛安乐否？"师曰："水草不曾亏。"②

田头，是寺中管理田间作业的僧人，管理耕牛是田头的职责之一。这里记录绍远与慧彻的一次"交锋"，话题便是从"田

---

① 《五灯会元》卷九，《续藏经》第80册，第188页下。
② 《五灯会元》卷十四，《续藏经》第80册，第287页中。

头水牯牛"开始。"田头"既是僧职之名,又可理解为"田边""田里",慧彻一语双关,暗藏机锋。绍远看出机锋,知道慧彻表面上问牛,实际想要问的却是:田头你这头水牯牛的情况如何?于是他接住机锋,用"角转轰天地,朝阳处处春"来形容水牯牛,譬喻自己正得遇良机,充满活力。他日,慧彻又旧话重提,表面关心水牯牛是否"安乐",实际仍然是询问绍远的近况,绍远回答"水草不曾亏",是说自己"水草"充足——精神需求方面自给自足,没有什么欠缺,比"角转轰天地,朝阳处处春"的境界又进了一步。

又如卷十七宝华普鉴禅师章次:

> 上堂:"月圆,伏惟三世诸佛、狸奴白牯,各各起居万福。时中淡薄,无可相延,切希宽抱。老水牯牛近日亦自多病多恼,不甘水草。遇着暖日和风,当下和身便倒;教渠拽杷牵犁,直是摇头摆脑。可怜万顷良田,一时变为荒草。"①

普鉴在这里借水牯牛自喻,向听众介绍自己的近况。上堂开始的几句话,是模仿当时人的书信套语。"伏惟起居万福","时中淡薄,无可相延,切希宽抱",这都是唐宋人书信中开头或结尾常用的语句。但是,把"三世诸佛"与"狸奴(猫)白牯"放在一起,问候他们"各各起居万福",这里不但体现了佛家"众生平等"的观念,而且隐含着更深的"禅机"。"三世诸佛不知有,狸奴白牯却知有",这是禅林中著名的公案之一。《祖堂集》卷十六南泉和尚(普愿)章次有一段对话云:

> 有人拈问:"三世诸佛为什么不知有?"师云:"争肯你

---

① 《五灯会元》卷十七,《续藏经》第80册,第368页中。

喃喃。"进曰:"狸奴白牯为什么却知有?"师云:"似他即会。"①

《五灯会元》卷四甘赟行者章次也记载:

> 又一日,入寺设粥,仍请南泉(普愿)念诵。泉乃白椎曰:"请大众为狸奴白牯念'摩诃般若波罗蜜'。"②

狸奴白牯代指蒙昧无知的动物,说它们"知有"而三世诸佛"不知有",是譬喻佛道常呈痴钝混沌之态,远离语言思虑,超越分别知见,不拘尘境人事,任其本性自然,与狸奴白牯之类蒙昧无知的"异类"相似。《景德传灯录》卷二十八《诸方广语·池州南泉普愿和尚》章次记载普愿说过:

> 作得伊如狸奴白牯,行履却快活。尔若一念异,即难为修行。③

"念异"就是有分别之想,有了分别知见,就不能修成正觉。因此像狸奴白牯那样无知无虑、无差别知见,所谓"悟了同未悟,无心亦无法"(《五灯会元》卷九沩山灵祐章次,百丈禅师语),才更近于佛道。前引普鉴禅师上堂的开场白便包含这种含义。又卷九沩山灵祐禅师章次:

> 师(指良价)一日见刘铁磨来,师曰:"老牸牛,汝来也。"磨曰:"来日台山大会斋,和尚还去么?"师乃放身作

---

① 张美兰:《祖堂集校注》,商务印书馆2009年版,第405页。
② 《五灯会元》卷四,《续藏经》第80册,第97页下。
③ 《景德传灯录》卷二十八,《大正藏》第51册,第446页中。

卧势，磨便出去。①

良价与老尼姑刘铁磨关系亲密，他称刘铁磨作"老牸牛"（牸牛即母牛），便是以牯牛（公牛）自居。刘铁磨通知他台山将要举行大会斋，意在问他是否前往参加，而他则模仿老牸牛的动作，"放身作卧势"，表示自己将卧处寺中，对大斋会没有兴趣。刘铁磨当然懂得他的意思，不再言语，悄然离开。

其他禅师或居士也常以水牯牛自喻，也有称他人为水牯牛或径称为牛者，比如卷四平田普岸禅师章次：

> 临济访师，到路口先逢一嫂在田使牛。济问嫂："平田路向甚么处去？"嫂打牛一棒曰："这畜生到处走，到此路也不识。"济又曰："我问你平田路向甚么处去？"嫂曰："这畜生五岁尚使不得。"济心语曰："欲观前人，先观所使。"便有抽钉拔楔之意。及见师，师问："你还曾见我嫂也未？"济曰："已收下了也。"②

普岸的嫂子看来是一个农妇，但是她几句骂牛的话，语意双关，暗含禅机，说明此嫂其实是一位道行高深的禅师。所以临济和尚听她几句指牛骂人的话后，"便有抽钉拔楔之意"。当普岸问他是否见到他嫂子时，临济回答"已收下了也"，意思是说，我理解她的意思，感谢她的点拨。于頔编集《庞居士语录》卷中也记载了一个类似的故事，但骂"牛"的不是农妇而是牧童：

> 居士一日见牧童，乃问："路从什么处去？"童曰："路也不识！"士曰："这看牛儿！"童曰："这畜生！"士曰：

---

① 《五灯会元》卷九，《续藏经》第80册，第186页中。
② 《五灯会元》卷四，《续藏经》第80册，第90页上。

"今日什么时也？"童曰："插田时也。"士大笑。①

文远记《赵州和尚语录》卷下：

> 师因到天台国清寺，见寒山、拾得，师云："久向寒山、拾得，到来只见两头水牯牛。"寒山、拾得便作牛斗，师云："叱！叱！"寒山、拾得咬齿相看，师便归堂。二人来堂内问师适来因缘作么生，师乃呵呵大笑……一日，二人问师："什么处去来？"师云："礼拜五百尊者。"二人云："五百头水牯牛礼尊者。"师云："为什么作五百头水牯牛去？"山云："苍天！苍天！"师呵呵大笑。②

"叱！叱！"是农民驱牛之声。从谂与寒山、拾得三人以牛自喻、以牛互嘲、以牛戏称五百尊者，幽默风趣，展示唐代禅林一片"活泼泼地"局面。

还有称菩萨为水牯牛者，如《五灯会元》卷十五洞山守初禅师章次：

> 问："文殊普贤来参时如何？"师（指守初）曰："趁向水牯牛栏里着。"

趁，就是赶（至今湘语方言的"趁"读入声，用力推赶之意）。守初的意思是，即使是文殊和普贤两位菩萨，也只是水牯牛。《祖堂集》卷十八赵州和尚章次也讲到从谂称文殊菩萨为水牯牛的故事：

---

① 《庞居士语录》，《卍续藏》第69册，第134页上。
② 《古尊宿语录》卷十四，《卍续藏》第68册，第89页中。

师问僧:"从什么处来?"对云:"从五台山来。"师云:"还见文殊也无?"对云:"文殊则不见,只见一头水牯牛。"师云:"水牯牛还有语也无?"对云:"有。"师曰:"道什么?"对云:"孟春犹寒,伏惟和尚尊体起居万福。"①

慧思在《法华经安乐行义》中指出圆顿境界的"法忍者"的最高境界"第三意者"是"菩萨摩诃萨":

> 以自在智观众生,方便同事调伏之。
> 或现持戒行细行,或现破戒无威仪。
> 为本誓愿满足故,现六道身调众生。
> 是名菩萨行法忍,方便具足化众生。②

慧思圆顿境界里的修行者不仅采用众生一切日常生活行为,运用世间凡夫的思考方式、感觉、观念等解说佛法的知见,使一般世俗人也能随顺修行;还可"现六道身"对症下药,破除一切言说、文字,直显诸法实相的理体,令利根众生顿悟第一义。可以说正是慧思这种为众生拔苦得乐的慈悲心愿和方便机巧的圆融法门对后来禅宗顿悟思想的发展产生了深刻影响。

南方盛产水牯牛,在南北朝和隋唐五代的南方,黄牛多用来拉车,而水牛多用来耕作。禅宗兴起之时,正值中国经济中心南移的转折之际,佛教徒也由寺院静修走向山林聚讲,具有南方特色的水牯牛进入禅宗视野,自是渊源有自。禅宗以水牯牛自喻,具有鲜明的时代特色和地方特色。

当然,以牛比喻佛徒,也是佛教的传统。在佛经中,牛具有两面性,一方面,将牛作为正面角色加以美化和赞扬,比如在

---

① 张美兰:《祖堂集校注》,商务印书馆2009年版,第451页。
② 《法华经安乐行义》,《大正藏》第46册,第702页上。

《本生经·羚羊品》中，牛是释迦牟尼佛的化身；佛陀和佛徒们也常常自称为牛，世尊就把真正修行的比丘们比作群牛，而把那些违律犯戒、混在比丘大众中的人比作"驴随群牛而行""驴入牛群之中"（《杂阿含经》卷二九、《增一阿含经》卷七）。另一方面，牛又往往是愚蠢或具有恶性的动物。在早期佛经如《阿含经》等著作中，佛陀和弟子们经常被外道称为"盲牛""瞎牛"（如《中阿含经》卷二六《优昙婆逻经》，《长阿含经》卷八《散陀那经》，《阿含经》卷三五等）；在大乘佛经中，牛也曾以丑恶面貌出现。如《撰集百缘经》卷六《诸天来下供养品》的第六"佛度水牛生天缘中"，牛是邪恶动物，冒犯佛陀，终被佛陀降服并获得超度。佛经还把无知识无智慧的人称为"人身牛"（《大智度论》卷五），这个譬喻所取是牛的愚昧无知一面。禅宗也有以水牯牛譬喻愚钝僧人的例证。比如卷十九杨歧方会禅师章次：

  受请日，拈法衣示众曰："会么？若也不会，今日无端走入水牯牛队里去也。"①

这里的"水牯牛队"，是指一群"不会"禅意的和尚。不过这种用法极为少见，《五灯会元》全书中仅见此例。

考察起来，禅宗典籍中第一个以水牯牛自喻的记载是南泉普愿。文远记《赵州和尚语录》卷上：

  南泉（指普愿）从浴室里过，见浴头烧火，问"作什么？"云："烧浴。"泉云："记取来唤水牯牛浴。"浴头应喏。至晚间浴头入方丈，泉问："作什么？"云："请水牯牛去浴。"泉云："将得绳索来不？"浴头无对。师（指从谂）来问讯泉，泉举似师，师云："某甲有语。"泉便云："还将

---

① 《五灯会元》卷十九，《续藏经》第80册，第387页下。

得绳索来么?"师便近前,蓦鼻便拽。泉云:"是则是,太粗生!"①

"太粗生"的"生"字是语助词,唐宋时期常用词,无实义。南泉"将得绳索来不?"是一句机锋之语,浴头(管理洗浴的僧人)没有接住机锋,所以无对。赵州和尚(从谂)则能够理解普愿的言外之音,所以直接用手去"拽"他的鼻子,作牵牛之状。普愿肯定了从谂的理解,但是以为他的动作太粗鲁,应该点到为止。于此也可略窥当时禅林师弟之间亲密和谐的关系。

同书卷下:

> 师(指从谂)在南泉时,泉(指普愿)牵一头水牯牛入僧堂内巡堂而转,首座乃向牛背上三拍,泉便休去。师后将一束草安首座面前,首座无对。②

这一次普愿通过牵水牯牛上堂来测验首座(也称第一座)和僧众的悟性,结果并不令他满意。首座只在牛背上三拍,也许是表示对这头水牯牛的亲昵。从谂接着拿来一束草放在首座的面前,意思是说:你也像牛一样,得再吃一点草才行。首座也许对这一暗示仍然没有领悟,所以无对。这里没有一句对话,只是以牛和草为道具,通过动作表达禅意。

《五灯会元》卷三南泉普愿禅师章次:

> 师(指普愿)将顺世,第一座问:"和尚百年后向甚么处去?"师曰:"山下作一头水牯牛去。"座曰:"某甲随和尚去还得也无?"师曰:"汝若随我,即须衔取一茎草来。"③

---

① 《古尊宿语录》卷十三,《卍续藏》第68册,第77页中。
② 《古尊宿语录》卷十四,《卍续藏》第68册,第90页上。
③ 《五灯会元》卷三,《续藏经》第80册,第75页中。

又卷四赵州从谂禅师章次也有过类似的记载。普愿的"山下作一头水牯牛去"和"须衔取一茎草来"这两句话,后来成为禅林的公案。《祖堂集》卷十六南泉和尚章次有四条唐宋时期禅林的讨论记录:

第一条:

> 僧问逍遥(逍遥山怀忠禅师):"如何是一头水牯牛?"逍遥云:"一身无两役。"进曰:"如何是衔一茎草来?"逍遥云:"新旧添不得。"①

"一身无两役",意思是说作为水牯牛,它的任务就是耕田,此外不再有什么责任。在这里,水牯牛所譬喻的是耕种心田,为众生造福的佛徒,像牛那样吃苦耐劳,辛勤劳作,心无别念,以救度众生为终生职责,这便是禅师自喻为牛的真实底蕴。也正是慧思圆顿思想"现六道身调众生"的根本所在。

而"新旧添不得",则说,"新"(后辈)不能靠吃"旧"(前辈)的"草"来接济。如果后辈学人想学前辈禅师的样子,做一头救度众生的水牯牛,那必须有自己的独特之处,要靠自己"衔来的草"支撑,不能跟着前辈依样画葫芦。

第二条:

> 僧问曹山:"只如水牯牛成得个什么边事?"曹山云:"只是饮水吃草底汉。"②

第三条:

---

① 张美兰:《祖堂集校注》,商务印书馆2009年版,第405页。
② 同上书,第406页。

又问:"从凡入圣则不问,从圣入凡时如何?"曹山云:"成得个一头水牯牛。""如何是水牯牛?"曹山云:"朦朦朣朣地。"僧云:"此意如何?"曹山云:"但念水草,余无所知。"僧云:"成得个什么边事?"曹山云:"只是逢水吃水,逢草吃草。"①

第四条:

又问:"如何是一头水牯牛?"曹山云:"不证圣果。""如何是衔一茎草来?"曹山云:"毛羽相似。"②

以上三条是曹山慧寂关于水牯牛和"衔一茎草"的解释。第二条说,水牯牛只是"饮水吃草",第三条也说"但念水草,余无所知",这与第一条逍遥怀忠的"一身无两役"意思相似,"但念水草,余无所知",譬喻专心学法,观心自照。(南岳止观法门)而"逢水吃水,逢草吃草",则是以一种不加选择、不存偏见的态度对待众生和佛法,"朦朦朣朣地"(现代通用词为"懵懵懂懂"),便是前面我们讲到的那种混沌蒙昧的境界。禅宗强调自证自悟,否认语言文字乃至逻辑思辨的功用,主张直彻心源,一切从心性出发,像牛那样"朦朦朣朣",只管"饮水吃草","放舍外六尘、内六根、中六识,一时舍却,无可舍处"(《五灯会元》卷一释迦牟尼佛章次),"一切法中心不动,故曰安。于一切法中无受阴,故曰乐。自利利他故曰行"。"常在一切深妙禅定,行住坐卧,饮食言语,一切威仪心常定故"(慧思《法华经安乐行义》),扫荡一切差别相,与真如本性之理相符,寂然无为,行"安乐行"。

---

① 张美兰:《祖堂集校注》,商务印书馆2009年版,第406页。
② 同上。

应该特别注意的是，慧思《法华经安乐行义》指出"一切众生具足法身藏，与佛一无异"，若悟性高的修行者"利根菩萨"不需一个层次一个层次地往上修行，而顿悟证得"法华三昧"后，还要为初发心时的"誓度十方一切众生"心愿，"为本誓愿满足故，现六道身调众生"。慧寂的"作一头水牯牛"，就是"从圣入凡"者的事业。禅宗继承发扬大乘佛教的理论，提出人人佛性自有，见性即可成佛。"从凡入圣"，证圣成佛，是一切佛教徒包括禅宗的最高理想。但是，禅林宗师们却以百年之后做一头水牯牛为愿望，要"从圣入凡"，看似与佛教最高理想背道而驰，实则契合佛旨，体现了佛教最基本的教义。释氏之教，义本慈悲。而"慈"与"悲"又分两义，《智度论》卷二十七说："大慈与一切众生乐，大悲拔一切众生苦。"利益众生，使其得乐，便是"大慈"；众生苦时，要拔除众生痛苦，便是"大悲"。慧思甚至在《法华经安乐行义》中还提出圆顿大觉时还能获得神通的理想境界，即"神通忍"大忍：

> 为度众生，色身智慧，对机差别，一念心中现一切身，一时说法，一音能作无量音声，无量众生一时成道，是名神通忍。①

"念本本誓愿，莫舍众生。"禅林宗师的理想，是在悟道之后，不满足个人涅槃成佛，不追求"证圣"的境界，而转向人间再作水牯牛，救度众生之苦，实践佛陀大悲之愿。《五灯会元》卷七雪峰义存禅师章次：

> 僧曰："和尚为甚么作水牯牛去？"师曰："有甚么

---

① 《法华经安乐行义》，《大正藏》第46册，第702页中。

罪过?"①

问话的僧人以为,水牯牛是畜生界,而处于畜生界的众生是因为前世作孽而受"畜生报"。和尚是有道之人,百年之后,应该远离畜生界而入极乐天才是,怎么要去做一头水牯牛呢?义存却反问"有甚么罪过?"明确表示:从圣入凡,再入尘世,甚至以畜生之相现身,非但没有罪过,而且是悟道者应行之道。本来是畜生的水牯牛,和自觉放弃个人超度,重返畜生界,与众生同修共度的悟道者之间,表相似同,而实质大异。其差异在于普通的水牯牛只是一种没有自觉性的"异类",是受苦者的象征;而悟道者的甘做水牯牛,是一种对佛教真谛的深刻认知和对生命形态的自觉选择,是救度者的象征。《祖堂集》卷十六南泉和尚章次的一段语录,非常明确地表达了这一思想:

> 有人到归宗(江西归宗寺),归宗(指智常)问:"从什么处来?"对云:"从南泉来。"归宗云:"有什么佛法因缘?"对云:"和尚(指普愿)上堂告众曰:'夫沙门者,须行畜生行;若不行畜生,无有是处。'"归宗沉吟底。僧便问:"只如南泉意如何?"归宗云:"虽然畜生行,不受畜生报。"②

为了实践佛陀悲天悯人、救度众生的大悲理想,不惜自己"行畜生行",这与落入畜生界、遭受畜生报的众生是完全不同的两回事,不可同日而语。所谓行畜生行,意谓行于畜生之中以救度众生,将菩萨利生的大悲之愿,确切地落实于实践之中,所以虽然畜生行,不受畜生报。宗师们甘为水牯牛而行畜生行

---

① 《五灯会元》卷七,《续藏经》第80册,第145页下。
② 张美兰:《祖堂集校注》,商务印书馆2009年版,第408页。

的意愿,用佛教术语来解释,便是"我不入地狱,谁入地狱";用现代术语来解释,便是"只有解放全人类,才能最后解放自己";用当代术语来解释,则是"终极关怀意识",它充分说明禅宗积极入世的思想非常浓厚,禅师们的社会责任感非常强烈。宋僧可遵有两句逸诗,记于苏东坡诗集之中,诗云:"直待众生总无垢,我方清泠混常流。"说的正是这种大悲情怀。不过,禅宗思想中的这种炽热情怀和远大理想,却为后世承学之士所忽略,早期禅师们"甘为水牯牛"的可贵精神,到后来逐渐丧失,不能不说是一种极大的遗憾。毛泽东同志在《在延安文艺座谈会上的讲话》中说:"鲁迅的两句诗:'横眉冷对千夫指,俯首甘为孺子牛',应该成为我们的座右铭。"实际上也就是讲要诚诚恳恳、老老实实为人民服务。

曹山慧寂对"衔一茎草来"的解释是"毛羽相似",这个理解跟我们前面所举逍遥怀忠的"新旧不得"相比,一个是强调其同,一个是突出其异。后辈学人如果不跟前辈宗师"毛羽相似",便无法继承宗师的事业;如果完全相同,以旧济新,同样也无法继承宗师的事业。同中有异,异中有同;既要继承,更要创新,其中的辩证关系,值得深思。

沩山灵祐也以水牯牛自喻而著称。《五灯会元》卷九沩山灵祐禅师章次记载他临终说偈的情景:

上堂:"老僧百年后,向山下作一头水牯牛。左胁下书五字,曰:'沩山僧某甲。'当恁么时,唤作沩山僧又是水牯牛,唤作水牯牛又是沩山僧?毕竟唤作甚么即得?"……又曰:"说也说了也,注也注了也。悟取好!"乃述偈曰:"不是沩山不是牛,一身两号实难酬。离却两头应须道,如何道得出常流。"①

---

① 《五灯会元》卷九,《续藏经》第80册,第187页中。

灵祐的"向山下作一头水牯牛",与普愿等人志趣相同。但是他另外提出了一个"名号"问题,也就是所谓"名相"之疑。佛教否定名相,认为用一种名称来为佛法命名便是"义堕",禅宗更是完全抛弃概念和定名。在灵祐看来,被称为"沩山僧"或者被称为"水牯牛",都不能表示真实的灵祐,就像不同的僧人为他"作相"(画像)都不能完全传达他的真实面目一样。然而,任何一种思想或者思辨,要完全离开语言文字和名称定义,则又绝不可能。"一身两号实难酬",就算是"离却两头",用别的方法或者别的符号来定义,仍然存在着困难。"如何道得出常流",颇与老子所谓"道可道,非常道;名可名,非常名"的说法相通,正是一切神秘主义论者,乃至一切哲学家所遭遇的尴尬境地。在他们毫无办法的时候,也就只能求助于那种神秘的"悟"——"说也说了也,注也注了也。悟取好!"——看上去是居高临下的教训,其实也是无可奈何的哀求吧。

谁能理解他们的悲哀呢?

慧思大师对佛教末法思想的阐扬和推动

牛延锋

(西藏民族大学)

摘 要：在《立誓愿文》中，慧思大师系统阐述了他的末法思想，包括正法、像法、末法三时的观念和时限、三时在中国的相应时间、末法时期的情状、末法时期的应对修行方法等，形成了系统的末法思想体系。慧思大师对末法思想的阐扬，推动了佛教末法思想在中国的传播和发展，对后世产生了深远的影响，促成了他的弟子静琬大师的房山刻经事业，推动了净土宗在中国的传播，促进了三阶教在隋唐时期的广泛流行，加强了弥勒菩萨信仰的影响力。慧思大师的末法思想留给我们的最宝贵的精神财富，是要清醒地认识到法末的原因是人末，以改变人末来挽救法末，积极地去面对自己和这个时代，举起护法的大旗，坚持正见，精进修行，护持正法，使佛法能久住世间，从而广度众生。

关键词：慧思大师 末法思想 《立誓愿文》

佛教认为，任何佛法都会经历正法、像法和末法三个阶段，释迦牟尼佛的教法也是如此。佛教的末法思想，在佛教经典中比比皆是。佛法东传进入中国之后，中国也逐渐流行起了末法思想。尤其是中国佛教"三武一宗"法难中的第一次法难北魏太武帝废佛事件给中国佛教信众以巨大打击,使人们切实体会到末法危机的现实性,并纷纷想方设法以应对。北齐时期,为了在末法危机中保存佛法,北方许多佛教石窟开始雕凿。但是,明确提出佛法三时观念并对末法思想大力阐扬的,是天台祖师南岳慧思大师(515—577)。慧思大师在《南岳思禅师立誓愿文》中,阐发了他对末法思想的理解,并以此指导自己的佛法修持。慧思大师对末法思想的阐扬,推动了佛教末法思想在中国的传播和发展,对后世产生了深远的影响,不仅使隋唐及以后的中国佛教末法思想盛行起来,而且极大地促进了净土宗、三阶教等佛教宗派的发展,加强了弥勒菩萨信仰的影响力,使天台宗也以末法思想为戒惧,始终与西方净土信仰紧密结合。慧思大师的弟子静琬大师,更是倾其毕生精力在今北京房山石经山开始了雕凿石刻佛经的伟大事业,并使之后续千年不断。

一 佛教的三时观念

佛教认为,任何一尊佛的教法都会经历正法、像法和末法三个阶段,释迦牟尼佛的教法也是如此。一般来说,正法是指释迦牟尼佛涅槃之后,其教法住世,弟子依教法修行,即能证果;按窥基大师《大乘法苑义林章》卷六以教(教法)、行(修行)、证(证果)的具足与否[①]来说,正法就是指有教、有修、有证。像法是指虽然有释迦教法及按其教法而修行者,但多不能证果,像就是相似的意思;按教、行、证来说,像法就是指有教、有修而无证。末法,梵语 saddharma - vipralopa,指离佛陀的时代越来越远,虽然有释迦教法垂世,人们也能听闻接受,但佛法衰颓,人们多不能依教奉行,更谈不上证果的正法绝灭的时期;按教、行、证来说,末法就是有教而无修、无

[①] 参见窥基《大乘法苑义林章》卷六,《大正藏》第45册,第344页中。

证。三论宗的嘉祥吉藏大师说，佛法"转复微末，谓末法时"①，就是说，去佛时远，佛陀教法趋向于微末的时期，就是末法。《大乘法苑义林章》卷六说，"有教无余，名为末法"②，就是指末法时期众生根机逐渐愚钝，虽然有释迦教法，但无修、无证。当末法时期出现时，人们常常称其为末世。

有关正法、像法、末法三个时期的时限，佛教经典说法不一，一般分为四种。第一种是正法五百年，像法一千年，末法一万年，这是被汉传佛教广泛接受的说法；第二种是正法一千年，像法一千年，末法一万年；第三种是正法五百年，像法五百年，末法一万年；第四种是正法一千年，像法五百年，末法一万年。《杂阿含经》卷二十五、卷三十二，《善见律》都说正法是一千年；《大乘三聚忏悔经》说正法、像法各五百年；《悲华经》则倡正法千年、像法五百年之说；《大集经·月藏分》《贤劫经》《摩诃摩耶经》等则认同正法五百年、像法千年之说。正法、像法年限之说不同，大多数经论认为是因为佛陀允许女人出家，所以正法减损五百年③，以至于正法、像法年限之说各异。吉藏三藏法师在《法华玄论》上对此曾作过解释。有人问释迦佛法住世一共有多少年，吉藏三藏法师回答道，"正法千年、像法千年、末法万年，出祇洹精舍碑，《善见毗婆沙》中亦有此说。但度女人出家，损正法五百年，有人言都失五百年。正法但五百，像法千年，故《摩耶经》但明千五百耳，《中论》文亦尔。有人言损正法五百流入像法，便有千五百年。有人言修八敬，故正法还复千年。"④尽管正法、像法的说法不同，但是末法一万年的说法是没有异议的。

---

① 吉藏：《法华义疏》卷五，《大正藏》第34册，第518页上。
② 窥基：《大乘法苑义林章》卷六，《大正藏》第45册，第344页中。
③ 例如，因为女人出家，《中阿含经》中说："正法当住千年，今失五百岁，余有五百年。"见《大正藏》第1册，第607页中。
④ 吉藏：《法华玄论》卷十，《大正藏》第34册，第450页上。

按照佛教的说法，佛教的正法、像法和末法三个时期，是众生根机渐次低下的三个发展阶段。离释迦牟尼佛的时代越近的众生，其根机越是锐利，反之，越远则越愚钝。到了末法时期，众生更是蒙昧昏聩，教法渐衰，接近末微。对于末法时期的情状，许多佛教经典多有描述。《佛说大乘金刚经论》①中，释迦牟尼佛这样描述道："我灭度后，末法年中，有多钝根劣智众生，心迷意醉，智暗情昏，虽有斋戒，并无智能，愚心高傲，邪见自专，不肯下心参求明师真正觉法。一向执着，认妄为真，或有执着经书文字，或有执着诵持名数，或有学得一言一句便为究竟，未得谓得，未证谓证，修少善根，生大果望。是人愚迷，不会佛意，自诳自瞒，虽是善因，难逃恶果。"②这里讲述的就是末法众生根机钝劣，迷顽难化，认假作真，难以向道，虽有修学，难证圣果，以心地不真，多堕恶道。众生的这类根机和修学情状，正是对末法时期佛学渐趋微末的绝好诠释。

以上是从出世层面来讲的，那么，末法时期的社会状况怎样呢？在《佛说法灭尽经》中，有对这一时期社会状况的叙述："法将殄没，登尔之时，诸天泣泪。水旱不调，五谷不熟。疫气流行，死亡者众。人民勤苦，县官计克。不顺道理，皆思乐乱。恶人转多，如海中沙；善者甚少，若一若二。"③这一时期，社会混乱，政府极尽欺压百姓之能事，普通民众虽然辛勤工作，却温饱难继。另外，天灾人祸不断，风雨不调，庄稼歉收，难以治愈的瘟疫大肆流行。人们道德败坏，世风日下，以恶为美，甘于堕落。在这样的社会状况下，佛教出家人的情况也是相当

---

① 《佛说大乘金刚经论》又名《金刚心总持论》《金刚果论》，记录的是佛与菩萨问答之语。

② 《佛说大乘金刚经论》在《大正藏》中无收录，但中国法师多有讲述，净慧法师就曾作过《佛说大乘金刚经论》浅释。经文可参见 http://www.foxue.org/bbs/dispbbs.php? boardid＝9&id＝3992。

③ 《佛说法灭尽经》，《大正藏》第12册，第1119页上。

的糟糕:"吾涅槃后法欲灭时,五逆浊世魔道兴盛,魔作沙门坏乱吾道,着俗衣裳,乐好袈裟五色之服,饮酒啖肉杀生贪味,无有慈心更相憎嫉。"① 当此末法乱世之时,魔趁便伪作沙门,穿佛袈裟而坏佛正法,于衣服、饮食、财物、色欲等贪得无厌,破坏戒律,诈伪精进,贪求供养,僧风浊乱,心无慈善,大力打击、迫害持戒真修行人。对此,《法苑珠林》也有载录:"佛涅槃后当有五乱,一者当来比丘从白衣学法,世之一乱;二者白衣上坐,比丘处下,世之二乱;三者比丘说法不行承受,白衣说法以为无上,世之三乱;四者魔家比丘自生现在,于世间以为真道谛,佛法正典自为不明,诈伪为信,世之四乱;五者当来比丘畜养妻子、奴仆治生,但共诤讼,不承佛教,世之五乱。"② 出家僧人转而向在家人学习佛法,在家人地位比出家人高,出家人说法不如在家人说法乐于为人们所接受,出世法和出世修行不再为出家人所重视,反而追求世间的种种名闻利养,像在家人一样娶妻生子,经营产业或商业,大肆诋毁传统教法,互相攻击,争论不休。佛经中所描述的末法时期正法衰颓的情状,为慧思大师认识他所处的时代背景做了铺垫,是他末法思想的来源,也是他提出末法思想的理论依据。

二 慧思大师对末法思想的阐扬

东汉以来,随着佛教经典的翻译,佛教正法、像法和末法的三时观念也被介绍进来。佛教讲求时机相应,时主要就是指佛教所处的历史时期,也即三时中的哪一时期;机是指众生的根机,也与三时观念有关。所以,三时问题是中国僧人学习、弘扬佛法必须考虑的,是不能回避的问题。"中国南北朝时期的

---

① 《佛说法灭尽经》,《大正藏》第12册,第1118页下。
② 道世:《法苑珠林》卷九十八,《大正藏》第53册,第1005页下。

五世纪，由于北魏废佛事件，在佛教徒中强烈地产生了末法意识。他们认为佛教将要消亡，末法万年的时代即将到来。首先强烈意识到这种末法思想的是南岳慧思（515—577年）。"①

　　慧思大师，世称南岳尊者、思大和尚、思禅师，南北朝时代著名高僧，俗姓李，北魏南豫州汝阳郡武津县（今河南上蔡县）人。慧思大师少年时代即以"弘恕慈育知名"②，街坊们也都知道他向往出家隐逸的生活。十五岁时因缘成熟而出家，二十岁受具足戒。受戒后他严持戒律，梵行清净，日唯一食，平时不常和人来往，以日诵《法华经》等经作为自己的修持，数年之间便满千遍。又因阅读《妙胜定经》赞叹修禅定的功德，遂发心修习禅观。由此开始外出参访，寻禅问道，常于林野间经行修禅。当时有一位著名的慧文禅师，他"聚徒数百，众法清肃，道俗高尚"③，慧思大师遂前往皈依，从受禅法。大师不惮劳苦，白天随众僧事，夜间专心修禅，结合《法华经》经意，终得开悟法华三昧。开悟之后，慧思大师前往鉴、最等禅师处，述已所证，得蒙印可，遂声誉远播。此后他游历各州，从其受学者日益增加。随着徒众的增加，出现了许多是非，甚至有人要谋害他。他三十四岁在兖州讲法时（548），遭到恶比丘的毒害，全身烂坏，于是中止北游，率众南行。先到信州，后入郢州，随地应请讲说大乘。三十九岁（553）在郢州时，又被人在食物中下毒，大师昏迷七天得免一死，弟子三人却因此丧命。是年，大师率众再向南行，第二年到了光州（今河南光山县），在开岳寺、大苏山、观邑寺等讲经说法。四十二岁在光州观邑寺讲《大品般若经》时，又有众恶论师竞来恼乱，遂发愿写造"金字摩诃般若及诸大乘，琉璃宝函奉盛经卷，现无量身于十方

---

　　① ［日］镰田茂雄：《末法到来》，黄玉雄译，《五台山研究》2001年第1期，第40页。
　　② 道宣：《续高僧传》卷十七，《大正藏》第50册，第562页下。
　　③ 同上。

国土讲说是经，令一切众恶论师，咸得信心，住不退转"①。四十三岁（557）在南定州时，又为恶比丘所害，五十余天不得檀越供养，仅以乞化得以免于饿死。四十四岁（558）时，慧思大师又回到光州大苏山，在此讲经说法授徒，并实现了写造金字大乘经本并贮以宝函的心愿。为此，他特撰《立誓愿文》，叙述自己出家学道、习禅以及在各地游历屡遭忌害因而发心写造金字经本的因缘，立誓证道解脱、广度众生。此后，慧思大师住光州达十四年，来求道问法的人日益增多，以致门庭若市。他的著名弟子智𫖮大师，就是这时不避战乱来大苏山亲近他的。陈光大二年（568），慧思大师率徒众四十余人从大苏山前往湖南，入住南岳衡山，继续修禅授道。陈地信众，望风归仰。不久，陈主迎他到陈都建业（今南京），住栖玄寺，讲《大品般若》。因鉴于当时佛教界南部偏重义学北部偏重禅修的情况，他为了纠偏，就融通南北佛学，双开定慧两门，日谈佛理，夜修禅定，同时讲说禅波罗蜜，陈主尊他为大禅师，倾动一时。之后，又回到南岳，继续传授禅法。陈太建九年（577），慧思大师预知时至，特从山顶下来，住半山道场，大集徒众，连日说法，苦切呵责，殷勤劝勉勤修法华、般舟念佛三昧、方等忏悔、常坐苦行等法门。是年六月，于南岳坐化，世寿六十四岁。因他长住南岳，又卒于南岳，故史称南岳禅师。慧思大师的著作，大多是他口述弟子记录的，见于记载的有《诸法无诤三昧法门》《大乘止观法门》《四十二字门》各二卷，《立誓愿文》《释论玄》《随自意三昧》《法华经安乐行义》《次第禅要》等各一卷。慧思大师的门人很多，著名的有创立天台宗的智𫖮大师（智者大师）、新罗人玄光和大善、南岳僧照、枝江慧成、江陵慧威以及在房山雕刻石经的静琬大师等。

---

① 慧思：《南岳思大禅师立誓愿文》，《大正藏》第46册，第787页中。

"在中国,最早'末法'这个词出自慧思的《立誓愿文》中。"① 在《立誓愿文》中,慧思大师系统阐述了他的末法思想,这在中国僧人中是第一人。慧思大师大力阐扬末法思想,形成了系统的末法思想体系,包括正法、像法、末法三时的观念和时限、三时在中国的相应时间、末法时期的情状、末法时期的应对修行方法等。

关于正法、像法、末法三时的观念和时限,慧思大师依据《本起经》,从佛陀入灭的第二年甲戌开始起算,"正法从甲戌年至癸巳年,足满五百岁止住。像法从甲午年至癸酉年,足满一千岁止住。末法从甲戌年至癸丑年,足满一万岁止住"②。这里,慧思大师明确提出了正法、像法、末法三时的观念,并肯定地采取了正法五百年、像法一千年、末法一万年的说法。关于正法、像法、末法三时的时限,他还在后文中明确地说:"(释迦牟尼佛)灭度之后,正法住世迳五百岁。正法灭已,像法住世迳一千岁。像法灭已,末法住世迳一万年。"③

慧思大师根据《本起经》所说的"正法从甲戌年至癸巳年",是以甲戌年为佛陀入灭的第二年。他认为佛陀于甲寅年出生,癸酉年入灭,世寿八十岁。而他就出生在佛陀入灭之后的第一千五百八十二年,也就是"末法八十二年"④。在《立誓愿文》中叙述自己一生行迹时,慧思大师每次说到自己多少岁时,必说处于末法多少年。这样,慧思大师明确地肯定了他所处的时代就是末法时期。慧思大师之所以作出这样的结论,除了他采用正法五百年、像法一千年、末法一万年的说法之外,还在于他所采用的佛陀出生和入灭在中国相对应的时间。慧思大师

---

① 赵仲明:《日本净土思想的源流及其法然上人的〈选择集〉》,《现代哲学》2006年第5期,第65页。
② 慧思:《南岳思大禅师立誓愿文》,《大正藏》第46册,第786页下。
③ 同上。
④ 同上书,第787页上。

根据《本起经》，认为释迦牟尼佛生于甲寅年，是为公元前1147年。涅槃于癸酉年，是公元前1068年。正法、像法从甲戌（前1067）年至癸酉年（433），是为一千五百年。从甲戌年（434）到他出生的北魏延昌四年（515），正是末法八十二年，并由此断定他所处的时代已经进入了末法时期。慧思大师所采用的这种佛陀出生和入灭在中国相对应的时间，不同于我们现在所通用的佛陀出生于公元前565年的说法，灭度于公元前486年的说法。

末法时期的情形，慧思大师认为会是一个混乱的恶世："彼佛世尊，灭度之后，正法、像法，皆已过去，遗法住世，末法之中，是时世恶，五浊竞兴，人命短促，不满百年，行十恶业，共相杀害。"① 所谓的五浊，指佛教所说的末法时期，尘世中烦恼痛苦炽盛，充满五种浑浊不净，即劫浊、见浊、烦恼浊、众生浊和命浊。命浊是众生因烦恼丛集，心身憔悴，寿命短促；众生浊是世人每多弊恶，心身不净，不达义理；烦恼浊是世人贪于爱欲，嗔怒诤斗，虚诳不已；见浊是世人知见不正，不奉正道，异说纷纭，莫衷一是；劫浊是生当末世，饥馑、疾疫、刀兵等相继而起，生灵涂炭，永无宁日。在这个混乱的社会中，人们不再奉行五戒、十善，失却了最起码的伦理道德标准，身心各种伤害相继增多，灾难迭起，太平不再。同时，慧思大师认为在进入末法九千八百年后，有一位名叫月光的菩萨会出现在真丹国说法大度众生，月光菩萨入灭后，《首楞严经》和《般舟三昧经》首先在世间消失，接下来其他经典次第消失，最后留《无量寿经》住世百年，大度众生然后灭去，最后进入没有佛法的大恶世。

在这样的末法恶世之中，佛弟子应该怎样修行才能不离圣道、悟道证果呢？怎样才能护持正法久住呢？首先，慧思大师

---

① 慧思：《南岳思大禅师立誓愿文》，《大正藏》第46册，第788页上。

肯定，虽然身处末法浊恶之世，但依然能够修行证果，能够护持佛法，使佛法久住世间。他说："受持释迦，十二部经，及十方佛，所有法藏，并诸菩萨，所有论藏，辩说无碍，十方普现，供养诸佛。于恶世中，持释迦法，令不断绝。于十方佛，法欲尽处，愿悉在彼，持令不灭。"① 这就是说，无论是在释迦牟尼佛的教化之地，还是在其他佛的世界，在末法之中法欲灭时，发大誓愿，依教奉行，精进不断，就能有所成就，并能使佛法住世不灭。可见，在慧思大师看来，末法在人而不在法，通过人的努力，末法是可以改变的，至少对这些正修之士来说，末法还是正法。慧思大师的见解，在佛教经典中是可以找到印证的。佛在《涅槃经》中就说过在末法世有大菩萨护持佛法使法不灭的话。"由末法众生好行邪法恶贱正法，正法不行，故像、末二法灭耳。依《涅槃经》，像、末世有十二万大菩萨善持我法，我法不灭。前就凡夫，故云灭也……以无信心，谤毁三宝，故令不现。"② 可见，是因为人们不行正法，才出现末法，进而导致法灭的。对于那些对佛法没有正信，毁谤三宝的人来说，佛法隐没不现了，所以叫法灭。但对于那些有正信、正修的真正佛教徒来说，末法即是正法，佛法永存于世。从这一观点出发，慧思大师要求自己勤苦修行，护持正法，以求得自身解脱，进而救度十方无量众生："我为众生及为我身求解脱故，发菩提心，立大誓愿，欲求如来一切神通。若不自证，何能度人？先学已证，然后得行，自求道果，为度十方无量众生。"③ 他誓愿入山经行修禅，成就神通，以使自己能够"于恶世中，持释迦法，令不断绝。于十方佛，法欲尽处，愿悉在彼，持令不灭"。此外，慧思大师还发愿造金字《摩诃般若波罗蜜经》《法华经》等，誓传至弥勒菩萨之世，并以此回向众恶论师及一切众生，

---

① 慧思：《南岳思大禅师立誓愿文》，《大正藏》第46册，第789页上。
② 吉藏：《〈仁王般若经〉疏》卷六，《大正藏》第33册，第357页下。
③ 慧思：《南岳思大禅师立誓愿文》，《大正藏》第46册，第787页上。

愿在弥勒菩萨成佛时，及十方六道一切处，广为讲说《摩诃般若波罗蜜经》，普度十方一切众生。慧思大师的这些观念，为他的弟子静琬大师等雕刻石经奠定了思想基础。同时，在具体修行上，为了应对苦难的社会，慧思大师提倡安乐行，以安乐化苦海。所以，他倡导法华安乐行的实践行法，用来修习法华三昧。

慧思大师系统的末法思想，源自他强烈的末法意识。而他的末法意识，又是与他所处的时代背景分不开的。佛教自东汉明帝时传入我国，由于历代统治者的提倡，至南北朝时期已极为盛行。随着佛教的盛行，寺院经济迅速发展起来，出家僧侣也急剧增加。如南朝梁武帝时，尊佛教为国教，仅京都一地就有佛寺五百余所，僧尼十余万；北朝北齐时全境寺院，竟达四万余所，僧尼三百万人之多。为了控制寺院经济和僧尼数量，保证充足的徭役和兵役，再加上佛教内部的不如法行为和与道教的矛盾，有的统治者采取了一些抑制佛教发展的措施。如北魏太武帝（423—452）敬信道士寇谦之和司徒崔浩，抑佛尊道。太延四年（438），下令五十岁以下的沙门一概还俗，以充兵役。太平真君七年（446），又下令焚烧佛像、佛经，坑杀出家僧人。公元452年，北魏太武帝被宦官所杀，法难方告平息。这次法难，使得大量僧尼被杀，众多寺院、佛像、经典等遭到前所未有的损毁。北魏灭佛事件之后，教内教外的一系列末法现象，正是大师离开北方南下的原因，也正是他撰写《立誓愿文》之时。之后，是北周武帝（543—578）建德年间下令废佛，前后三年间，关、陇地区佛法诛除几尽。建德六年（577）武帝灭北齐后，将北齐的所有庙宇，充作王公宅第，命令三百万僧徒全部还俗。北魏太武帝和北周武帝的废佛运动，对佛教是两次沉重打击，是为佛教史上的前两次法难。受两次法难的刺激，佛教徒的末法意识迅速滋长。两次废佛运动，在慧思大师心中也留下了深刻的印象。所以，慧思大师一生以末法思想作为他整个理论的出发点,对末法思想大力阐扬和发展,是与当时的社会环境有极大关系的。

法难激起了广大佛教信众的末法意识,在社会上形成了一股护法、护教的潮流。"法难虽然给佛教文化艺术造成巨大的破坏,但它从另一方面使虔诚的佛教徒在末法思想的影响下千方百计地保存佛教文化,如全国各地大量的石窟艺术的创造、房山石经的雕刻、乐山大佛、摩崖石刻的开凿、大藏经的雕板流通等等,给我们留下了光辉灿烂的佛教艺术宝库。"① 在这其中,慧思大师的末法思想,就曾起到了不可磨灭的作用。

三 慧思大师对末法思想的推动和影响

"末法时期何时开始,佛教内部虽殊难定论,但毫无疑问,末法思想的流行与佛教自身在我国社会中的命运息息相关。佛教自传入我国后,时时遭受思想上的责难与政治上的迫害。尤其晋代以后,北方佛教因屡遭摧残,而有正法灭尽,已近末日之感。在南北朝初叶已有信当世入末法者。天台宗二祖北齐慧思在其所立誓愿文中主张末法思想。"② 慧思大师对末法思想的阐扬,推动了末法思想在中国的传播和发展,并对后世产生了深远的影响,促成了他的弟子静琬大师的房山刻经事业,推动了净土宗在中国的传播,促进了三阶教在隋唐时期的广泛流行,加强了弥勒菩萨信仰的影响力。隋唐之后,"经五代两宋,以至明清,整个佛教界,充满着末法思想的气息。尤其明清两代,佛教衰微,僧风浊乱,积弊丛生,末法之相毕露无遗"③。所以,

---

① 陈星桥:《法难形成的原因、影响及其启示》,《法音》1994 年第 10 期,第 16 页。

② 宋道发、刘光本:《"三阳劫变"思想浅析》,《宗教学研究》2003 年第 1 期,第 87 页。

③ 同上。

一直到近现代，佛教信众始终存在着强烈的末法意识，有着高度的责任感和使命感，并以此自警，自觉不自觉地加入到了护持正法久住的行列中去。

在距离北京城约八十公里的房山境内，有一处著名的佛教圣地——石经山和云居寺，在这里珍藏着有一千多年历史的一万多块石经板。房山石刻佛教大藏经的创始人是隋代创建云居寺的静琬（？—639）大和尚，静琬大师是南岳慧思大师的弟子。关于静琬大师刻造石经的肇始之因，他及他老师的末法思想起了极为重要的推动作用。北魏太武帝灭佛事件之后，多数中国佛教徒认为那时已是五恶、五痛、五烧的末法时期。慧思大师具有强烈的末法观念，对这样的末法之世充满了忧虑，他的思想对后代的天台弟子，尤其是他的弟子静琬、智顗等，产生了重大影响，是为静琬大师刻经留法的思想渊源。据刘侗、于奕正的《帝京景物略》说北齐南岳慧思大师，虑东土藏教有毁灭时，发愿刻石藏，闭封岩壑中。座下静琬法师承师咐嘱，自隋大业迄唐贞观《大涅槃经》成。可见静琬大师刻经正是秉承慧思大师的愿望，在慧思大师末法思想的推动下进行的。受北魏太武帝灭佛的刺激以及末法观念的影响，为使佛法长住于世，广大信徒想出了将佛经刻石流传的办法。石刻佛教经典首先在北齐境内出现，当时已有三种形式的石经：刻于山崖上的，刻于地面巨石上的和刻于碑版上的。如山西太原风峪的《华严经》、山东泰山经石峪的《金刚经》、徂徕山的《般若经》等，都是北齐时代的石刻佛经。北齐的唐邕自天统四年至武平三年在石鼓山（今河北武安县北响堂山）刻了《维摩诘经》《胜鬘经》《弥勒成佛经》等许多佛教经典，并且留下了有名的《鼓山唐邕刻经铭》。这些石刻佛经，特别是唐邕镌刻石经的事业，对后代大规模的石刻佛经有很大的影响。北周废佛时，许多写在纸上的佛经都化为灰烬了，而北齐唐邕刻在石上的佛经却依然无恙。关于慧思大师发愿刻石藏的具体情况，流传至今的史书上不见记载，我们不得而知。然而静琬大师刻经是继承的他老师刻造石藏的遗愿，受他老师末法思想的推动和影响，却是不容置疑的事实。静琬大师刻造石藏的目的，并不是为了一时的传播佛经，而是为了一旦遭到法难时，可以用此石经充作经本之用。正如他自己在贞观八年所题刻的残碑上所说的："此经为未来佛灭法难时，拟充经本，世若有经愿勿辄开。"这和乃师的末法思想是一脉相承的。静琬大师的刻经事业，始于隋朝大业（605—617）年间，一直到贞观十三年（639）大师圆寂。在近三十年内，静琬大师在云居寺石经山刻造佛教石经的事业从未间断，完成了《大涅槃经》《华严经》《法华经》《维摩经》《胜鬘经》《金刚经》《佛遗教经》《无量寿经》《弥勒上生经》等二十部佛经的雕刻，刻石装满七室。静琬大师圆寂后，其历代门徒玄导、僧仪、惠暹、玄法等相继不辍。据静琬大师墓塔的铭文记载，大师生前对弟子们留下遗言，石经没有刻完，不准掩埋遗骨。此后，历代弟子均在其精神激励下，努力刻经。房山石经的历史从静琬大师发愿刻造直至清代康熙年间才宣告结束，断断续续共绵延一千多年。静琬大师在云居寺的刻经事业，由于雕刻时间较早，保存了许多早已散佚的佛教典籍，在佛经校勘上有重要价值。房山云居寺石刻佛教大藏经是我国从隋代至清朝绵延千年不断刻造的石刻宝库，蕴藏着极为丰富的历史资料，有着极高的学术价值。石经的题记内容丰富，涉及面广，对了解北方地区政治、经济、社会情况提供了很好的资料。它是研究我国古代文化、艺术，特别是佛教典籍和历史的重要文物，也是世界文化宝库的宝贵遗产。而在末法意识下，慧思大师忧法忧教的悲心及静琬大师为法忘躯的传法弘教，更是佛教界永远的宝贵财富。

中国净土思想的广泛传播，也受到了慧思大师末法思想的推动和影响。"中国净土宗的成立，其背景是末法思想的出现，这是由于人们产生了佛教将要灭亡的危机意识。"① 隋唐时代的净土宗大师道绰（562—645），重视佛教的末法思想，认为念佛正契时机。道绰大师主张时教相应，也就是佛教的教法要和所处的时代相适应，这样修行才容易有成就。在末法时期，他认为最相应的法门就是净土法门。在其《安乐集》中，他这样说道："是故《大集月藏经》云：'我末法时中，亿亿众生起行修道，未有一人得者。'当今末法，现是五浊恶世，唯有净土一门，可通入路。"② 而且，道绰大师认为，净土念佛法门与末法时代的众生有很深的缘分，"释迦牟尼佛一代正法五百年，像法一千年，末法一万年。众生灭尽，诸经悉灭。如来悲哀痛烧众生，特留此经（指净土宗根本经典之一的《无量寿经》），止住百年"③。所以，在末法时代修学净土法门，是学佛众生的最佳选择。道绰大师这种时教相应的观念，随着他的弟子善导大师影响的扩大而扩大了。随着净土宗的发展，时教相应的观念深入人心，末法思想根植在了广大念佛人的心中。同时，由于慧思大师对末法之世的忧虑，他在临终前鼓励弟子们要常行般舟念佛三昧，④尽管他本人发愿往生的是弥勒净土而非弥陀净土，但他的思想对后代的天台弟子，尤其是他的弟子智颛阐发净土理论产生了重大影响，是为天台宗和净土宗互相影响之肇始。智者大师是天台宗的实际创始者，对弘扬和发展净土宗的理论做出了重大贡献。其主要净土著作有《观无量寿佛经疏》《阿弥陀经义疏》《净土十疑论》《五方便念佛门》等。后两部书极大地拓展了净土理论，为善导大师的净土分类、称名念佛方法、念佛非别时意等理论建树打下了坚实的基础。智者大师于隋开

---

① ［日］镰田茂雄：《末法到来》，黄玉雄译，《五台山研究》2001年第1期，第40页。
② 道绰：《安乐集》卷上，《大正藏》第47册，第13页下。
③ 道绰：《安乐集》卷下，《大正藏》第47册，第18页中。
④ 可参见道宣《续高僧传》卷十七，《大正藏》第50册，第563页下。

皇十六年（597）返回天台山，不久便告知徒众，世缘将尽。开皇十七年十一月，他端身正坐，面向西方，专心持念阿弥陀佛及观音圣号，如入禅定，安详示寂。大师的弟子灌顶对此作了记载："……右胁西向而卧，专称弥陀、般若、观音……听《无量寿》竟，赞云：四十八愿，庄严净土，华池宝树，易往无人，火车相现，能改悔者，尚复往生，况戒慧熏修，行道力故，实不唐捐，梵音声响，实不诳人。"① 智者大师受其老师慧思末法思想的深刻影响，并以一生之经历为借鉴，把一生所行功德成就，回向往生西方净土，为以后天台弟子终生以净土为归的风气的形成，产生了重大而深远的影响。"从古洎今，台宗大德，无不皆以净土为归。"② 所以，世人有"教在天台，行归净土"之说，这其中也见证着慧思大师对净土宗的影响。

慧思大师的末法思想还推动和影响了三阶教的创立。在隋代，三阶教的创立者信行（540—594 或 614）法师认为全部佛教依时、处、人分为三类，每类又各分为三阶。佛法的住世有三阶，正法为第一阶，像法为第二阶，末法为第三阶。人的根机也相应分成上中下三阶，第一阶众生根机最利，包括持戒正见与破戒不破见两种根机，属于可证道之人；第二阶众生持戒坚固，是利根正见成就的三乘，多为正见之士；第三阶众生则属破戒见且无惭无愧的世间颠倒众生的根机。信行法师认为，隋代已进入正法衰微而僧风浊乱的末法时代，人则戒见俱破，正属第三阶的时机。为救度第三阶众生，信行法师提倡修普法。所谓普法，即于法不分大小，于人不辨圣凡，重视一切经典，礼拜信仰一切佛，普信普敬。对根起行，普佛普法的佛教才能救度邪见无惭愧的末法众生。三阶教在隋唐时期广为流行，末

---

① 石峻、楼宇烈等编著：《中国佛教思想资料选编》（第二卷第一册），中华书局1983年版，第165—166页。

② 释传印：《〈宗教不宜混滥论〉讲记之三》，《净土》2006年第2期，第2页。

法思想也随之四处传播开来。唐代中期，三阶教受到朝廷的限制，逐渐销声匿迹了。

此外，慧思大师的末法思想还促进了弥勒菩萨信仰的扩大。根据佛教经典的记载，弥勒菩萨是释迦牟尼佛的继承人，将在释迦牟尼涅槃之后成佛，是未来佛。弥勒菩萨成佛时的国度美妙无比，是人类所追求的人间净土。有关弥勒菩萨的佛教经典，在慧思大师的时代，主要有西晋竺法护译的《佛说弥勒下生经》、姚秦鸠摩罗什译的《佛说弥勒下生成佛经》和《佛说弥勒大成佛经》、东晋失佚名译的《佛说弥勒来时经》等。这些经典，介绍了弥勒菩萨的本生因缘、弥勒上生、弥勒下生、弥勒成佛、龙华三会等关于弥勒菩萨信仰的主要内容。慧思大师在《立誓愿文》中，多次发愿，愿追随弥勒菩萨，在五十六亿七千万年后，在弥勒菩萨下生到人间成佛时参加龙华三会，广度有缘众生，在人间建立佛国净土。在慧思大师之前，我国著名的弥勒菩萨信仰者是释道安（312—385）。由于道安大师对中国佛教的巨大影响，他的弥勒菩萨信仰也对弥勒信仰在中国的传播影响巨大。在慧思大师之后，中国另一位著名的弥勒信仰者是唐朝的玄奘大师（602—664）。玄奘大师的弟子窥基大师也是一位坚定的弥勒信仰者。到唐玄宗时期，由于弥勒出世、改天换地的说法被民众广泛认可，社会上不断有人利用弥勒下生思想举起造反的大旗，遂引起了朝廷对弥勒菩萨信仰的反对。唐玄宗开元三年（715），朝廷颁发《禁断妖讹等敕》，禁断弥勒教。从此，弥勒菩萨信仰由于受到官方的限制而渐趋衰落了。

慧思大师的末法思想，既源于佛经的三时分类和他所处的时代，更肇起于他强烈的护法意识。纵观他对末法思想的阐扬，可以看到他对佛法的坚贞不屈，决不向浊恶社会低头的勇气和意志。他以自己一生的经历和自己的思想理论，昭示着人们在末法时代要举起护法的大旗，坚持正见，精进修行，护持正法，使佛法能久住世间，从而广度众生。在末法时代，虽然世间艰难，人们根机转钝，但这些都不是消极的理由。积极地去面对自己和这个时代，清醒地认识到法末的原因是人末，以改变人末来挽救法末，这是慧思大师的末法思想留给我们的最宝贵的精神财富。

如是实相如是禅

——管窥南岳师说"十如"之旨趣

释登名

南岳佛教协会《磨镜台》执行主编

摘　要：慧思思想体系的经典依据主要是《法华经》《般若经》与《大智度论》，本文分析慧思著述中对于"十如"实相思想的阐述，结合其弟子智者传下的"南岳师"对"十如"的解读，管窥慧思大师重视以《般若经》《大智度论》开发《法华经》"诸法实相"禅观，并赞成"新儒家"牟宗三先生以《法华经》"十如"实相思想，通过康德会通中西文化的意见，起到古为今用的文化效果。

关键词：南岳师　慧思　十如　实相

南岳师，是天台宗对于南岳慧思大师的尊称，出自其弟子智者传下之法华三大部①中。三大部是智者亲说，灌顶实录，为天台宗根本论书。其中的《法华玄义》卷第二上记载了南岳师如何解读"十如"，本文试图分析慧思著述中对于"十如"实

---

① 法华三大部，又称天台三大部，为《法华玄义》《法华文句》与《摩诃止观》三书的合称。此三本书的作者为智顗，为天台宗根本论书。其内容主要由《妙法莲华经》研究而来，援引上百本佛经，以证其义。同时又与实际的禅修相结合，有教观双美之称。

相思想的阐述，管窥慧思大师如何重视《般若经》《大智度论》开发《法华经》实相禅观，并赞成"新儒家"牟宗三先生以"十如"实相思想，通过康德会通中西文化的意见。

一 "十如"思想之来处

"十如"见鸠摩罗什所译《妙法莲华经》卷一《方便品》：

> 佛所成就第一希有难解之法唯佛与佛乃能究尽诸法实相所谓诸法如是相如是性如是体如是力如是作如是因如是缘如是果如是报如是本末究竟等。①

一般认为南岳师所接触的《法华经》为鸠摩罗什译本，且罗什译本受《大智度论》思想影响有所不同（或许存在版本不同）。黄国清认为："自义理面言，罗什'十如是'绝大多数的项目可在《大智度论》中找到，且其文脉均意在说明'佛智力'对'诸法实相'的观照，故'十如是'段经文与《大智度论》有关文脉之义理内容有密切的关联性。"且认为中国祖师"解《妙法华》的'十如是'时，除吉藏与窥基注意到其与《法华经论》译文有显著的差别外，多半不会怀疑罗什的翻译；加上有重颂偈文及《大智度论》文脉可供印证，所以各从其立场来发挥'十如是'的深义。"② 我们考察南岳师，即可发现其解读《法华》"十如"实相思想与《大品》及《大智度论》的关系，这也符合南岳师定慧双开之禅风。

---

① 《妙法莲华经》卷一《方便品》，《大正藏》第9册，第5页下。
② 黄国清：《再论〈妙法莲华经〉之"十如是"译文》，《中华佛学学报》第13期（2000年）。

二　南岳师解读"十如是"

据天台三大部《法华玄义》中说"南岳师读此文皆云如，故呼为十如也"①，结合天台师②的"依义读文凡有三转"语，我们可分析出南岳师的读法。我们先列出三转后的格式：

第一转

所谓诸法如，是相如，是性如，是体如，是力如，是作如，是因如，是缘如，是果如，是报如，是本末、究竟等。

第二转

所谓诸法如是相、如是性、如是体、如是力、如是作、如是因、如是缘、如是果、如是报，如是本末究竟等。

第三转

所谓诸法如是：相如是，性如是，体如是，力如是，作如是，因如是，缘如是，果如是，报如是，本末究竟等。

南岳师读此文"皆云如"，即上举的第一转读法。其中十如指：（1）诸法如；（2）是相如；（3）是性如；（4）是体如；（5）是力如；（6）是作如；（7）是因如；（8）是缘如；（9）是果如；（10）是报如。

此十如的关系后一句"是本末究竟等"作归纳："是"指前"十如"；"本"指"诸法如"；"末"指后九如；"究竟等"指"十如"之本末，在究竟意义上平等，即"佛所成就，第一希有，难解之法，唯佛与佛，乃能究尽，诸法实相"。如此用十法摄尽诸法实相。

天台师对南岳师解读的"十如"实相思想有着怎样的继承和发扬呢？我们发现其著述《妙法莲华经玄义》中记载③：

---

① 《妙法莲华经玄义》卷二上，《大正藏》第33册，第693页。
② 天台宗尊称智者大师语。
③ 为直观，笔者采用分行来表示其意思。

> 天台师云：依义读文凡有三转。
>
> 一云。是相如、是性如。乃至是报如。
>
> 二云。如是相、如是性。乃至如是报。
>
> 三云。相如是、性如是。乃至报如是。
>
> 若皆称如者。如名不异，即空义也。
>
> 若作如是相、如是性者。点空相性、名字施设，逦迤不同。即假义也。
>
> 若作相如是者。如于中道实相之是。即中义也。
>
> 分别令易解故，明空假中。得意为言，空即假中。
>
> 约如明空，一空一切空。
>
> 点如明相，一假一切假。
>
> 就是论中，一中一切中。
>
> 非一二三而一二三，不纵不横名为实相。
>
> 唯佛与佛究竟此法。
>
> 是十法摄一切法。[①]

天台师"依义读文凡有三转"。这三转开发了"三即义"。天台师说南岳师"读此文皆云如"，并评议这种读法为："若皆称如者。如名不异，即空义也。""约如明空，一空一切空。"

这里可以看出天台师将南岳师的读法放在首位，即表示接受了其"诸法如"实相空观的思想。向世山在《慧思心、观、实相的递进之奥义》中也认为："在《法华经》的译本中，只有鸠摩罗什的译本有'十如是'的译法，但是，在鸠摩罗什僧团当中，没有人重视'十如是'的说法。但是，后来的慧思注意到了，而且是从主体感知客体而归属于客体性质上取得了新的证悟！这对于天台宗逐步揭示'诸法实相'的本质具有重要作用，实际上是一个方向性的引领作用。与慧文的创见在'一心三观'相比，慧

---

① 《妙法莲华经玄义》卷二上，《大正藏》第33册，第693页。

文禅师在主体认知客体的过程中,对《大智度论》与《中论》中有的文句有种特殊体悟,从而得出了这一创见,偏重于主体方面的发明;而慧思禅师对'十如是'的体悟,偏重于客体一面的感知。当然,与后来的智者相比,慧思的阐述还是偏在客体一侧,智者更加重视主客体关系中所获得的'十如是'实相。所以,后来天台宗也有这种精细区分。如《法华玄义》卷二上说:南岳师读此文,皆云'如',故呼为'十如'。也就是说,慧思对这段经文的解释是偏重于'如'的一面。换言之,同样重视是主客体关系中发生认识,注重禅定体验,但还是有微细差别。"①

三 南岳师"十如"实相思想的来源

考察南岳师的行迹,结合南岳师读法表义,发现其来源在《般若经》和《大智度论》。

1. 有关《般若经》中的"诸法如"

a《摩诃般若波罗蜜经》卷一《1 序品》:"菩萨摩诃萨欲知诸法如、法性、实际,当学般若波罗蜜。"②

b《摩诃般若波罗蜜经》卷一《1 序品》:"菩萨摩诃萨欲知过去未来现在诸法如、法相、无生际者,当学般若波罗蜜。"③

c《摩诃般若波罗蜜经》卷四《16 乘乘品》:"诸法如但有名字,如不可得故。法相、法性、法位、实际但有名字,实际不可得故。阿耨多罗三藐三菩提及佛但有名字,佛不可得故。"④

d《摩诃般若波罗蜜经》卷五《17 庄严品》:"须菩提!诸法

---

① 向世山:《慧思心、观、实相的递进久奥义》,载南岳佛教协会编《慧思大师研究》,岳麓书社 2012 年版,第 492 页。
② 《大正藏》第 8 册,第 219 页下。
③ 同上书,第 220 页中。
④ 同上书,第 247 页中。

如、法相、法性、法住、法位、实际非作非不作,毕竟不可得故。须菩提!菩萨非作非不作,毕竟不可得故。萨婆若及一切种智非作非不作,毕竟不可得故。以是因缘故,须菩提!萨婆若非作非起法,是众生亦非作非起法,菩萨为是众生大庄严。"①

e《摩诃般若波罗蜜经》卷五《17 庄严品》:"富楼那!诸法如、法相、法性、法住、法位、实际、无为法无缚无脱,无所有故、离故、寂灭故、不生故无缚无脱。富楼那!是名菩萨摩诃萨无缚无脱。"②

f《摩诃般若波罗蜜经》卷五《19 广乘品》:"多字门,入诸法如相不动故。夜字门,入诸法如实不生故。"③

g《摩诃般若波罗蜜经》卷十四《48 佛母品》:"诸佛如相皆是一如相。不二不别、不尽不坏,是名一切诸法如相。佛因般若波罗蜜得是如相,以是因缘故,般若波罗蜜能生诸佛能示世间相。如是,须菩提!佛知一切法如相,非不如相、不异相。得是如相故,佛名如来。"须菩提白佛言:"世尊!是诸法如相,非不如相、不异相甚深。世尊!诸佛用是如,为人说阿耨多罗三藐三菩提。"④

h《摩诃般若波罗蜜经》卷十六《54 大如品》:"舍利弗!菩萨摩诃萨闻是诸法如相,心不惊不没不悔不疑,是名菩萨摩诃萨能成就阿耨多罗三藐三菩提。"⑤

i《摩诃般若波罗蜜经》卷十七《56 坚固品》:"是菩萨摩诃萨住诸法如中,不见法有憎有爱。"⑥

j《摩诃般若波罗蜜经》卷十七《57 深奥品》:"菩萨摩诃

---

① 《大正藏》第 8 册,第 249 页上。
② 同上书,第 249 页下。
③ 同上书,第 256 页上。
④ 同上书,第 325 页上。
⑤ 同上书,第 337 页下。
⑥ 同上书,第 342 页中。

萨行般若波罗蜜，住诸法如中，无如是念、无念处亦无念者。"①

k《摩诃般若波罗蜜经》卷二十六《84 差别品》："是菩萨住是初定地中，分别一切诸法，通达四圣谛，知苦不生缘苦心，乃至知道不生缘道心，但顺阿耨多罗三藐三菩提心，观诸法如实相。世尊！云何观诸法如实相？佛言：观诸法空。世尊！何等空观？佛言：自相空。是菩萨用如是智慧观一切法空，无法性可见，住是性中，得阿耨多罗三藐三菩提。何以故？无性相是阿耨多罗三藐三菩提，非诸佛所作、非辟支佛所作，亦非阿罗汉所作，亦非向道人所作，亦非得果人所作，亦非菩萨所作。但众生不知不见诸法如实相，以是事故，菩萨摩诃萨行般若波罗蜜，以方便力故为众生说法。"②

l《摩诃般若波罗蜜经》卷二十七《89 法尚品》：诸法如、不动相，诸法如即是佛……诸佛如、诸法如，一如无分别。善男子！是如常一，无二无三，出诸数，法无所有故。"③

　　以上略选有关"十如"中之"本"——"诸法如"在《般若经》中的出现，可以得出南岳师"皆云如"的读文，有着经典的依据。后来智者的三转则有"六经注我"的大气概，为组织"三即"禅观，而说己心行法门。学者张风雷说："天台'三谛圆融'思想的形成，除了与《大智度论》的'三智实在一心中得'及《中论·观四谛品》的'三是偈'有关外，还与《法华经·方便品》中'十如是'的思想有着重大的关系。"张文也认为："在《法华经》的诸多译本中，'十如是'的提法是鸠摩罗什的译本里所独有的。但是，鸠摩罗什本人及其门下通达《法华经》者，却都没有对'十如是'的说法给以特别的重视。直到慧思，才真正注意到'十如是'的经文对揭示'诸法实相'有着极为重要的特殊意义。不过，值得注意的是，慧思

---

① 《大正藏》第 8 册，第 346 页下。
② 同上书，第 412 页中。
③ 同上书，第 421 页中—下。

对这段经文的解释是偏重于'如'的一面。"①

因为有《般若经》的"诸法如",所以龙树菩萨在《大智度论》为此详细解说。

2. 有关《大智度论》中的"如""诸法如"

a《大智度论》卷三十二《1 序品》:"【论】诸法如,有二种:一者、各各相,二者、实相。

"各各相者,如:地,坚相;水,湿相;火,热相;风,动相,如是等分别诸法,各自有相。实相者,于各各相中分别,求实不可得,不可破,无诸过失。"②

b《大智度论》卷三十二《1 序品》:"复次,诸法如者,如诸法未生时,生时亦如是,生已过去,现在亦如是;诸法三世平等,是名为如。"③

c《大智度论》卷三十五《3 习相应品》:"答曰:诸法如,入法性中无有别异;如火各各不同,而灭相无异。"④

d《大智度论》卷四十二《9 集散品》"但知诸法如实相,无相、无忆念故,是名菩萨不受、不舍波罗蜜。名为般若波罗蜜,此彼岸不度故"⑤

e《大智度论》卷五十五《29 散华品》:"问曰:'无受相'与'如',有何等异?

"答曰:诸法实相,亦名'无受',亦名'如'——诸法中不可着,故名'无受';诸戏论不能破坏,故名为'如'。……于此二事,毕竟空中如来不可得;破毕竟空实相中如来亦不可

---

① 张风雷:《天台先驱慧思佛学思想初探——关于早期天台宗思想的几个问题》,《世界宗教研究》2001年第2期。
② 《大正藏》第25册,第297页中。
③ 同上书,第298页中。
④ 同上书,第321页上。
⑤ 同上书,第369页中。

得。毕竟空即是无受相，破毕竟空实相即是如。"①

f《大智度论》卷五十五《29 散华品》："如来如、法相，五众如、法相，无二无别故；言离五众如、五众法相，亦不合不散；乃至一切种智亦如是。能如是知诸法如、法相，不合不散故，有是神力。"②

g《大智度论》卷七十三《55 阿毘跋致品》："佛说义趣：若菩萨能具足五波罗蜜，深入般若波罗蜜，方便力故，不着般若波罗蜜，但观'如'——所谓'诸法实相'。菩萨尔时，不以凡夫、二乘地为下贱，不以佛地为高贵，入诸法如故。诸法如中，无有分别二法，但以如入如，更无余事，亦不分别取相，何以故？如平等故。能如是入者，即入诸佛法藏；心不生疑更求诸法决定相。"③

h《大智度论》卷七十七《61 梦中不证品》："般若波罗蜜，即是诸法如、法性、实际；如、法性、实际，即是般若波罗蜜。"④

《大智度论》卷七十七《63 等学品》："是'如'从本已来，不集、不和合，云何有尽？本来不生，云何有灭？是法本来虚诳，无有定相，云何可断？

"'须菩提！菩萨摩诃萨能如是学如，为学萨婆若。'是'如'常、不可证、不可灭、不可断；是尽、离、断，除颠倒故行，非是究竟。"⑤

i《大智度论》卷八十二《69 大方便品》："答曰：'如'，名诸法实相，常住不坏，不随诸观。菩萨得是'如'，即破无明邪见等诸颠倒；是人得实法故，一切世间法，总相、别相，了

---

① 《大正藏》第 25 册，第 454 页中—下。
② 同上书，第 455 页中。
③ 同上书，第 571 页中—下。
④ 同上书，第 601 页中。
⑤ 同上书，第 606 页上。

了知。先凡夫时智慧眼病，以无明颠倒覆故，不能实知。

"答曰：我已先答，而汝于'如'中取相故，复作是难；汝若知'如'，不应作是难。是'如'毕竟无相故，不妨知诸法总相、别相，以智慧明了了故。

"复次，譬如人年既长大，乃知小时所行，皆愚痴可笑。菩萨亦如是，入诸法实相，起已，还在颠倒果报六情中念寂灭解脱乐，乃知世间六情所着，皆是虚诳可舍法——是名'总相'；于此中分别不净，有上、中、下，无常、苦、空、无我等亦如是，乃至八万四千种诸错谬。……须菩提闻佛说如、法性、实际、不合不散四门，知略、广相，是故须菩提言：'世尊！是名略摄般若波罗蜜。略摄闻是安隐道故，一切菩萨所应学。'"①

j《大智度论》卷八十三《70 三惠品》："答曰：今欲以我性、众生性说毕竟空故，转次在后。复次，从见谛道、学道中能观诸法如；无学道中烦恼尽故，定心作证；定心作证故，于一切总相、别相中通达，名为法性。诸法本生处名为性，是故以法性喻实际。"②

k《大智度论》卷八十五《71 道树品》："复次，得诸法如故，说名如来，乃至名须陀洹；以'如'故，说色乃至无为性；是诸法如，皆一无异。菩萨学是如，必当得萨婆若，是故言'如佛无异'。不以我心贪贵菩萨故说言'如佛'，以得如故言'如佛'，是'如'在佛，亦在菩萨，以一相故，是名'菩萨为如佛'；离'如'"更无有法不入如者。

"问曰：若以同'如'故名'菩萨如佛'，乃至畜生中亦有是'如'，何以不名'如佛'？答曰：

"畜生虽亦有'如'，因缘未发故，不能利益众生、不能行如至萨婆若故。如是，须菩提！菩萨应学是如般若波罗蜜！菩

---

① 《大正藏》第 25 册，第 639 页上—中。
② 同上书，第 644 页上—中。

萨学是如般若波罗蜜故，则能具足一切法如。"①

l《大智度论》卷九十七《88 萨陀波仑品》："能达诸法三昧者，得是三昧者，乃至诸法如、法性、实际中通达不住，乃至诸法平等。"②

m《大智度论》卷九十九《89 昙无竭品》："何等是诸法如？""答曰：诸法实相，所谓性空、无所得、空等诸法门。"③

以上节选龙树菩萨《大智度论》对于"诸法如""如"的阐述，可以明显看到南岳师之前的佛教实相论。而慧思师从慧文，"文师用心一依《释论》"④，可见慧文是依据《大智度论》立说，并指导禅修的，南岳师在慧文处开悟"法华三昧"其后有《释论玄门》《三智观门》等，可见继承其师重视《大智度论》的学风。此可参考圣凯法师论文《慧思与〈大智度论〉》⑤有详尽论述。

四 南岳师对"十如是"作禅观运用

从现存的南岳师著述来考察，其中有关"如"的使用，主要有以下几个方面："如是""譬如"，作代词；"诸法如""如来""如来藏""如实"。第一种用途，是一种共识。作为第二种用途的"如"，我们在其文本中去发现其意义。

《法华经安乐行义》：

> 菩萨以是金刚智慧，知诸法如，无生无尽。眼等诸法

---

① 《大正藏》第 25 册，第 653 页中—下。
② 同上书，第 737 页中。
③ 同上书，第 46 页中。
④ 《摩诃止观》卷一上，《大正藏》第 46 册，第 1 页中。
⑤ 圣凯：《慧思与〈大智度论〉》，载南岳佛教协会编《慧思大师研究》，岳麓书社 2012 年版，第 362 页。

如，即是佛故，名如来金刚之身。觉诸法如故，名为如来。非独金色身如来也，得如实智，故称如来。得眼色如实智，耳声鼻香舌味身触意法如实智故，名如来金刚之身。如法相解，如法相说，如言无生，来言无灭，佛如是来，更不复去，乘如实道，故名如来。

问曰：佛何经中，说眼等诸法如，名为如来。答曰：《大强精进经》中，佛问鸯崛摩罗：云何名一学。鸯崛答佛：一学者名一乘，乘者名为能度之义，亦名运载。鸯崛摩罗十种答佛，一答有二种，足二十答。今且略说。以鸯崛摩罗第五答中，乃至第六答，以此二处四种答中，总说眼等如来义。

而观诸法如实相者，五阴、十八界、十二因缘，皆是真如实性，无本末，无生灭，无烦恼，无解脱，亦不行不分别者。生死涅槃，无一无异。凡夫及佛，无二法界。故不可分别，亦不见不二。故言不行不分别，不分别相不可得故。菩萨住此无名三昧，虽无所住，而能发一切神通，不假方便，是名菩萨摩诃萨行处。[①]

《诸法无诤三昧法门》：

如实智者，于一切法总相、别相，如实能知故，名如实智。[②]

复次，欲坐禅时，应先观身本。身本者，如来藏也，亦名自性清净心，是名真实心。不在内，不在外，不在中间，不断不常，亦非中道，无名无字无相貌，无自无他，

---

① 慧思：《法华经安乐行义》，载南岳佛教协会编《慧思大师文集》，岳麓书社 2011 年版，第 28、36 页。
② 慧思：《诸法无诤三昧法门》卷上，载南岳佛教协会编《慧思大师文集》，岳麓书社 2011 年版，第 39 页。

无生无灭，无来无去，无住处，无愚无智，无缚无解，生死涅槃无一二，无前无后无中间，从昔已来无名字，如是观察真身竟。①

学禅定时，修四念处，于欲界中观内外色，入初背舍，具足闻慧，观内外假二相不可得故，亦非是一，如如性故，一解脱。②

十想毗婆舍那，欲界未到地金刚智，能观五阴，毕究尽想，不能更生，得尽智无生智，断一切烦恼。如意利刀，斩断贼头。观色如，受想行识如，深观五阴，如如性故，即无烦恼可断，亦无解脱涅槃可证。何以故。色即是空，空即是色。受想行识即是空，空即是受想行识。空即是涅槃，涅槃即是空。烦恼即是空，空即是烦恼。智慧即是空，空即是智慧。不可以虚空断虚空，不可以虚空证虚空。③

他土之音有二义：一者本土，是如来藏，一切众生不能解故，贪善恶业，轮回六趣。二者，一切众生无量劫来，常在六趣，轮回不离，如己舍宅，亦名本土。天、人、阿修罗等，薄福德故，不能感见，三变座席，复不感闻，本无如教，甚深妙声。是本无如，如来如，一如无二如，本末究竟等，唯佛与佛乃能知之，余人不解。五千四众、天、人、阿修罗、三途八难，不闻本无如，不得究竟解故，是故名为置于他土。复次，五千天、人、阿修罗及难处，异座异闻，得解薄少，永舍六趣，是故复名置于他土。实不

---

① 慧思：《诸法无诤三昧法门》卷上，载南岳佛教协会编《慧思大师文集》，岳麓书社2011年版，第39页。
② 同上书，第48页。
③ 同上。

移却,不觉不知,不离本座,物解不同,故言他土。①

上举南岳师著述关于对"如"的第二种用法,可见皆来自《般若经》和《大智度论》,这与其《立誓愿文》中"造金字《摩诃般若波罗蜜经》"有其禅观思想的会通处。台湾学者陈英善在《慧思的禅观思想与首楞严三昧》说南岳师"皆就诸法实相而修,此诸法实相即《首楞严三昧经》所谓的'如'。透过实相观法,所开展出的众生平等无二,凡夫皆具足法身藏、中道智慧藏等,此成了慧思禅观思想之特色"②。学者张风雷也认为:"慧思是以《大品》空观为主旨来理解《法华》的,重视的是'如'亦即'空'的一面。"③

五 对南岳师"十如"实相思想的利用

天台师是"十如"实相思想最好最早的继承发扬者。太虚大师在《中国佛教的特质在禅》一文中说,实相禅所根据者是《禅法要略》《中论》《智论》《法华》《维摩诘经》,为慧文、慧思、智者诸人所弘传。它的要旨在即缘生法而见三谛实相、三智一心中得。三智,即遍了法性的一切智、自行化他的道种智、了法无二的一切种智。一切智是空观所成,道种智是假观所成,一切种智是非空非假即空即假的中道观所成。《智论》的三智一心,是以一心三观而观一境的三谛而成。一境三谛是诸法实相,一心三观便是实相禅。当代学者杜保瑞在《天台宗思想大纲》中说,天台实相论著名的一念三千说,虽是智者所创,

---

① 慧思:《诸法无诤三昧法门》卷下,载南岳佛教协会编《慧思大师文集》,岳麓书社 2011 年版,第 56 页。
② 陈英善:《慧思的禅观思想与首楞严三昧经》,《佛学研究中心学报》第三期(1998 年)。
③ 张风雷:《天如先驱慧思佛学思想初探——关于早期天台宗思想的几个问题》,《世界宗教研究》2001 年第 2 期。

但发展成为天台实相论思想的起始,却是慧思的知见。慧思深契法华,并对法华方便品中佛所说作了特别的强调,并由此建立了"十如是"的实相学。此一"十如是"之世界真相范畴,更因智顗的理论扩深,终成为法界通达之更大的实相范畴体系基础,及发展出诸界平等的性体实相理论,而能为重禅修实践的天台体系,指出人处六道十界中之平等地位,而可由人己身之介尔一念,自作主张,决定位阶。此即由慧思"十如是"性具实相说之发端而智顗建立天台性具实相学之因缘。笔者认为,以此思想去解读有争议的慧思《南岳大乘止观》,可以找到相通理路,而且对这种早期禅史时期的禅师对禅法的改转利用作进一步的研究和厘清,有利于我们佛教的时代新呈现、新贡献。

但本文最后想提出的是,当代新儒家试图从会通中西文化的角度,来利用南岳师"十如"实相论。这里我们应注意牟宗三先生的意见。牟先生说:佛教讲两重意义的实相。轨持义是文字学上的解释,是字面的解释,它的思想根据、义理背景在哪里呢?就是前九如所成功的实相,就是现象意义的实相。第十如的实相,空假中的那个实相是实相般若观照下的实相,用康德的词语,就是智思界的实相。因为佛教重视真谛,以真谛为主……但前九如那个实相没有人注意……这一套开不出,俗谛不能讲。牟先生认为:"了解佛教两层意义的实相,这套道理可以跟康德会通。""前九如可以假名施设科学……如是本末究竟等,跟前九如不一样。"① 牟先生对"十如"的理解与南岳师和天台师虽有异同,但他从西方文化的理性本质与现象经验的圆通角度来取法《法华经》的观点,不但符合我们佛教般若学真俗圆融的实相思维模式,而且用之于佛教徒的修行,指导世间的生活,可以起到中西会通、古为今用的良好效果。如是符合中国梦弘扬中华优秀传统文化的好事情,让我们进一步来研究和践行。

---

① 牟宗三:《四因说演讲录》,上海古籍出版社1998年版,第154页。

慧思大师之法华"有相行"思想研究

释慧闻

(南岳佛教协会副秘书长)

摘　要：慧思大师在《法华经安乐行义》中，提倡法华菩萨应具足"有相行"和"无相行"。当时"有无并重"的法华行法，特别是其中的"有相行"系思师亲修实证"法华三昧"的有效方式，有着大乘佛法《摩诃般若波罗蜜经》《法华经》《涅槃经》《般舟三昧经》《大智度论》等经典依据，其弟子智者大师亦实修并发展了"有相行"，后来众多的中国僧人于此行门颇多成就。笔者亦经过长期实修法华禅法，深感"有相行"在法华菩萨道上的重要作用，有感当今似乎有一种尊"无"抑"有"的思想偏颇，特撰文认为应该要厘清思师法华"有相行"思想，重新回到大师提倡的"有无并重"的法华菩萨行法去。

关键词：慧思　有相行　受持读诵　六根清净

前　言

思师在《法华经安乐行义》提出："菩萨学法华，具足二种行；一者无相行，一者有相行。"① 笔者考察古来僧传及著述，

---

① 南岳佛教协会编：《慧思大师文集》，岳麓书社2011年版，第23页。

认为"有无并重"之法华菩萨行法，是当时的学修风尚。而静观当今对"有相行"的学修缺乏重视，在研究上没有厘清和展开，似乎形成一类尊"无"抑"有"的思想偏颇。笔者经过长期实修法华忏法，深感"有相行"在法华菩萨道上的重要作用，认为"有相行"对于我们的学修非常之重要，故积极展开探索。

第一，分析"有相行"的文本。思师作《法华经安乐行义》总字数约8300个，"有相行"的字数约在360个，其文字仅占全文的4%左右。① 这是否是被后人所忽略的一个原因呢？然而在这极少量的文字中，关于"有相行"的重要性及其学修方法很清楚。分析此行法，发现其"所依经典、精进、文字有相行、见菩萨、见佛、忏悔、即身顿悟"等义是关键，亦可见行者之修心，有三个明显次第，即"散心→一心→至心"，同时文中提出应预防三类错误，即"若顾身命、贪四事供养、不能勤修"。

第二，考察僧传对思师践行"有相行"的记载，可知思师提倡法华菩萨应具足"有相行"，系其"以身证法"之结果。思师曾将此方法教授于众弟子，在智者大师行迹中亦发现有修学"有相行"之记载。再度搜索僧传，发现有中国佛教徒大量的学修"有相行"记录，都有良好的实修效果。

其三，在智者大师的著述中，发现有从"事、理"两个方面解读过法华菩萨"有相行"和"无相行"，于此可见智者对于"有相行"之传承及发展。在《法华三昧忏仪》中，智者发展了的"有相行"，并将之纳入《摩诃止观》② 成"四种止观"的"半行半坐止观"。在智者的发扬中，更多结合了《普贤观经》，转从事理的角度（事修→理修→事理一心通融→成就果位），如此次第清晰地安排，增强了"有相行"的实修效果。于

---

① 《法华经安乐行义》，载南岳佛教协会编《慧思大师文集》，岳麓书社2011年版，第31页。

② 原名《圆顿止观》，灌顶大师改为《摩诃止观》。

此可见佛教传入中国后,因受本土文化思想的影响,教界对佛教义理、行法有传承亦有发展,比如对于"有、无"之关系、"理、事"之认识、"偏圆、顿渐"之安排等。

其四,中国佛教界历来对"有相行"比较重视,及后诸师对"有相行"的传承,理解成"有无互显""俱为方便"等,亦能保持"有相行"之实修作用,如有明憨山大师非常重视丛林之"有相行"训练。及后诸师对"有相行"与"念佛三昧、忏悔"之定慧关系①,及其证量在"六根清净"等,达成了共识。

其五,考察思师提倡之"有相行",有大乘佛教《法华经》《摩诃般若波罗蜜经》等经证,以及龙树《大智度论》等为学修依据。故思师成立的法华圆顿义及行法,提倡"有无并重"是顺理成章的。可见,有关大乘佛教传入中国的两种进路,如海路传入的南印度佛教唯识、真常系统,与西北印传中亚西域再传中土的般若学及龙叔中观见,虽有些许不同,而在思师时代已经被中国佛教界消化和发展了。思师开发的《法华》圆顿义,是汉传佛教的巅峰,一般认为佛教至此完成中国化。

其六,例举今师②之意见,发现对"有相行"的理解存在偏颇,以至在修行现实上存在某种的怀疑与轻视。思考其原因,可能和社会动态、学术潮流及个人解行深浅等有关系。笔者认为有必要厘清思师所唱之"有无并重"禅法,特别是关于"有相行"的部分。

其七,结论中列出拟深入研究之提纲,祈师友教正之。

一 大师提倡有相行

法华菩萨如何学修"有相行"?思师在《法华经安乐行义》

---

① 比如《宗镜录》卷四十:"如善星受持读诵十二部经,获得四禅。"(《大正藏》第48册,第652页中)

② 囿于资料,仅选取近来十一位学者之言,有待补充。

中认为：

> 欲求无上道，修学法华经。身心证甘露，清净妙法门。持戒行忍辱，修习诸禅定，得诸佛三昧，六根性清净。菩萨学法华，具足二种行，一者无相行，二者有相行。①
>
> 复次有相行。此是《普贤劝发品》中，诵《法华经》，散心精进。知是等人，不修禅定，不入三昧。若坐若立若行。一心专念法华文字。精进不卧，如救头然，是名文字有相行。此行者不顾身命，若行成就即见普贤金刚色身乘六牙象王住其人前，以金刚杵拟行者眼，障道罪灭，眼根清净，得见释迦及见七佛，复见十方三世诸佛。至心忏悔，在诸佛前五体投地，起合掌立得三种陀罗尼门：一者总持陀罗尼，肉眼天眼菩萨道慧。二者百千万亿旋陀罗尼，具足菩萨道种慧法眼清净。三者法音方便陀罗尼，具足菩萨一切种慧佛眼清净。是时即得具足一切三世佛法，或一生修行得具足，或二生得，极大迟者三生即得。若顾身命、贪四事供养、不能勤修，经劫不得。是故名为有相也。②

以上字数约在 360 个，仅占全文的 4% 左右，但清晰地说明了"有相行"在大师所领悟的"法华三昧"③ 中具有重要意义，

---

① 《法华经安乐行义》，载南岳佛教协会编《慧思大师文集》，岳麓书社 2011 年版，第 25 页。

② 同上书，第 31 页。

③ "就佛僧大德在禅定实修之过程而言，所谓得某某三昧者，即谓在某某佛法的经典或教义上，能达到在自身内在人格上与某某教义完整同等的行持修为，并在禅定发慧的深度上能完全进入该特定智观的理解世界中，能如亲临佛陀宣教道场中聆听说法，也能于自证学力中如佛本怀般地自作教义之推演或代宣本旨，又因佛之任一教门皆代表佛陀示现之某一特定佛法智慧之程度，即任一得证此法门之学道者也必定在禅定之修行与智慧领悟上达到相应之境界，则此时人之内在质量已可谓有了跳跃式之进境，其内心之喜乐岂可以人间世俗欲求之满足来形容。"（参考台湾杜保瑞《天台宗思想大纲》之解读法华三昧）

如"菩萨学法华,具足两种行",即开示不得偏颇任一行法,若从全文看,亦看不到两种行法孰轻孰重、谁前谁后的问题。思师认为法华禅法是"有无并重"的,这和当时的学修普遍状况有关系。①

思师在文首提出法华圆顿义后,开始说明法华菩萨的"有相行",其经典依据是《法华经·普贤劝发品》,其行法次第大致如下:

(1) 诵《法华经》,散心精进。知是等人,不修禅定,不入三昧。

(2) 若坐若立若行。一心专念法华文字。精进不卧,如救头然,是名文字有相行。

(3) 此行者不顾身命,若行成就即见普贤金刚色身乘六牙象王住其人前,以金刚杵拟行者眼,障道罪灭,眼根清净。

(4) 得见释迦及见七佛,复见十方三世诸佛。至心忏悔,在诸佛前五体投地,起合掌立得三种陀罗尼门……是时即得具足一切三世佛法,或一生修行得具足,或二生得,极大迟者三生即得。②

从上分析可见:其第一阶,即要求行者精进学修。散心读诵,并非乱心,亦非定心。此时行者系心经典,认可经典,培养情感,积累功德。

第二阶,从身体的威仪上对精进的要求达到"不卧,如救头然",此时的"文字有相行"已在第一阶段的所缘基础上,细致至"一心专念"。"一心"有可能入禅定,有可能入三昧③。

第三阶,对于精进的要求竟然是"不顾生命"。"文字有相

---

① 思师时代的"有相行"方法,比较普遍。下一节将讨论之。
② 《法华经安乐行义》,载南岳佛教协会编《慧思大师文集》,岳麓书社2011年版,第31页。
③ 从散乱心系缘业处修定,入安止定是心一境性。心系一缘,未入安止定前,即近似定时,可入三昧。

行"的成就是"见普贤菩萨",此时根门清净,如《法华经》中之《法师功德品》《普贤劝发品》说。

第四阶,见佛。佛为说法主,先见本师及先师,复见十方三世诸佛,而"至心"修忏悔,"起立合掌"立得三陀罗尼。或"即时",或"一生""二生""三生"得。

此行法中"所依经典、精进、文字有相行、见菩萨、见佛、忏悔、即身顿悟"等义是关键。于此可见行者之心,依次有三个修行次第,即"散心→一心→至心",同时也应改正三类错误,即"若顾身命、贪四事供养、不能勤修"。

二 大师践行有相行

据唐道宣律师在《续高僧传》中记载,思师出家后"常坐综业,日唯一食,不受别供,周旋迎送,都皆杜绝。诵《法华》等经,三十余卷。数年之间,千遍便满"①。感得梵僧梦中授戒,"自斯已后,勤务更深,克念翘专,无弃昏晓。坐诵相寻,用为恒业"②。又梦"弥勒、弥陀说法开悟,故造二像并同供养。又梦随从弥勒与诸眷属同会龙华"。因读《妙胜定经》,叹禅功德,寻到慧文大师处"性乐苦节,营僧为业。冬夏供养,不惮劳苦。昼夜摄心,理事筹度"③。直到夏竟受岁,慨无所获"深怀惭愧,放身倚壁,背未至间,霍尔开悟,法华三昧"。由此可见,思师在开悟"法华三昧"之前,一直从事"有相行"的学修实践,其修心次第也是"散心→一心→至心"三步圆成。

思师后在大苏山幸会智者大师前来求法,"即示普贤道场,为说四安乐行。于是昏晓苦到,如教研心……经二七日,诵至

---

① 《慧思传》,载南岳佛教协会编《慧思大师文集》,岳麓书社2011年版,第164页。

② 同上。

③ 同上。

《药王品》：诸佛同赞，是真精进，是名真法供养。到此一句，身心豁然寂而入定。持因静发，照了法华"①。由此可见，思师教导弟子亦使用"有相行"。

再看智者大师之前行迹，"诣大贤山②，诵《法华经》《无量义经》《普贤观经》，历涉二旬，三部究竟。进修方等忏，心净行勤，胜相现前。见道场广博，妙饰庄严，而诸经像纵横纷杂。身在高座，足蹑绳床。口诵法华，手正经像。是后心神融净，爽利常日，逮受具足，律藏精通，先世萌动而常乐禅悦，怏怏江东无足可问"③。亦见当时僧人多有修行"有相行"之传统，唯技巧上如何升级许是各有成见，是故智者前往参师，并在开悟后亦请问大师《般若》渐义和《法华》圆义之差别。据僧传记载同时僧人修学"有相行"的案例，可参阅台湾圣严法师著述《中国佛教以〈法华经〉为基础的修行方法》④。

三 智者发扬有相行

思师幸会弟子智者，传法华宗迄今千余年，弟子之伟大也说明了思师之伟大，正如日本佛学家池田大作所说："从南岳的任何一部著作来看，都表明他是一个彻底的实践的人、行动的人。他是一个热情奔放、意志如钢的人。是《法华经》所说的菩萨行的真正的体现者。有着南岳这样伟大的先驱者，才产生了天台那样伟大的继承人。我认为天台的伟大也是南岳伟大的证明。"⑤ 智者早年在大贤山苦修类似"有相行"之法门，后又

---

① 《隋天台智者大师别传》卷一，《大正藏》第50册，第191页下—192页上。
② 大贤山据说在衡阳之南，然而笔者查找相关资料，均不见记载，失考矣。
③ 《续高僧传》卷十七，《大正藏》第50册，第564页中。
④ 圣严法师统计，有相行的修行项目有六十个，出现最多的有二十二个。当然，宗本他经的有相行亦不少。
⑤ 池田大作著、卞立强译：《我的天台观》，载南岳佛教协会编《慧思大师文集》，岳麓书社2011年版，第339页。

直承思师学习法华"有相行",在师生相遇的二七日"大苏妙悟"。在智者的时代,对于思师的"有相行"法门,已经有了新的理解和践行发展。

智者撰述之《法华三昧忏仪》① 便是"有相行"的如理展开,在该忏仪的前方便中,强调安心。安心即是"一心"精进,智者展开为"事中修一心"和"理中修一心"两种,如在"事中修一心"时,将读诵《法华》,开展为礼佛、忏悔、行走、坐禅等多种形式,皆取其心无有分散。而在"理中修一心"的禅观操作上,将心路历程和修证依据,作更具体的划分和阐明。总之,该忏仪的前方便和正修十法,比"有相行"更为次第清晰。

此《法华三昧忏仪》后来纳入《摩诃止观》之"四种止观"的"半行半坐止观"。据《摩诃止观》卷二:"《普贤观》云,专诵大乘,不入三昧。日夜六时,忏六根罪。《安乐行》品云,于诸法无所行,亦不行不分别。二经本为相成,岂可执文拒竞。盖乃为缘前后互出,非硕异也。《安乐行品》护持、读诵、解说、深心礼拜等,岂非事耶。《观经》明无相忏悔,我心自空罪福无主,慧日能消除。岂非理耶。南岳师云:有相安乐行、无相安乐行。岂非就事理得如是名。持是行人,涉事修六根忏,为悟入弄引,故名有相。若直观一切法空为方便者,故言无相。妙证之时,悉皆两舍。若得此意,于二经无疑。"② 可见"有相行"在智者的发扬中,更多结合《普贤观经》,转从事理的角度起修,其次第为:事修→理修→事理一心通融→成就果位,智者并提出:"教初行者当用法华三昧忏仪,而教久修者则依法华经安乐行品而教示之。"③ 如此次第清晰的学修安排,

---

① (隋)智者:《法华三昧忏仪》,《大正藏》第46册,第954页中—955页下。
② (隋)智者:《摩诃止观》卷二,《大正藏》第46册,第14页上。
③ (隋)智者:《法华三昧忏仪》,《大正藏》第46册,第949页下。

增强了"有相行"的实修效果。

四 诸师传承有相行

据唐代湛然撰述《止观辅行传弘决》卷二:"初引《观经》以证有相。次引《安乐行》以证无相。《观经》云,若有四众八部,诵大乘者,修大乘者,发大乘意者,乐见普贤色身者,乐见多宝释迦及分身者,乐六根清净者,当学是观。此观功德除诸障碍,见上妙色。不入三昧,但诵持故,故名有相……《观经》文中虽云读诵亦兼无相。南岳下重引南岳理须具二。彼别出《四安乐行偈文》云:修习诸禅定,得诸佛三昧,六根性清净。菩萨学法华,具足二种行。一者有相行,二者无相行。无相安乐行,甚深妙禅定,观察六情根。有相安乐行此依《劝发品》,散心诵法华,不入禅三昧。坐立行一心,念法华文字。行若成就者,即见普贤身。此亦一往分于二人。究竟而论二行互显。特是下明此二人并是证前约方便说。引字胤音,人见文中借音作胤,便作子胤释,甚为可笑。引是发曲之端,亦可作吲。今之二行亦复如是。有相为序者,如南岳诵经感普贤等,智者道场见宿世等。无相为序者,亦如南岳一夏策观,具发诸禅等。"①

据宋代知礼撰述的《金光明经文句记》卷三:"初明用助意。正助二忏,修逐根缘。自有一向修于正道直登圆住,或内外凡。自有一向修于助道,如南岳立有相安乐行,不入三昧但诵持故,亦能得见上妙色。像此二随根,修入不同,若悟理时,必两舍也。"②

---

① (唐)湛然:《止观辅行传弘决》卷二,《大正藏》第46册,第192页中—下。

② (宋)知礼:《金光明经文句记》卷三,《大正藏》第39册,第114页上—中。

据宋朝永明寺延寿智觉禅师《万善同归集》卷一：南岳《法华忏》云：修习诸禅定，得诸佛三昧，六根性清净。菩萨学《法华》，具足二种行：一者有相行；二者无相行。无相安乐行，甚深妙禅定，观察六情根。有相安乐行，此依劝发品，散心诵《法华》，不入禅三昧；坐立行一心，念《法华》文字；行若成就者，即见普贤身。是以智者修《法华忏》，诵至《药王焚身品》云：是真精进，是名真法供养如来。顿悟灵山如同即席。乃至密持神咒，灵贶照然，护正防邪，降魔去外；制重昏之巨障，灭积劫之深痼；现不测之神通，示难思之感应；扶其广业，殄彼余殃；仰凭法力难思，遂致安然入道。是以或因念佛而证三昧，或从坐禅而发慧门，或专诵经而见法身，或但行道而入圣境。但以得道为意，终不取定一门；惟凭专志之诚，非信虚诞之说。"又"思大禅师行方等忏，梦梵僧四十九人，命重受戒，倍加精苦，了见三生。智者大师，于大苏山修法华忏，证旋陀罗尼辨……南岳大师云：修六根忏，名有相安乐行；直观法空，名无相安乐行。妙证之时，二行俱舍。"①

据明憨山大师《憨山老人梦游集》卷七："单持安乐行品。念念思惟。心心愿人。昼夜不忘。如此则六万余言。字字光明。现于六根门头矣。"②"余观末法比丘，能践此行者，唯知殿之役，最为亲切。以沙门释子，不知修行之要，纵浪身心，不能检束三业，动成过恶，故罪业日深，生死难出。即能远参知识，亦不必能步步相随。心心亲近。唯有侍奉三宝，昼夜香灯，是不忘佛也。晨昏钟鼓，集众礼诵，是不忘法也。大众和合，六时周旋，是不忘僧也。坐卧经行，不离佛殿，是步步道场也。苟能自净其心，则一香一华，皆成佛真体。举手低头，皆为妙行。是则不动脚跟，

---

① （宋）永明延寿：《万善同归集》卷一，《大正藏》第48册，第965页下—966页上。
② （明）憨山：《憨山老人梦游集》卷七，《卍续藏》第73册，第504页上。

而徧参知识,岂不为最胜因缘哉。安乐妙行,无尚此矣。行者勉力以尽形寿,何用别求佛法。"①

明释智旭《绝余编》卷三:"绍智者大师真正法脉,方知一点一画,无非全体法华三昧,决不误认无相安乐行犹在有相安乐行之外也。请即以吾言为券。"②

从上诸师对"有相行"的传承,受智者的影响比较大,各自理解成"事、理"相关的"有无互显""俱为方便"等,考诸师的共识,是"有相行"在止观中的作用,且与念佛三昧、忏悔密切相关,其证量在"六根清净"等。尤其明代憨山大师非常重视丛林之"有相行"训练,殷勤咐嘱于学人。

五 经典证明有相行

大乘佛教经典③如《法华经》《普贤观经》《大品》《大智度论》等多有关于"有相行"义理和行法说明,其中《法华经》④《普贤观经》密切相关,前已略说,词繁不引。略引如次:

(1)《摩诃般若波罗蜜经》卷十:"复次,世尊!有人欲见十方无量阿僧只诸世界中现在佛法身、色身,是人应闻受持般若波罗蜜,读诵、正忆念、为他人演说。如是善男子、善女人,当见十方无量阿僧只世界中诸佛法身、色身。"⑤

(2)《大智度论》卷八十四:"佛告须菩提:佛以诸法实相

---

① (明)憨山:《憨山老人梦游集》卷七,《卍续藏》第73册,第504页上。
② (明)智旭:《绝余编》卷三,《嘉兴藏》第28册,第585页上。
③ 小乘佛教或者说阿含经系里也相关有相行的修学,应考察其作为源头、异同及历史地发展成大乘有相行。
④ 《法华经》云"一称南无佛,皆共成佛道",何况有相行者?《法华》是大慈悲的思想,至简至顿至圆。
⑤ 《摩诃般若波罗蜜经》卷十,《大正藏》第8册,第292页中。

故,与一切众生天及人作福田;化佛亦以诸法实相故,与一切众生天及人作福田。"佛告须菩提:"置是化佛及于化佛所种福德,若有善男子、善女人,但以敬心念佛,是善根因缘,乃至毕苦,其福不尽……佛福田中种其福无量。"①

(3)《大智度论》卷九十七:"今七日七夜一心念佛,功德成就故,得见佛身。"②

(4)《大智度论》卷七十五:"若取相,是相皆虚诳妄语,有诸过失;若破相,则堕断灭中,亦多过失。是故不取有相、不取无相。取相即是有法,不取相即是无法;方便力故,离是有、无二边,行于中道。此中佛自说因缘,所谓知一切法自性空故,不着有无。"③

中道的佛教,其本义并不是破除世间,而是正确的认识世间,行持世间。纪元前后大小乘佛教陆续传入中国,至于4世纪末,中国形成自己的"六家"佛教思想。有关佛教外来六百年,面临与本土思想融合的难题和圆融过程,前贤汤用彤、吕澂等有专著④论及。直到思师开悟"法华三昧"传智者后,中国建立起汉传佛教最巅峰的圆顿大乘,一般认为至此佛教已经中国化。有关修行方法,比如"有相行"的源头,固然与般若思想有关系,亦和西北印佛教传入西域再传中土,期间经由诸师禅法实践相关切。台湾赖鹏举《北传佛教的般若学——论大乘佛教的起源》⑤结合造像考古,对于中国大乘思想合流及念佛三昧、见十方佛等有独到说明,其中可以看到"有相行"禅法之

---

① 《大智度论》卷八十四,《大正藏》第25册,第646页上。
② 《大智度论》卷九十七,《大正藏》第25册,第735页下。
③ 《大智度论》卷七十五,《大正藏》第25册,第587页上。
④ 汤用彤:《汉魏两晋南北朝佛教史》,武汉大学2008年版;吕澂:《中国佛学源流略讲》,中华书局1979年版。
⑤ 《大智度论》卷七十五,《大正藏》第25册;赖鹏举:《北传佛教的般若学——论大乘佛教的起源》,台湾佛教图像学研究中心2007年版。

源流改转。

六 各家谈论有相行

西方文明进入东方世界后，对佛教存在思想和践行的影响。当今各家对大师"有相行"是如何看待的呢？囿于见闻，下面例举几家意见：

（1）释慧岳《天台教学史》认为：慧思的法华三昧修行实践，主要就是其《法华经安乐行义》中所说的有相安乐行与无相安乐行。有相行是无相行的基础，但须以无相行为根本。法华三昧中提倡的忏悔和持咒的行法，对后世天台宗的行法影响也是至为深远的。有相行重在摄服散乱心，使心专注于系念诵的对象。有相行的方法是慧思大师依《法华经》之《普贤菩萨劝发品》而立。修持有相行，须于行住坐卧中一心专念法华文字，精进不卧，如救头然。又须至心忏悔，在诸佛前五体投地，起立合掌，立得三种陀罗尼门。①

（2）池田大作在《我的天台观》中认为：南岳在《安乐行义》中提出了有相行和无相行两种实践《法华经》的方法。所谓有相行，就是采取读诵经文、合掌之类形态的修行方法。与此相反，无相行并不采取什么特别的形态，而是在日常的行、住、坐、卧等行为中觉知诸法的实相。南岳的主张认为无相行最重要。②

（3）陈英善在《南岳慧思的圆顿观及其对天台、禅宗之影响》中认为：慧思所强调的随自意三昧、首楞严三昧、法华三昧等，可说皆是圆顿观，尤其是法华三昧，以无相行、有相行来实践之。③

---

① 参考《天台教学史》，释慧岳著。
② 池田大作著，卞立强译：《我的天台观》，载南岳佛教协会编《慧思大师文集》，岳麓书社2011年版，第339页。
③ 陈英善：《南岳慧思的圆顿观及其对天台、禅宗之影响》，载南岳佛教协会编《慧思大师研究》，岳麓书社2012年版。

（4）王晴薇在《慧思禅观中之"四禅"与〈妙法莲华经〉之关系》中认为：慧思标示处两种不同的"法华三昧"修法，一为"有相行"，二为"无相行"。慧思更在诠释"安乐行"之"行"时指出，从"有相"的二十一天禅诵《妙法莲华经》晋升至"无相"的"法华三昧"行之关键点，即为透过禅修而获得的甚深般若实相空观。①

（5）李海涛在《慧思大师之高足——海东玄光》中认为：慧思认为证悟法华三昧的方法分为两种：一为有相行；一为无相行。慧思撰《法华经安乐行义》的主旨意趣在于解释无相行。玄光于慧思大师所受法华经安乐行义，主要包括有相安乐行和无相安乐行，其重点在于无相安乐行。②

（6）韩国李起云在《百济玄光的求法行与教化行》中认为：法华三昧是获取《法华经》的究竟教义和实相妙理的三昧。经云通过受持、读、诵、解说、书写《法华经》可以进行修行，慧思因自身读诵和修习《法华经》和普贤行法，首次证得了法华三昧。慧思称自己体验的实践法华修行法为法华经安乐行法门，并以此指导弟子们。火光三昧者、水光三昧者即为法华三昧有相行修行，通过诵读《普门品》修行、以观世音菩萨称名念佛，得法华三昧的一种。③

（7）王雷泉在《"如来使"精神与慧思的新法华学》中认为法华三昧是利根菩萨直证佛果的"不次第行"，它分为有相行与无相行两种法门。有相行，就是通行的有具体仪轨制度的修行，慧思及智者早期修的就是这种有具体行相的读诵行。无相

---

① 王晴薇：《慧思禅观中之"四禅"与〈妙法莲华经〉之关系》，载南岳佛教协会编《慧思大师研究》，岳麓书社2012年版。
② 李海涛：《慧思大师之高足——海东玄光》，载南岳佛教协会编《慧思大师研究》，岳麓书社2012年版。
③ ［韩国］李起云：《百济玄光的求法行与教化行》，载南岳佛教协会编《慧思大师研究》，岳麓书社2012年版。

行,就是在行、住、坐、卧四威仪中时时刻刻所修的四种安乐行。①

(8) 陈兵在《慧思大师论自性清净心的修证》中认为,慧思所传三昧中最圆顿者,为法华三昧。并认为依据《法华经》应为四种安乐行,但慧思结合提出两种安乐行即有相无相行。针对当今理论与禅修脱节的尚简易根性的现状,该文说慧思大师留给后代的遗产,是中国佛教家传中最珍贵的、最实用的法宝,它不仅可纠正禅净二宗之偏,也可纠正藏传之误及南传之小。该文肯定了慧思的"自性清净心"理论,以及"有相、无相"行具足的法华三昧。②

(9) 释性广在《慧思法华三昧之大乘顿觉法门探究》中认为:法华安乐行是在大乘信愿法的"有相行"的基础上,以大乘智觉为导的"无相行"行法。该文不赞成"有相行"是安乐行,认为它属于大乘的信愿法,次第在"无相行"前,是"最为增益智慧而简便易行的信愿法门"。③

(10) 杜保瑞在《天台宗思想大纲》中认为,为使学者实际得获安乐行,慧思提出修习法华三昧之两种行门,一为有相行,一为无相行。有相行者,并非禅定之法,乃是将散乱心收摄起来,专心颂持《法华经》,以智解培养观念能力,精勤颂持,行止不停,作为证进法华三昧之初步,而慧思自己即为法华经千遍的颂持者,可谓法华安乐行之有相行之最真心实践者。

(11) 释正持在《慧思禅观思想之研究》中认为,有相行不须定心,只要精进诵持法华经,故称为散心精进,是证入法华三昧的初步;无相行则须定心与般若空慧二者之配合,才能证

---

① 王雷泉:《"如来使"精神与慧思的新法华学》,载南岳佛教协会编《慧思大师研究》,岳麓书社 2012 年版。

② 陈兵:《慧思大师论自性清净心的修证》,载南岳佛教协会编《慧思大师研究》,岳麓书社 2012 年版。

③ 释性广:《慧思"法华三昧"之"大乘顿觉法门"探究》,载南岳佛教协会编《慧思大师研究》,岳麓书社 2012 年版。

入法华三昧的最高阶段。虽然修学法华三昧的法门有二种，但在安乐行义中，主要是以无相行为主。①

从上诸家对"有相行"的研究，附属在对"无相行"的研究中，多认为"无相行"是"最重要、重点、根本、为主"等，似乎有比较而言，"有相行"的分量较轻，而有"无相行"更重要、重点、为主之意。虽认可"有相行"有作用，但只是"无相行"的前方便、打基础、初步作用，亦多认为从"有相行"可以提升到"无相行"，其关键在于"空观"的导入。或有学者于此两者语焉未详，仅提到法华三昧有两种学修方法。

但韩国李起云认为火光三昧者、水光三昧者，即为法华三昧有相行修行中，通过诵读《普门品》修行、以观世音菩萨称名念佛，得法华三昧的一种，其新颖地提出"有相行"可开发三昧。这值得注意。另释性广提出的"有相行"与印顺导师阐述之信愿门的比较，杜保瑞提出有相行的"以智解培养观念能力"，也值得关注此"信→慧"问题。笔者结合个人实修来说，之前因重"无"轻"有"，感受过偏重"无相行"的苦，后来加重实践"有相行"，才感受"有无相生"之法华菩萨"有无相即"之妙乐。

结　语

从思师提倡"有相行"迄今，有近1500年的历史了，今天我们厘清其本义，恢复其学修效果，是在传承的基础上契理契机地发展之。本文的前言及正文解决的问题，在此不重复。特作一些研究提纲作为结语。

---

① 释正持：《慧思禅观思想之研究》，载南岳佛教协会编《慧思大师研究》，岳麓书社2012年版。

首先，有关学术研究方向如：（1）溯本清源，探索早期佛教的有相行：即佛陀本生的"有相行"、部派佛教的"有相行"、大乘时期般若学的"有相行"，以及各阶段与"无相行"之关系。若从中国早期禅史，至于达摩禅宗禅法出现，近600年禅法变化，也可从历史的发展中去厘清本源，摸索流变。（2）互相借鉴，探索中国传统文化思想对于"有相行"禅法的影响及相互影响。佛教初传之格义佛教时期，中国人用传统文化思想接受佛教智慧，受到本土思想中《易经》"一阴一阳之谓道"之阴阳思想（真俗圆融思想）、天地人三才思想（同体思想）、五行思想①，另及《道德经》之"有为则有位，整顿混乱，建立秩序，与佛教破有始无明。无相行，无生则无我，打破束缚，回复本来，与佛教破无始无明"之有无互相影响，以及孔孟的道德仁义思想，对于中国佛教"圆教"成立的影响。（3）禅教关系。《六祖坛经》有关法华经的评议，从慧思"法华三昧"至智者《圆顿止观》后，开始了中国南禅的顿悟禅法，值得关注此相上的改转与理体的不变关系。另是否可以认为禅宗起源，是中国佛教圆顿思想的成熟的结果，那么有相行对南禅②有何影响呢。（4）"人间佛教"意义上的解读和践行问题，有相行在新时代的新表现，新作用等。

其次，"有相行"在文化交流上的价值。中国佛教本身就是东方两大文化交流的结果。中国人从"有相行"上会通佛教各派系，研究各传佛教之"有相行"的异同，作为联系日韩、欧美、南亚诸国佛教的有效手段。

最后，教风创建之价值。慧思思想及其禅法，注重信仰培

---

① "有相行"中对普贤菩萨及诸佛的感应问题。圆顿禅法中的自力、他力关系，及止观修学的次第问题。

② 如《六祖大师法宝坛经》卷一"持诵《金刚般若经》，即得见性"，《大正藏》第48册，第350页下。

养,道场建设。符合"庙要像庙,僧要像僧"的丛林传统,因为有相行的提倡,重视佛法的践行,不会在意识形态上转弯。正如憨山大师所言:"是则不动脚跟,而遍参知识,岂不为最胜因缘哉。安乐妙行,无尚此矣。行者勉力以尽形寿,何用别求佛法?"①

---

① (明)憨山:《憨山老人梦游集》,《卍续藏》第73册,第504页上。

论慧思大师"一心具足万行"的般若圆意

释隆裕

(深圳本焕学院)

摘　要：慧思大师承袭了慧文大师的般若观，天台宗人向来不失发展创造之力，文师以三谛释般若，思师以实相释般若。据《大智度论》与《法华经》以"空即假即中"的"三谛圆融"般若观，会通融合《法华经》中"十如是"实相论，慧思大师诠释三谛圆融即实相的妙理，建立了天台一宗独特的实相论，开启了实相论的全新时代。慧思大师对智者大师"一心具万行"的决疑是根本性的，"一心具万行"最能体现慧思大师的般若观，即所谓"法华圆顿旨"。

关键词：慧思　般若　实相　圆顿

一　般若名义

"般若"这个词从来都是活性的，原始佛教阿含经中便出现了"般若"及相关的词汇。在阿含经典中与般若有关的词汇虽然非常多，但是，由于未曾互相比对这些词汇的关系或考察其异同，因此，阿含经典中与般若有关的词汇，无法判定出被采用到何种程度。般若，梵文 Prajna，是梵语的译音，或译为"波若""钵罗若"，意译"妙智慧，微妙智慧"。《法集论》定义慧根为择法、正见。什么是见呢？《杂阿含经》卷二十八云："何等为正见？谓正见有二种，有正见是世俗，有漏，有取，转向善趣；有正见是圣，出世间，无漏，无取，正尽苦转向苦边。"① 也就是生灭缘起论，以生灭无我来诠释世俗谛和胜义谛为般若。

二 般若的发展

部派佛教中发达的阿毗达磨不断补充发挥对般若的定义。例如在《法集论》《分别论》《人施设论》等诸论书，以及比这些初期阿毗达磨更前阶段的《义释》《无碍解道》中，皆可见到阿毗达磨式的定义。然而此时的般若正见皆不出生灭缘起论析法灭法取空的范畴。佛灭后七百年出世的龙树菩萨以《中论》"不生亦不灭，不常亦不断，不一亦不异，不来亦不出。能说是因缘，善灭诸戏论。我稽首礼佛，诸说中第一"阐发缘起性空的深义；《大智度论》以中道正观来诠释般若并破斥一切外道邪见人，斥迦旃延尼子的义理"非释子所说，不可信受"，"是生死人，不知诸法实相"，"更有佛法中方广道人言，一切法不生不灭，空无所有，譬如兔角龟毛常无"。

《三论玄义》中引文说道：

> 二者学大乘者，名方广道人，执于邪空不知假有，故失世谛。既执邪空迷于正空，亦丧真矣。……二者方广道人，谓一切诸法如龟毛兔角，无罪福报应，此人失于世谛。然有宛然而空，故空名有空。既失空有，亦失有空。如斯之人亦失二谛。②

---

① 《杂阿含经》卷二十八，《大正藏》第2册，第203页上。
② 《三论玄义》，《大正藏》第45册，第6页上。

《摩诃止观》中亦提道：

> 又方广道人自以聪明读佛十喻，自作义云：不生不灭，如幻如化，空幻为宗。龙树斥云：非佛法方广所作，亦是邪人法也。……若于观支谓诸法幻化，起空尽相。此解虚无不见解心及诸法异，同如幻化。唯计此是，余悉妄语。此是方广见发也。①

般若正观正真的建立非龙树菩萨莫属，印顺法师《性空学探源》也论到：性空，根源于《阿含经》，孕育于部派的（广义的）阿毗昙论；大乘空相应经，开始发展出雄浑博大的深观。圣龙树承受了初期大乘，主要是《般若经》的大分深义，直探《阿含经》的本义，抉择阿毗昙，树立中道的性空（唯名）论，宣扬中道性空的大乘般若的兴起标志着对原始"空"的更新定义。

三　汉地早期般若

佛法东传初期，佛教信仰无非是：取法祠祀。其教旨清净无为，省欲去奢，已与汉代黄老之学同气。而浮屠作斋戒祭祀，方士有祠祀之方。佛言精灵不灭，道求神仙却死。相得益彰，转相资益。东汉桓帝时来华的小乘佛教代表安世高，就常用黄老学中的"清静""无为"格义小乘禅法。

《般若经》的传译自汉末的支娄迦谶始，中经支谦、朱士行、竺法护等人的持续努力，受到了名僧与士大夫的欢迎，因而麈尾清谈，冶游诗赋，清谈玄学的佛教蔚为风气，大力推动了般若学在汉地的发展，产生了既不完全同于印度的大乘般若学说，又与玄学有异的中国式的般若思潮，即后世所谓的"六

---

① 《摩诃止观》卷十，《大正藏》第46册，第132页下。

家七宗"。虽然两晋般若学流行,但是学者都以庄老格义,以致异于般若本义。六家中以道安法师最近般若实义,然而僧叡慨叹道安"炉冶不尽,微恨不尽"。《肇论》中评破三家:"心无者,无心于万物,万物未尝无,此得在于神静,失在于物虚。即色者,明色不自色,故虽色而非色也。夫言色者,但当色即色,岂待色色而后为色哉?此直语色不自色,未领色之非色也。本无者,情尚于无,多触言以宾无,故非有。有即无,非无,无亦无。"①《肇论·序》评之为"庄老所资猛浪之说","夫般若虚玄者,盖是三乘之宗极也,诚真一之无差,然异端之论,纷然久矣"。②

四 汉地般若全盛期

鸠摩罗什于后秦弘始三年入长安,与弟子译成《大品般若经》《法华经》《维摩诘经》《阿弥陀经》《金刚经》等经和《中论》《百论》《十二门论》《大智度论》《成实论》等论,系统介绍龙树中观学派的学说。缘起性空论成为这一时期般若观的正见。罗什与其弟子代表了汉族地区正统的般若思想,成为佛教回归的建立者。僧肇撰写《般若无知论》《物不迁论》《不真空论》等著作,以"动静不异""用寂体一""不尽有为不住无为"等理论阐释般若经义,般若思想在中国汉族地区才和玄学清谈的思想严格地区分开来,"缘起性空"强调"空慧"的般若思想代表了一个时期。"中道",在大小品《般若经》和《大智度论》中多次提到,与"性空""毕竟空""如如"(真如)、"诸法实相""实际""法性"等同义。而《涅槃经》则以"佛性"解"中道"。

---

① (后秦)僧肇:《肇论》,《大正藏》第45册,第152页上。
② (陈)慧达:《肇论序》,《大正藏》第45册,第150页中。

五　慧文大师的般若观

天台宗的核心思想来自慧文大师对般若的独到解读，发明"三智实在一心中得"的般若观。《佛祖统纪》卷六说：

> 师夙禀圆乘，天真独悟，因阅《大智度论》，引《大品》云：欲以道智具足道种智，当学般若；欲以道种智具足一切智，当学般若；欲以一切智具足一切种智，当学般若；欲以一切种智断烦恼及习，当学般若。一切智属二乘智，道种智属菩萨智，一切种智是佛智，经云般若是佛母，般若出生一切法，三根性若欲得三智故说当学般若。《论》自问曰：一心中得一切智、道种智、一切种智，断一切烦恼及习，今云何言以一切智具足一切种智，以一切种智断烦恼及习？答曰：实一切一时得，此中为令人信般若波罗蜜故，次第差别说，欲令众生得清净心，是故如是说。复次虽一心中得，亦有初中后次第，如一心有三相，生因缘住，住因缘灭。又如心心数法，不相应诸行及身业口业。以道智具足一切智，以一切智具足一切种智，以一切种智断烦恼及习亦如是。师依此文以修心观。①

论中问"一切智（二乘智）具足一切种智（佛智），以一切种智断烦恼及习"，如果是次第说二乘智不说具佛智，唯以一切智断烦恼，今以"一切智具足一切种智，以一切种智断烦恼及习"，正是论述以圆融般若正体来断烦恼。

一切智、道种智、一切种智同是般若本体，三谛本是一法。

---

① 《佛祖统纪》卷六，《大正藏》第49册，第178页中—下。

实一切一时得,故说即一。般若本来是一法"实一切一时得","此中为令人信般若波罗蜜故,次第差别说","欲令众生得清净心,是故如是说",也就说在论述上有先后次第,般若本体是圆融无有次第的。根性有差别故,因此而差别说,虽然差别说,而又不碍无差别。即是"即三即一"、而一而三、即三而一的圆融三谛,三谛圆融即是一切种智,观慧圆融因此成就"时一切种智断烦恼及习"。①

《论》中"三智实在一心中得",且果即一心而得,因岂前后而获?故此观成时证一心三智,双亡双照,即入初住无生忍位。虽然三谛是圆融的,因众生的根性而又不碍次第差别的修证,"复次虽一心中得,亦有初中后次第,如一心有三相,生因缘住,住因缘灭。又如心心数法,不相应诸行及身业口业"。此即慧思大师所说般若中"一心具万行"的次第义。

以道种智具足一切智,以一切智具足一切种智,互具互融,三谛相摄,从果望因,圆融三谛,故说"三智实在一心中得""观成时证一心三智"。师又因读《中论》至四谛品偈云:"因缘所生法,我说即是空,亦名为假名,亦名中道义。"因而创立"一心三观"法门,确立了以般若为核心的观慧,成为天台一宗般若观的发轫。

六 慧思大师的实相论

慧思大师承袭了慧文大师的般若观,天台宗人向来虽一脉相承而又不失发展创造,文师以三谛释般若,思师以实相释般若。据《大智度论》与《法华经》以"空即假即中"的"三谛圆融"般若观,会通融合《法华经》中"十如是"实相论,全新诠释三谛圆融即实相的妙理,建立了天台一宗独特的实

---

① 《佛祖统纪》卷六,《大正藏》第49册,第178页下。

相论。

《摩诃止观》卷首缘起中说"慧思师事慧文禅师","文师用心,一依释论"。慧思大师早期以修习《法华》《方等》经为主。《续高僧传》卷十七《慧思传》云,"诵《法华》等经三十余卷,数年之间千遍便满","又梦随从弥勒与诸眷属同会龙华,心自惟曰:我于释迦末法受持法华,今值慈尊感伤悲泣豁然觉悟"。① 慧思大师十五出家修道,诵《法华经》及诸大乘。慧思大师与般若的结缘,在二十岁后,遍历齐国诸大禅师学摩诃衍,此时慧文大师,聚徒数百,众法清肃,道俗高尚,乃往归依,从受正法。

关于"实相",《法华经·方便品第二》:"唯佛与佛,乃能究尽诸法实相。所谓诸法如是相、如是性、如是体、如是力、如是作、如是因、如是缘、如是果、如是报、如是本末究竟等。"②《法华经科注》:"南岳师读此文皆云如,故呼为十如。"③ 依《大智度论》卷三十二说,"如"就是诸法实相的异名,故呼"十如",即性等十如诸法当体即是实相。

《大智度论》卷五:"除诸法实相,余残一切法悉名为魔。"何以故?论云:"三世诸佛,皆以实相为师。"卷七十九云,诸法实相有各种名字,或说空,或说毕竟空,或说般若波罗蜜,或说阿耨多罗三藐三菩提。实相与般若毕竟空,本来不二,无有差别,只是"诸法实相有各种名字"而已。《佛藏经》卷上云:"何等名为诸法实相?所谓诸法毕竟空无所有。"《思益经》记文殊师利云:"一切法平等无有差别,是实相义。"

慧思大师即据此而建立诸法实相的理论。智者大师约义三转读以般若空假中对释"十如是",即成:一者是相如,是性如

---

① 《续高僧传》卷十七,《大正藏》第50册,第562页下。
② 《法华经》卷一,《大正藏》第9册,第5页下。
③ 《法华经科注》,《续藏经》第31册,第25页下。

乃至是报如，如名不异即空义也，如即是空二者如是相，如是性乃至如是报，点空相性名字施设迤逦不同即假义也。三者相如是、性如是乃至报如是，如于中道实相之是即中义也。分别令易解故，明空假中得意为言空即假中，约如明空一空一切空，点如明相一假一切假，就是论中一中一切中，非一二三而一二三，不纵不横，名为实相，唯佛与佛究。从"十如是"与"三谛"的转读实现了《般若》与《法华》完美的结合，也完成了师资的相承，"三谛"的"相即相融"开启了实相论的全新时代。

七　慧思大师的般若观

智𫖮大师，字德安，俗姓陈氏，颍川人，年十八投湘州果愿寺沙门法绪而出家，精通经论而常乐禅悦，怏怏江东无足可问，乃于陈文帝天嘉元年（560）23岁，入光州大苏山，诣慧思禅师，受业心观，心缘苦行，常令代讲。《续高僧传·慧思传》载：后命学士江陵智𫖮，代讲金经。至"一心具万行"处，𫖮有疑焉。思为释曰：汝向所疑，此乃大品次第意耳，未是法华圆顿旨也，吾昔夏中苦节思此，后夜一念顿发诸法，吾既身证，不劳致疑。以智者大师"怏怏江东无足可问"的背景，慧思大师对其"一心具万行"的决疑是根本性的，"一心具万行"最能体现慧思大师的般若观。

"一心具万行"出自《大智度论》"释一心具万行品"第七十六。慧思大师对此认定为"此乃大品次第意耳，未是法华圆顿旨也"。

那么什么才是圆顿旨呢？在《法华经安乐行义》中，大师对修《法华经》菩萨行的"圆顿旨"解释为："法华菩萨即不如此，一心一学众果普备，一时具足非次第入，亦如莲华一华成众果，一时具足，是名一乘众生之义。是故《涅槃经》言，或有菩萨善知从一地至一地。《思益经》言，或有菩萨不从一地至一地。从一地至一地者，是二乘声闻及钝根菩萨，方便道中次第修学。不从一地至一地者，是利根菩萨，正直舍方便，不修次第行。若证法华三昧，众果悉具足。"① 在这里，《法华经》"圆顿旨"是一时具足，众果普备，非次第入，不从一地至一地者，正直舍方便，不修次第行。

"一心具万行"智者大师请思师决疑时思师判为"此乃大品次第意耳，未是法华圆顿旨也"。而同是"一心具万行"智者大师在自己著作《菩萨戒义疏》中解释为："圆教圆修，一心具万行。"《释禅波罗蜜次第法门》卷四"五正观能治罪障者"，引普贤观云："端坐念实相，是名第一忏，众罪如霜露，慧日能消除。复次如世余药，各随对治，能治一病，不能遍治一切病也。阿竭陀药即能遍治一切众病，是名非对非转非兼治，亦能具足一切禅门。如《大品经》说：欲学一切善法，当学般若。所以者何？譬如王来，必有营从。若般若慧发，则一心具足万行，此则可以如意宝珠为喻。"② 此中所诠释的"一心具万行"与思大师"圆顿旨"完全是同一味。又《四教义》："《大品经·具足品》云：诸法虽空，一心具足万行。《法华经》云：合掌以敬心欲闻具足道。《涅槃经》云：金刚宝藏无所减缺，故名圆教也。"③ 此上列中"一心具万行"为圆教义，与慧思大师安乐行的"圆顿旨"同味。

有人见到慧思大师对智者大师关于"一心具万行"疑问的解释，便认为由于慧思长期持诵《法华》，对它有极深刻的信仰，所以他的中心思想虽属于"般若"，但更推崇《法华》；认为从佛的教化辗转增胜上看，《法华》所说要比《般若》更进

---

① （陈）慧思：《法华经安乐行义》卷一，《大正藏》第46册，第698页下。
② （隋）智𫖮：《释禅波罗蜜次第法门》卷四，《大正藏》第46册，第504页下。
③ （隋）智𫖮：《四教义》卷一，《大正藏》第46册，第722页中。

一步，称《法华》为大乘顿觉疾成佛道的法门……慧思大师特别指示说，《大品》所讲还是次第义，到《法华》才讲圆顿义。若《大品》定是次第义，慧思大师与智者大师同是引文般若"一心具万行"，何故智者大师又说是圆教义？这其中难道师资不符？若定不同天台师承必不称南岳。

《法华玄义》卷第一下"二定妙法前后"，光宅云云："妙者一乘因果法也。待昔因果各有三粗，今教因果各有三妙。昔因果粗者，因体狭因位下因用短，……是为昔因三义故粗也。昔果粗者……止除四住，不破无明。又八十年寿前不过恒沙，后不倍上数，是故用短。是为昔果三义故粗。今因体广位高用长者，会三为一收束万善，今果三义故妙，即是一乘因果之法妙也。"① 由此可见，今人的"《法华》所说要比《般若》更进一步"，"《大品》所讲还是次第义，到《法华》才讲圆顿义"的认识，是与陈朝的光宅云法师的见解相同。

智者大师难光宅云：

> 若谓昔因体狭为粗，指何为昔？若指三藏等可然。若指法华已前，皆称为昔，此不应尔，何者？般若（般若时）说一切法皆摩诃衍，摩不运载，思益明解诸法相，是菩萨遍行，华严入法界不动只洹，净名一念知一切法是为坐道场，昔因如此无所不收。若为是狭，……般若是无上明咒，无等等明咒，……净名叹菩萨德近无等等佛，自在慧十方作魔王者，皆是住不可思议解脱，……净名云（方等时）：虽成佛道转法轮，而行菩萨道。又云：诸佛秘藏无不得入，则见理不下。②

> 释论云（般若时）：处处说破无明三昧，是事不知名为

---

① 《妙法莲华经玄义》卷一，《大正藏》第33册，第691页中—下。
② 同上书，第691页下—692页上。

无明,……佛一切种智知一切法,明无明无二。若知无明不可得,亦无无明,是为入不二法门。……又一日行般若,如日照世胜萤火虫,若人入薝卜林,不嗅余香,……色无边,故般若亦无边,受想行识无边,故般若亦无边,当知! 昔教行人理俱长,长故是妙。……般若是佛母,十方佛皆护。净名云(方等时):未曾闻此实相深经。当知! 昔果体备众德也……昔果位具四一,皆高皆妙。果用长短四难者。①

"因体为狭为粗"是指在教中论及体中具不具不法,空中是否论及不空,若但空不具法是名体狭,反之则为体广为妙。光宅云法师的"今"即是指的法华,"昔"即是指的前四时"华严""阿含""方等""般若"。文中说"昔"若是指三藏教可许为因体为"狭"为"粗",因为三藏教但空不具诸法。但若指"昔"为"华严""方等""般若"则不然,因为"华严""方等""般若"中都含有圆教义。若具有圆义,则具足诸法是广是妙而非"因体为狭为粗",所以若指法华前四时都为"昔"是"因体为狭为粗"是错误的。

光宅云认为"今"是妙,"昔"是粗。《教观纲宗科释》说"般若"带通别正明圆教,会通一切世出世法,皆摩诃衍互具互融,是圆教也,圆即是妙。智者大师则举"昔"方等、般若中圆意,破光宅云的"今"比"昔"妙,斥其未达般若与法华深义,故说:"光宅用法华之妙,待前诸教皆粗,巨有所妨。"因此若是以"《大品》所讲还是次第义,到《法华》才讲圆顿义"的认识是错误的,因为《大品》般若中是具有圆义的,如上文智者破光宅云。

"一心具万行",智者大师是以"圆顿旨"来阐释。若是

---

① 《妙法莲华经玄义》卷一,《大正藏》第33册,第692页上—中。

"圆顿旨",慧思大师又如何斥"此乃大品次第意耳,未是法华圆顿旨也"呢?

《摩诃般若波罗蜜经》"一念品"第七十六:

> 须菩提白佛言:世尊,若一切法性无所有,菩萨见何等利益故,为众生求阿耨多罗三藐三菩提?佛告须菩提:以一切法性无所有故,菩萨为众生求阿耨多罗三藐三菩提。何以故?须菩提,诸有得有著者难可解脱。须菩提,诸得相者,无有道无有果无阿耨多罗三藐三菩提。……须菩提,无所得即是道即是果即是阿耨多罗三藐三菩提。……以诸法无所得相故,得菩萨初地乃至十地。
>
> 云何菩萨摩诃萨不远离般若波罗蜜故?一念中具足行六波罗蜜乃至八十随形好,住无漏心布施,于无漏心中不见相,所谓谁施谁受所施何物,以是无相心无漏心。断爱断悭贪心而行布施,是时不见布施,乃至不见阿耨多罗三藐三菩提法。……以无相心无漏心修智慧,不见是智慧,乃至不见一切佛法。……以无相心无漏心修四念处,不见是四念处乃至八十随形好。……何以故?一切法皆以内空故空,外空故空,内外空故空,空空有为空无为空毕竟空无始空散空性空一切法空自相空故空。……所谓毕竟空无法无众生,诸法尚不可得,何况有众生。……菩萨摩诃萨行般若波罗蜜,无相无作无得诸法中,用身心精进能具足毗梨耶波罗蜜。
>
> ……是菩萨尔时不受色法乃至识,不受一切法若善若不善。若世间若出世间,若有漏若无漏,若有为若无为,如是一切法皆不受,是菩萨得阿耨多罗三藐三菩提时。[①]

---

① 《摩诃般若波罗蜜经》卷七十六,《大正藏》第 8 册,第 386 页中—389 页下。

《教观纲宗科释》:"或说法性离一切相,非生死非涅槃,非有为非无为等,则是带别教义","处处说行布次第,则为权机说别教"。"行布次第"即是指别教菩萨次第伏、断三惑,缘佛法界之理,断九法界之恶,修习次第三观,理事隔历,累劫成佛,如是之教道。

传灯大师《楞严经玄义》卷第二云:"若别教菩萨,诸大乘经皆明经劫修行万行,及今圆经题目经文皆总说万行。"这里提到对"万行"的定义,别教菩萨经劫次第修万行,只是说理上"一心具足万行",然理寓于事,须得事上万行圆满,方显一心妙用。而圆教菩萨"总说"万行,也就是一行具足万行,一行一切行。别、圆二教"万行"名义虽同,"但理体具足及不具足有异耳"。别教人所修的空假以不具足中道理,不说一三相即,既不能一行一切行,是故要须要经劫一一历别次第修习。同卷又云:

> 《大品般若》明两种万行,今经纯圆唯是一种,但万行名义佛说虽尔,次及不次唯证乃知,证之之位复有真似。似位而证者,如南岳自言一夏亲证是也。真位而证者,如智者明初住缘因善心开发云,一切善根登于初住一时显理。①

一心具足万行诸波罗蜜,乃至即是住大慈大悲十力四无所畏十八不共四无碍智大悲三念六神通四摄法波罗蜜一切三昧陀罗尼等,此乃圆教一心具足一时顿证,非比别教行向出假位中次第修证之义,是为行究竟。

蕅益大师《大佛顶楞严经文句玄义》云:

> 谓圆教一切菩萨,亦惟繇此大佛顶理,故能一心具足

---

① 《楞严经玄义》卷二,《卍续藏》第13册,第16页中一下。

万行，而十八界七大，随举一事，皆悉毕竟坚固，始终修证，无能摧伏。若不悟此大佛顶理，则虽积集万行，而于一切事法，终非毕竟坚固。且如藏通菩萨，始终不知大佛顶理，故虽事度理度，历劫辛勤，终归灰断，不名坚固。别教菩萨，初心不知，登地方知，虽获坚固，犹未毕竟。惟圆教菩萨，先悟此大佛顶理以为真因，所以十八界七大，随举一事为所观境，皆得毕竟坚固也。①

又《教观纲宗科释义》：

若云依第一义空得成诸法犹是别义，若云即第一义空顿具诸法诸法无非第一义空乃是圆义。

圆与别次第与不次第的根本差别，就在于"第一义空"具不具法。《天台传佛心印记》："只一具字，弥显今宗。"②

慧思大师以般若圆义结合《法华经》的实相论，立法华行法"有相三昧"与"无相三昧"观法。③《法华经安乐行义》："何故名为无相行？无相行者，即是安乐行，一切诸法中，心相寂灭毕竟不生，故名为无相行也。""不住色无色，行如是禅定，是菩萨遍行，毕竟无心想，故名无想行。"此中"心相寂灭毕竟不生"更是以无相般若为修习"无相行"之观法。"复次有相行，此是《普贤劝发品》中，诵《法华经》散心精进，知是等人不修禅定不入三昧，若坐若立若行，一心专念法华文字，精进不卧如救头然，是名文字有相行。"《法华经》宣扬一诸法实相，"一色一香无非中道"，"举手低头皆能作佛"，"诵《法华经》散心精进"，即是实相行。文中以《般若经》六自在王性

---

① 《楞严经文句玄义》卷上，《卍续藏》第13册，第207页上。
② 《教观纲宗科释义》，《卍续藏》第57册，第502页下。
③ （隋）慧思：《法华经安乐行义》卷一，《大正藏》第46册，第700页上。

清净中"眼"为例,用般若慧导法华实相行,说:

> 有人求道受持《法华》读诵修行,观法性空,知十八界无所有性,得深禅定,具足四种妙安乐行。……眼见色时,作是思惟:今见色者谁能见耶,眼根见耶,眼识见耶,空明见耶,为色自见意识对耶?若意识对盲应见色,若色自见亦复如是。若空明见,空明无心,亦无觉触不能见色。若眼识能见,识无自体假托众缘,众缘性空无有合散。一一谛观,求眼不得,亦无眼名字。若眼能见,青盲之人亦应见色。何以故?根不坏故。如是观时,无眼无色亦无见者,复无不见。男女等身本从一念无明不了妄念心,生此妄念之心,犹如虚空身如梦如影如焰如化,亦如空华求不可得。①

大师在另一禅观著作《诸法无诤三昧法门》中也说:

> 一切众生身,一念心中一时行,无前无后,亦无中间,一时说法度众生,皆是禅波罗蜜功德所成。
> ……复次欲坐禅时,应先观身本,身本者如来藏也,亦名自性清净心,是名真实心。不在内,不在外,不在中间,不断不常,亦非中道,无名无字无相貌,无自无他,无生无灭,无来无去,无住处,无愚无智,无缚无解,生死涅槃无一二。无前无后无中间,从昔已来无名字……
> ……如是观时,影云微风,皆悉空寂,无断无常,无生无灭,无相无貌,无名无字,既无生死,亦无涅槃,一相无相,一切众生亦复如是,是名总观诸法实相。②

---

① (陈)慧思:《法华经安乐行义》,《大正藏》第46册,第698页下—699页上。

② (陈)慧思:《诸法无诤三昧法门》,《大正藏》第46册,第627页下—628页上。

八　结束语

　　从历史来考察，佛教内部由于学派不同，排斥迫害异见者早已有之。道生大师校阅真俗研思因果，乃立善不受报顿悟成佛，笼罩旧说妙有渊旨，而守文之徒多生嫌嫉，与夺之声纷然竞起。又六卷《泥洹》先至京师，道生剖析经理，洞入幽微，乃说一阐提人皆得成佛。此时大本未传，孤明先发，独见忤众，于是旧学以为邪说，讥愤滋甚，遂显大众摈而遣之。《续高僧传》也说到僧可大师，六时有道恒禅师，先有定学，王宗邺下，徒侣千计，承僧可说法，情事无寄，认为是魔语。于是道恒遂深恨谤恼于僧可，货赇俗府，非理屠害，初无一恨，几其至死，道恒一干徒众庆快。僧可专附玄理，如前所陈，遭贼斫臂，以法御心，不觉痛苦，火烧斫处，血断帛裹，乞食如故。

　　慧思大师《立誓愿文》载自己讲经多次遭遇毒害的经历。先是淮南郢州刺史刘怀宝共游郢州山中，唤大师出讲摩诃衍义，是时为义相答，故有诸法师起大嗔怒，有五人恶论师以生金药置饮食中令食，所有余残三人啖之一日即死，大师于时身怀极困，得停七日气命垂尽。不久又被人请讲摩诃衍义一遍，是时多有众恶论师，竞来恼乱生嫉妒心，咸欲杀害毁坏般若波罗蜜义。第三次是在南定州，刺史请讲摩诃衍义一遍，是时多有众恶论师，竞起恶心作大恼乱，复作种种诸恶方便。

　　佛法虽然来自印度，是外来文化，但是中国僧人从来都不是一味地受教。如东晋道安法师提出"三分经"说，后来《佛地经论》传译汉地，内有"三分科判"，始证道安法师之先见。道生法师则在《大涅槃经》未传东土时，孤明先发，独见忤众，于是旧学以为邪说讥愤滋甚，遂显大众摈而遣之，后大本至于南京，果称阐提悉有佛性，与前所说合若符契。

　　佛教本来以慈悲立世，因论义"有五人恶论师以生金药置饮食中令慧思食"而群起杀心实为罕见，也从侧面反映了慧思大师的"摩诃衍义"与传统"摩诃衍义"已到了势不两立的地步。由慧思大师弘法经历及历次讲摩诃衍义被害，可以查考出慧思大师的般若思想与传统的般若思想之差别是显而易见的。慧思大师讲"摩诃衍义"历经"恶论师"的荼毒和迫害，面临生死危机，但是弘法之步并未就此而止，甚至还为光大法门而发大誓愿：我于彼时起大悲心念众恶论师，即发誓愿作如是言：誓造金字《摩诃般若》及诸大乘，琉璃宝函奉盛经卷，现无量身于十方国土讲说是经，令一切众恶论师，咸得信心住不退转！当气命垂尽，临死之际一心合掌向十方佛忏悔，念般若波罗蜜，这是对自修自证法门"吾昔夏中苦节思此，后夜一念顿发诸法，吾既身证不劳致疑"的自信，也是对众生的悲悯。

对慧思大师《立誓愿文》之思考

释任贤

（南岳大善寺学修班）

摘　要：笔者在南岳大善寺学修班求学，期间开设了《天台九祖传》课程，并特别教授三祖慧思大师的《立誓愿文》等，引起笔者对祖师的无限景仰之情。课余自学，对大师《立誓愿文》多加思考，今从：一、大师与南岳的因缘；二、末法思想内容及其征象；三、末法意识的缘起；四、末世护教之行；五、末法思想的现实意义等五个方面来论述之。

关键词：慧思大师　《立誓愿文》　末法思想　现实意义

从佛陀灭度直至两千五百年后的今天，随着佛教思想的发展，时间上也经历着正、像、末三时之变迁。其中末法意识已成为当今佛教界必不可少的思想体系与时代观念。这一危机意识早在中国佛教史上的南北朝初叶，就已实际存在了。在这期间，被尊为"末法观的先驱者"——天台宗祖师南岳慧思大师，就亲身经历了佛教界这一颓败时期。面临当时世乱的局面，慨叹之余，思大师不得不记述了《立誓愿文》，以表对当时佛教的末法警示。至今这一思想，不仅对中国佛教界产生着重大的影响，也为倡导复兴正法，作出了力挽狂澜的贡献。

一　慧思大师与南岳的宿缘

1. 关于慧思大师的生平简介

慧思大师（515—577）俗姓李，乙未十一月十一日（北魏宣武帝延昌四年，梁武帝天监十四年）于大魏国南豫州汝阳郡武津县（今河南上蔡县）出生。少时便"以弘恕慈育"而闻名闾里，由于常得梦中梵僧相劝，至年十五，遂辞亲入道，出家受具。出家后奉持守素，梵行清慎，道志弥笃，谢绝一切外缘，每日精勤益厉于常业。年二十，乃遍亲禅德，学摩诃衍，昼夜勇猛，终悟法华三昧。陈宣帝太建九年（577）六月二十二日，摄心谛坐至尽。世寿六十三，僧腊四十九。

慧思大师以其"止观双修，定慧并进"的思想与实践，在发展禅学的同时，也为以止观为核心的天台学思想的臻成奠定了基础，因而被尊为天台宗之三祖。作为中国佛教的一代宗师，南岳佛教的开山祖师，陈废帝光大二年（北齐后主天统四年），大师率僧照、大善等四十余僧径趋南岳。于此之后，便率众建寺立庙，讲经弘法，并著有《法华经安乐行义》《诸法无诤三昧法门》《大乘止观法门》《南岳思大禅师立誓愿文》《随自意三昧》与《受菩萨戒仪》等六部十卷的作品。不仅为后世留下了深远的影响，同时也为南岳佛教的发展与天台学的弘扬奠定了深厚的基础。他的成就是多方面的，其中最为令人震聋发聩的就是：时值末法乱世，为续佛慧命，其不畏生死、百折不挠的大无畏精神。不仅为当时中国佛教的发展翻开了重要的一页，也为新时期的后辈复兴传统佛教的使命，赋予了深刻的意义。

2. 慧思大师与南岳之宿缘

宋代志磐大师所做的《慧思传》中这样说："一日，师谓岳神曰'它日吾有难，檀越亦当有难。师指岩下曰：吾一生曾此坐禅,为贼断首。寻获枯骨一具(今福严一生岩)。至西南隅,指大石曰:吾二生亦曾居此。即拾骷髅起塔,以报宿修之恩(今二生塔)。又至蒙密处,曰:此古寺也,吾三生尝托居此地。因指人掘之,果有僧人器皿及堂宇之基。即筑台,为众说《般若经》(今三生藏)。众患无水,师以杖卓崖,虎因跑地,泉乃涌出(今虎跑泉是也)。"[1]

从这一记载,可知思大师曾三生修道于南岳,充分说明了其与南岳之缘分的深厚。

二 末法思想内容及其征象

1. 末法思想内容

在中国佛教的思想史上,末法观的初现,始肇于中国南北朝初叶,北朝魏齐之世。南岳慧思大师亲身经历了这一时期,他眼见佛教的种种败落之相,便心怀"不忍众生苦,不堪圣教衰"的悲愿,提出了末法思想,并且予以宣扬,以为末世之警觉。此举对中国佛教界的发展产生了积极的影响力。

自古以来,关于佛教教义中的"正、像、末"三时之时限,诸多经论所说互有异同。慧思大师在《立誓愿文》中,依据"释迦牟尼佛《悲门三昧观众生品本起经》中说,佛从癸丑年七月七日入胎,至甲寅年四月八日生,至壬申年十九,二月八日出家,至癸未年年三十,是腊月八日得成道,至癸酉年年八十,二月十五日方便入涅槃。正法从甲戌年至癸巳年,足满五百岁止住。像法从甲午年至癸酉年,足满一千岁止住。末法从甲戌年至癸丑年,足满一万岁止住。入末法过九千八百年后,月光菩萨出真丹国,说法大度众生。满五十二年入涅槃后,《首楞严经》《般舟三昧》先灭不现,余经次第灭。《无量寿经》在后,得百年住,大度众生,然后灭去,至大

---

[1] 《佛祖统纪》卷六,《大正藏》第49册,第179页下—180页上。

恶世"。① 又有一说为："释迦牟尼佛住世八十余年，导利众生，化缘即讫，便取灭度。灭度之后，正法住世迳五百岁。正法灭已，像法住世迳一千岁。像法灭已，末法住世迳一万年。"② 此一说，更为现世所普及。

2. 时代进入末法之征象

如果说佛教中正法与像法两个时期皆为佛法流传世间的高潮期与变质期，那么末法就是佛教法运的衰落期。

末法之衰颓情状，正如慧思大师在《立誓愿文》中所说："末法之中，是时世恶，五浊竞兴，人命短促，不满百年，行十恶业，共相杀害。"③ 且他自己就生在末法二十八年这样的浊恶之世中，文中所记叙其种种曲折经历，足以描绘出末法时期的到来与其立大誓愿的前景事实。

《法苑珠林》卷九十八《五浊部》所载："佛涅槃后当有五乱，一者当来比丘从白衣学法，世之一乱。二者白衣上坐白衣处下，世之二乱。三者比丘说法不行承受，白衣说法以为无上，世之三乱。四者魔家比丘自生现在，于世间以为真道谛，佛法正点自为不明，诈伪为信，世之四乱。五者当来比丘畜养妻子奴仆治生，但共诤讼，不承佛教，世之五乱。"④

佛灭两千多年后，佛法所延续的这一万年中，可以说是中国佛教发展史上的衰微期，或许，也将成为历史性的"转型期"。

三　慧思大师末法意识的缘起

慧思大师末法意识的形成与后世所唱之说，皆以魏齐佛教

---

① 《南岳思大禅师立誓愿文》，《大正藏》第46册，第786页中—下。
② 同上书，第787页上。
③ 同上书，第788页上。
④ 《法苑珠林》卷九十八，《大正藏》第53册，第1005页下。

的腐败与其个人修道所经历的种种际遇有着相关联系。

1. 生存背景之恶劣

从曹魏代汉到隋灭陈止（共计369年），这期间总称"魏晋南北朝"。这一时期战乱频仍，灾难深重，而慧思大师便生在了这个动荡不安的时代。这期间，中国佛教经历了多次法难，佛教教团内部也是鱼龙混杂，众生皆生活在水深火热之中，痛苦不堪。后隋灭陈，才有了相对稳定的局面出现。

北朝魏齐之世，佛教经历了有史以来第一次法难。自北魏太武帝废佛以后，其后诸帝皆奉行提倡佛教政策。看似稳定兴盛的佛教，却潜藏着教团不全、僧风浊乱等腐败现象。对于当时所值之世种种晦象的出现，思大师对佛教命运的发展心存担忧，深省与愤慨之即，便唱末法之说，以扭转当时佛教界所面临的颓废局面。

2. 修道弘法罹难

慧思大师末法意识的另一个主要外缘，就是其一生屡遭人迫害。正如《立誓愿文》中的自叙："年三十四时，在河南兖州界论议故，遭值诸恶比丘，以恶毒药令慧思食，举身坏烂，五脏亦烂，垂死之间而更得活。""至年三十九，是末法一百二十年淮南郓州刺史刘怀宝共游郓州中，唤出讲摩诃衍义。是时为义相答故，有诸法师起大嗔怒，有五人恶论师以生金药至饮食中，令慧思食。所有余残三人啖之，一日即死。慧思于时身怀极困，得停七日，气命垂尽"，"至年四十二，是法一百二十三年，在光州城西观邑寺上，又讲摩诃衍一遍。是时多有诸恶论师，竞来恼乱，生嫉妒心，咸欲杀害，毁坏般若波罗蜜义……"①

慧思大师游历弘法的过程中，屡遭佛教内部的"诸恶比丘"

---

① 《南岳思大禅师立誓愿文》，《大正藏》第46册，第787页上—中。

"诸恶论师"的阻碍,甚至有危及生命的经历。如此,也更加深了他对末法之世的感受。

四 慧思大师末世护教之行

1. 《立誓愿文》强调末法概念

《立誓愿文》全称《南岳思大禅师立誓愿文》,是南北朝时期慧思大师在四十四岁时,于光城县齐光寺造金字经典成就后所自撰的一部作品。此愿文取其本人一生事迹,主要叙述了他出家学道、习禅及在各地游化屡遭迫害,因而发心书写金字经本的因缘以及立誓修禅、证得解脱、得神通力、弘扬般若、广度众生的大愿。

2. 护持正法,自当义不容辞

身处末法时代的慧思,观见众生处于苦厄之中,辗转不已,顿生悲心。为拯救佛法不灭,众生皆能脱离苦海,便早年就发愿立誓,"欲求如来一切神通,若不自证何能度人,先学已证然后得行,自求道果为度十方无量众生"①。奉造金经文字后,其又为令佛法久住,护持正法,度化众生,便又发如是大愿:"我今入山修习苦行,忏悔破戒障道重罪。今身及先身,是罪悉忏悔。为护法故,求长寿命,不愿升天及余趣。愿诸贤圣佐助我,得好芝草及神丹,疗治重病除饥渴,常得经行修诸禅。愿得深山寂静处,足神丹药修此愿,藉外丹力修内丹。欲安众生先自安。己身有缚,能解他缚,无有是处。"②

誓愿文中,处处都表明了大师护法心切。在忏悔自身业障的同时,也祈请十方佛哀愍、加被、护佑于他,令其所愿所行,

---

① 《南岳思大禅师立誓愿文》,《大正藏》第46册,第787页上。
② 同上书,第791页上。

皆能速证速成。

由此可见，慧思大师并没有归降于末法的浊恶之世，随波逐流。而是为避免法灭的厄运到来，衡虑而作，为自己设立目标，先自求道果，然后度化众生。

这期间，虽历经磨难，但护法之心终未动摇，足以表现其坚定的毅力与不畏困苦、笃行佛道的护法精神。《法华经》中说："我灭度后，有六万恒河沙等菩萨于娑婆世界护持读诵，广说《法华经》。"

慧思誓度一切众生之宏愿与大乘菩萨的入世精神，在某种意义上，有着不约而同的融合性。

五　慧思大师末法思想的现实意义

综合慧思末法意识的缘起与对后世所产生的广泛影响，可以进一步看出，中国佛教发展至今，其历史与思想所经历的种种突破，也使人们对佛教本来精神的贯彻，产生了积极的意义。

1. 明末法之本体

佛教发展至今已有两千五百多年的历史了，能够传承至今，与中华民族博大精深的文化有着水乳交融、密不可分的联系。但不可否认的是，这每一步的发展过程，更是历代高僧大德持久不懈、笃实践行佛陀精神的证明。时至今日，科学技术与物质文化飞速发展，使得人们从农耕时代进展成当今商品经济、信息化的时代，各种欲望充斥着我们的身心，久而久之，我们便迷失了自己最初简单、明净而真正充满活力的心。

鸦片战争后，中国人民对摆脱现实处境有了更为迫切的心情。当时传统佛教及其思想理论已衰败至极，但浓厚的民间信仰，使得佛教的发展有着不断强化之势。太平天国期间，太平军肆无忌惮地破坏寺庙。清末民初，国民革命的爆发，又使佛教再度受到严重打击。抗战期间,更是寺破僧残,僧徒终日惶惶不安。佛教一直在走下滑路线。而其原本的核心思想理论也随之渐尽,这时的宗教文化已经失去了它独有的特色,取而代之的是被严重歪曲后的迷信观念。

近代,佛教的发展已呈现出了不可言状的衰败之势,不得不说,中国的佛教正在面临着严峻的考验!

(1) 致力于僧伽教育

首先,佛教僧团的队伍虽日渐庞大,但不乏鱼龙混杂——多以寺院为寄生之所,只图赖佛逃生,并未真实好心出家的情况屡见不鲜。究其根本,就在于人们没有真正了解佛法的意义,亦未对其产生正信的信心,这是今日佛教为何要致力于僧伽教育的原因之一。太虚大师曾严厉批评说:老幼男女烧香拜佛者甚多,考其真正能了解佛法意义,正信不谬者,则如凤毛麟角……佛教界内部的腐败,从根本上动摇了佛教的基础,也招致了社会其他力量的排斥,所以改革佛教势在必行。针对部分出家目的不明、发心不正的僧徒,应予以循循善诱,令其发真实之道心,做一个真正的修道人,切实地在修行上多下功夫。

佛教僧团文化素质与道德水准的不足,不仅影响了整个僧团的提升性,同时也严重损害了佛教形象。所以在当今,僧众教育是挽救佛教的关键,也是佛教能否与时代变化相适应的首要问题。记得有一本书上曾写过这样一段话:民国肇始,百事维新,尤以教育学制推行及于全国,而佛教徒故步自封,不思迎头赶上,以致演成庙产兴学之风甚嚣尘上,一般明哲大德目击斯变,忧心如焚!深知,欲谋挽救,非造就僧才不可。欲造就僧才,非办僧教育不可。这就表明了,在当今社会环境的急剧变化和现代教育的迅速发展中,僧伽教育在佛教发展中具有重要的意义。

(2) 加强僧伽制度

佛教传统改革的活动中,加强僧制,健全僧团纪律,亦为现前当务之急。太虚大师所作《整理僧伽制度论》中就提出要对僧伽严加训范,以佛法为学修的中心,旁及近代新思想,培养僧众高尚、优秀的品德和全面、完善的知识,以菩萨入世的精神去觉悟、救度世人,从而提高僧伽的社会地位。对于佛教长期以来所存在的固病,这种设想似乎不能从根本上解决问题,所以就从佛教内部的自省着手,进行对自身的改革,即从整顿僧制开始。

《历代僧制泛论》一书中,便从历代僧制的考察出发,详细阐述对僧制改革的认识。其中在论及僧制存在的意义时说:社会团体,欲其保持精神,长久弗挫,非先立有一种完善制度,共同遵守,必不能革除猥病,独立不移。佛教传入中国,已有千数百年,而能保存余绪,不致费坠者,赖有僧制之继续存在,以维持其命脉也。僧制若能克振,内可以涵濡德行,陶铸英才;外可以宣扬佛法,化导社会。社会果尔深久认识佛法,则知尊崇道德;息灭贪嗔痴,以礼让化强暴,以慈祥胜斗争,岂唯个人身心受益,即未来劫远,亦可消灭无形矣。

对于佛教的自身反省,僧众应当自强不息,革去弊端,挽救佛法。《历代僧制泛论》最后的结论说:凡是畦衣之士,不必空怀警惕,应从速各各负起责任,共纾患难。勿希望破坏者之赔偿损失,勿依赖一二大德之努力撑持,勿坐待天龙鬼神之间护默佑。只有急起直追,发愤图强,打破旧有因循观念,结成真正和合团体,大精进大勇猛,不受任何恶劣环境所支配……能如此做起,庶能挽救危亡于万一矣。佛教长期处于交困之中,若仅寄希望于外部环境的改善,已没有任何实际意义。只有从自身做起,从自律、自强出发,以历代高僧为榜样,在不断完善自我道德修养的同时,挽救佛法劫运才有希望。佛教的存在与发展,有赖于佛教徒自身的奋发努力,脚踏实地,切身地力行于当下。

2. 负天下之大任

修行,就是要把一个"道"字融会贯通于生活中,贯彻到行住坐卧的威仪上，培养盎然道气，散发古朴道风。《夹山奕叶集序》中说：夫人厕于天地万物之间，卓然称灵矣，若不克自振奋，求符其实，甘堕庸碌者流，终其一生无建树，固己负此昂藏之躯，得无为万物所嗤笑乎？吾辈况复剃发染衣，寄迹佛门，有尘外高士之誉，试一整心摄虑，返观内照，必将增不寒而栗之悚！所以作为一个修道人，一定要对自身道德行为的实践，严格要求，俾令得以更高的提升。暇时常以慧思大师之"莫做佛法最后断种人"自勉，师古遗风，树立坚定的时代使命感与忘我的护法精神……

国为吾之国，吾不得不护。教为吾之教，吾亦不得不护。国得其护则民赖以救，教得其护则生赖以度。国与教相为依辅，民与生结成同体，斯可已矣！荷担如来之家业即是承负天下之大任，护国与度生同行，吾何独免！

概而言之，慧思大师末法思想的内涵，就是对正法久住充满信心的体现。面对末法种种不如意的现象，不论为僧为俗，皆有爱国爱教的必要。心中常常怀揣着众生与国家，依教奉行，做好当代的佛子，尽心尽力地弘扬佛法。"人能弘道，非道弘人"，这是每一位佛子应当承担的现实责任。

千古忧教第一僧
——慧思大师末法思想的当下解析

宋 雷

（木鱼佛学工作室）

摘 要：佛教发源于印度，却在本土上渐渐枯萎。而佛教自传入中国后，虽然也历经磨难，但多数时期仍然欣欣向荣，这与历代高僧大德的高瞻远瞩、具有深深的忧患意识和强烈的使命感是分不开的。中国南北朝时期的一代圣僧南岳慧思大师就是这方面的典型代表，他最早提出的佛教末法思想，是一种经久不衰、与时俱进的观念，影响至深至广。本文就慧思大师的这一思想，结合教内今天的形势，粗略作一解析。

关键词：慧思大师 末法思想 忧患意识 转换 担当

以"经纶三大教、出入百家言"而著称的当代国学大师南怀瑾先生，经常引用"人生不满百，常怀千岁忧"的诗句，劝人既要脚踏实地，又要胸怀天下，想大事，干大事，忧国忧民忧文化，还半是风趣半沉重地说：我们这一代人不用算命，生于忧患，死于忧患。其实，大凡有识之士，无不是以心忧天下为己任。他们"先天下之忧而忧，后天下之乐而乐"，"位卑未敢忘忧国"，古今中外，教内教外莫不如是。

就佛教而言，从它的发展轨迹来看，佛教在那个国家能够兴盛不衰，长久住世，则与那个国家高僧大德的责任意识、危机意识、忧患意识密不可分，特别是对于那些思想深谋远虑，影响力、号召力大的志士，所提出的睿智观点，往往影响着几代几十代，甚至千秋万代。1400多年前的慧思大师所提出的佛教末法思想，就是这样的一种观念、一种思想。

一　佛教中的末法观

从佛教的整体来看，它的末法观主要是关于佛教历史分期的理论，主要内容是把佛教在住世流传的过程中分为正法、像法、末法这样三个时期。是说佛教经过正法、像法、末法三个发展阶段，最终必然走向消亡的教义。从末法观的原始教义及慧思大师的末法思想中不难发现，它的本意是教导佛教徒，对此应有清醒的认识，有高度的责任感和深深的忧患意识，精进努力，使佛法久留人间，造福众生的理论。末法观的主要内容为：一是佛教缘起性空和成住坏灭的基本教义说明，佛教弘传必定经历正法、像法、末法的不同发展阶段，最终走向消亡，形成下一个大的久远劫的轮回；二是末法时期有十万龙天护持正法，佛教徒不必过分担心佛教在短时期内会消失，但要有高度的忧患意识、增强责任感与使命感，敢于担当，护持佛法长久住世；三是身处末法时期，只要正念正行，精进努力，创造条件，是可以变末法为正法的；四是末法观的主体是人，也就是僧众、信众、居士，特别是培养具有般若智慧、严持净戒、解行相应、正念正行的僧才和大德，才是正法久住的关键；五是末法时期，众生根机浅钝，提倡净土法门最当机，当然，禅净双修，小乘、大乘、密乘结合，显密圆融是再好不过的了，形成各宗各派各显其能，是最上乘的格局，定能开显佛法无限生机，利益人天。

末法观这种理论源出三藏教典，经中国古代佛教理论家们的发挥而臻于系统和完善,并成为中国佛教思想发展史上一种十分重要的思想观念,影响极其深远。但是,诸多教内外人士往往不能悉知末法思想的内容及其精髓,对于末法观的理解不免出现偏差,从而导致其对佛教的误解,甚至使佛教四众对自身所肩负的使命认识不清,危及佛教法运。有关此项内容它章再论。

二 中国提出佛教末法思想第一人

距今1500多年前的南北朝时期,是南岳慧思大师所处的时代,他亲身经历了佛教僧团鱼龙混杂的乱象,也亲眼目睹佛教破坏,他为此深深担忧,进而提出了末法思想的理念。他的这一思想,历久弥新,至今都广泛地影响着中国佛教界。

慧思大师是中国佛教改革的先驱者,因为改革必定会触动教内教外一些人的切身利益,所以改革者也必定会受到阻挠,这也是慧思大师屡次遭难的根本原因。由于蒙受迫害进而使慧思大师产生了另一种思想反映,这便是"佛法将灭"的末法观念的建立与重树。大师在《立誓愿文》中写道:"我慧思即是末法八十二年,太岁在乙未,十一月十一日,于大魏国南豫州汝阳郡武津县生。"① 像这种末法思想以及进入了末法时期的警觉,并且为之奔走呼号者,在中国的南北朝时代,特别是在慧思大师以前的中国佛教史上,几乎是绝无仅有的事,所以他也被后世尊称为"中国提出佛教末世思想第一人"。因此,慧思大师在中国佛教思想史上,也是末法观的先驱者。他高瞻远瞩,深感佛法将灭,但大师仍为佛法的存留于世而作最大的努力。就在撰作《立誓愿文》的同一年,他也造了金字《法华经》及金字《大品般若经》。在遭受了屡次三番的迫害之后的慧思大师,一

---

① 《南岳思大禅师立誓愿文》,《大正藏》第46册,第787页上。

方面警觉到末法景象已经降临世间，一方面也感觉到生命的短促、世相的危脆，既不能大展度众救世的悲愿，便退而兴起了厌离世俗、栖隐山林、独自修证的意念。这也正是中国正统禅宗思想的形态之一，在《立誓愿文》里面，有如下的叙述："应常念本愿，舍诸有为事，名闻及利养，乃至恶弟子，内外悉应舍。""若不自证，何能度人？先学已证，然后得行，自求道果。""欲安众生先自安，己身有缚，能解他缚，无有是处。""不得他心智，不应说法。"

今天，我们回顾慧思大师及历代祖师大德对佛教末法时代的忧思。并不是让我们消极、悲观，而是要激励正信的佛子承担起护法兴教的责任。恳切希望不甘教风日下的有志之士，奉行佛陀教诲，坚持戒行，力挽狂澜，坚持对教风、戒律建设，抑或教理教义的探索，展望未来，佛教在信仰、道风、教制、人才和组织五大建设等方面，任重道远。未来的佛教，应是积极利用新科技手段传播佛法的佛教，是积极加强国际对话与沟通的佛教。在关爱生命、慈善救济、心灵环保主题上，佛教僧团将积极发挥自己在民间的巨大影响，倡导适应现代社会发展的佛教新风，为世界和平、人间幸福作出自己独特的贡献。

三　如何变"末法"为"正法"

关于正法、像法、末法的时限，诸经论有四说，（1）正法五百年，像法一千年；（2）正法一千年，像法五百年；（3）正法、像法皆五百年；（4）正法、像法皆一千年。但对末法的年限为一万年此点则无异议。而一般则多采用正法五百年，像法一千年，末法一万年之说。

在中国，自从慧思大师的《立誓愿文》最早载明正法、像法、末法三时期的区分后，末法思想即广为流行。

慧思大师曾在末法之初立下大誓愿，做成金字《般若经》，意图在末法终了时，尚保留此法以教化众生，直到五十六亿七千万年之后，成道的弥勒佛出世为止。慧思大师的看法并非末法即法灭，而是末法止住一万年后才有法灭的到来。简言之，所谓正法灭的意识，是指正法、像法各有其止住年限，现在的末法虽是浊恶的，但其意识仍属法尚未灭的意识。大师在其末法意识极强的愿文中说，末法八十二年正值延昌四年（515）生于大魏国南予州武津县，自十五岁出家修行以来，学德渐具。三十四岁时，因论义之争，而为恶比丘所毒害，几陷死地。三十九岁时值末法一二一年，讲摩诃般若之际，五位随行同伴竟为恶论师所毒杀，自己亦遭毒害，气绝七日，幸未死亡。后亦屡遭同样的变故。末法一二四年，四十三岁时，再受恶论的迫害，有五十余日未得檀越布施。到了四十四岁乃为《立誓愿文》。由此可知，慧思大师在他的一生中，被同样身为出家人的佛教徒迫害，实为任何僧传上的记载所不能及的。而这种屡濒绝境的体验，也很可能就是直接使他产生末法意识的主要原因。故其乃借此愿文表达他强烈的末法观。在愿文的开始即云："本起经中说，佛自癸丑年七月七日入胎，至甲寅四月八日生，……癸酉年八十，二月十五日方便入涅槃。正法即从甲戌年到癸巳年满五百岁，像法则从甲午年到癸酉年满一千岁，末法从甲戌至癸丑年满一万岁……"① 此中展开了他的正、像、末法三时说。从这段文字的记载与前述其生年与年岁时，再三重述末法相当的年数，我们可以推知，慧思不仅有强烈的末法意识，同时，他还意图向佛教界宣讲末法到来的事实。

　　根据慧思大师自己的记述看来，这篇愿文的作成，乃558年之事，较那连提耶舍译出《大集经月藏分》的年代，还早七年，即北周太武帝废佛前十九年。因为承受慧思之法的天台智𫖮并无末法观——实际上他所说的只是"末法僧众多不称

---

① 《南岳思大禅师立誓愿文》，《大正藏》第46册，第786页中—下。

行"——所以有些人认为,愿文乃后人假托慧思的伪作。然而,前述之正法、像法、末法说,在五世纪所译出的经典早有记载,佛灭的年代在中国也出现过许多种说法,后人大可不必假托慧思之名。无论愿文是否为后世之人的假托之作,站在借此文以掌握隋唐佛教的特质而言,实无讨论或责怪的必要。

三阶教中正法、像法的区别以及其内容皆不明确,有关佛灭年代与因此导出的末法观点,则与其他诸师的思想轨道相同。但对第二阶"处"的看法,则视为净土、秽土、破戒破见的处所;对第三阶"人",则以"最上利根的一乘;利根、正见成就的三乘;破戒破见的众生"来分判;并主张末法的生盲佛法,此乃其学说极大的特色。根据这种三阶分判产生的教判,与为末法凡夫而存在的佛法等,将在后面几节详述之。如上所述之时乃末法,处为秽土,人则破戒破见,因此,各别学习一乘、三乘,会使佛法有了爱憎的差别,故标榜末法的佛教,应是普真普正的佛法。

笔者建议,用教内常说的那句话——正人用邪法,邪法也是正法;邪人用正法,正法也是邪法——来对治末法思想的负面效应,变"末法"为"正法",这才是我们今天讨论和弘扬慧思大师末法思想的意义所在。

四 走出末法时期的误区

佛教末法观在历史上的影响是多方面的,对佛陀的思念,佛陀圣物(如舍利)、佛塔、圣地、圣迹的崇拜,对佛教教义的诠释,佛教经典的结集、编撰、刻印、刻石、流通,宗派的形成,法门、宗风、戒律、宗教改革、僧教育、学术文化、建筑、艺术等都有深刻的影响。从现代来说,主要有如下几方面:

1. 应用得法,继续增强僧人的忧患意识

佛教末法观不是使人悲观,而是激励僧人站稳脚跟,知难而上，更加精进。若大家不苦心孤诣于佛法，必被外道埋没。佛法要灭，内部灭于邪见、经忏，外部灭于外道。这是台湾西莲净苑开山、当代弘扬净土法门的高僧智谕法师对于末法时代佛教存亡的忧患意识和弘扬佛法的清醒认识。1987年10月，智谕大病，仍然抱病勉强起床，给大家讲经，带领修学。他的一片苦心，溢于言表，说："我恐怕大家懈怠下去，所以很勉强支持。我为什么这个样呢？我也知道，我休息会舒服一点，可是我可怜末法时期的佛法，眼看没落了，正法无人传。如果我一口气不来，恐怕你们再听到这个法就很难了，所以我不敢偷懒。"无论是玄奘历尽艰险西行求法，鉴真双目失明东渡，还是虚云禅师三步一拜朝礼五台，智谕抱病讲经，愿为"弥陀孤臣"……这种奋不顾身、为弘扬佛法死而后已的精神，正是末法时代僧人的楷模。

2. 识别真假，摧邪扶正弘正法

末法时期，法弱魔强，佛法与相似佛法、外道乃至邪魔，真假难辨。《楞严经》卷六说："彼等群邪，亦有徒众，各各自谓成无上道。我灭度后，末法之中，多此妖邪，炽盛世间，潜匿奸欺，称善知识，各自谓已得上人法，诱惑无识，恐令失心，所过之处，其家耗散。"①

本来，在佛教看来，世间一切如幻如电，如露珠泡影。《红楼梦》所谓"假（贾）不假，白玉为堂金作马"，真真假假，真假难分。正法与邪法也是如此。

其实，邪与正、佛与魔的争斗，从来也未曾停止过，这个世界随时都在上演着一曲曲激浊扬清、弘扬正法的正气歌，也是新世纪中国佛教自立、自强、自尊、自律的庄严宣言，并向世人郑重宣告：中国佛教是以"庄严国土，利乐有情""爱国爱

---

① 《首楞严经》卷六，《大正藏》第19册，第132页中。

教，护国利民"为宗旨，以"狮子吼""金刚怒"、无坚不摧的钢铁决心反对邪教，尊重生命、尊重信仰、崇尚科学，这是任何力量也阻挡不了的。正义必定战胜邪恶，正法必定战胜歪理邪说，这是历史的必然，时代的召唤，也是全国人民、全人类的共识。

3. 应机说法，根据不同根器使用方便法门

中国佛教八大宗派中，虽然各有殊胜之处，但多是上根人得益，中下根人难蒙熏济，而弥陀净土应机最广，净土念佛法门于末法时代特别兴盛。所以，佛教许多高僧高瞻远瞩，不仅能认识和把握世界成住坏空的普遍规律，而且找到末法时代入道的最好途径——净土法门。

末法时代世界千变万化，诱惑甚多，固然修持不易，而这正好激励广大信众，精进努力。大家身处末法时期，佛教末法观对严持净戒，弘扬净土等殊胜法门，起了非常重要的激励作用。对佛教末法观，佛教界、学术界有不同的看法，这是很正常的现象。日本佛教界就有人不承认有末法时代。其实，他们并没有真正否定末法之说；如果说他们否定"末法"，也是有条件的，不是绝对的，因为他们认为，"只要肯修"，"只要创造有利的条件"，就是正法，就能延长正法的寿命，关键在于我们自己的努力。所以，套用《金刚经》的说法：说"末法"，即非末法，是名"末法"。如此而已。这和我们所说的正法与末法的辩证法有异曲同工之妙。

虚云高瞻远瞩，从佛法流布中土的历史明察当今之世态，揭示目前是末法时代，又指明"末法"可以转化为"正法"，关键在于佛弟子牢记自己肩负的历史使命，持戒修行，信愿坚固和精进办道。从慧思、静琬刊刻房山石经，到杨仁山创金陵刻经处，从太虚倡"人生佛教"的佛教改革，到虚云创建云南鸡足山、昆明华亭峰、福州鼓山、广东宝林山与云门山、江西云居山六大丛林，从台湾地区中华佛研所、慈济功德会、佛光山、中台山的崛起，到佛教走向世界，法水长流五洲，无不说明，只要广大佛教信众有坚定的信仰，坚强的愿力，严持净戒，积极精进，末法即为正法，正法衰微即可以变成正法久住。

五　结　语

末法时代，法弱魔强，如何应对？印光大师坚持扶正祛邪，以建设人间净土的正知、正见引导信众，九品高登，永离五浊；人人如此，则污浊人间即成极乐净土。总之，佛教末法观反映了佛教流传世间2500多年来，佛教徒畅佛本怀，兢兢业业，弘法利生的曲折而光辉的历程，表达了亿万佛子的忧患意识和"十万龙天护持正法"的崇高责任感与使命感，对于激励佛教信众识别邪正，革新佛教，严持戒律，精进办道，庄严净土，与现代社会主义和谐社会相适应，化世导俗，有重要的现实意义。

慧思大师对《大智度论》禅观之阐发与诠释

王晴薇

(台湾师范大学华语文教学系)

摘　要：在慧思大师现存禅观著作中，常可见到"具足摩诃衍"之定型句。在慧思大师多部传记中皆曾记载，慧思曾向慧文大师学习《大智度论》而证得"一心三观"。此外又如笔者于拙著《慧思法华禅观之研究——法华三昧与大乘四念处之互摄与开展》及《慧思禅观体系中之般若观行法门——以慧思传记及其著作中对〈摩诃般若波罗蜜经〉之引用及诠释为中心》中分析，慧思以《摩诃般若波罗蜜经》为主之大乘四念处禅观，为其法华三昧禅观开展之基础。可见《大智度论》禅观在慧思整体禅观体系中具有关键的重要性。

　　本文将详细分析慧思对批注《摩诃般若波罗蜜经》之《大智度论》如何引述阐发，来分析慧思如何采撷《大智度论》禅观，并对《大智度论》进行禅观诠释。本文预期将借由分析慧思大师对《大智度论》之诠释与阐发，来进一步理解汉魏六朝之大乘禅观。

关键词：慧思　《大智度论》　禅观　阐发　诠释

一　前　言

在慧思大师多部传记中皆曾记载，慧思曾向慧文大师学习

《大智度论》而证得"一心三观"。此外又如笔者于拙著《慧思法华禅观之研究——法华三昧与大乘四念处之互摄与开展》及《慧思禅观体系中之般若观行法门——以慧思传记及其著作中对〈摩诃般若波罗蜜经〉之引用及诠释为中心》中分析,慧思以《摩诃般若波罗蜜经》为主之大乘四念处禅观,为其法华三昧禅观开展之基础。可见《大智度论》禅观在慧思整体禅观体系中具有关键的重要性。

本文将详细分析慧思对批注《摩诃般若波罗蜜经》之《大智度论》如何引述阐发,来分析慧思如何采撷《大智度论》禅观,并对《大智度论》进行禅观诠释。本文预期将借由分析慧思大师对《大智度论》之诠释与阐发,来进一步理解慧思大师禅修思想之核心与般若实相禅观之义涵。

二　慧思法华三昧与般若禅观之关系

笔者曾于《慧思禅观体系中之般若观行法门——以慧思传记及其著作中对〈摩诃般若波罗蜜经〉之引用及诠释为中心》中由两个方向来探讨慧思禅观体系中的般若思想,第一是由慧思传记中与《摩诃般若波罗蜜经》相关的记载来讨论《摩诃般若波罗蜜经》在慧思生命脉络中的重要性;第二是由慧思对《摩诃般若波罗蜜经》及《法华经》之诠释之差异为起点,尝试为天台禅观体系提供一个新的思考面向及解读的角度。此一研究角度,乃由下列慧思大师与智者大师将有关《大品般若经》与《法华经》之间的关系之讨论为问题引发点:

> 后命学士江陵智顗,代讲金经,至一心具万行处,颇有疑焉,思为释曰:汝向所疑,此乃《大品》次第意耳,未是法华圆顿旨也。吾昔夏中,苦节思此,后夜一念,顿

发诸法，吾既身证，不劳致疑。①

由此段慧思与智顗师徒间的对话看来，《摩诃般若波罗蜜经》与《法华经》之间的关系及差异，正代表着天台行者修学过程中一个极为关键之环节与升进的转折点。在《摩诃般若波罗蜜经》中，与"一念中具足一切行"相关的统合概念，乃是"般若波罗蜜"，如在佛与须菩提的第六段对话中可见：

> 须菩提白佛言："世尊，云何菩萨摩诃萨行般若波罗蜜时，一念中具足六波罗蜜、四禅、四无量心、四无色定、四念处、四正勤、四如意足、五根、五力、七觉分、八圣道分、三解脱门、佛十力、四无所畏、四无碍智、十八不共法、大慈大悲、三十二相、八十随形好？"
> 佛告须菩提："菩萨摩诃萨所有布施，不远离般若波罗蜜，所修持戒（戒）、忍辱、精进、禅定，不远离般若波罗蜜。四禅、四无量心、四无色定、修四念处、乃至八十随形好，不远离般若波罗蜜。"②

在此段对话中，已经很清楚地将"不远离般若波罗蜜"作为菩萨一念中具足万行之理由。因此在《摩诃般若波罗蜜经》，须菩提更进一步地问菩萨应如何做，方能"不远离般若波罗蜜，一念中具足行六波罗蜜？"佛陀的回答是：

> 佛言："菩萨行般若波罗蜜时，所有布施，不远离般若波罗蜜。以不二相持戒时，亦不二相，修忍辱、勤精进、入禅定，亦不二相。乃至八十随形好，亦不二相。"③

---

① 《续高僧传》，《大正藏》第50册，第563页中。
② 《摩诃般若波罗蜜经》，《大正藏》第8册，第386页下。
③ 同上书，第387页上。

由此段问答可看出，菩萨之所以能"一念具万行"，乃因其以"不二相"行布施、持戒、忍辱等各种波罗蜜，及其他各行。

在拙著《慧思法华禅观之研究——法华三昧与大乘四念处之互摄与开展》中，笔者则说明慧思将《般若经》与《法华经》一起修习之方法，其实可以溯源至罗什僧团时期。如僧叡在《妙法莲华经后序》与《小品经序》二文中，致力发挥《妙法莲华经》与《般若经》之密切关系，并指出二者相辅，方为菩萨之正道。僧叡据《大智度论》以方便与智慧为鸟之二翼，缺一不可之喻来说明《妙法莲华经》与《大品般若经》的关系，以《般若》阐释迦智慧之深，以《法华》叹佛陀方便之用。更重要的是，若无方便之用，佛陀智慧之深无以显发。① 僧叡《小品经序》言：

> 《法华》镜本以凝照，《般若》冥末以解悬。解悬理趣，菩萨道也。凝照镜本，告其终也。终而不泯，则归途扶疏，有三实之迹；权应不夷，则乱绪纷纶，有惑趣之异。是以《法华》《般若》相代以期终，方便、实化冥一以俟尽。论其穷理尽性，夷明万行，则实不如照；取其大明真化，解本无三，照则不如实。是故叹深则《般若》之功重，美实则《法华》之用微。②

周伯戡提出，经由《法华》与《般若》之合流，罗什将中观系统推向另一个发展方向，在龙树及其后之印度中观学派的学者，对《法华经》甚少研究，亦鲜少在其中观论著中引用《法华经》经文。③ 周伯戡亦认为，罗什结合《般若经》与《法

---

① 见周伯戡《读僧叡〈小品经序〉》，《台大历史学报》1999年6月第23期，第157—198页。

② 《大正藏》第8册，第536页下—537页上。

③ 见周伯戡《读僧叡〈小品经序〉》，《台大历史学报》1999年6月第23期，第194页及注129。

华经》之思想，为第六世纪的天台宗提供了基本的发展方向。①笔者以为，周伯戡此一见解对于了解慧思禅观思想极为重要，而且以此观点来理解慧思之禅观，方能不忽略其禅观体系中以般若禅观为进入法华禅观之层次性与复杂性。②

由慧思多种传记来看，虽然慧思在青少年时期熟悉《妙法莲华经》之后，又以"遍历齐国诸大禅师学摩诃衍，恒居林野，经行修禅"的方式学习《摩诃般若波罗蜜经》，然而慧思之思想终究是以《妙法莲华经》为核心，以《摩诃般若波罗蜜经》禅观为完成法华禅观不可或缺之阶梯。(此点请见笔者《慧思法华禅观之研究——法华三昧与大乘四念处之互摄与开展》第五章至第七章)。慧思此种结合般若禅观与法华禅观之模式，与僧叡在《小品经序》中将《法华》与《般若》之重要性平行并列之做法虽有不同，然由慧思在诵毕千遍以上《法华经》后，在未以般若禅观深化其法华禅观前，并未急于讲说《法华》之历程来看，慧思亦认为若非经由般若禅观之深化，亦未能真正地成就"法华三昧"。由此角度来看，慧思对《般若》与《法华》二者并重之程度，并不亚于僧叡。

由于笔者之前的研究仅指出般若禅观在慧思法华三昧中之关键地位，尚未对慧思大师对《大智度论》禅观的阐发进行系统性的研究，因此本文将对此一议题进行分析。

三 慧思著作中有关"摩诃衍"的讨论

笔者《慧思法华禅观之研究——法华三昧与大乘四念处之互

---

① 见周伯戡《读僧叡〈小品经序〉》，《台大历史学报》1999年6月第23期，第195页。

② 参见笔者《慧思禅观体系中之般若观行法门——以慧思传记及其著作中对〈摩诃般若波罗蜜经〉之引用及诠释为中心》，《法鼓佛学学报》2008年第二期，第79—128页。

摄与开展》第五章至第七章已分析慧思《随自意三昧》《诸法无诤三昧法门》及《法华经安乐行义》中，与般若禅观有关之大乘"四念处"。《随自意三昧》中如何于六威仪（身念处之威仪行）中行六波罗蜜显然与《大智度论》有密切关系，《诸法无诤三昧法门》卷下的大乘四念处，在上段慧思大师与智者大师有关"一念具万行"中之讨论后开展，可能为以《法华经》对般若禅观之开展。

在《妙法莲华经·安乐行品第十四》中，有相当多关于般若实相空观之讨论：

> 文殊师利！云何名菩萨摩诃萨行处？若菩萨摩诃萨住忍辱地，柔和善顺而不卒暴，心亦不惊；又复于法无所行，而观诸法如实相，亦不行不分别，是名菩萨摩诃萨行处。[①]
>
> 复次，菩萨摩诃萨观一切法空，如实相，不颠倒、不动、不退、不转，如虚空，无所有性。一切语言道断，不生、不出、不起，无名、无相，实无所有，无量、无边，无碍、无障，但以因缘有，从颠倒生故说。常乐观如是法相，是名菩萨摩诃萨第二亲近处。[②]
>
> 又复不行，　上中下法，　有为无为，
> 实不实法，　亦不分别，　是男是女。
> 不得诸法，　不知不见，　是则名为，
> 菩萨行处。　一切诸法，　空无所有，
> 无有常住，　亦无起灭，　是名智者，
> 所亲近处。　颠倒分别，　诸法有无，
> 是实非实，　是生非生。　在于闲处，
> 修摄其心，　安住不动，　如须弥山。
> 观一切法，　皆无所有，　犹如虚空，

---

① 《大正藏》第9册，第37页上。
② 同上书，第37页中。

无有坚固。　不生不出，　不动不退，
常住一相，　是名近处。①

因此，在《法华经安乐行义》也有关于"摩诃衍"之重要讨论：

问曰：云何名为妙法莲华经？云何复名一乘义？云何复名如来藏？云何名为摩诃衍？云何复名大摩诃衍？如《大品经》说"摩诃"言"大"，"衍"者名"乘"，亦名"到彼岸"。云何更有"大摩诃衍"？云何复名众生义？

答曰：妙者众生妙故，法者即是众生法。

莲华者是借喻语，譬如世间水陆之华，各有狂华虚诳不实，实者甚少，若是莲华即不如此，一切莲华皆无狂华，有华即有实。余华结实显露易知。莲华结实隐显难见。狂华者喻诸外道，余华结果显露易知者，即是二乘，亦是钝根菩萨次第道行优劣差别，断烦恼集，亦名显露易知。法华菩萨即不如此，不作次第行，亦不断烦恼，若证法华经毕竟成佛道。若修法华行不行二乘路。

问曰：余华一华成一果，莲华一华成众果。一华一果者岂非一乘？一华成众果者岂非次第？

答曰：诸水陆华，一华成一果者甚少，堕落不成者甚多。狂华无果可说。一华成一果者，发声闻心即有声闻果，发缘觉心有缘觉果，不得名菩萨佛果。复次钝根菩萨修对治行，次第入道登初一地，是时不得名为法云地。地地别修证非一时，是故不名一华成众果。法华菩萨即不如此，一心一学众果普备，一时具足非次第入，亦如莲华一华成众果，一时具足，是名一乘众生之义。

---

① 《大正藏》第9册，第37页下。

是故《涅槃经》言或有菩萨善知从一地至一地。《思益经》言，或有菩萨不从一地至一地。从一地至一地者，是二乘声闻及钝根菩萨，方便道中次第修学。不从一地至一地者，是利根菩萨，正直舍方便不修次第行。若证法华三昧众果悉具足。

问曰：云何名众生妙？云何复名众生法耶？

答曰：众生妙者，一切人身六种相妙，六自在王性清净故。六种相者，即是六根。有人求道受持《法华》读诵修行，观法性空知十八界无所有性。

得深禅定具足四种妙安乐行，得六神通父母所生清净常眼，得此眼时善知一切诸佛境界，亦知一切众生业缘色心果报，生死出没上下好丑一念悉知。于眼通中具足十力、十八不共、三明、八解。一切神通，悉在眼通一时具足。此岂非是众生眼妙。众生眼妙即佛眼也。①

由上段引文来看，慧思大师乃将《大品般若经》及《大智度论》所表达之内容视为"摩诃衍"，然而《妙法莲华经》则代表了对于法性空更进一步的超越，使行者得以进入实相之深禅定，完成与深禅定相应之四安乐行，由此更开展出十力、十八不共、三明、八解等佛境界。

上段引文之解读，在《隋天台智者大师别传》中有关慧思大师的法华三昧与般若观行，特别是《大智度论》的关系中，也可得到一些线索。

又于一夏，行法华忏，唯行及坐，胁不至床。夏竟，叹曰："吾一夏勤苦，空无所获。"方欲放身，倚凭绳床，

---

① （陈）慧思：《法华经安乐行义》，载南岳佛教协会编《慧思大师文集》，岳麓书社2011年版，第26—27页。

慧思大师对《大智度论》禅观之阐发与诠释

豁然开朗,心意明澈,证入法门,未敢自信,试读《大智度论》初卷,即便心悟,一不遗忘,兼识言下之旨,如是遂读通一百卷,并能诵记,明解义味。自后诵念之暇,多讲《释论》及《法华经》。①

由于慧思大师专注于禅修,其禅法实修之有时需借助智者大师著作之较详细记载。由智者大师《释禅波罗蜜次第法门》中所讨论《大智度论》禅法来看,共有被智者大师归类为"世间禅"之"四禅""四无量心""四无色定",还有被智者大师归类为"亦世间亦出世间禅"之"六妙门"与"十六特胜",以及被智者大师归类为"出世间禅"的"九想""八念""十想""八背舍""八胜处""一切处""九次第定""师子奋迅三昧"与"超越三昧"。在拙文《智者大师早期止观架构之基础——以〈释禅波罗蜜次第法门〉中的"四禅"为中心》中,也说明智者大师《释禅波罗蜜次第法门》中之禅观诠释,乃是以"四禅"为其禅法诠解之基本架构:

	未到地定	初禅	二禅	三禅	四禅	四无色定
前方便		内方便之十五种善根发相				
世间禅		初禅修习数随止并修习六行观	二禅修习六行观	三禅修习六行观	四禅修习六行观	
		四无量心之悲(Karuna)	喜(Mudita)	慈(Metta)	舍(Upekkha)	四无色定

---

① (隋)灌顶撰:《隋天台智者大师别传》,《大正藏》第50册。

续表

	未到地定	初禅	二禅	三禅	四禅	四无色定
亦世间亦出世间禅	十六特胜之前四法：知息入、知息出、知息长短、知息遍身	六妙门				
		除诸身行、受喜、受乐、受诸心行	心作喜、心作摄、	心住解脱	观无常	观出散、观离欲、观灭、观弃舍
	通明观					
	九想—未离欲散心人得欲界系，净骨想	离欲人得色界系胖胀等前八想初禅、二禅系，净骨想		三禅多乐无此想	净骨想	
出世间禅		八背舍之初背舍（内有色相外观色）	二背舍（内无色相外观色）	三背舍（净背舍）		虚空处背舍、识处背舍、不用处背舍，非有想非无想背舍、（灭受想背舍超三界）
		1—2胜处	3—4胜处	不立胜处	5—8胜处	
					1—8一切处	9—10一切处
		九次第定（除根本外并可普入诸禅）	九次第定（除根本外并可普入诸禅）	九次第定（除根本外并可普入诸禅）	九次第定（除根本外并可普入诸禅）	九次第定（除根本外并可普入诸禅）

由这些禅法可看出慧思所修《大智度论》禅法内容为何，然而由《别传》之记载看来，慧思大师对于《大智度论》禅法之彻悟，可能还是在修习"法华三昧忏"的过程中达到更完整的体悟。

《立誓愿文》
——佛教中国化的宣言书

王照权

(河南省光山县大苏山净居寺文化研究会)

摘　要：慧思大师在光州大苏山亲笔著述的《立誓愿文》是佛教中国化的宣言书。慧思的历史地位表明他是佛教天台思想理论体系的奠基者。《立誓愿文》是他天台思想成熟的理论标志之一，"中国人要成佛，中国也要有自己的佛国净土"是当时时代的最强音。

关键词：慧思　大苏山　佛教中国化　主愿　从愿

佛教自两汉之际传入中土，就面临着必须中国化，如何中国化的问题。因为，任何文化的产生、成长和发展都是一定国度或地域、一定历史文化积淀和一定生产力发展水平的结果。而任何外来文化要在异域他乡立足、生根、发扬光大，更离不开当地当时的历史、社会、经济和人文等客观条件。否则，不要说拓展，就是立足也不可能。众所周知，儒道文化自古就是中国人的价值选择、精神支柱和信仰支撑。佛教这一西来品进入我国这样一个历史悠久的泱泱大国，就更加面临如何适应中国本土文化的挑战。纵观这一历史进程，我们发现，儒道释三者经历了一个相互排斥、相互碰撞，进而相互融合的漫长过程，最终成为中国人心目中的三根精神支柱，成为中华文化大花园中的一个重要组成部分。正如历史学家范文澜所言:"佛教在中国将近两千年,对中国文化有那么深厚的关系,不懂佛教,就不懂中国文化史。"① 这其中,既有佛教以平和的方式流布,主动适应中国国情而不断变化自己的原因,更有中国人民和儒道文化本身与生俱来的和平共处有容乃大的民族宽容精神所形成的社会环境。中华民族以吞四海纳五洲的气概和肚量,敞开胸怀接纳外来文化,并善于成功改造外来文化,以为中华民族的生存发展服务。历史已无可辩驳地证明,在佛教中国化的伟大历史进程中,慧思大师作出了别人无与伦比、无可替代的巨大历史功绩。他是这一历史进程中的思想巨人、理论先驱和修行实践方面的成功典范。

诚然,在慧思之前的数百年时间里,确有过许许多多的高僧大德(包括印度来华僧人)、知识分子为佛教的中国化作出了不懈的努力,突出表现者如东晋时庐山东林寺慧远大师。但其可圈可点之处就是在东林寺建立白莲社,力图使中国佛教走上独立化的道路,却最终没有实质意义上的突破,而是止步于集体译经。唯有慧思大师独树一帜,在佛教中国化的漫漫征途中披荆斩棘,历尽千难万险,成功破壁脱颖而出,谱写了光彩照人的思想文化篇章。

一 慧思大师的历史地位

慧思(515—577),俗姓李,武津(今河南上蔡)人,15岁出家,诵《法华》等经30余卷,数年之间千遍。章安灌顶大师在天台祖统论中列印度龙树为初祖,慧文为二祖,慧思为三祖,智𫖮为四祖……然而,这种祖统论明显带有牵强附会之嫌,

---

① 赵朴初:《佛教常识答问》,北京出版社2003年版,"序"第2页。

只不过是"佛门攀龙附凤之习"而已①,是佛教徒为在激烈复杂的佛教内部斗争中标记自己为正统,从而达到保护巩固和发展自身利益的一种方法和手段。而实际上,"天台宗是中国化的佛教,自然创自中国而非印度"②。所以,汤用彤、冯友兰均排除了龙树为天台始祖的说法,并认为:"推龙树为高祖,亦为其所宣传。"③ 而列慧文为二祖的依据显得过于单薄。除其无著述名世,且事迹仅见于慧思传内有"聚徒数百,众法清肃,道俗高尚,乃往归依"数语外,与"慧思之关系,传记亦所不载"。④ 智𫖮所著书传中除"文师用心,一依释论"外,从未有慧文慧思师承关系的记载,且强调:"思又从道于就师,就又受法于最师。"⑤ 就是说,慧文、慧思为一脉相承的祖统关系的证据明显不足。对此,日本著名佛学家池田大作教授在《我的天台观》一书中如是说:

> 天台(智𫖮)的思想是以《法华经》为根本。从这一角度来考察,提出南岳(慧思)为其源流,可以认为是理所当然的。但提出慧文,令人感到似乎没有太大的必然性。⑥

但据说慧思是在慧文的门下证得法华三昧这一至理的。可是奇怪的是,南岳慧思本人却一句也未提到这一点。《立誓愿

---

① 黄心川主编:《光山县净居寺与天台宗研究》,香港天马图书公司2001年版,第18页。
② 同上。
③ 同上书,第17页。
④ 蒋维乔:《中国佛教史》卷二第十章,上海古籍出版社2011年版。
⑤ 《续高僧传》卷十七《智𫖮传》,上海古籍出版社1991年版。
⑥ [日]池田大作:《我的天台观》,卞立强译,四川人民出版社1999年版,第92页。

文》"其前半部分带有自传的性质,比较详细地叙述了他的前半生。如果说与慧文相遇给他带来了重大的转变,从常识上来考虑,我想应当有某些叙述才是。可是,只写了'亲觐供养诸大禅师',并未具体提到慧文的名字"①。"而且在《慧思传》中,谈到南岳证得法华三昧时写道:'便自通彻,不由他悟。'所以仅就这些史料来看,关于南岳对《法华经》的根本悟达,很难认为是从慧文继承下来的。"②

因而,奉慧文为二祖应是灌顶遵从中国人自古以来重视系谱,把"孝"当作人们应当遵守的根本伦理观的反映。列慧思为三祖的祖统论,其实质性缺陷在于:它在很大程度上模糊了慧思在天台创宗之中的发轫之功,人为淡化了他是天台思想理论奠基人的本来面目。致使千百年来,在佛教徒和学者中以及社会上出现了研说天台时重智𫖮、轻慧思,重天台山、轻大苏山的倾向。

要理清慧思在中国佛教发展史中的地位,首先要弄清他与天台创宗和他与弟子智𫖮之间的关系,只有弄清这两个关系,才能弄清慧思与佛教中国化的关系。也恰恰是在这两个方面足见慧思佛教生涯中的突出贡献。首先,正是慧思确立了《法华经》为天台宗的根本经法(故天台宗又被称为法华宗);其次,正是慧思在光州大苏山用七年时间呕心沥血地培养造就天台宗的集大成者——智𫖮。这在佛教典籍中均有言之凿凿的记载。《摩诃止观》明白无误地记载"智者师事南岳","天台(智𫖮)传南岳(慧思)三种止观,一渐次、二不定、三圆顿,皆为大乘,俱缘实相,同名止观"③。《续高僧传》卷十七《慧思传》

---

① [日]池田大作:《我的天台观》,卞立强译,四川人民出版社1999年版,第92页。

② 同上。

③ 《摩诃止观》卷一上,《大藏经》第46册,第1页下。

及《隋天台智者大师别传》等众多传记中更详细精彩地记录描述了他在大苏山传法于智顗，智顗视其为终身之师而如饥似渴学法得法的全过程。池田大作教授在《我的天台观》一书中指出："南岳慧思主张惟有《法华经》是成佛的捷径。"① 在论述师徒二人之间的关系时，他写道：天台在南岳的指导下，进行法华三昧的修行，内感佛的生命存在，获得了其理论依据。就是说，这时他是确实获得了种子。② 天台获得大成"应该说起重大决定作用的，还是他在大苏山从南岳那里学到的东西"③，"天台佛法实质上是渊源于南岳"④。"南岳慧思实际上相当于始祖。"⑤ "有着南岳这样伟大的先驱者，才产生了天台那样伟大的继承人。我认为，天台的伟大，也是南岳伟大的证明。"⑥ 2000年5月在河南省光山县召开的光山净居寺与天台宗学术研讨会是"中国第一次以慧思、净居寺与天台宗为中心议题的学术研讨会"⑦，与会专家学者经过反复研讨，并实地考证了至今仍留在光州大苏山上的慧思结庵摩崖石刻和劫后余存的数十通古残碑碣，一致认定："慧思在大苏山弘法达14年之久，结合《法华经》创造了比较系统的理论体系，智顗师法于慧思7年有余，并传承发展了其佛学理论，为天台创宗准备了充分条件，故天台思想当发源于光山净居寺。"⑧

事实证明，没有慧思，就不可能有走向全国的一代宗师——智顗；没有慧思，佛教中国化的历史脚步或许要迟延许

---

① ［日］池田大作：《我的天台观》，卞立强译，四川人民出版1999年版，第107页。

② 同上书，第205页。

③ 同上书，第116页。

④ 同上书，第95页。

⑤ 同上书，第91页。

⑥ 同上书，第134页。

⑦ 黄心川主编：《光山净居寺与天台宗研究》，香港天马图书公司2001年版，第348页。

⑧ 同上书，第360页。

多年。

二 《立誓愿文》发表的历史背景

由慧思大师亲笔著述的《立誓愿文》发表（唱告诸方）于公元558年，即北齐天保九年，北周太平二年，这一年是他入光州大苏山的第五年，是年慧思44岁。《立誓愿文》的发表有其深刻的历史背景。

（1）时代背景。慧思所处的时代正是南北朝末期，在其20岁前后，北魏分裂为东魏、西魏。国家的分裂不仅带来政局极不稳定，以血洗血的战乱连绵不断，人民处于水深火热之中，而且他亲眼目睹许多贫民大众被卷入战乱而无辜地死去。他痛感世间无常，于是起了大菩提心，决心要建立一种"能使沉浸于苦恼迷失道路的人们从其生命的深层进行变革"①的法，以拯救十方无量众生，斩断十方一切众生的诸烦恼。慧思所处时代的另一个特征就是，虽然北魏太武帝第一次灭佛已过去了110多年（446），但以巨大的国家力量灭佛的阴影仍然笼罩着当时的佛教界。慧思对此感受更为强烈，似乎有灾难会再次降临的预感。果不其然，仅过去不到20年的时间，北周武帝便开始了第二次灭佛（577），两次灭佛使蓬勃发展的佛教遭到毁灭性的打击。

（2）佛教界内部背景。南北朝时期的佛教主要呈现三方面的特点，一是佛教迅速发展，普及面广。自两汉时期佛教传入至当时，已有约500年左右的时间，经过历代高僧、知识分子的努力及部分朝代宫廷高官的支持庇护，佛教有了很大的发展。唐代诗人杜牧在《江南春》诗中就有"南朝四百八十寺，多少

---

① ［日］池田大作：《我的天台观》，卞立强译，四川人民出版社1999年版，第87页。

楼台烟雨中"的感叹。同样,北朝也是庙宇林立,僧尼众多,佛教已开始形成在中土扎根之势。二是因佛教极度膨胀而引起的鱼龙混杂、泥沙俱下及腐败堕落现象。一些破戒恶僧自称大乘之人,不守戒律,无恶不作,使百姓厌恶甚至憎恨。许多寺院因受到特殊恩宠积累了大量财富,不少农民为逃避劳役和过重的税赋而穿上僧衣,使农业劳动力,甚至兵役受到一定程度的影响。这就必然使统治者找到镇压的借口。三是佛教内部斗争残酷,佛教的流布发展总的来说是以和平的方式进行的,但这并不说明其内部没有分歧和斗争。在其传入中土之前,在印度本土就出现了由原始佛教的一乘,到上座部与大众部分裂为大小乘的派别斗争。而这种斗争不仅从未停止,某种程度上还是催生佛教发展的动力。但佛教内部派别的斗争确有表现激烈的。如禅宗五祖弘忍将袈裟传给慧能,神秀派人予以追杀的传说就是明证。而像慧思那样在佛教界的内部斗争中九死一生和手段如此残酷的情况却是罕见的。在《立誓愿文》中,慧思列举了自己为弘扬佛法所遭受的四次迫害,几乎都是与死神擦肩而过。第一次34岁(548)在河南兖州(今安徽亳县),遭恶比丘在食里投毒,使其全身及五脏烂坏,垂死之间而得活;第二次39岁(553)在郢州(今河南信阳),有五恶论师以生金药置饮食中,令思食,同吃的其他三人当天死亡,而思一心念般若波罗蜜经,毒除方得以残生;第三次42岁(556),在光州城西观邑寺有众多恶论师欲杀害他。第四次40岁(557),在南定州有众恶论师不准施主送食,企图饿死他。从中我们可以发现,四次毒害,都是他在为人论讲摩诃衍义,四次毒害的目的都是要使其毙命,四次加害都是教内人士施手,且三次就是恶论师。这充分说明当时佛教界内部变革与保守之间的矛盾是何等尖锐,甚至到了你死我活的程度。我们还可以看出四次迫害的原因不是因为钱财,而是由说经解义的方式和内容不同而引起的,就是说以恶论师为代表的保守派绝对不允许出现对佛教经义的任何新鲜解释方法，而要将鲜活的具有强大生命力的新思想扼杀在露头之时。而这种新思想和新释义内容正是与中国儒道文化相结合的"新法"。这恰恰又生动真实地反映了慧思大师是个彻底的佛教中国化呐喊者和实践者，完全是用大乘的精神拯救佛教、拯救众生而舍生忘死，这种敢于与众不同，敢于创新的高贵品质诠释着他的思想光辉。

（3）地缘背景。南北朝时期的光州地处陈齐边境，因频繁的战乱而刀光剑影，民不聊生。而慧思是在率徒南下武当、南岳途中行进至光州（今河南光山县）时，适逢梁孝元倾覆（553），"前路梗塞"，便于次年（554，即北齐天保五年）结庵光州大苏山的。他在大苏山上开坛宣讲《般若》《法华》，"数年之间，归众如市"，在"佛法云崩，五众离溃"的环境下，那些"轻其生，重其法"的"英挺者"不惧险阻，前往大苏山归依慧思，出现了"跨险而到者填聚山林"的局面。但慧思明白危险时刻存在，战乱之祸随时会降临，所以必须利用战争间隙抓紧著书立说和培养传法弟子，以使"新法"得以传承流布。

（4）末法背景。正法、像法、末法原为佛教教义的名词概念，是指佛教最终走向消亡的趋势。但惟有慧思洞察时务，在各种现象中去探寻本质，通过对所处时代、佛教界内部真实情况的分析和身临其境，破天荒地在《立誓愿文》中提出"末法"思想。他宣称佛教已进入"末法时代"，并在列举自己的重大活动时，包括自己出生之年，都采用末法年号。《立誓愿文》中采用"末法"这个概念达数十处。末法时期的提出，在本质上是慧思力图唤醒佛教界和社会的危机意识。意识到危机，才有摆脱和战胜危机的动力和愿望。而一味沉浸于佛教表面的繁荣，不在矛盾深处去发现问题，找到解决问题的途径，而满足于自赏自乐，才是招至毁灭的思想根源。从《立誓愿文》中，我们又可以读出，尽管慧思详细地记述了自己的苦难和发现了佛教界内部的诸多严重问题，但他的思想和斗志却从未低迷灰心，他一心为众生为佛法的人生目标没有丝毫的改变，反而更加坚定了他义无反顾做"如来使"的信心和决心。因此，《立誓愿文》中诸如"为众生及我身求解脱故"，"为断十方一切众生诸烦恼故"，"为十方众生通达一切法门故"，"为欲成就十方无量一切众生菩提道场故"①等语句，就是慧思品质和人生追求的真实写照。末法思想的提出，危机意识的增强，无疑成为推动我国佛教开宗立派，实现佛教中国化的催化剂。

(5) 理论背景。慧思在大苏山以《立誓愿文》唱告诸方，绝不是"狂僧"的一时心血来潮，而是有其深厚独到和较为完备的理论体系作支撑，这是他区别于其他为佛教中国化而努力的高僧们的一个重要标志。据南岳佛教协会主编的《慧思大师文集》载，慧思大师的著作共有十一部十五卷，现流传于世的有六部八卷，其余五部七卷已佚散或暂未被发现。"六部八卷"著作，大多是慧思在大苏山期间，而主要又是554—558年之间撰写或"口述成章"的。因为，慧思早年"日惟一食，不受别供，周旋迎送，都皆拒绝"的诵《法华》等经，且在数年之间千遍，特别是"霍尔开悟法华三昧"，已初步形成天台法华思想之雏形。但由于北方佛教环境欠佳，且佛教界内部斗争激烈，他没有系统地总结自己所悟的机会和时间。而来到大苏山，这里虽地处陈齐边境，但毕竟民风淳朴，且大苏山在深山密林之中，远离闹市，是一个回顾、反思、升华自己所证、所悟的好地方。他要让自己的所证所悟得以流布和传承，就必须进行理论性的概括。如果没有理论性的总结概括，就无法形成一个较为完整的体系。因此，《法华经安乐行义》《诸法无净三昧法门》《三智观门》《立誓愿文》等一批充满着法华思想的成熟著作就在大苏山上诞生了。这些著作和思想是天台宗的理论依据和源泉，更是慧思从560年始在大苏山培养造就智顗的"教

---

① 《南岳思大禅师立誓愿文》，《大正藏》第46册，第786页中—792页中。

材",反过来说,如果慧思没有这一套完整的著作和思想体系,智顗也不可能认定他为终身之师,在大苏山上如饥似渴地把慧思的思想理论和修行法门完全地吸收。因为,此时的智顗绝不是等闲之辈,正如池田大作教授所指出的:"以《法华经》为根本的天台学的源流来考察南岳的思想时,其精髓可以说基本上都尽在《安乐行义》之中。"①

三 《立誓愿文》的根本之愿

7000多字的《立誓愿文》其内容当然是慧思大师所发的誓愿。尽管文体僻异,但其立意和宗旨却是一目了然的。因而是他天台佛教思想成熟的理论标志之一。杨曾文教授将其总结为28愿。② 李志夫教授概括了19点。③ 胡运华先生细分为109愿(与弥勒相关16愿,与众生相关51愿,与自身经历相关6愿,与佛菩萨果德相关的28愿,与修行相关的13愿等)④,还有的学者自持见解。笔者拟将如此之多的发愿归纳为两大类,一类是主愿,既根本的核心的带有明确最终目的性的誓愿。另一类是从愿,即为实现主愿所发的方法途径类的誓愿。那么,什么是《立誓愿文》的主愿呢?这就是:"中国人也要成佛,中国也要有自己的佛国净土。"⑤ 国人成佛,国土庄严,这是自佛教传入中国至当时500余年来,多少高僧大德、仁人志士的共同心愿,终于由慧思大师在光州大苏山上以《立誓愿文》的形成,唱告诸方。这实在不仅是佛教界的大事,更是中华民族敢于接

---

① [日]池天大作:《我的天台观》,卞立强译,四川人民出版社1999年版,第107页。
② 南岳佛教协会编:《慧思大师研究》,岳麓书社2012年版,第160页。
③ 同上书,第172页。
④ 同上书,第181页。
⑤ 黄心川主编:《光山净居寺与天台宗研究》,香港天马图书公司2001年版,第9页。

纳和改造外来文化的雄浑之声，是佛教中国化进程中，正式公开的"中国人要成佛，能成佛"的第一声呐喊。

《立誓愿文》内诸如："我今誓愿持令不灭，教化众生至弥勒佛出"①，当弥勒出世后，会向人们讲述他慧思发愿奉造金字《般若》《法华》的经历，到那时，"一切大众，称我名号，南无慧思，遇时四方，从地涌出，遍满虚空，身皆金色，三十二相，无量光明……"；"一一世尊，皆称释迦，及我名字，亦如弥勒"；"十方国土，诸佛世界，皆称释迦……"；"及我名字，是故音声，遍至十方，一切世界，众生普闻，皆得入道"；及如果众生发生烦恼或身处险境、饥饿、生病等情况，"闻我名字即得解脱"。"闻我名字，即得饱满。""闻我名字，众苦永灭。""闻我名字，即发无上普提之心。""又愿一切十方国土……是人若称一心合掌称我名字，既得无量神通。""以我愿力令诸众生……""所住国土天人之类同一金色，三十二相，八十种好，具神通与佛无异"②，等等。这绝不是空洞的豪言壮语！而是地地道道的佛教中国化的宣言书。中国人必然成佛，中国人能够成佛，中国要有自己的佛国净土，这才是佛教中国化的目标和当时时代的最强音。如果是相反，佛教不同中土文化结合，就永远是"舶来品"，无法融入中国人的信仰和日常生活之中。

我们说慧思不是一个信口胡诌的"狂僧"，而是一个有目标、有理论底气，并能预见未来的高僧，根本依据就在于他是一个把理论和实践相结合的人。他不仅提出了目标，还提出了实现目标的"可行性"步骤。为了实现和达到主愿，他在《立誓愿文》中还发了达到目标的一系列从愿，即方法步骤。首先，他从佛教已进入末法时期为契口，揭开了加快佛教中国化进程，中国也要有自己的佛国净土的目标这一时代背景。在这一部分

---

① 《大正藏》第46册，第786页下。
② 同上书，第788页中—789页下。

内容中，他详细自述了为众生为自身求解脱而遭受的种种迫害，以此证明是进入末法的依据。其次，他令人钦佩的精神可贵之处就在于哪怕是九死一生，他舍身弘法的信心和决心愈加弥坚，而不是畏难退缩。所以，他在死而复生之时发愿，要奉造金字《法华》《般若》，以待弥勒出世。再次，为等待到弥勒出世，他一方面要艰苦修行，达到五神通，六神通的佛力；另一方面，他表示愿借助道家的养生术，"愿诸贤圣佐助我，得好芝草及灵丹，疗治众病除饥渴，常得经行修诸禅，愿得深山寂静处，足神丹药修此愿，藉外丹力修内丹，欲安众生自先安"①。最后，他向世人描述了他成佛后的种种吉象和如何为众生除烦恼得道的美好前景，以提高中国佛教徒和全社会的信心。

《立誓愿文》的发表，震撼了整个佛教界，也更加提高和扩大了慧思的名望和影响力，使中国佛教有了发展前进的目标和方向。仅两年（560）之后，在湖北荆州一带发出"禅悦怏怏，江东无足可问"豪言的智𫖮就慕名来到大苏山归依慧思，在长达7年之久的师授徒学的教学生涯中，慧思终于得到了可靠的传灯者，以达到"令法久住"；而智𫖮则心悦诚服地拜慧思为师，二人情同父子。在修"法华三昧""四安乐行"中苦读《法华经》而豁然开悟，即赫赫有名的大苏开悟，进而代师讲经"于说法人中最为第一"。②慧思无比喜悦地赞叹："法付法臣，法王无事者也。"③终于，在17年（575）后，不负师愿的智𫖮大师在天台山举起了天台宗的旗帜，标志着佛教在中国开始开宗立派。数百年来中国人期盼的佛教中国化夙愿终于得以实现。

慧思大师在光州大苏山传法达14年之久，于567年先派智𫖮率法喜等27人去建康（今南京）传法之后，他本人也于次年（568）率徒四十余人离开了大苏山，前往最终目的地——南岳

---

① 《大正藏》第46册，第791页下。
② 灌顶：《隋天台智者大师别传》，《大藏经》第50册，第192页上。
③ 同上。

衡山，并在南岳继续传法培养天台弟子，开创了南岳佛教新局面而名垂千古。慧思、智𫖮师徒二人先后南迁，不仅把在大苏山上形成的完整的佛教天台思想带去了南朝，从而有力地推动了佛教天台思想向南发展和传播，而且在本质上为国家的统一作出了杰出的贡献。因为佛教的统一是国家思想文化统一的重要组成部分。而文化思想的统一，则成为国家结束战乱分割局面，走向安定统一的必要前提。

慧思离开大苏山的原因主要有：（1）南岳衡山是其南行的最终目的地，同时，当时的南朝佛教环境较北朝好许多；（2）大苏山地处南北朝边界地区，一旦发生战火，有可能为重灾之地。同时，北周不利于佛教生存和发展的形势，慧思似乎有所察觉；（3）他在大苏山鼎盛时，聚徒已达百余人，难免成分复杂，会生是非；（4）他大苏山十四年，已经形成了为天台创宗的理论基础，并培养造就了"令法久往"的弟子智𫖮。正如池田大作教授所说："慧思在大苏山待这么久的岁月，究竟是为了什么，从结果看，可以说完成了一个使命——发现和培养了智者这样一个真正的继承人。"①

大师离开大苏山已1447年，但《立誓愿文》的精神，即慧思精神却永远留在了光州大苏山。光州大苏山也正因是慧思传法、智𫖮得法之地而名誉海内外。作为诞生《法华经安乐行义》《立誓愿文》等法华早期经典和思想的大苏山，也正是因其为佛教中国化航船的起锚扬帆之地而成为佛教名山、文化高山。

---

① ［日］池田大作：《我的天台观》，卞立强译，四川人民出版社1999年版，第134页。

慧思大师的凡圣观探析

习细平

（南昌大学人文学院哲学系）

摘　要：众生与佛的关系问题是佛教存续和发展中的一个重要问题。慧思大师立足于佛教经论，适应中国固有文化，契理契机，形成自身独具特色的凡圣观，即佛性平等的凡圣一体观、性具染净的凡圣分别观以及定慧双开的由凡入圣观。这一思想不仅深深影响了天台宗的形成与发展，而且推进了佛教的中国化，乃至对中国佛教的发展产生了深远的影响。

关键词：慧思　南岳佛教　佛性论　心性论

在宗教方面，人与神的关系问题是关涉思想理论和宗教实践的一个重要问题。人与神如何分界？人与神是否存有共性？人能否成神？如果能，人如何成神？如果不能，原因何在？对于此一问题，中国传统文化主要表现于"凡人与圣人"的关系范畴之中，其主流观念有凡圣平等、凡圣一体、凡可入圣等基本思想主张，这也是中国文化区别于其他文化的一大重要特征所在。

佛教中的凡圣关系即是指众生与佛的关系。佛教自传入中国之后，早期中国僧人对众生与佛教的关系有过诸多讨论，但最终佛教在与中国固有文化尤其是儒家、道教的冲突与融汇中形成自身独特的主张,这是佛教中国化的一个重要方面。天台宗三祖慧思大师对此有着重要贡献。据史籍记载①,慧思,俗姓李,北魏延昌四年(515)生,武津(今河南上蔡县)人,十五岁出家,后游行于兖州,信州,遍历诸大禅师学习禅法和摩诃衍义,因遭诸恶比丘毒害,决意南下;至郢州,应郢州刺史之请讲摩诃衍义,又遭诸恶论师毒害;次年,至南光州,适逢西魏进攻萧梁,前途隔阻,遂栖居光州大苏山授禅讲法,从者如云;公元568年,慧思领众离开大苏山南下衡岳,栖息十载,于陈宣帝太建九年公元577年示寂于此。慧思现在留存的著述主要有《诸法无诤三昧法门》《立誓愿文》《随自意三昧》《法华经安乐行义》《大乘止观法门》等。慧思的门下弟子颇多,最著名的当推善于发展师说,创立天台学系的智顗,其他有新罗人玄光及大善、南岳的僧照、枝江的慧成、江陵的慧威等都著名于一时。近年来,有关慧思大师的研究有了诸多突破,成果显著。本文试图就慧思大师的凡圣观作一探讨,不当之处,请不吝指正。

一　佛性平等与凡圣一体

凡圣关系问题首先是众生与佛是否具有共性,如果有,其共性是什么,以及在共性上二者是否存有差别等问题。慧思从"体(即佛性)"的方面,认为众生与佛平等不二的,此种佛性平等的观念自然衍生出凡圣一体的结论,为其弟子智者大师所承续,从而奠定天台宗的凡圣论基础,也与中国传统儒家心性思想相契合,推进了佛教中国化进程。

所谓"佛性",原指佛陀的本性,后泛指众生所具有的觉悟

---

① 此处史籍主要包括慧思《南岳思大禅师立誓愿文》、灌顶《隋天台智者大师别传》、道宣《续高僧传·慧思传》、湛然《止观辅行传弘决》等。

之性。《大涅槃经》有言："一切众生，悉有佛性，如来常住，无有变易。"① 此经中说，所有众生皆有佛性，并且圆满具足。但有的佛经中有"一阐提"（指断灭善根的人）不能成佛的教说。《大般泥洹经》："如一阐提，懈怠懒惰，尸卧终日，言当成佛，若成佛者，无有是处。"② 即认为一阐提不能成佛，这就同儒学中占主导地位的性善论发生了矛盾。所以，从晋、宋以来，佛学家们就企图利用儒学中有关平等的人性论，来建立平等的佛性论，以便逐步改变佛性的对象与内涵。这里特别要提到东晋竺道生。他可能受到儒学性善论的启发，提出"阐提之人皆得成佛"③，后来凉译《大涅槃经》传到南方，其中确有"犯四重罪，谤方等经，作五逆罪，及一阐提悉有佛性"④ 的文句，由此可以说他是中国佛教史上第一次把儒家平等的人性论移入佛性论的佛教学者。慧思大师则进一步提出佛性平等，他在《大乘止观法门》中说：

  一切众生，一切诸佛，唯共一如来藏也。⑤
  ……一切诸佛，一切众生，同一净心如来之藏，不相妨碍，即应可信。⑥

"如来藏"，即诸佛及众生本来具有的清净如来法身，亦即是佛性。这是说，众生与诸佛共具同一佛性，所以众生之性与诸佛之性没有差别，"不相妨碍"，而且可以相互包容：

  何以故？以如来藏是真实法，圆融无二故。是故如来

---

① 《大般涅槃经》卷二十七，《大正藏》第12册，第522页下。
② 《佛说大般泥洹经》卷三，《大正藏》第12册，第873页下。
③ 《佛祖统纪》卷二十六，《大正藏》第49册，第266页上。
④ 《大般涅槃经》卷二十七，《大正藏》第12册，第493页中。
⑤ 《大乘止观法门》，《大正藏》第46册，第647页中。
⑥ 同上书，第648页中。

之藏，全体是一众生一毛孔性。全体是一众生一切毛孔性，其余一切所有世间一一法性，亦复如是。如一众生世间法性，一切众生所有世间一一法性，一切诸佛所有出世间一一法性，亦复如是，是如来藏全体也。是故举一众生一毛孔性，即摄一切众生所有世间法性，及摄一切诸佛所有出世间法性。①

这段话有三层意思：一、佛性（即如来藏、法性）是一个不可分割的整体，其中没有隔断而圆融无二；二、众生、一切众生、一切诸佛所具有的不是佛性的部分而是佛性的全体；三、由此推论，一众生，甚至"一毛孔性"，就包含了一切众生、一切诸佛的佛性，一众生，甚至"一毛孔性"也就是一切众生、一切诸佛的佛性，在佛性问题上，众生与诸佛、世间法与出世间法，是没有区别的，这就叫作"佛性平等"。智顗继承和发展了慧思的思想。他两次引用《大涅槃经》，说：

《涅槃》明佛知众生有佛性。
《涅槃》明一切众生悉有佛性。②

又引《净名经》说："《净名》云：一切众生，即菩提相。"③ 反复宣传慧思所倡导的佛性平等论。但他扩大了佛性的内涵与对象。他认为佛性具有五种性质：正因佛性、了因佛性、缘因佛性、果佛性、果果佛性。其前三者称三因佛性，是指众生本有的和通过修行所显现的佛性。后二者是指达到功德圆满（即达到佛果、涅槃）时所显现的与本有佛性相一致的佛性，其目的在于强调众生之性不仅本有的而且后天显现的都是平等的。

---

① 《大乘止观法门》，《大正藏》第46册，第648页上。
② 智顗：《摩诃止观》卷五，《大正藏》第46册，第53页上。
③ 同上书，第53页中。

在他看来，只要每一个众生付出了相同的修持，都会得到相应的果报。他坚信这种平等是不会改变的，他说："今明内性不可改，如竹中火性虽不可见，不得言无，隧火干草遍烧一切。"①这是说，凡是性都是不可改变的，如同火在竹中燃烧或在草中燃烧，其火性（指物体在燃烧时所发出的光和热）是不变的一样。

智者大师也赞同慧思关于"佛性"相即相融的观点，并用这个观点来破除所谓凡人与圣人在体性上的藩篱。他说，既然"推一法即洞法界达边到底，究竟横竖事理具足，上求下化，备在其中"②，那么"即凡法是实法，不须舍凡向圣"，也就是合乎情理的事了。他批评"离凡法更求真相"，是不懂得凡人可以升华为圣人、凡圣之间没有不可逾越的鸿沟的道理，是犹如"避此空彼处求空"一样的无用功。他的这些论说已经与孟子"尧舜与人同耳"（《孟子·离娄下》）、"圣人与我同类者"（《孟子·告子上》）、"人皆可以为尧舜"（《孟子·告子下》）的观点十分接近了。

二　性具染净与凡圣分别

既然"佛性平等"，众生都可成佛，为什么要有凡人和圣人的区别，众生修行还有必要吗？如果说"佛性平等"是从果位而言的，那么凡圣分别的问题就是在因位上必须应对和阐明的。对此，慧思大师是从心有体相之别、性具染净的角度切入的。他说：

> 所言一切凡圣，唯以一心为体者，此心就体、相论之，

---

① 智顗：《摩诃止观》卷五，《大正藏》第46册，第53页上。
② 智顗：《摩诃止观》卷一，《大正藏》第46册，第6页中。

有其二种：一者真如平等心，此是体也，即是一切凡圣平等共相法身。二者阿赖那识，即是相也。就此阿赖那识中，复有二种：一者清净分依他性，亦名清净和合识，即是一切圣人体也。二者染浊分依他性，亦名染浊和合识，即是一切众生身也。此二种依他性，虽有用别，而体融一味，唯是一真知平等心也。①

这段话须结合该书的全文进行理解。所谓心的体、相，实际上就是指心的本质和现象。他认为，心体如明珠，如虚空，是一尘不染的，是净，也叫作"净性"，这是心的本质，为一切凡圣所共有；心相，也叫作"阿赖耶识"。它藏有万法产生的根本原因，万法依赖它才得以显现，它与万法是因与果的关系。因为它直接作用于万法，是心的外在相状，故名心相，即心的现象。这里有两种情况，如果心相产生"净"因，就会得到"净"果，使心体的净性显露出来，从而成为圣人；如果心相产生"染"因，就会得到"染"果，使心体的净性受到遮掩而显现染性，从而成为众生。可见，凡圣的区别就在于心是否为客尘所转，但这种区别是可变的。所以他又说："谓据染性而说，无一净性而非染"，"就净性而论，无一染性而非净"，"是故染以净为体，净以染为体，染是净，净是染，一味平等，无有差别之相，此是法界法门常同常别之义"。② 这是说，净性和染性是依赖于心体而存在的两个相互联系、相互区别又可以相互转化（常同常别）的方面。为此，他要求一切众生不要被客尘所转，去染存净，证得佛果，纠正"一切众生自然成佛，即不须自修因行"的错误观念。

慧思"性具染净"的思想为智𫖮所继承并发展成"性具善

---

① 《大乘止观法门》，《大正藏》第46册，第652页下。
② 同上书，第650页下。

恶",成为天台宗的核心理论之一。但与慧思强调凡圣的相用差别不同,智𫖮更注重凡圣内在心体上的分别。他认为,心体不是纯净无恶的,而是有善有恶,是性具善恶。对此,他从实践和理论两个方面作了阐述。在实践上,他把品格最好的佛与品格最差的一阐提作了对比,指出,无论是佛,或是一阐提的性都是善恶同具的。他利用当时流行的一种文体,自设宾主说:

> 问:缘了既有性德善,亦有性德恶不?答:具。问:阐提与佛,断何等善恶?答:阐提断修善尽,但善性在,佛断修恶尽,但性恶在。问:性德善恶何不可断?答:性之善恶,但是善恶之法门。性不可改,历三世无谁能毁,复不可断坏。譬如魔虽烧经何能令性善法门尽?纵令佛烧恶谱亦不能令恶法门尽。如秦焚典坑儒,岂能令善恶断尽耶?问:阐提不断性善还能修善起,佛不断性恶还能修恶起耶?答:阐提既不达性善,以不达故,还得善所染,修善得起,广治诸恶;佛虽不断性恶,而能达于恶,以达恶故,于恶自在,故不为恶所染,修恶不得起,故佛永无复恶,以自在故。广用诸恶法门化度众生,终日用之,终日不染。不染故不起,那得以阐提为例耶?若阐提能达此善恶,则不复名为一阐提也。①

从上可知,一阐提虽做尽坏事,是性恶,但不断性善,这是一阐提由凡人圣的内在根据;只要使阐提得到善的引导("得善所染")而行善("修善"),以善的觉悟("达善")"广治诸恶",就能把上述可能性变为现实性。佛虽完美无缺,但也是由众生修行而成就,所以不断性恶,但佛的性恶不同于一阐提的性恶,佛是达恶而不修恶,即觉悟到恶的非而不作恶,目的是

---

① (隋)智𫖮:《观音玄义》,《大正藏》第34册,第882页下。

以身弘法，化度众生，也就是说，佛的性恶是由圣入凡，又引凡入圣的内在根据。可见，无论性善或性恶都来源于内在的心体。在理论上，他把心与诸法作了对比，强调心外无别法，如果性恶不具心体，那就是宣传心外有法而与佛理相悖了。他说：

《释论》云：三界无别法，唯是一心作。心能地狱，心能天堂。心能凡夫，心能贤圣。①

只心是一切法，一切法是心故。非纵非横非一非异玄妙深绝。非识所识。非言所言。②

这里说的心作万法或心生万法，不是指心是万法的本源。心与万法不是产生与被产生的关系。在智𫖮的教说中，万法不能自生也不能由他生，而是由因缘（各种条件）和合而成的，因缘有内因，有外因，心就是万法形成的内因，万法形成的主要条件。所以智𫖮认为，善恶是依存于心的，或者说，心决定着是性善或性恶。人人性善，为何有恶，恶从何来，这是困惑儒学家的难题，这个难题在隋唐以前，始终没有得出能够自圆其说的答案。慧思、智𫖮企图从性外性内探讨其原因，这可以说是佛儒互补的有益尝试。

三　定慧双开与由凡入圣

众生与佛尽管体性平等却也存有种种差别，那么如何才能证得佛果、趣入涅槃，实现由凡入圣的根本性转变，就成为重中之重的紧迫问题。对此，慧思大师在其著述中有诸多的阐扬，其根本主张是"定慧双开""因定发慧"。"定慧双开"无疑是

---

① （隋）智𫖮：《法华玄义》卷一，《大正藏》第33册，第685页下。
② （隋）智𫖮：《摩诃止观》卷五，《大正藏》第46册，第53页下。

慧思佛学思想的主要特点之一,这经过智𫖮以及诸多天台宗僧人的承续和弘扬,从而成为中国天台宗宗风的基本色调,并对整个中国佛教乃至中国文化产生了重要影响。

唐代道宣曾夸赞道:

> 自江东佛法,弘重义门,至于禅法,盖蔑如也。而思慨斯南服,定慧双开,昼谈义理,夜便思择,故所发言,无非致远,便验因定发慧,此旨不虚。南北禅宗,罕不承绪。①

南北朝时期,中国佛教界在总体上形成了不同的风气,南方佛学更重视对佛教经论的讲说和对佛教义理的解读,而对具体的禅修功夫则相对轻松,也就是重慧学而轻定学;北方佛学则更重视禅定的修习和造像等佛教功德的积累,而相对轻忽对佛教义理的探究,即重定学而轻慧学,这就是所谓的"南义北禅"。在上述道宣的话语中,也体现出当时的南北学风确实存在着如是的差异。然而,慧思别开生面,主张"定慧双开",强调佛子必须既要有禅定实践,又要有经教研习,二者不可偏废。在《诸法无诤三昧法门》中,慧思曾言:

> 禅智方便般若母,巧慧方便以为父;禅智般若无著慧,和合共生如来子。②

般若智慧若为母,禅定方便即为父,二者和合,才能证得如来佛果。

---

① (唐)道宣:《续高僧传·慧思传》,《大正藏》第50册,第563—564页下。
② (陈)慧思:《诸法无诤三昧法门》卷上,《大正藏》第46册,第630页中。

慧思所提倡的"定慧双开"实际上走的是"由定发慧"的路子,在《诸法无诤三昧法门》中,慧思亟言禅定之重要,他征引多种佛教经论力陈"般若诸慧皆从禅定生"义谓:

> 如《禅定论》中说:三乘一切智慧皆从禅生。《般若论》中亦有此语:般若从禅生。汝无所知,而生疑惑。复次,《般若波罗蜜光明释论》中说:言如来一切智慧及大光明、大神通力,皆在禅定中得。何以故?但使发心欲坐禅者,虽未得禅定,已胜十方一切论师,何况得禅定。①

由此可见,在慧思看来,定与慧虽须双修,但二者的地位并不是等量齐观的。慧思强调三乘一切智慧皆从禅生,只有在禅定中亲身体证的智慧才是真正的智慧,因此,佛教修学必须走"因定发慧"的道路,禅定方便具有优先性和根本性。这一观念可能与慧思在北方佛教中的成长和弘法经历有关,因而留有北方佛教以禅定为本的痕迹。正因如此,慧思对其高足智𫖮才既有"于说法人中最为第一"②,又有"吾之义儿,恨其定力少耳"③的评价。

智𫖮继承并推进了慧思的这一思想,将"定慧双开"发展为"定慧等持""止观并重"。他有言:

> 若夫泥洹之法,入乃多途。论其急要,不出止观二法。所以然者,止乃伏结之初门,观是断惑之正要;止则爱养心识之善资,观则策发神解之妙术;止是禅定之胜因,观是智慧之由借。若人成就定慧二法,斯乃自利利人,法皆

---

① (陈)慧思:《诸法无诤三昧法门》卷上,《大正藏》第46册,第629页上—中。

② (唐)灌顶:《隋天台智者大师别传》,《大正藏》第50册,第192页上。

③ (唐)道宣:《续高僧传·智𫖮传》,《大正藏》第50册,第564页中。

具足。故《法华经》云：佛自住大乘，如其所得法，定慧力庄严，以此度众生。当知此之二法，如车之双轮，鸟之两翼，若偏修习，即堕邪倒。故经云：若修禅定福德，不学智慧，名之曰愚；偏学智慧，不修禅定福德，名之曰狂。狂、愚之过，虽小不同，邪见轮转，盖无差别。若不均等，此则行乖圆备，何能疾极果？①

非禅不慧，非慧不禅，禅慧不二，不二而二。分门别说，作定慧二解。②

止、观自相会者，止亦名观，亦名不止；观亦名止，亦名不观。③

可见，在智𫖮看来，止与观、定与慧并非两种不同的修行方法而是同一种修行方法的两个方面，这两个方面是相辅相成、不可分割的。止观、定慧本来是圆融不二的，只是为了方便人们理解，才"分门别说"。二者自相会通、圆融无碍，是"二而不二"的圆融统一。

---

① （隋）智𫖮：《修习止观坐禅法要》，《大正藏》第46册，第462页中。
② （隋）智𫖮：《观音玄义》，《大正藏》第34册，第882页上。
③ （隋）智𫖮：《摩诃止观》卷三，《大正藏》第46册，第22页下。

慧思大师《大乘止观法门》心论

徐仪明

（湖南师范大学公共管理学院教授）

摘　要：关于《大乘止观法门》一直存在争议，最突出的就是该书究竟是否为慧思大师所著，以及其中所表述的佛学思想是否能够代表天台宗的基本观念。一般认为，《大乘止观法门》虽然可能不是慧思亲自所写，但至少是由大师本人讲述而由弟子笔录完成的。事实上，该书所体现的天台宗思想观念为智者所继承和发扬，智者大师本人也公开承认《大乘止观法门》。《大乘止观法门》是天台宗的奠基之作，蕴涵着大师丰富而且深刻的佛学智慧以及种种通达、透彻和便利的修行方法。

关键词：慧思　大乘止观法门　天台宗

关于慧思大师的著作《大乘止观法门》及其佛学思想的研究，一直存在着这样那样的看法，比如最突出的一个问题就是《大乘止观法门》究竟是否为慧思大师所著，以及这一著作所表述的佛学思想是否能够代表天台宗的基本观念。当然经过长期的辩难，这些问题得到了一定程度的解决。一般认为，《大乘止观法门》虽然可能不是慧思亲自所写，但至少是由大师本人讲述而由弟子笔录完成的，这就像孔子《论语》的成书过程一样，因此其被视为慧思本人所著显然是不成问题的。作为天台第二代祖师，其对智者大师的影响是十分深远和重要的，该书所体现的天台宗思想观念为智𫖮所继承和发扬。其实这一问题原本是用不着争论的，因为智者大师本人都已经公开承认了，但是既然至今仍有某些学者对此问题有所怀疑，不得不在此扼要提及，以正视听。综观慧思大师所著书，我认为其中最重要的著作就是《大乘止观法门》，此书乃天台宗的奠基之作，蕴涵着大师丰富而且深刻的佛学智慧以及种种通达、透彻和便利的修行方法。下面仅就慧思大师本书中的核心思想心论，做一阐述，不当之处，敬请各位高僧大德批评指正。

一

在《大乘止观法门》中，慧思大师有一偈子，其云：

心性自清净，诸法唯一心；
此心即众生，此心菩萨佛；
生死亦是心，涅槃亦是心；
一心而作二，二还无二相；
一心如大海，其心恒一味；
而具种种义，是无穷法藏；
是故诸行者，应当一切时；
观察自身心，知悉由染业；
熏藏心故起，既知如来藏；
依熏作世法，若以净业熏；
藏必作佛果，譬如见金蛇；
知是打金作，即解于蛇体；
纯是调柔金，复念金随匠；
得作蛇虫形，即知蛇体金；
随匠成佛像，藏心如真金；

> 具足违顺性，能随染净业；
> 显现凡圣果，以是因缘故；
> 速习无漏业，熏于清净心；
> 疾成平等德，是故于即时；
> 莫轻御自身，亦勿贱于他；
> 终具成佛故。此明止观作用竟。①

　　这是慧思大师在讲述止观作用时，用偈子所做的概括与总结。可以明显看出，"心"的问题在大乘止观法门中处于核心与灵魂的地位。圣严法师对此有过评述，他说："本书在心意识论方面，乃是基于如来藏缘起的思想，以真妄和合的本识为中心，展开其所要表现的理论体系。"②"心"范畴亦即圣严法师所说的心意识就是如来藏的缘起，就是真妄和合的本识。所以，在偈子中开头就说："心性自清净，诸法唯一心"，清净心就是如来藏，就是真实心，就是万法的本身，就是说心既是人的本身，也是物的本身还是佛法的本身，无论坐禅入定还是般若智慧皆以心为根本，生死涅槃也是心的作用，熏藏染业都缘于心。正如大师所说："此心即是自性清净心，又名真如，亦名佛性，复名法身，又称如来藏，亦号法界，复名法性，如是等名无量无边，故言众名。"③ 一句话，在慧思大师看来，心的地位在大乘止观法门中处于第一和根本的重要地位。显然，在慧思之前的汉传佛教中还没有哪位高僧对"心"有如此深刻和透彻的见解。慧思大师解释"止观"之义时说："所言止者，谓知一切诸法，从本已来，性非自有，不生不灭，但以虚妄因缘故，非有而有。然彼有法，有即非有，唯是一心，体无分别。作是观者，能令妄念不流，故名为止。所言观者，虽知本不生，今不灭，而以

---

① 南岳佛教协会编：《慧思大师文集》，岳麓书社2011年版，第115—116页。
② 同上书，第253页。
③ 同上书，第72页。

心性缘起，不无虚妄世用，犹如幻梦，非有而有，故名为观。"①大乘止观法门作为佛教修行的最好门径，慧思大师认为，那就是其以止观双修，定慧并重的缘故，但是这一不二法门的真正功夫，则在于自治其心、自净其心，因为"然彼有法，有即非有，唯是一心，体无分别"。接下来，大师又分别对何谓自性清净心，何谓真如，何谓佛性，何谓佛等问题，一一做出了详细的解释，而在这些解释中，我们可以看到其处处时时都体现出对"心"范畴的高度重视，因为心是大师判别一切问题的基本立场、手段、方法和原则。

先看慧思大师说解何为自性清净心，他说："此心无始以来，虽为无明染法所覆，而性净无改，故名为净。何以故。无名染法，本来与心相离故。云何为离。谓以无明体是无法，有即非有，以非有故，无可与心相应，故言离也。既无无明染法与之相应，故名性净。中实本觉，故名为心。故言自性清净心也。"② 就是说，心虽然也被无明染法所覆盖，但性净之本无所改变，这就像莲花出淤泥而不染，亭亭净植，不蔓不枝。所以莲花是佛教的圣洁之花，因为其象征着自性清净心。任何无明烦恼无法与自性清净心不可能相染，因其与心本来相离，无明乃是非有是无法，而"然彼有法，有即非有，唯是一心，体无分别"，两者如油与水的关系，虽相值相覆而绝不相染、绝不相熏，可以说是染净分明，丝毫不爽。这里主要从熏染清净之间的关系方面来说心。

其次，是说解何为真如，大师说："一切诸法依此心有，以心为体，望于诸法，法悉虚妄，有即非有。对此虚伪法故，目之为真。又复诸法虽实非有，但以虚妄因缘而有生灭之相，然彼虚法生时，此心不生，诸法灭时，此心不灭。不生故不增，

---

① 南岳佛教协会编：《慧思大师文集》，岳麓书社2011年版，第71页。
② 同上书，第72页。

不灭故不减。以不生不灭不增不减故，名之为真。三世诸佛及以众生，同以此一净心为体。凡圣诸法，自有差别异相，而此真心无异无相故，名之为真如。又真如者，以一切法真实如是，唯是一心，故名此一心以为真如。若心外有法者，即非真实，亦不如是，即为伪异相也。是故《起信论》言：一切诸法从本已来，离言说相，离名字相，离心缘相，毕竟平等，无有变异，不可破坏，唯是一心，故名真如。以此义故，自性清净心复名真如也。"① 就是说心为一切诸法存在的根据，离开心去说解诸法，诸法皆为虚妄。心不生不灭不增不减，所以称为"真"。三世诸佛以及芸芸众生，同样都是以此心为体。然而凡圣诸法，却具有自来之差别异相，但是此一真心则没有差别异相，所以又称为"真如"。由此可见，心才是唯一真实无妄，永恒不变的本体，因此才能名之为"真"，名之为"真如"。当然这个心绝不是落于名相之中的凡俗之心，而是佛教所说的自性清净心。

再看慧思大师通过心来阐发佛性的论述。他说："佛名为觉，性名为心。以此净心之体非是不觉故，说为觉心也。问曰：云何知此真心非是不觉。答曰：不觉即是无明住地。若此净心是无明者，众生成佛，无明灭时应无真心。何以故。以心是无明故。既是无明自灭，净心自在，故知净心非是不觉。又复不觉灭故，方证净心，将知心非不觉也。问曰：何不以自体是觉名之为觉，而以非不觉故说为觉耶。答曰：心体平等，非觉非不觉，但为明如如佛故，拟对说为觉也。是故经言：一切无涅槃，远离觉所觉。若有若无有，是二悉俱离。此即偏就心体平等说也。若就心体法界用义以明觉者，此心体具三种大智，所谓无师智、自然智、无碍智。是觉心体具此三智性，故以此心为觉性也。是故须知同异之义。云何同。谓心体平等即是智觉，

---

① 南岳佛教协会编：《慧思大师文集》，岳麓书社2011年版，第72页。

智觉即是心体平等，故言同也。复云何异。谓本觉之义是用，在凡名佛性，亦名三种智性，出障名智慧佛也。心体平等之义是体，故凡圣无二，唯名如如佛也。是故言异，应如是知。问曰：智慧佛者，为能觉净心故名为佛，为净心自觉故名为佛。答曰：具有二义，一者觉于净心，二者净心自觉。虽言二义，体无别也。此义云何。谓一切诸佛本在凡时，心依熏变，不觉自动显现虚状。虚状者，即是凡夫五阴及以六尘，亦名似识、似色、似尘也。似识者，即六七识也。由此似识念念起时，即不了知似色等法但是心作，虚相无识。以不了故，妄执虚相以为实事，妄执之时即还熏净心也，然似识不了之义，即是果时无明，亦名迷境无明。是故经言：于缘中痴故，似识妄执之义，即是妄想所执之境，即成妄境界也。以果时无明熏心故，令心不觉，即是子时无明，亦名住地无明也。妄想熏心故，令心变动，即是业识。妄境熏心故，令心成似尘种子。似识熏心故，令心成似识种子。此似尘、似识二种种子，总名为虚状种子也。然此果时无明等，虽云各别熏起一法，要俱时和合，故能熏也。何以故。以不相离，相借有故。若无似识，即无果时无明。若无无明，即无妄想。若无妄想，即不成妄境。是故四种俱时和合，方能现于虚状之果。何以故。以不相离故。又复虚状种子，依彼子时无明住故。又复虚状种子，不能独现果故。若无子时无明，即无业识。若无业识，即虚状种子不能显现成果，亦即自体不立。是故和合方现虚状果也。是故虚状果中，还具似识、似尘虚妄无明妄执。由此义故，略而说之。云不觉故动，显现虚状也。如是果子相生，无始流转，名为众生。后遇善友，为说诸法，皆一心作，似有无实。闻此法已，随顺修行，渐知诸法皆从心作，唯虚无实。若此解成时，是果时无明灭也。无明灭故，不执虚状为实，即是妄想及妄境灭也。尔时意识转名无尘智，以知无实尘故。虽然，知境虚故，说果时无明灭，犹见虚相之有，有即非有，本性不生，今即不灭，唯是一心。以不知此理故，亦名子时无明，亦名迷理无明。但细于前迷事无明也，以彼粗灭，故说果时无明灭也。又不执虚状为实，故说妄想灭，犹见有虚相，谓有异心。此执亦是妄想，亦名虚相。但细于前，以彼粗灭，故言妄想灭也。又此虚境以有细无明妄想所执故，似与心异，相相不一，即是妄境，但细于前。以其细故，名为虚境。又彼粗相实执灭，故说妄境灭也。以此论之，非直果时迷事无明灭息，无明住地亦少分除也。若不分分渐除者，果时无明不得分分渐灭，但相微难彰，是故不说住地分灭也。"① 上述这段引文重点在于讲佛性即是觉心，觉心是指觉悟之心亦是指心之体。而心体对于众生来说则是平等无二的，能悟出此者即为智。此心体具三种大智，所谓无师智、自然智、无碍智。是觉心体具此三智性，所以要以此心为觉性。又可以说心体平等即是智觉，智觉即是心体平等，两者是相同的。这里显然已经抛弃了小乘佛教"一阐提人无有佛性"的落后认识，而从众生之心平等可以使人悟出众生之性皆可以为佛性。只要勤修止观法门，破除无明妄想，荡涤虚境幻相，扫除熏染迷障，即可自心清净，佛性明觉。凡圣同一，臻此境界，皆可成佛。

慧思大师从心为自性清净心，心为真如，觉心即佛性等方面来阐发"心"在佛教中所具有的重要地位和作用，对后世天台宗思想的创立具有深远的影响。如其亲传弟子智颛即引《般舟三昧经》中之偈子云："诸佛从心得解脱，心者清净名无垢，五道鲜洁不受色，有学此者成大道。"② 表示赞同慧思大师的自性清净心等学说，并由此进一步阐发"一心三观""一念三千"和"三谛圆融"的思想。所以说，慧思大师高度重视"心"观念是对创立天台宗做出的重要贡献。

---

① 南岳佛教协会编：《慧思大师文集》，岳麓书社2011年版，第73—74页。
② 智颛著，李安校释：《童蒙止观校释》，中华书局1989年版，第60页。

二

　　慧思大师提倡定慧双修、止观并运，也就是说除注重禅法之外，还要重视佛教的义理。上一节我们主要阐述了慧思关于心在天台宗义理中的地位和作用。下面，将着重论述慧思大师有关"心"在禅定修为过程中的现实意义和人生价值。大师认为修习禅定则为学佛的基础。他说："夫欲学一切佛法，先持净戒勤禅定，得一切佛法诸三昧门、百八三昧、五百陀罗尼，及诸解脱、大慈大悲、一切种智、五眼、六神通、三明、八解脱、十力、四无畏、十八不共法、三十二相、八十种好、六婆罗蜜、三十七品、四弘大誓愿、四无量心、如意神通、四摄法，如是无量佛法功德，一切俱从禅生。何以故。三世十方无量诸佛，若欲说法度众生时，先入禅定，以十力道种智说法度众生。一切种智者名为佛眼，亦名现一切色身三昧。上作一切佛身、诸菩萨身、辟支佛身、阿罗汉身、诸天王身、转轮圣帝诸小王身，下作三途六趣众生作身。如是一切佛身，一切众生身，一念心中一时行，无前无后亦无中间，一时说法度众生，皆是禅婆罗蜜功德所成。是故佛言：若不坐禅，平地颠坠。若欲断烦恼，先以定动，然后智拔。"① 就是说只有先入禅定，以无量神通之佛法，观察并对治众生之根性差别，使众生得以普度。若欲断除烦恼，先以入禅守定来动摇之，然后方能以般若智慧拔除之。当然，坐禅的关键还要不断观照自性清净心。大师说："欲坐禅时，应先观身本。身本者，如来藏也，亦名自性清净心，是名真实心。不在内，不在外，不在中间，不断不常，亦非中道，无名无字无相貌，无自无他，无生无灭，无来无去，无住处，无愚无智，无缚无解，生死涅槃无一二，无前无后无中间，从

---

① 南岳佛教协会编：《慧思大师文集》，岳麓书社2011年版，第38页。

昔以来无名字，如是观察真身竟。"① 慧思大师念念不忘的是自性清净心，因为自性清净心即是佛性，并且是成佛的根本所在。因此，他把观察身本即自性清净心作为坐禅的先决条件和首要功夫。其云："复知诸佛净心是众生净心，众生净心是诸佛净心，无二无别。以无别故，即不心外观佛净心。以不心外觅佛心故，分别自灭，妄心既息。复知我心佛心，本来一如，故名为止。"② 也就是说"止"即禅定可以使得不在心外觅佛，熄灭妄心妄念，住心于内，荡涤情识，尽扫贪嗔痴。慧思大师将禅定的运用不仅仅限于静坐默想，且将其推广到日常生活的一切方面，那样在修行的过程中，就可以时时刻刻都使自己的思想行为契合佛教的教义之准绳。大师在《大乘止观法门》对于如何在修行中运用禅定的方法一一做出了开示。当然，止观双运是不可或缺的，二者如车之双轮、鸟之双翼，讲"止"自然会讲到"观"，这原本是题中应有之义，不必赘言。

在修习禅定的过程中，礼佛是非常重要的功课。大师说："止门礼佛者，当知一切诸佛，及以己身一切供具，皆从心作，有即非有，唯是一心，亦不得取于一心之相。何以故。以心外无法，能取此心相故。若有能取、所取者，即是虚妄自体非有。如是礼者，是名止门。复不得以此止行故，便废息观行，应当止观双行。所谓虽知佛身、我身及诸佛具体唯一心，而即从心出生缘起之用，炽然供养，而复即知有即非有，唯是一心，平等无念。是故经言：供养于十方无量亿如来，诸佛及己身，无有分别相。此是止观双行也。"③ 就是说礼佛本身就属于禅定中的必修功课，因为在修习禅定的过程中，要求自己住心于内，不假外求，所以此时此刻并不需要一切供具，心就包括了应该具有的全部供具与礼仪，即所谓"皆从心作"。有即非有，唯是

---

① 南岳佛教协会编：《慧思大师文集》，岳麓书社2011年版，第39页。
② 同上书，第109页。
③ 同上书，第118—119页。

一心。更由于心外无法,万法唯心,礼佛也就是以心礼佛,心到一切皆到。这就是天台宗止门礼佛的真谛。

在修习天台宗止门的过程中,可以说衣食住行均在慧思大师的慈悲观照之中。他讲到生活与人息息相关的"食"时说:"凡食时,亦有止观两门。所言观者,初得食时为供养缘故,即当念于此食是我心作,我今应当变此蔬食之相以为上味。何以故。以知诸法本从心生,还从心转故。作是念已,即想所持之器以为七宝之钵。其中饮食想为天上上味,或作甘露,或为粳粮,或作石蜜,或为酥酪,种种胜膳等。作此想已,然后持此所想之食,施与一切众生,共供养三宝、四生等食之。当念一切诸佛及贤圣,悉知我等作此供养,悉受我等如是供养。作此供养已,然后食之。是故经言:以一食施一切供养诸佛及诸贤圣,然后可食。问曰:既施于三宝竟,何为得自食。答曰:当施一切众生,共供养三宝时,即兼共施众生食之。我此身中八万户虫,即是众生之数故。是故得自食之,令虫安乐,不自为己。又复想一钵之食——米粒,复成一钵上味饮食。如是展转出生,满十方世界悉是宝钵,盛满上味饮食。作此想已,持此所想之食,施与一切众生,令供养三宝、四生等。作此想已,然后自食,令己身中诸虫饱满。若为除贪味之时,虽得好食,当想作种种不净之物食之,而常知此好恶之食悉是心作,虚相无实。何故得知。以向者钵中好食,我作不净之想看之,即唯见不净,即都不见净故。将知本时净食,亦复如是,是心所作。此是观门。止门吃食者,当观所食之味,及行食之人,能食之口,别味之舌等,一一观之,各知从心作故。唯是心相,有即非有,体唯一心,亦不得取于一心之相。何以故。以心外无法,能取此心相故。若有能取、所取者,即是虚妄,自体非有。此名止门。"① 这一大段

---

① 南岳佛教协会编:《慧思大师文集》,岳麓书社2011年版,第119页。

话把"心"对于饮食的作用阐发得可谓淋漓尽致、翰墨酣畅。其核心思想就在于食由心作，无论饮食是好还是坏，关键在于作何想象。粗茶淡饭可以想为天上上味；反之，上味饮食，亦可想为不净之物。为什么要这样呢？正如慧思大师指出的："止门吃食者，当观所食之味，及行食之人，能食之口，别味之舌等，一一观之，各知从心作故。唯是心相，有即非有，体唯一心，亦不得取于一心之相。何以故。以心外无法，能取此心相故。"说到底，还是因为心外无法，一切皆由心所取所与。然而，以大乘止观法门对于饮食作如此仔细的分疏，在此之前，也未见汉传佛教中有哪位高僧做过，可见，慧思的确是一位敢于孤明先发的佛学大师，令人敬服。

慧思大师认为大乘止观法门对于修习禅定的学佛者，在其生活中的方方面面都能够应用，不仅在于上面我们已经论述过的饮食方面，即在一般人不愿意启齿的大小便方面，也是可以应用的。慧思大师说："凡大小便利，亦有止观。所言观者，当于秽处，作是念言：此等不净，悉是心作，有即非有。我今应当变此不净，令作清净。即想此秽处，作宝池宝渠，满中清净香水，或满酥酪。自想己身作七宝身，所弃便利，即香乳酥蜜等。作此想已，持施一切众生，即复知此净相，唯是心作，虚相无实。是名观门。所言止门者，知此不净之处，及身所弃不净之物，唯是过去恶业熏心故，现此不净之相可见。然此心相，有即非有，唯是一心，平等无念。即名止门。问曰：上来所有净与不净法，虽是心作，皆由过去业熏所起。何得现世假象变之，即从心转。答曰：心体具足一切法性，而非缘不起。是故溷中秽相，由过业而得现，宝池酥酪，无往缘而不发。若能加心净想，即是宝池酥酪之业熏心故，净相得生厌恶之心、空观之心，即是除灭不净之缘。净熏心故，秽相随灭。此盖过去之业，定能熏心起相，现世之功，亦得熏心显妙用也。如此于大小便处，假想熏心，而改变之。其余一切净秽境界，须如是假想熏心，以改其旧相,故得现在除去憎爱,亦能远与五通为方便也。然初学行者,未得事从心转,但可闭目假想为之,久久纯熟,即诸法随念改转。是故诸大菩萨,乃至二乘小圣、五通仙人等,能得即事改变无而现有。问曰:诸圣人等种种变现之时,何故众生有见有不见。答曰:二乘神通但由假想而成,以心外见法,故有限有量。菩萨神通由知诸法悉是心作,唯有心相,心外无法,故无限无量也。又菩萨初学通时,亦从假想而修,但即知诸法皆一心作。二乘唯由假想习通,但言定力。道理论之,一等心作。但彼二乘不知,故有差别也。"① 尽管此段话的基本精神依然是诸法悉由心作、心外无法,这是大师念兹在兹、不可须臾或忘的关键之处,反复多少遍都是值得的。但这里提出了修习净与不净之法,在大乘止观法门中,是有不同阶段和不同层次的,因此,初学行者与二乘小圣、五通仙人乃至诸大菩萨,他们的修为境界也是各不相同的,这就是说修习禅定,需要一个过程。所以"初学行者,未得事从心转,但可闭目假想为之,久久纯熟,即诸法随念改转"。直至达到大菩萨的修为功夫,才能"由知诸法悉是心作,唯有心相,心外无法,故无限无量也"。当然,大菩萨也是从初学行者起步的,在这里我们还是可以看出大师具有成佛面前人人平等,人人皆可成佛的思想。

结 语

以上我们对慧思大师《大乘止观法门》的心论作了一些论述和阐发,认识到大师这一思想的核心与精髓就在于心为自性清净心,心为真如,觉心即佛性等方面,着重阐发了"心"在佛教中所具有的重要地位和作用,对后世天台宗思想的创立具有深远的影响。正果法师在《止观讲义》一书中指出:"一切神

---

① 南岳佛教协会编:《慧思大师文集》,岳麓书社 2011 年版,第 119—120 页。

通智慧，皆由清净心、鲜白心、明洁心、无浊心、离烦恼心、善调顺心、善寂静心、善修治心，如是心相之所由生。"[1] 这显然是对于慧思大师相关思想的进一步的理解，但始终没有离开慧思大师所提出的诸法悉是心作，唯有心相，心外无法的基本原则。因此，可以说慧思大师在《大乘止观法门》一书中所指出的天台宗止观法门的枢要就在于制心观心，此乃是天台宗立宗的一个思想基石。

---

[1] 正果法师：《止观讲义》，中国人民大学出版社2007年版。

浅论慧思大师与禅宗的渊源

演 明

（南岳佛教协会）

摘 要：在中国佛教史上，慧思大师作为一代高僧，毫无疑问对中国禅学的发展是很有影响的，他的贡献主要是在传承前人般若空论的基础之上，认真实修禅道核心般若，从而对后世的宗风道骨产生了极大的启迪作用，并开创了以大乘如来藏思想为根本原理、以《法华经》为宗经、以止观二门统摄全体佛法的大乘新禅学。慧思实乃是中国佛教史上的禅门先驱者。慧思禅师在中国佛教史上极具开拓精神，对于禅宗的创立和发展起到了重要的推动作用，并产生了深远的影响。

关键词：慧思 禅宗 般若 宗风 禅学

在中国佛教史上，慧思大师作为一代高僧，对中国禅学的发展是很有影响的，他的贡献主要是在传承前人般若空论的基础上，认真实修禅道核心般若，从而对后世的宗风道骨产生了极大的启迪作用；另外他开创了以大乘如来藏思想为根本原理、以《法华经》为宗经、以止观二门统摄全体佛法的大乘新禅学，实乃是中国佛教史上的禅门先驱者。慧思禅师在中国佛教史上极具开拓精神，对于禅宗的创立和发展起到了重要的推动作用，并产生了深远的影响。

一　慧思生平

南岳慧思，俗姓李，武津（今河南省上蔡县东）人，南北朝时代的高僧。世称南岳尊者、思禅师、思大和尚。因"幼感梵僧劝令出俗，长蒙遍吉现形摩顶"①，于十五岁时，信仰佛教出家为僧，二十岁受具足戒，后严守戒律，平时不常和人来往，每天读诵《法华》等经，数年之间便满千遍。《摩诃止观》卷一上有云：

> 智者师事南岳，南岳德行不可思议，十年专诵，七载方等；九旬常坐，一时圆证，大小法门，朗然洞发。②

又因阅读《妙胜定经》，开始修习禅观。外出参访，寻问禅法，常于林野间经行修禅。中间曾往投当时著名的慧文禅师，从受禅法，白天随众僧事，夜间专心修禅，结合《法华经》意，悟得法华三昧。然后将自己的领悟，请于鉴、最诸禅师鉴定，得到他们的认可和赞许，渐渐声誉远播。他游行各州，随从他学习禅法的徒众不断增加。为了给徒众讲习禅学，他着手从大小乘经论中采集有关法门，加以贯穿解说。三十四岁时（548）在兖州讲禅法，因徒众人品复杂，时生是非，遭遇邪师的猜忌谋害，从此中止北游，率众南行。先到信州，后入郢州，随地应请讲说大乘。在郢州又遭恶人在食物中置毒加害，徒众有三人因中毒致死。梁代承圣二年（553），率众再向南行，到了光州，次年入住大苏山，在开岳寺、观邑寺讲《大品般若经》，信众日增，因此发愿写造金字《般若经》，四十四岁时（558），于

---
① 《摩诃止观义例纂要》卷五，《续藏经》第56册，第79页中。
② 《摩诃止观》卷一，《大正藏》第46册，第1页中。

光城县齐光寺实现了写金字经本并贮以宝函的心愿。他极重视这件事的完成，特撰《立誓愿文》，叙述自己出家学道、习禅以及在各地游化迭遭诸异道扰乱毒害，因而发心写造金字经本的因缘，立修禅解脱法、得神通力、弘扬般若、广度众生的大愿。由于这篇《立誓愿文》的流传，更引起了远地信众的归仰，远来归从他的人益多。创立天台宗的智𫖮，就是在这时不避战乱，远来光州师事他的。慧思在光州游化历时十四年，乃于陈代光大二年（568）带领徒众四十余人前往湖南，入住南岳。在那里继续提倡修禅，陈地信众望风归附，陈主迎他到陈都建业，住栖玄寺，讲《大品般若》。他很感慨当时南地佛学界偏重理论，轻视禅观，于是双开定慧两门，日间谈理，夜间修禅，同时讲说禅波罗蜜，陈主尊他为大禅师，倾动一时。后又还住南岳，继续传授禅法。他平时奉持大戒，衣服只用棉布，寒冬添铺艾叶以御风霜，《续高僧传》特别称赞他慈行可归。陈太建九年（577），他特从山顶下来，住半山道场，大集徒众，劝勉勤修法华、般舟三昧，语极苦切。晚年时他往南岳衡山，信众日增，法席更隆，成了南禅未正式形成之前一位很有影响的重要禅师。

二 慧思禅法思想简述

慧思禅师年轻时特别注意行持。他开始发心习禅，及参访诸禅宿以来，便接触到当时北方佛教学者所特有的躬行实践学风，他坚信由定发慧的学道之路。以后到处讲说般若，发愿守护弘扬，这就使他的禅法尽力于引发智慧、穷究实相。这一倾向，也和他亲承慧文禅师有关。慧文是北齐一代最著名的禅观学者，他所提倡的禅法即是定慧并重的。特别在慧这方面，慧文对于《大品般若》上讲到三种智慧（道种智、一切智、一切种智）可次第证得亦可同时得到的道理，有其独到的见解。慧思得其真传。在实践上，他结合到从《法华经》上体会到

的圆顿法门,用来修习法华三昧,并具体地推广应用于日常行事上,倡导了"法华安乐行"的实践行法。他的禅法思想主要源于:

第一,秉承北齐慧文禅师,如《佛祖统纪》卷六所记载:

> 常居林野经行修禅,后谒文师咨受口诀,授以观心之法。①

第二,来源于《法华经》,如《天台九祖传》所说:

> 霍尔开悟,法华三昧,大乘法门,一念明达。②

第三,来源于《般若经》,如他的《立誓愿文》中说:

> 誓造金字摩诃衍般若波罗蜜经一部,……当为十方一切众生,讲说般若波罗蜜经。③

第四,他晚年受《大乘起信论》一系唯识思想的影响不浅,这使他的禅法思想更为丰富多彩。综观他一生的讲学和著作,所有思想和行动都可以回归到以上这四个方面,可见这些思想对他的影响是多么深远。

从以上他的禅法渊源角度,我们可以看出,他的禅法主要有以下几个方面的特色:

第一,慧思大师由于受师承的影响,非常重视持戒修禅定,在他的著作中,关于修习禅定的开导非常多,占有很重的分量。他对当时一些不注重禅修的义学论师,提出了强烈的批判,如

---

① 《佛祖统纪》卷六,《大藏经》第49册,第179页上。
② 《天台九祖传》卷一,《大正藏》第51册,第99页上。
③ 《南岳思大禅师立誓愿文》卷一,《大藏经》第46册,第787页中。

在《诸法无诤三昧法门》卷上说:

> 普告后世求道人,不修戒定莫能强。无戒定智皆不应,匆匆乱心讲文字。死入地狱吞铁丸,出为畜生弥劫矣。如是众生不自知,自称我有大智慧。①

由此可见他对禅定的态度。同时,他还接受了早期传入中国的如来禅,这是从慧文禅师处直接继承而来的,如在《诸法无诤三昧法门》卷上所列举的各种禅法。

第二,慧思大师受益于《法华经》颇深,所以极力主张依《法华经》的义理进行禅修,这在他所著的《法华经安乐行义》中表达得非常清楚。如说:

> 《法华经》者,大乘顿觉,无师自悟,疾成佛道,一切世间难信法门。凡是一切新学菩萨,欲求大乘,超越一切诸菩萨,疾成佛道,须持戒、忍辱、精进、勤修禅定,专心勤学法华三昧。②

因此,《法华经》成为天台宗的根本典籍,这不能不归功于大师的提倡和弘扬。

第三,慧思又对《般若经》情有独钟,读诵、受持、解说,自不在话下。又继承了慧文禅师悟《大智度论》中"三智一心中得"③的观法,而形成了自己的禅法。其禅法特色带有很深的般若意味,这是毋庸置疑的。这在他的著作中随处可见,如《诸法无诤三昧法门》卷上说:

---

① 《诸法无诤三昧法门》卷上,《大藏经》第46册,第630页上。
② 《法华经安乐行义》卷一,《大藏经》第46册,第697页下。
③ 《妙法莲华经玄义》卷三,《大藏经》第33册,第714页上。

定如净油智如炷,禅慧如大放光明。照物无二是般若,镫明本无差别照。睹者眼目明暗异,禅定道品及六度。般若一法无有二,觉道神通从禅发。①

第四,他在入住南岳之前,就对古唯识学有所涉猎,但还未成体系。及至迁居南岳接触到《大乘起信论》之后,使他的思想大为改观,并把这一思想与实际修行联系起来。

另外,慧思的思想也和当时开始流行的《地论》《摄论》学说有了接触,多少受到些影响。如关于诸法实相的看法,《般若》《法华》说一切法无自性、不可得,原从客观上说,色、心诸法是平等的,慧思则有心法为中心而谈诸法实相的倾向(见《诸法无诤三昧法门》卷下),因而和同时讲"三论"一系学者的实相观有所不同。这一倾向,对于以后智𫖮所倡说的一念三千和圆融三谛等观心释的说法,无疑也起了作用。其次是关于心识的看法,慧思认为心法可分为根本心识和枝条心识二类(见《诸法无诤三昧法门》卷下),说六识为枝条心识,是心之相,有假名识、动转识等异名;六识的本体为根本心识,是为心之性,亦称为如来藏。他这样说法,虽然没有明确主张有八识,而对于心的看法不局限于六识则显然可见。所以关于这一方面的见解,多少和后来流行的《起信论》的议论相近,这可能代表了当时一部分习禅者的心识观。

三 慧思与禅宗的关系

在诸多的学术讨论中,对达摩为初祖的禅宗谱系产生过这样或那样的疑问,不断对谁应为禅宗初祖的问题提出各自的见解。有部分学者还指出天台宗智𫖮对禅宗的创立起到过重要的

---

① 《诸法无诤三昧法门》卷上,《大藏经》第46册,第629页上。

作用,但却只字未提慧思大师,这就难免失去了历史的真实性。因为慧思既是智𫖮耳提面命亲传亲教的师父,而且还是禅宗创立的重要推动者。早在唐代道宣《续高僧传》卷十七《慧思传》中就指出:

> 思慨斯南服,定慧双开,昼谈理义,夜便思择。故所发言,无非致远便验。因定发慧,此旨不虚。南北禅宗,罕不承续。①

圣严法师认为:

> 所称的"南北禅宗"有可能指的禅宗五祖弘忍门下的南(慧能)北(神秀)两系。道宣与中国南北二系的创始人,为同时代的人,所言当不致有误。②

我以为,这一看法显然是正确的。而且,我们还可以看一下智𫖮自己的说法,《摩诃止观》卷第一上:

> 智者师事南岳。南岳德行不可思议,十年专诵,七载方等,九旬长坐,一时圆证,大小法门朗然洞发。③

可见智𫖮对其师佩服得五体投地,其学皆来自于慧思也明白无疑。因此,如果论及早期禅宗创立过程而不论及慧思是不可思议的。但由于慧思是天台宗创立者智𫖮的师父,因此,便"师因徒荣"而被天台宗抢先奉为其传承谱系中的第三祖(初祖

---

① 《续高僧传》卷十七,《大正藏》第 50 册,第 564 页上。
② 释圣严:《〈大乘止观法门〉之研究》,载南岳佛教协会编《慧思大师文集》,岳麓书社 2011 年版,第 213 页。
③ 《法华经三大部读教记》卷十五,《续藏经》第 28 册,第 88 页上。

龙树、二祖慧文、三祖慧思、四祖智颉……），以至于后来人们都习惯先入为主地从天台宗角度来审视慧思大师或基于天台宗的语境中来研究他，如此将慧思"绑定"在天台宗上其实是局限住了慧思，遮蔽了慧思一生中的许多佛教信息。

有学者曾认为，慧思大师和禅宗初祖达摩大师很有可能是一人。南北朝杨衒之的《洛阳伽蓝记》和唐道宣《续高僧传·习禅传·齐邺下南天竺僧菩提达摩传》中的记述尚还较为朴实，愈到后来随着禅宗的发展，达摩的形象得到各种各样的神话般的渲染。首先从时间上来说，慧思与传说中的达摩比较接近。据杜继文、魏道儒二先生《中国禅宗通史》的研究，达摩在华活动时间的最大跨度为421—537年，即116年，最短为478—534年，即56年。但当时的僧史，如北朝魏收所著《释老志》，历数北魏的知名僧人，也无菩提达摩其人，或者他可能只是一个后人穿凿的人物，或者可能虽有影响于底层民众，却始终未被显贵承认。无论如何，菩提达摩名义的禅法，是在隋唐间才开始声名高涨的。而关于达摩与慧思的交往，唐代日僧定光所传述的《一心戒文》中有一点记载，即慧思在南岳期间，曾会见过达摩，达摩还劝勉慧思去化导日本，以至于以后有种种传说，所谓慧思转生日本云云。传说虽然难免具有附会的成分，但也绝非空穴来风，其说明慧思与达摩既然是具有交往的同时代人，那么将慧思的事迹编排到达摩身上就极有可能。而慧思所传的佛法显然对后世禅宗影响深远，所以在宋僧道原撰著的《景德传灯录》中，把慧思作为禅门达人加以记载，同样是承认慧思在禅宗中的地位。

又由于他所弘扬的禅法与当时一般的小乘禅法大不相同。智颉在《摩诃止观》卷一上说：

> 天台传南岳三种止观：一渐次、二不定、三圆顿。皆是大乘，俱缘实相，同名止观。渐则初浅后深，如彼登陟；

不定前后更互，如金刚宝置之日中；圆顿初后不二，如通者腾空。①

圣严法师认为，慧思本人着重禅观法门，传给他的弟子们的也以禅观为主。再说天台承受的圆顿止观，则相当于后来禅宗南宗的顿悟之说，此可从慧思所说的圆顿之义，得到解答，因此由慧思大师"曲授心要"而被记录成书的《大乘止观法门》，也就是圆顿止观了。故在《大乘止观法门》的末章之中，也将礼佛、饮食，乃至大小便利等的日常生活，运用作为实践止观法门的方式。因此说慧思的圆顿止观便为日后中国的禅宗思想开了先河。也正是因为他当时大胆的佛学革新，才受到恶比丘、恶论师之流的嫉恨并被加以毒害。遇毒绝非寻常之事，所以道宣秉笔于史显然是很郑重其事的。至于达摩所传以"定心"和"安心"为核心的禅数或壁观，已经被不少学者认为与中国禅宗思想没有直接关系。

也有论者指出，虽然道宣《续高僧传·习禅篇》凸显达摩"定学""壁观""安心"的入道之途，但其禅法的实质仍然是印度寂然无为的定学。至于道宣也谈到了"借教悟宗""舍伪归真""无自无他""凡圣等一"类似禅宗思想的话，实在也是佛教的共性，以及达摩或者受了中国道家思想影响的结果，显然不宜视为禅宗思想的发端。

由以上三点来看，慧思大师虽然在禅宗历史上是名不见经传的人物，但实际上或许是和禅宗有着密不可分的连带关系，并且在禅宗历史上扮演着非常重要的角色。当然这都是根据部分佛教修行、历史特点、僧宝传记等线索所给出的一种推测。如若确定还需更多的资料佐证来支持才行。

---

① 《摩诃止观义例纂要》卷一，《续藏经》第56册，第1页下。

四　慧思思想对禅宗思想发展的影响

禅宗的发展是一个漫长而曲折的过程，六祖慧能在其中固然起到了很重要的作用，而慧思大师在禅宗的发展中，起到了间接推动的作用和影响，当然，慧思不仅对初创时期的禅宗乃至对禅宗思想的进一步发展也产生了深远的影响和作用，如慧思"观心"的思想。在南北朝时期，"心"就是佛教争论颇多的一个问题，而慧思大师的"心"论特点就是以观心为本的思想。

> 欲坐禅时，应先观身本。身本者，如来藏也，亦名自性清净心。是名真实心，不在内，不在外，不在中间，不断不常，亦非中道，无名无字，无相貌，无自无他，无生无灭，无来无去，无住处，无愚无智，无缚无解，生死涅槃无一二，无前无后无中间，从昔以来无名字，如是观察真实竟。①

此中即认为心为身本，心性清净，心之外无一切造作之境，因此一切所谓的前后内外、中道中间、生灭来去、愚智缚解、相貌名字乃至于生死涅槃，皆无可表达什么是心，因为心即是如来藏亦即佛性，其具有神妙真如之性质。这一点，恰恰与后世的禅师们所说相契，尤其是南禅反复偈唱的诸如"顿悟"，"自家宝藏"，"一切具足，莫向外求"，"即心即佛，非心非佛"，"无位真人"……即禅宗心法，以心印心，见性成佛，"道在心悟，岂在坐耶！"如六祖的弟子怀让对道一说：

---

① 《诸法无诤三昧法门》卷上，《大藏经》第46册，第628页上。

磨砖既不成镜,坐禅又岂能成佛。①

如四祖对法融禅师说:

百千法门,同归方寸,河沙妙德,总在心源,一切戒门定门慧门,神通变化,悉自具足,不离汝心。②

如马祖道一禅师说的:

三界唯心,森罗万象,一法之所印。③
一切法皆是心法,一切名皆是心名,万法皆从心生,心为万法之根本。④

如黄檗希运禅师说:

惟此一心即是佛,佛与众生,更无别异。世人着相外求,求之转失,使佛觅佛,将心捉心,穷劫尽形,终不能得,但得息念忘虑,佛自现前。⑤

还说:

凡人多为境碍心,事碍理,常欲逃境以安心,摒事以存理。不知乃是心碍境,理碍事,但令心空境自空,理寂事自寂,勿倒用心也。⑥

---

① 《指月录》卷五,《续藏经》第83册,第451页上。
② 《景德传灯录》卷四,《大藏经》第51册,第227页上。
③ 《禅宗正脉》卷二,《续藏经》第85册,第395页中。
④ 《景德传灯录》卷二十八,《大藏经》第51册,第440页上。
⑤ 《景德传灯录》卷九,《大藏经》第51册,第270页中。
⑥ 《黄檗山断际禅师传心法要》卷一,《大藏经》第48册,第381页下。

也就是说，一切诸法，乃至六道，皆由心造。这些说法，无不与慧思的思想一脉相承。这就说明一个问题，禅在本质上其实是很简单的，只要放下知见分别，远离价值判断取舍贪著，浑然一片地指认事物本身，切入本然法尔如是，就能明心见性。一切如空花水月，不可求，不可得，无住、无求、无为，当下便能返璞归真，回归心的本源，寂静安然，毫无难处。慧思联系生活实践修行禅法，形成了特有的宗风道骨，直接启迪影响后世禅风。禅宗从形成到成熟的过程中，除兼容了中国传统文化中的儒道思想，如以"五戒""十善"会通儒之"五常"，主要还是吸收了佛教中"般若"与"涅槃"思想，自然也就吸收了慧思的禅道核心般若空论，后世禅师们所说的禅理，其实都没有超出慧思所说的范畴，只不过是深浅程度不同，方法有别而已。

此外禅宗的宗义，就是依着般若，禅宗的行论，也是依着般若，所以说顿悟成佛，就是从般若的本体上立足，至于修行方法，或看话头，或专默照，但令疑情真切，不求于文字言说，不求于见闻觉知，也不求于心缘知解，如果功夫精纯，疑情不断，一旦磕着撞着，猛地一声，自然打破漆桶，心花发明，从而破初参，透重关，进而透末后一关，一经彻悟，天下太平。这种修行方法，是使人契合般若的实相，以求证入实相般若，便是参禅。学人只有深解般若理趣，才有入处。否则，即使蒲团坐破，仍与般若实相格格不入。这也便是慧思禅道的精髓。

慧思是大师，但又是世间平凡的人，他深知涅槃与世间的本性是一致的，两者都是空，也都是不可言说的妙有，二者完全统一。因此他不是一味地坐禅修习，而是注重在日常生活中修行。尤其是到了晚年，他更是把主要精力集中在禅修上，努力实践他的禅法玄学。慧思曾对门徒说：

道源不远，性海非遥。但向已求，莫从他觅。觅即不得，得亦不真。①

这正是释尊所说：

> 正法眼藏，涅槃妙心，实相无相，微妙法门，不立文字，教外别传。②

也正如六祖慧能所言：

> 佛法在世间，不离世间觉。离世觅菩提，恰如求兔角。③

慧思还对弟子们写过几首偈言，如：

> 顿悟心源开宝藏，隐显灵通现真相。独行独坐常巍巍，百亿化身无数量。纵令塞满虚空，看时不见微尘相。可笑物兮无比况，口吐明珠光晃晃。寻常见说不思议，一语标名言下当。④
>
> 天不能盖地不载，无去无来无障碍。无长无短无青黄，不在中间及内外。超群出众太虚玄，指物传心人不会。⑤

这些偈言诗，在南禅风行之前，就已掷地有声了。

还有他的禅观法门，也是影响禅宗最具特色的代表。慧思在《大乘止观法门》中说：

---

① 《佛祖统纪》卷六，《大藏经》第49册，第180页下。
② 《宗门拈古汇集》卷二，《续藏经》第66册，第16页上。
③ 《六祖大师法宝坛经》卷一，《大藏经》第48册，第351页下。
④ 《景德传灯录》卷二十七，《大藏经》第51册，第431页中。
⑤ 同上。

> 所言止者，谓知一切诸法，从本已来，性自非有，不生不灭。但以虚妄因缘故，非有而有。然彼有法，有即非有。唯是一心，体无分别。作是观者，能令妄念不流，故名为止。所言观者，虽知本不生，今不灭，而以心性缘起，不无虚妄世用，犹如幻梦，非有而有，故名为观。①

正果老法师的解释是，禅定在经论中即止观。止是寂示、专注一境，其体即定；观为观察，是思惟修，其体即慧。定慧、寂照、明静等，都是止观的同义语。止与观，如车之两轮，一失均衡偏于任何一方时，便不能达到止观变运的圆满成就。正因为"止"能令妄念不流，则"观"即能照见心性缘起。反之，如不以心性缘起，亦不能止息妄念。所以两者如车之两轮，不可或缺。慧思进一步讲到修习止观的过程和方法。他说：

> 钝根菩萨，修对治行，次第入道，登初一地，是时不得名为法云地。地地别修，证非一时，是故不明一华成众果。法华菩萨，即不如此。一心一学，众果皆备，一时具足，非次第入。亦如莲华，一华成众果，一时具足，是名一乘众生之义。是故《涅槃经》言：或有菩萨，善知从一地至一地。《思益经》言：或有菩萨，不从一地至一地。从一地至一地者，是二乘声闻，及钝根菩萨，方便道中次第修学。不从一地至一地者，是利根菩萨，正直舍方便，不修次第行。若证法华三昧，众果悉具足。②

虽然以"钝根"和"利根"来说明区分渐修和顿悟的界限，其实慧思并没有贬低渐修的意思。他解释说，勤修禅定者，

---

① 《大乘止观法门》卷一，《大藏经》第46册，第642页上。
② 《法华经安乐行义》卷一，《大藏经》第46册，第698页下。

如《安乐行品》初说。何以故？一切众生具足法身藏，与佛一无异。如《佛藏经》中说三十二相，八十种好，湛然清净。众生但以乱心惑障，六情暗浊，法身不现，如镜面垢，面像不现。是故行人勤修禅定，净惑障垢，法身显现。是故经言法师，父母所生清净常眼，耳鼻舌身意，亦复如是。因此说神秀"时时勤拂拭，勿使惹尘埃"的偈子，若从勤修禅定这个角度来看，应该说也是有一定道理的，和上面引慧思的话甚为一致。

五　结　语

从以上两种慧思大师思想和禅宗思想的对比来看，答案无疑是石破天惊的，同时这也充分地证明了，慧思大师的禅法思想对后世禅宗的作用与影响是明显的，当然我们也不能忽视后世禅师们在促进禅宗更加个性化、自由化、世俗化、社会化等方面乃至推进人间佛教上，又有了许多探索与创新。但其禅法思想上，仍旧能看到慧思禅法思想的影子，特别是禅宗南岳怀让、马祖道一等高僧大德，显然是他的思想和精神的持续传承和发扬者。这是慧思大师难以企及和预料的。因此，我们不必过分夸大慧思的作用及其"先见之明"，但他在中国禅宗史上，确是一个地位显赫的禅门先驱，是一个不能忽视的大禅师，这应该是不容争辩的事实。

《大乘止观法门》与《大乘起信论》
——以圣严《〈大乘止观法门〉之研究》为视角

姚彬彬

（武汉大学台湾研究所）

摘　要：《大乘止观法门》一书旧题为慧思大师所著，近现代学者颇有疑其为后人伪托者。本文通过圣严法师在1971年所撰的《〈大乘止观法门〉之研究》一书中的有关考据与思想分析，介绍《大乘止观法门》与汉传佛教之重要论典《大乘起信论》之关系，并对圣严的一些研究加以复核。《大乘止观法门》是在《大乘起信论》思想的基础上进一步发挥而成书，而《大乘起信论》本身也很可能就是中国人的作品，故从《大乘起信论》到《大乘止观法门》的思想径路之开展，应可视作"佛教中国化"历程的一个具体案例。

关键词：《大乘止观法门》　《大乘起信论》　慧思　圣严

《大乘止观法门》一书旧题为慧思大师所著，亦略称《大乘止观》，全书二卷。原书于汉地本已不存，宋真宗咸平三年（1000）由日僧寂照携来此书，交与遵式，后由遵式刻板印行。该书书名下题为"南岳思大禅师曲授心要"，故学界多认为其系慧思晚年在南岳期间所著。该书以如来藏缘起思想为核心宗旨，立足于《起信论》真妄和合之理念,阐述真如同具染净二性,并结合唯识家之三性及三无性思想,希图实现"除妄成真"与"全真起妄"之目的。然由于此书于唐人的僧史经录中,若道宣的《续高僧传》《大唐内典录》,智昇的《开元释教录》等皆未著录,其思想理念也未尽同于慧思的其他著作,故近现代学者颇有疑其为伪托之作者。若吕澂先生在《中国佛学源流略讲》中便谓:"《大乘止观法门》(现存)说是慧思的著作,事实上很成问题,因为其内容全用《大乘起信论》的思想来结构,从时代上,从学说的基本思想上,都有矛盾,无疑是后人伪托的。"① 就目前而言,无论言其真伪,尚均无确证,但的确如吕澂先生所指出的,《大乘止观法门》与《大乘起信论》之思想体系间关系密切,是显明的事实。

《〈大乘止观法门〉之研究》是法鼓山已故宗主圣严法师当年在日本攻读硕士的学位论文,于1971年完稿,共分三章:(一)《大乘止观法门》的组织及其内容;(二)《大乘止观法门》的真伪及其作者;(三)《大乘止观法门》的基本思想。同年10月圣严将全书翻译成中文,并于1979年交由东初出版社出版。该书对于《大乘止观法门》的成书和思想进行系统研究,提出了不少独到和卓有见地的思想,故我们以圣严的《〈大乘止观法门〉之研究》为视角,介绍《大乘止观法门》与《起信论》的关系问题。

一 《大乘止观法门》作者问题的辨析

圣严在《〈大乘止观法门〉之研究》中,对于慧思平生之著述目录进行了比较全面的钩稽,他指出,慧思著述之有文史可查的,盖如下述:

---

① 吕澂:《中国佛学源流略讲》,中华书局1979年版,第162页。

首先，道宣撰《大唐内典录》卷五中著录慧思作品有八部十卷：

《四十二字门》二卷。

《无诤门》二卷。

《随自意三昧》一卷。

《次第禅要》一卷。

《释论玄门》一卷。

《三智观门》一卷。

《安乐行法》一卷。

《弘誓愿文》一卷。（"弘"字当系"立"字误）

其中尚无《大乘止观法门》的著录，直至南宋天台宗僧志磬撰《佛祖统纪》的卷六才予著录，《佛祖统纪》提及的慧思作品共有九部十二卷，比《大唐内典录》所多出者，就是这部二卷的《大乘止观法门》。

日本传教大师最澄（767—822）的《台州录》中，则说慧思作有《发愿文》《安乐行》之外，尚有《受菩萨戒文》一卷。

日本慈觉大师圆仁（791—863）的《求法目录》则谓慧思有《四十二字开义》《无诤三昧》《随自意三昧》等。

道宣的《续高僧传》卷一七中则谓慧思著作有七部九卷：

《四十二字门》二卷。

《无诤行门》二卷。

《释论玄》一卷。

《随自意》一卷。

《安乐行》一卷。

《次第禅要》一卷。

《三智观门》一卷。

圣严指出，《续高僧传》与《大唐内典录》，同为道宣一人所撰，也有详略不同，《续高僧传》比《大唐内典录》少列了一种《立誓愿文》。

《景德传灯录》卷二七的《南岳传》中则谓有《四十二字门》及《无诤行门》各二卷，《释论玄》《随自意》《安乐行》《次第禅要》《三智观门》者五部各一卷。合为七部九卷。

日本学者岛地大等氏的《天台教学史》，除了以上所举的以外，又加上《大乘入道章》一部二卷。其排列次序为：

《大乘止观法门》二卷。

《四十二字门观》二卷。

《安乐行义》一卷。

《立誓愿文》一卷。

《诸法无诤三昧法门》二卷。

《三智观门》一卷。

《次第禅要》一卷。

《释论玄》一卷。

《受菩萨戒文》一卷。（"文"字当系"仪"字误）

《大乘入道章》二卷。

《随自意三昧》一卷。①

结合以上记载可见，《大乘止观法门》被僧史著录为慧思作品的说法，最早从宋代的《佛祖统纪》开始，时代颇后，故引起怀疑也并不是无因的。但就圣严本人而言，他虽比较倾向于《大乘止观法门》不伪，但立论仍是十分严谨的。他只是从该书在中国佛教界客观的影响上讲，指出其在遵式刊印之后——

> 经过一百余年，到了南宋宣和三年（公元1121年），智涌了然（公元1077—1141年），为本书撰写《大乘止观法门宗圆记》（以下略称《宗圆记》）五卷；又过五百多年，到了明末时代的蕅益智旭（公元1599—1655年），撰

---

① 以上参见圣严《〈大乘止观法门〉之研究》，宗教文化出版社2006年版，第57—59页。

有《大乘止观法门释要》（以下略称《释要》）四卷。再过二百六十八年，到了民国的癸亥（公元1923年）之夏，宁波观宗寺的谛闲，述作了《大乘止观述记》（以下略称《述记》）二十卷。以上三位大师，均以真挚和虔诚的态度，抱着弘扬本书的志愿，来为本书作释，因此，本书之在中国佛教界，自始即未怀疑它不是出于南岳的作品。①

圣严在其著的《本书真伪问题之研究》中，逐一具体分析了各种怀疑《大乘止观法门》为伪书的说法的证据欠缺，最后提出："我是主张本书出于南岳的真撰，但却未必是由南岳亲笔写成，已如前述，是属于口述的论书，故与他亲笔所写的东西，在文字上也有出入。我们知道，天台智者，固有其亲撰的作品，他的主要的天台三大部，却是由他口述而为其弟子灌顶写成的，故我相信，《大乘止观》不是南岳亲撰，只是由其口述口传，到他的弟子，甚或是再传弟子之时，始被写成。"② ——不过，由于圣严在其著作中只是对质疑"疑伪"者的问题进行了合理性的解答，并指出其证据的欠缺，却不能提出有力的反证，因此，最后他也只能说："我仅作论断，尚无法也不必作为本书真伪的最后定论。"③ 显然，这是一个非常客观的表述，体现了圣严作为一代优秀学僧的严谨风范。

二 《大乘止观法门》对《大乘起信论》内容的征引

圣严指出，《大乘止观法门》"的目的，在于指导行者如何修持大乘止观法门，以及说明大乘止观法门的伟大作用，在断惑证真，本书的理论基础，则在运用了《起信论》的如来藏缘

---

① 圣严：《〈大乘止观法门〉之研究》，宗教文化出版社2006年版，第60页。
② 同上书，第79页。
③ 同上。

起或真如缘起，以及《摄大乘论》的三自性三无性说"①。将《起信论》的思想与唯识理论相融合，是该书的特色。难能可贵的是，圣严在其著的"本书征引的经论详考"一节，将全书所引用的《起信论》内容，逐一勘出，实为便利学人的重要工作，兹列举如次：

> 《起信论》言："一切诸法，从本已来，离言说相，离名字相，离心缘相，毕竟平等，无有变异，不可破坏。唯是一心，故名真如。"
> （A）《大正》四六·六四二页中。
> （B）《大乘起信论》（陈真谛三藏译本），《大正》三二·五七六页上，少一"诸"字。②

核查《大乘止观法门》之原文，谓："以一切法真实如是，唯是一心，故名此一心以为真如。若心外有法者，即非真实，亦不如是，即为伪异相也。《起信论》言：'一切诸法，从本已来，离言说相，离名字相，离心缘相，毕竟平等，无有变异，不可破坏。唯是一心，故名真如。'以此义故，自性清净心复名真如也。"——显然，这是利用《起信论》的理论，建立其以真常唯心论为宗的"心本体"之宗旨。

> "如《起信论》广明也。"
> （A）《大正》四六·六四六页上。
> （B）此系指的《大乘起信论》（真谛译）的释义二所

---

① 圣严：《〈大乘止观法门〉之研究》，宗教文化出版社2006年版，第4—5页。
② 圣严：《〈大乘止观法门〉之研究》，宗教文化出版社2006年版，第7页。——按圣严的说明，以下（A）项标明本书中的位置；（B）项标明被引原典的名称及其位置所在；（C）项系与所引原典文字有出入的场合，即将原典的相似之内容抄示出来；（D）项是摘要。

明。《大正》三二、五七九页上,有如下的一段文字:"从本已来,性自满足一切功德。所谓自体有大智慧光明义故,遍照法界义故,真实识知义故,自性清净心义故,常乐我净义故,清凉不变自在义故。具足如是过于恒沙不离、不断、不异,不思议佛法,乃至满足,无有所少义故,名为如来藏,亦名如来法身。"

(C)本书未引全文,仅征其大意。①

核查《大乘止观法门》之原文,谓:"所谓自性,有大智慧光明义故,真实识知义故,常乐我净义故,如是等无量无边性净之法,唯是一心具有,如《起信论》广明也。"——这里则是利用《起信论》所讲的"心性本觉"之义理特征,来形容心体性德之起用。

《起信论》言:"因熏习镜,谓如实不空,一切世间境界,悉于中现,不出、不入、不失、不坏,常住一心,以一切法即真实性故。"

(A)《大正》四六·六四七页中。
(B)《大乘起信论》(真谛译)。《大正》三二、五七六页下。②

核查《大乘止观法门》之原文,谓:"虽有相别显现说之为事,而悉一心为体悉不在心外,以是义故,复以此心为不空也。譬如明镜,所现色像无别有体,唯是一镜而复不妨万像区分不同,不同之状皆在镜中显现,故名不空镜也。是以《起信论》言:'因熏习镜,谓如实不空,一切世间境界,悉于中现,不

---

① 圣严:《〈大乘止观法门〉之研究》,宗教文化出版社2006年版,第11页。
② 同上书,第12页。

出、不入、不失、不坏，常住一心，以一切法即真实性故。'以此验之，具足世间染法，亦是不空如来藏也。"——这是利用《起信论》的义理，来构建其以外境皆为内心之投射镜像之绝对唯心论之观点。

  论言："三者用大，能生世间出世间善恶因果故。"
  （A）《大正》四六·六四八页下。
  （B）《大乘起信论》（真谛译）。《大正》三二·五七五页下。
  （C）此谓"善恶因果"，但在《起信论》原文："三者用大，能生一切世间出世间善因果故"，仅一"善"字，而本书引征时，加了一个"恶"字，此与本书的性染说的立场，似有关系。唐之贤首国师的《起信论义记》中，也没有"恶"之一字。
  （D）了然的《宗圆记》卷四，《卍续藏》九八·四一一页C说："今更下重说四，初法体相用者，名出起信，于生灭门，明此三大，今辨本识，故说此三。但彼相大，在净在性，用大非恶在善，故立义中云：一者体大，谓一切真如平等，不增不减故。二者相大，谓如来藏具足性功德故。三者用大，谓能生一切世间出世间善因果故。今文不局，相通性事染净，用通善恶果因，其不同意，如辨不空藏中已明。"①

  核查《大乘止观法门》之原文，谓"云何能生种种果报者，谓不解无差别之差别，故言云何能生种种果报也。此修多罗中喻义，偏明心性能生世间果报，今即通明能生世出世果亦无所

---

① 圣严：《〈大乘止观法门〉之研究》，宗教文化出版社2006年版，第13—14页。

妙也。是故论云：'三者用大，能生世间出世间善恶因果故。'以此义故，一切凡圣一心为体，决定不疑也。"——按圣严的校勘，引文比原文多了一个"恶"字，笔者觉得这恐怕与天台宗"性具善恶"的教理有关，而性具善恶说正式形成于智者大师，若《大乘止观法门》确为慧思所著，此处当可视为"性具善恶"的萌芽状态；反之，该书若确为后人伪托，则或为以智者之说依附于乃师耳。

　　论言："以依本觉故有不觉，依不觉故而有妄心，能知名义，为说本觉。故得始觉即同本觉，如实不有始觉之异也。"
　　（A）《大正》四六.六五三页下。
　　（B）《大乘起信论》（真谛译）。《大正》三二.五七六页中—下。
　　（C）《起信论》的原文是："始觉义者，依本觉故而有不觉，依不觉故说有始觉。又以觉心源故，名究竟觉。（中略）若得无念者，则知心相，生住异灭，以无念等故，而实无有始觉之异。"①

核查《大乘止观法门》之原文，其援用《起信论》此段文字旨在说明："念念熏于本识，增益解性之力。解性增已，更起意识，转复明利，知法如实，久久熏心。故解性圆明照己体，本唯真寂，意识即息。尔时，本识转成无分别智，亦名证智。以是因缘故，以意识依止真心修止行也。"——显然，这是利用了《起信论》义理中最具"中国特色"的"真如熏习无明"的说法来证成其修行理据。

---

　　① 圣严：《〈大乘止观法门〉之研究》，宗教文化出版社2006年版，第16页。

论云:"不生不灭与生灭和合,说名阿梨耶识。"

(A)《大正》四六·六五三页下。

(B)《大乘起信论》(真谛译)。《大正》三二·五七六页中。

(C)原典的文句是:"不生不灭与生灭和合,非一非异,名为阿梨耶识。"①

核查《大乘止观法门》之原文,谓:"今更为汝重说,谓真心是体,本识是相,六七等识是用。如似水为体,流为相,波为用,类此可知。是故论云:'不生不灭与生灭和合,说名阿梨耶识。'即本识也。"显然,这里是利用《起信论》体相用三大的说法,来论证真如、本识(阿梨耶识)与前七识是非一非异的关系。这也是《大乘起信论》异于正统唯识学的要点之一,故欧阳竟无曾批评《起信》说:"《起信论》竖说八识,三细六粗次第而起,几似一类意识,八种差别遂不可立矣。"② 认为其泯灭了八识各自的独立性而混为一谈,故为"笼统汗漫"之说。

论云:"阿梨耶识有二分,一者觉,二者不觉。"

(A)《大正》四六·六五三页下。

(B)《大乘起信论》(真谛译)。《大正》三二·五七六页中。

(C)原典为:"名为阿梨耶识,此识有二种义,能摄一切法、生一切法,云何为二?一者觉义,二者不觉义。"③

核查《大乘止观法门》之原文,谓:"问曰:熏本识时即熏

---

① 圣严:《〈大乘止观法门〉之研究》,宗教文化出版社2006年版,第17页。
② 欧阳竟无:《唯识抉择谈》,见《欧阳竟无集》,中国社会科学出版社1995年版,第109页。
③ 圣严:《〈大乘止观法门〉之研究》,宗教文化出版社2006年版,第17页。

真心以不？答曰：触流之时即触于水，是故向言增益解性者，即是益于真心性净之力也。是故论云：'阿梨耶识有二分，一者觉，二者不觉。'觉即是净心，不觉即是无明，此二和合说为本识。是故道净心时更无别有阿梨耶，道阿梨耶时更无别有净心，但以体相义别故，有此二名之异。"这仍是利用体相用之说来论证阿梨耶与真如净心是非一非异的关系。

以上统计《大乘止观法门》正式征引《大乘起信论》的原文共七处，圣严指出："从本书所引经论次数之多少而言，则以《华严经》占第一位，其次为《起信论》，再次为《维摩经》及《楞伽经》，又次为《法华经》及《胜鬘经》。"① ——而根据笔者的复核可见，《大乘止观法门》凡征引《起信论》之处，无不涉及核心性的义理问题，对于《起信论》的"真心本觉"说、"体相用"说、"真如熏习无明"说等，皆有重要的汲取和采纳，因此，以《起信论》为影响《大乘止观法门》最关键重要的经典，当不为过。

三 《大乘起信论》与《大乘止观法门》的思想关系

《大乘止观法门》全书分三大科目，即略标大纲、广作分别、历事指点。这基本相应于佛教一般经论的序分、正宗分、流通分的组织形式。其"广作分别"一科又分作"五番建立"，即以止观依止、止观境界、止观体状、止观断得、止观作用之五部分，来阐述其思想体系。

首先，就止观依止而言，是说若修习止观法门，先依止于"一心"。"一心"在全书中有颇多异名，若自性清净心、真如、佛性、如来藏、法界、法性等皆是，显然，该书在学说上属于如来藏系统的经典，其颇具特色的是，又将佛性分解为"如如

---

① 圣严：《〈大乘止观法门〉之研究》，宗教文化出版社2006年版，第21页。

佛"及"智慧佛",用以说明"迷真起妄"及"返妄归真"之"觉"与"不觉"的道理。圣严指出:"这种理论观点,大致是受了《大乘起信论》所说三细六粗之要义的影响而来。"① 而所谓"三细六粗",是《起信论》中所讲的为根本不觉所生之三种微细相,以及更以境界为缘而生起之六种粗显相。三细即无明业相、能见相、境界相,因其相微细难知,故名三细。六粗者,即智相、相续相、执取相、计名字相、起业相、业系苦相,较三细相更为可知,较粗显,故称六粗。盖《大乘止观法门》借"三细六粗"之说,以阐妄相生成之根由也。

"其次,止观依止的'净心'体状,又有三种差别:一谓此心是第一义谛的真如心,从本以来,即离一切名相,一切能缘能说的诸分别法。二谓此心虽离一切分别及境界之相,而与彼之诸相法不一不异。三举空与不空二种如来藏义,以广辨'真如'之义。"② 显然,这与《起信论》讲"一心"同时开出"真如门"与"生灭门"之一心二门之说如出一辙,故圣严指出,这一思想,也"无非是以《起信论》的立场为立场的。所以本书也经常引用《起信论》作为其立论的脚注"③。

其次,就止观境界而言,该书以真实性、依他性及分别性,作为大乘止观的所观境。其中以出障真如及佛之净德,名为真实性;在障之真如与染和合而成的阿梨耶识,名为依他性;六、七识的妄想分别,名为分别性。对于这种观点,"一看可知,是引用了《起信论》中所说体、相、用三大的各相"④。对于体相用的论述,《起信论》中谓:"一者体大,谓一切法真如平等不增减故;二者相大,谓如来藏具足无量性功德故;三者用大,

---

① 圣严:《〈大乘止观法门〉之研究》,宗教文化出版社2006年版,第2页。
② 同上书,第2—3页。
③ 同上书,第3页。
④ 同上书,第4页。

能生一切世间、出世间善因果故。"① 可见其说与《大乘止观法门》讲的真实性、依他性及分别性大体上是可以对应的。同时，圣严也指出，《大乘止观法门》并不仅仅完全照搬《起信论》，而是"以本书著述者的智慧运用，却把唯心系统《起信论》的真如缘起作为修行大乘止观法门的依止心，借此强固的唯一清净心为所依止，起修大乘止观法门；同时再引用《摄大乘论》的三自性观法，作为修习大乘止观法门的手段"②，以《起信论》为基础融合了唯识学的三性说。

圣严通过研究，还发现《大乘止观法门》的"心意识"说，受到《大乘起信论》的影响极为明显，所谓"心意识"，即是心、意、识三者的合并称呼。心的梵语名为质多（citta），意的梵语名为末那（manas），识的梵语名为界若南，所谓心意识，则是中国佛教的一种带有半是翻译半是创作意味的名词，其意义变化为，根据同一心体，由于能缘境的不同，而分别给予三种意义不同的名称。——若《大乘止观法门》中的这些内容：

> 心依熏变，不觉自动，显现虚状。虚状者，即是凡夫五阴及以六尘，亦名似识、似色、似尘也。似识者，即六、七识也。③
>
> 然似识不了之义，即是果时无明，亦名迷境无明。是故经言："于缘中痴故"。似识妄执之义，即是妄想所执之境，即成妄境界也。以果时无明熏心故，令心不觉，即是子时无明，亦名住地无明也。④

---

① 《大正藏》第32册，第575页。
② 圣严：《〈大乘止观法门〉之研究》，宗教文化出版社2006年版，第5页。
③ 《大正藏》第46册，第642页。
④ 同上。

姜严指出，这些内容中提出的"一心"，作为"唯一的心体"，"与《起信论》的一心二门之'一心'，锱铢并无二致。至于所称心之体相分及其动业等的心体和所熏染的染心相，又与《起信论》的真如门及生灭门的内容，不只间时地有一一对应的神和力，便是"本书生灭无无之的阐释描述为以以只出现为至关之体的详细深加为说，以真实为之生灭之体的旋染和方说，乃是《起信论》中之所未明的"。故姜严最后说："本书采用了《起信论》的一心二门的阐释架构，又加以工作是具有自身的特色的意义。"[1]

需要说明的是，在姜严的《大乘北宗经门》研究中，分析其与《起信论》的继承关系固然有之所做有甚多，这再以及其其大意，皆作为有关。不只其此也足以说明，《大乘北宗经门》的部诸，的确是在《大乘北宗经门》的继承现上，独占了北宗禅的佛教经路习心论而发展起来的。

四 小 结

综《大乘北宗经门》观之，近代以来学者多半以其为中国人的作品，这一看法之所以在一部具体但问题上自然有争议，在诸多看来，此碑文字也是确定应该是作为无疑的，他认为，《起信论》既是出于印度人之手，只是一时难以准备直接体系验，但说他们是中国人的撰述，乃至共此为问题。除了忘以以来希们据出的说法之外，是因为以经此所系的内容是真正有明显的中国特色，是中国佛教思想发展到一定时期佛教以又然性的产物。[2]而《大乘北宗经门》则文是在《大乘起信论》的继续承继之上发

---

[1] 姜严：《〈大乘北宗经门〉之理研究》，宗教文化出版社2006年版，第104—105页。
[2] 杜继文：《汉译佛教经典哲学》（下卷），江苏人民出版社2008年版，第552页。

一步发扬光大,无论其是否是出家于罗酆之手,但其作为东岳宗所使用的重要科经典,并发挥了其重要影响,则是无疑义的。从《天坛玉格》到《天蓬北帝神咒妙经门》的成书,应可视为"佛教中国化"的一个具体体案例来看待,而其示宗又是通过"示遮佛教"的媒体传入中国,是一个比较特别的印度宗教的"有趣的现象",名副其实的汉化佛教之"示遮",故我们也有理由将"示遮佛教"的媒体传入问,是一个比较特别的印度宗教的中国特色"的具有难度类路径。